Neue Wege zum Frieden.
Konflikte aus 45 Jahren:
Diagnose, Prognose, Therapie

Johan Galtung, Carl G. Jacobsen
und Kai Frithjof Brand-Jacobsen

Deutsch von Ingrid von Heiseler

Bund für Soziale Verteidigung

First published 2000
Second edition published 2002 by Pluto Press
345 Archway Road, London N6 5AA
and 22883 Quicksilverdrive,
Sterling, VA 20166-2012, USA

www.plutobooks.com

© 2003 Bund für Soziale Verteidigung e.V.
Schwarzer Weg 8, 32423 Minden, www.soziale-verteidigung.de
Cover-Foto: Edelgard von Wedel
Umschlaggestaltung: Hans-Werner Holtmann
Übersetzung ins Deutsche: Ingrid von Heiseler
Druck: Art und Image, Minden
ISBN 3-00-011703-2

Inhalt

3

4

Vorwort zur Reihe

Frieden mit friedlichen Mitteln

(von TRANSCEND - einer Friedens- und Entwicklungsorganisation für Konflikttransformation mit friedlichen Mittel)

„Frieden ist eine revolutionäre Idee; dass der Frieden mit friedlichen Mitteln erreicht werden soll, definiert diese Revolution als gewaltfrei. Sie findet immer statt; unsere Aufgabe ist es, ihren Umfang und ihr Gebiet zu vergrößern. Die Aufgaben sind unermesslich; die Frage ist, ob wir ihnen gewachsen sind."
Johan Galtung

In der Bewegung *Frieden durch (Anwendung) friedliche(r) Mittel* treffen sich einige der in der Welt führenden Gelehrten, die gleichzeitig Praktiker sind, um die größten Herausforderungen und Konflikte unserer Zeit zur Sprache zu bringen. Sie stützen sich dabei auf mehr als 45 Jahre Erfahrungen, während derer sie auf dem Gebiet der Friedenssicherung und -entwicklung arbeiteten. Sie machen konstruktive und brauchbare Vorschläge, was man tun kann. Das Buch ist für Menschen gedacht, die sich Fragen stellen, für Aktivisten im sozialen und politischen Bereich, für Forscher, Studenten und Friedens- und Entwicklungshelfer aus Nord und Süd. Die Autoren verbinden kreative und kritische Analysen, die die Wurzeln der heutigen Konflikte und Gewalt betreffen, mit Gedanken über praktische Therapie und Strategien zur Konflikttransformation durch friedliche Mittel. *Frieden durch (Anwendung) friedliche(r) Mittel* bedeutet eine Herausforderung für Theorie und Praxis von Frieden für das einundzwanzigste Jahrhundert. Dafür wurden Ergebnisse der Friedensforschung, Konflikt-, Geschlechter- und Entwicklungsstudien, Studien über internationale Beziehungen, Politökonomie, Ökologie, Philosophie und Soziologie herangezogen.

Vorwort

TRANSCEND: Eine Friedensphilosophie - und ein Weg, sie in die Tat umzusetzen

Für den Frieden arbeiten heißt gegen Gewalt arbeiten. Wir analysieren ihre Formen und Ursachen, wir treffen Voraussagen, um vorzubeugen, und wir arbeiten vorbeugend und heilend. All das sind Ausdrücke aus der Medizin, denn Frieden verhält sich zur Gewalt etwa so wie Gesundheit zur Krankheit. Von besonderer Bedeutung sind die epidemischen Ausbrüche von Gewalt in *Völkermord* und massivem allgemeinen Töten entlang den acht Bruchlinien der conditio humana: Natur, Geschlecht, Generation, Rasse, Klasse, Ausschließung, Nation und Staat. Das Ergebnis direkter und indirekter Gewalt in Form sozialer Strukturen, die verhindern, dass genügend Nahrung und Gesundheitsfürsorge zum Bodensatz der Weltgesellschaft gelangen, ist übergroßes Leiden, *dukkha*.

Für den Frieden arbeiten heißt am Aufbau von *sukha* arbeiten, für die Befreiung, für das Wohlergehen in einer Welt des Friedens mit der Natur, zwischen den Geschlechtern, Generationen und Rassen, wo die Ausgeschlossenen ohne Anwendung von Gewalt mit ein- geschlossen werden und wo Klassen, Nationen und Staaten weder der direkten noch der strukturellen Gewalt dienen. In einer solchen Welt würden alle für eine bessere Versorgung aller mit dem Lebensnotwendigen zusammenstehen. Das wäre die wahre *Globalisierung* - im Gegensatz zur gegenwärtigen Globalisierung, die nur wenigen Staaten und Privilegierten in einer Handvoll Länder zugute kommt. Das beste Instrument für wahre Globalisierung wären die verbesserten Vereinten Nationen mit einer UN-Völker-Versammlung für globale Demokratie ohne Vetorecht einiger bevorrechtigter Länder, die dort ihren Sitz hätte, wo die meisten Menschen leben - irgendwo in der Dritten Welt, z.B. in Jerusalem oder Hongkong.

Eine Verbesserung der UN würde auch zivile Gesellschaftsinstitutionen mit einbeziehen - Nichtregierungsorganisationen (NGOs) und örtliche Autoritäten (LAs) - und transnationale Korporationen (TNCs), die bisher bei der Mitarbeit am Frieden nicht genug gefordert wurden. Überfordert dagegen wurden die Staatssysteme, vom Westfälischen 'Frieden' von 1648 an. Die Staaten haben sogar ein 'Recht auf Krieg' (ausgenommen Japan: Artikel 9 der Verfassung spricht Japan dieses Recht ab). Eine verbesserte UN müsste auch Nationen einbeziehen, die nach Autonomie streben, und nicht nur Staaten privilegieren.

Staaten wurden nicht zu dem Zweck gegründet, Frieden in die Welt zu bringen, sondern dazu, 'nationale Interessen' zu befriedigen, die durch ihre Eliten definiert und durchgesetzt wurden, wenn nötig mit Krieg. Frieden hat keine Priorität, wie wir erkennen können, wenn wir die Staatseinrichtungen für Frieden mit denen für Krieg vergleichen. Einige Staaten sind Plünderer und sehen ihre Interessen außerhalb ihres eigenen Territoriums - das wird euphemistisch 'Interessensphäre' genannt. Wenn Staaten - angeblich - für den Frieden arbeiten, dann tun sie es tatsächlich oft nur, um ihre Interessensphäre zu sichern. Und selbst wenn ihre Anstrengungen ehrlich sind, wird oft schmerzlich deutlich, wie wenig sie wissen und wie amateurhaft ihre Bemühungen sind. Das hindert sie allerdings nicht daran, ebenso das Friedens- wie das Kriegsmonopol zu beanspruchen.

Daraus folgt nicht, dass Nicht-Staats-Institutionen in der zivilen Weltgesellschaft, ob NGOs und LAs oder TNCs und Einzelne, notwendigerweise kompetent wären. Ebenso wenig folgt daraus, dass Staaten sich in dieser Hinsicht nicht bessern könnten oder dass Staaten nicht oft ausgezeichnete Friedensstifter sein könnten, wenn es gilt, eine Kluft auf den Gebieten Natur, Geschlecht, Generation, Rasse, Klasse und Ausschließung zu überbrücken. Dazu wird oft das wichtigste Friedensinstrument, die *Menschenrechte* (universell, unteilbar) gebraucht, die durch Institutionen der *Demokratie* geschützt werden. Aber diese beiden Institutionen sind nicht kulturell neutral und sie werden nicht in Beziehungen zwischen Nationen und Staaten praktiziert, also auf der Makro-Ebene der menschlichen Einrichtungen. Dort herrscht die Ichbezogenheit von Staat und Allianzen, oft von demokratischen Mehrheiten unterstützt.

Deshalb erhoben sich im frühen 20. Jahrhundert nicht-staatliche Akteure für den Frieden (Vorläufer gab es schon im Mittelalter). Es gibt seither also wenigstens drei Generationen solcher Ansätze.

Zum besseren Verständnis kann die Definition von TRANSCEND dienen: *Frieden=die Fähigkeit, einen Konflikt mit Empathie, Gewaltfreiheit und Kreativität anzugehen*, denn viele Gewaltanwendungen verdanken sich falschem Umgang mit dem Konflikt, der dazu führt, dass der Konflikt wie eine tiefe Wunde eitert.

Konflikt=Annahmen/Einstellungen (attitudes) + Verhalten (behaviour) + Widerspruch (contradiction) - das ABC-Dreieck. Die Wurzel eines Konflikts ist ein Widerspruch zwischen Zielen, die miteinander unvereinbar sind. Oft folgen hasserfüllte bzw. apathische *Annahmen/ Einstellungen* und *Verhaltensweisen*. Alle drei Ecken des Dreiecks stimulieren einander. Einige Zeit später kristallisiert und polarisiert sich alles um Freundin/Ich und Feindin/die andere. Freundin/Ich wird zunehmend mit positiven, Feindin/die andere mit zunehmend negativen Annahmen/Einstellungen bzw. Verhaltensweisen umgeben. Das Freund-Bild wird größenwahnsinnig und kann nichts Negatives enthalten, und das Feindbild wird paranoid und kann nichts Positives enthalten. Ein Individuum mit ähnlichen Charakterzügen würden wir als pathologisch an der Grenze zur Psychose einstufen; ebenso können wir von persönlichen und sozialen Pathologien sprechen, die an kollektive Psychosen grenzen. Die Rationalität verdampft, und die Tiefenkultur mit vorgefertigten Polarisationen übernimmt die Herrschaft. Gewalt ist nicht mehr weit entfernt. So war es mit dem Kalten Krieg, bis Kräfte in der Zivilgesellschaft depolarisierend wirkten. Ebenso ist es mit den Konflikten in und um Jugoslawien und zwischen Terroristen und Staatsterroristen.

Wir können das ABC-Dreieck benutzen, um *Tiefenannahmen/Einstellungen, Tiefenverhalten* und *Tiefenwidersprüche* zu erkennen. Sie steuern oder beeinflussen die Oberfläche dessen, was Menschen zu fühlen und zu denken behaupten, das beobachtbare Verhalten und die nicht miteinander zu vereinbarenden Ziele. 'Tief' bedeutet unterbewusst, verborgen, unter der Oberfläche. Diese drei nennen wir *Tiefenkultur, menschliche Grundbedürfnisse* und *Tiefenstruktur*. Die Letztere basiert auf allen acht Bruchlinien in den menschlichen Bedingungen und nicht nur auf (der marxistischen) Klasse, (dem feministischen) Geschlecht oder dem (realistischen) Staat.

Wenn wir alle sechs: Annahmen/Einstellungen, Verhalten und Widersprüche, drei an der Oberfläche und drei auf der Tiefenebene, zu verändern suchen, bekommen wir verschiedene Friedensansätze. Das ergibt drei *Generationen von Friedensansätzen*:

Die erste Generation der Friedensansätze: bis zum 2. Weltkrieg

A-orientiert: *Friedensbewegungen*, für Frieden eintreten, demonstrieren;
B-orientiert: *Abschaffung von Kriegen*, Krieg als soziale Institution ausschalten;
C-orientiert: *Weltregierung*, Globalisierung guter Regierung.
Diese drei sind mit Menschen verbunden, die sich in ihren Bewegungen ausdrückten, und mit Regierungen, die regionale und globale Harmonisierung und die Abschaffung von Kriegen durch demokratische Mechanismen, Menschenrechte und Systeme zu erreichen suchten. Das Motto der ersten Generation war:

Frieden ist zu wichtig, als dass man ihn den Generälen überlassen sollte.

Die zweite Generation der Friedensansätze: nach dem 2. Weltkrieg

A-orientiert: *Friedenserziehung* bzw. *Journalismus* zur Verbesserung der Kenntnisse;
B-orientiert: *Gewaltfreiheit*, kämpfen ja, aber gewaltfrei;
C-orientiert: *Konflikttransformation*, kreatives Konfliktlösen.
Diese drei entwickelten sich aus der ersten Generation. Die Menschen begannen daran zu zweifeln, dass Frieden einen hohen Rang unter den Interessen der Regierungen einnahm, und sie zogen deren Fähigkeiten in Zweifel, wenn sie sahen, wie die Regierungen am Abgrund des Kalten Krieges entlang stolperten. Die Menschen begannen Friedensforschung und -erziehung zu fordern und gingen zum Kampf auf die Straße, inspiriert von Gandhi, Martin Luther King Jr., Nelson Mandela und Desmond Tutu. Es entstanden Modelle von NGO-Diplomatie; man wollte lieber selbst Konflikte lösen, als damit auf die Regierungen zu warten. Das Motto dieser Generation war: *Frieden ist zu wichtig, als dass man ihn den Staaten überlassen sollte.*

Die dritte Generation der Friedensansätze: nach dem Kalten Krieg

A-orientiert: *Friedenskultur*, wenn nötig zur Tiefenkultur vordringen;
B-orientiert: *Erfüllung menschlicher Grundbedürfnisse*, als unverzichtbare Grundpfeiler;
C-orientiert: *Friedensstrukturen*, Bruchlinien wie z.B. zwischen den Geschlechtern zusammenfügen.
Dies ist eine Suche nach Friedensbegründungen unter der Oberfläche, indem die Lehre von Freud/Jung (Bedürfnisse und Kultur) und Marx (Bedürfnisse und Struktur) verallgemeinert werden. Das Motto: *Frieden ist zu wichtig, als dass man sich mit oberflächlichen Ansätzen begnügen dürfte.*
Die erste Generation der Ansätze war eine Reaktion auf den Krieg. Die Menschen forderten Frieden durch die Zusammenarbeit von Regierungen, die die Grenzen von Nationen und Staaten überschreitet. Die zweite Generation ist eine Reaktion gegen Regierungen. Die Menschen wurden immer skeptischer und wollten selbst für den Frieden arbeiten. In der dritten Generation gibt es eine Reaktion gegen die naiven Friedensansätze, denn man ist sich darüber klar gewor-

den, wie tief verwurzelt – u.a. mit Entwicklung = Befriedigung der Grundbedürfnisse verbunden - diese Probleme sind. Außerdem gibt es noch den dynamischeren Ansatz, das Verständnis von Konflikten zum Ausgangspunkt für das Verständnis von Friedensansätzen zu machen. Konflikte unterliegen Lebenszyklen. Sie durchlaufen Phasen. Wir können Gewalt, Ausbruch und Waffen- stillstand als Eingriffspunkte verwenden:

Phase I: *Vor dem Ausbruch der Gewalt*: Friedensstiftung = Konflikttransformation; Friedenskonsolidierung = Depolarisierung

Phase II: *Während der Ausübung von Gewalt.* Friedenssicherung; Friedenszonen

Phase III: *Nach dem Aufhören der Gewalt*: Versöhnung (mit Wiederaufbau)

Das kann nur in Zusammenarbeit mit Staaten geschehen. Manche nicht-staatlichen Institutionen beanspruchen zwar kein Gewaltmonopol, wohl aber das Monopol auf Friedensaktionen. Jedoch ist Zusammenarbeit für alle fünf oben genannten Ansätze notwendig. Nicht-staatliche Institutionen mögen durchaus die Fähigkeit besitzen, Konflikte zu transformieren; Staaten können ihnen darin folgen und dem Ergebnis die Form eines Vertrages geben. Friedenskonsolidierung ist im Wesentlichen das Mittel gegen Polarisierung, wenn individuelle und soziale Pathologien herrschen. Sie wird in Phase I vorbeugend und in Phase II und III zur Heilung angewendet. Friedenssicherung und Friedenszonen (als Modelle der Normalität) können am besten in Zusammenarbeit zwischen Militär, Polizei und Zivilisten geleistet bzw. hergestellt werden. Versöhnung (= Heilen der Wunden, die die Gewalt geschlagen hat, + Beilegung des Konflikts) muss die Staatsakteure einschließen, die Gewalt angewendet haben. Versöhnung zwischen Serben, Kroaten und Bosniern in Bosnien-Herzegovina und zwischen Serben und Albanern im Kosovo/a ist notwendig, ebenso wie die Versöhnung mit französischen und niederländischen UN-Friedens-Truppen, mit NATO-, USA- und englischen Bombern, mit österreichischen und deutschen Reichsprotektoren.
Was haben Friedensforschung und Friedensstudien damit zu tun? Sie müssen alle Bruchlinien und Ansätze abdecken. Darüber hinaus müssen sie auf der *Mikro-* (innerhalb und zwischen Einzelnen), *Meso-* (intersozialen), *Makro-* (zwischen Nationen, zwischen Staaten) und *Mega-* (zwischen Kulturen, zwischen Großregionen) Ebene menschlicher

Organisation anwendbar sein. Das alte Modell, nach dem man in einem Semester oder Sommerkurs das Friedensstudium absolvieren konnte, muss der Einsicht weichen, dass Friedensstudien wie das Studium der Medizin eine eigene Fakultät und 4 bis 5 Jahre Studium erfordern, dazu Praktika, die auf das Berufsleben vorbereiten.
Die folgenden 14 Ansätze fügen sich zu einem Modell für eine friedliche Welt zusammen:

1. *Friedensbewegung*: den Begriff ausweiten, so dass alle Staaten und Gemeinschaften, die für Friedensprogramme verantwortlich sind, sich für den Frieden engagieren.
2. *Abschaffung des Krieges*: Umgang mit Angriffswaffen wie mit harten Drogen: Verbot von Forschung, Entwicklung, Produktion, Verteilung, Besitz, Gebrauch.
3. *Weltregierung*: die Vereinten Nationen durch direkte Wahlen zu einer Volksversammlung demokratisieren und das Vetorecht abschaffen.
4. *Friedenserziehung*: in allen Schulstufen einführen und unterrichten wie politische Bildung, Gesundheits- und Sexualerziehung und Vermittlung kultureller Werte.
5. *Friedensjournalismus*: alle anständigen Medien konzentrieren sich auf Auswege aus Konflikten und den Aufbau einer Kultur der Lösungen statt auf die Auswüchse der Gewaltkultur.
6. *Gewaltfreiheit*: gewaltfreie Kampfmethoden für eine gute Sache und die Verteidigung der eigenen Integrität = Erfüllung der Grundbedürfnisse werden Teil der Allgemeinbildung.
7. *Friedenschaffen/Konflikttransformation*: Kenntnisse und Fähigkeiten, mit Konflikten umzugehen, werden überall Teil der politischen Bildung.
8. *Friedenskultur*: Menschen untersuchen ihre eigene Kultur darauf, wie sie Friedensfördernd gestaltet werden kann, und setzen das dann in die Tat um.
9. *Grundbedürfnisse*: die Erfüllung der Grundbedürfnisse aller, besonders der Ärmsten, wird zur Leitlinie der Politik.
10. *Friedensstruktur*: von ausbeuterischen und repressiven Strukturen auf den Gebieten Natur, Geschlechter, Rassen, Klassen, Nationen und Staaten zu Fairness und Gleichberechtigung.
11. *Frieden konsolidieren*: die Bilder der Weltakteure enthalten sowohl Gutes als auch Böses und nicht nur Gutes *oder* nur Böses. Positive Verbindungen in alle Richtungen.

12.*Friedenssicherung*: mit einem Minimum an Gewalt zum Schutz derer, die sich nicht wehren können, und eine schützende Mauer gegen die Gewalt.

13.*Friedenszonen*: bei sich selbst anfangen, eine Ein-Personen-Friedenszone einzurichten, die sich auf die oben genannten Gedanken gründet, eine Inselgruppe des Friedens schaffen.

14.*Versöhnung*: sich entschuldigen und Entschuldigungen annehmen lernen, um Verzeihung bitten und verzeihen, Konflikte heilen und abschließen.

Dazu können wir noch mehr sagen, wenn wir uns jetzt TRANSCEND zuwenden, das sich um die Ausführung des Gesagten bemüht. Hat das Modell irgendeine Chance auf Verwirklichung oder ist es nur eine *Fata Morgana*, ein Trugbild in der Wüste, das durch die exzessive Gewalt, ganz zu schweigen von den Bedrohungen des zwanzigsten und einundzwanzigsten Jahrhunderts (so wenig wir auch noch davon kennen), aufgebläht wird? Man kann sagen, dass die Menschheit schon Schlimmeres überstanden hat und dass immer mehr Soldaten und Zivilisten, Politiker und Privatleute immer mehr für den Frieden tun werden, wenn sie erst einmal mehr Kenntnisse, Fähigkeiten und guten Willen haben.

TRANSCEND: Ein Netzwerk für Frieden und Entwicklung

besteht aus geladenen, kooperierenden Personen, die mit friedlichen Mitteln für Frieden, mit Entwicklung fördernden Mitteln für Entwicklung und mit die Umwelt fördernden Mitteln für die Umwelt arbeiten. In der Grundsatz-Absichts-Erklärung von TRANSCEND heißt es: Eine friedlichere Welt herbeiführen, indem Aktionen, Erziehung/Training, Verbreitung und Forschung im Umgang mit Konflikten kreativ und gewaltfrei angewandt werden.

Zu den geladenen Mitgliedern gehören 200 Wissenschaftler und Praktiker aus mehr als 50 Ländern, die an 20 Programmen arbeiten:

I.	Friedliche Konflikttransformation
II.	Friedenskonsolidierung und -bestärkung
III.	Friedenspädagogik
IV.	Friedensjournalismus
V.	Friedenszonen
VI.	Friedenssicherung
VII.	Friedliche Versöhnung
VIII.	Friedenswirtschaft

Einige neue Ansätze wurden den zuvor genannten 14 hinzugefügt:
Friedenswirtschaft: Wie kann die Wirtschaft von Frieden, Entwicklung und sauberer Umwelt nicht nur profitieren, sondern auch dazu beitragen?

Frieden, Frauen und Männer: Unter den gegenwärtigen Umständen gehen die Frauen bei der Befriedigung der Grundbedürfnisse voran. Wie kann das die Männer inspirieren?

Friedens und Entwicklungsanalyse: Nicht alle intellektuellen Werkzeuge eignen sich für Frieden und Entwicklung; welche Methodologie sollen wir wählen?

Frieden und Kunst: Die Kunst ist ein sehr mächtiges Kommunikationsmittel, wie wurde sie für den Frieden genutzt und wie kann das weiter ausgebaut werden?

Friedensmuseum: Museen sind, ebenso wie Bücher, Denkmäler und Straßennamen, Bewahrer unseres kollektiven Gedächtnisses. Wie können sie dem Frieden dienen?

Friedenstourismus: Der Tourismus als größte Industrie der Welt kann zu einer riesigen Aktivität der Friedenskonsolidierung werden. Wie kann der Tourismus dem Frieden dienen?

Frieden auf der Persönlichkeitsebene: Alle Konflikte sind gleich (an Würde und Rechten) geboren und haben auf der Mikro-, Meso-, Makro- und Megaebene dasselbe Recht, transformiert zu werden!

TRANSCEND gründet sich auf vier Pfeiler bzw. Aktivitätsmodi: *Aktion, Erziehung/Training, Verbreitung und Forschung*. Das sei am Beispiel von Friedensmuseen dargestellt: Die *Aktion* besteht darin, die Idee eines Friedensmuseums in die Welt zu setzen oder Friedensmuseen aufzubauen. *Erziehung/Training* richtet sich an Teilnehmer, die mehr über Friedensmuseen wissen oder die dort arbeiten wollen. *Verbreitung* befasst sich mit Informationen über vorhandene und künftige Friedensmuseen. *Forschung* beschäftigt sich mit der Frage, welche Ausstellungsgegenstände in ein Friedensmuseum gehören, und untersucht die Gründe für und die Folgen von Friedensmuseen.

Aktion wird immer der wichtigste Pfeiler sein. Bisher haben sich die Aktionen vor allem auf friedliche Konflikttransformation konzentriert. Dazu wurde die TRANSCEND-Methode benutzt, die sich auf ausführliche Einzeldialoge mit allen Parteien gründet, in denen die Kreativität der Beteiligten in Hinblick auf mögliche Ergebnisse und Prozesse, die zu diesen Ergebnissen führen könnten, angeregt wird. Dies wird als 'conflict perspective' auf der TRANSCEND Website unter www.transcend.org aufgeführt und wurde auf den neuesten Stand gebracht. Der Leser kann mehr über den Mediationsprozess der letzten 45 Jahre erfahren, wenn er darüber in diesem Buch nachliest, das in TRANSCEND einführt. Es ist die 2. Auflage des von Johan Galtung und Carl Gustav Jacobsen herausgegebenen „Searching for Peace. The Road to TRANSCEND", London: Pluto 2000. Die 45 angegangenen Konflikte finden sich auf der Website und in diesem Buch. Wir listen hier nur die wichtigsten auf.

Hawai-Pazifik, Sri Lanka, Kolumien, China, Ruanda, Korea, Ulster (Nordirland), Japan/Kurilen-Okinawa, Euskadi (Baskenland), Japan/Korea-China-USA, Jugoslawien, Nord-Süd, Entwicklungskrise, Israel/Palästina/Naher Osten, Ost-West/USA-Eurasien/Kalter Krieg II, Kaukasus, Christentum und Islam, Afghanistan, Globalisierung, Kaschmir, Nachhaltige Entwicklung.

Und natürlich die Konflikte zwischen und in den Ländern nach dem 11. September 2001.

Beachtliche Sachkenntnisse über diese Konflikte wurden entwickelt. Allerdings soll hervorgehoben werden, dass das Hauptaugenmerk von TRANSCEND auf Therapie/Transformation/Lösungen liegt und nicht auf Diagnose/Prognose.

Bis Mitte 2001 hatte TRANSCEND etwa 200 diesbezügliche Workshops für mehr als 4000 Teilnehmer in 31 Ländern veranstaltet. Die Gesprächsgruppen fanden in vielen verschiedenen Sprachen statt. Die Themen waren Konflikttransformation unter Heranziehung des UN/DMTP Handbuches, Friedenskonsolidierung und -bestärkung, Friedensjournalismus, Demokratie und Menschenrechte, Recht auf Nahrung, Friedenspädagogik, Friedensanalyse, Dialog, Versöhnung und gewaltfreie Ansätze für die Sicherheit. Die Teilnehmer waren Gesandte bzw. Diplomaten, Professoren, NGO-Arbeiter, Studenten,

Journalisten, Psychiater, Friedensforscher, Sozialarbeiter und internationale Beamte. Sie kamen aus den folgenden Ländern: Argentinien, Australien, Aserbaidschan, Bulgarien, Dänemark, Deutschland, England, Frankreich, Georgien, Indien, Italien, Japan, Jordanien, Jugoslawien, Kanada, Kolumbien, Mazedonien, Nordkorea, Norwegen, Österreich, Pakistan, den Philippinen, Rumänien, Russland, Schweden, der Schweiz, Spanien, Südkorea, Thailand, Ungarn, den USA.

TRANSCEND und künftige Entwicklung

TRANSCEND hat die folgenden Institutionen ins Leben gerufen:
Für Friedensaktionen: **TRANSCEND Konflikt-Service** (TCS)
Für Friedenserziehung: **TRANSCEND Friedensuniversität** (TPU) und Training
Für Friedensverbreitung: **TRANSCEND Medien-Service** (TMS)
Für Friedensforschung: **TRANSCEND Forschungsinstitut** (TRI)
TRANSCEND bezieht sich auf Erfahrungen in 45 *Forschungs*jahren, seit der Zeit, als Friedensforschung Ende der 50er Jahre institutionalisiert wurde, und Friedens*praxis* bei der internationalen friedlichen Transformationsarbeit an 45 Hauptkonflikten. TRANSCEND stellt die Bemühung dar, alle intellektuelle Aktivität in die Praxis der Konflikttransformation, des Friedens und der Entwicklung umzusetzen. Durch die Praxis angeregt, entsteht Bedarf an neuer Forschung. Zusammenfassungen verfügbarer Informationen in Indexform werden dringend benötigt, wie die im Folgenden genannten:
Kriegsteilnahme-Index (WPI) gibt an, in welchem Maß ein Staat in seiner Geschichte in Kriege verwickelt war;
Frühwarnungs-Index (EWI) gibt die Neigung eines Staates (oder anderer Akteure) an, sich auf Kriege einzulassen, gegründet auf der Tendenz, an einem Krieg teilzunehmen (WPI), und die Stärke struktureller und kultureller Gewalt.
Konflikttransformations-Index (CTI) gibt die Transformationsebene in einem gegebenen Konflikt an und erleichtert damit Vergleiche desselben Konflikts in verschiedenen Zeiten und mit anderen Konflikten; er weist auf fehlende oder falsche Bemühungen hin, um zum richtigeren Handeln anzuleiten.
Forschung ist wichtig, um zu erfolgreichem Handeln anzuleiten, aber sie soll nicht zum Selbstzweck werden. Wir fänden es unannehmbar, wenn die Medizin sich darauf beschränkte, eine Krankheit zu beschreiben, ohne sich im geringsten darum zu bemühen, die Patienten zu heilen und sie von Schmerzen zu befreien. Ebenso unannehmbar ist es, wenn sich eine Sozialwissenschaft darauf beschränkt,

das menschliche Elend zu studieren, ohne den Versuch zu unternehmen, es zu lindern.

Konfliktintervention: Einige Richtlinien von TRANSCEND

Hier folgen einige Leitlinien für Konfliktintervention von außen, damit die allgemeinen Gedanken zum Frieden vertieft und präzisiert werden.

Argumente zu Gunsten von Konfliktintervention: Die Konfliktparteien sind nicht in der Lage, den Konflikt zu transformieren oder Gewalt zu vermeiden; Gewalt muss unter Kontrolle gehalten werden; nach dem Ende der Gewaltanwendungen bei Resolutionen, Wiederaufbau und Versöhnung mitwirken.

Argumente gegen Konfliktintervention: Der Konflikt und alle Lösungen sind ausschließlich der gemeinsame Besitz der Konfliktparteien; Parteien von außen werden niemals die Einzigartigkeit eines Konflikts verstehen; jede von außen kommende Partei bringt ihr eigenes Programm mit.

Da die Argumente berechtigt sind, wird das allgemeine Prinzip *mit Vorsicht vorgehen* heißen, was wenigsten soviel bedeutet wie:

1. *Reversibilität*: Man hat das Recht dazu, Vorschläge zu machen und zu handeln, aber nur so, dass alles rückgängig gemacht werden kann, denn *man könnte sich geirrt haben*. Also gar keine oder minimale Gewalt anwenden; UN Kapitel 6 (Sun Tzu), nicht Kapitel 7 (Clausewitz).
2. *Gegenseitigkeit*: Man soll sich nur so weit auf Konfliktintervention, Friedensstiftung, Friedenssicherung und Friedenkonsolidieren einlassen, wie man selbst bereit ist, andere dasselbe mit einem machen zu lassen. Das soll man als Leitlinie für das eigene Handeln ansehen.
3. *Allgemeingültigkeit - aber Vorsicht!*: Man soll nicht immer der anderen das tun, was man möchte, dass sie einem tut. *Der Geschmack der anderen könnte anders als unserer sein.* Sogar eine Wählerdemokratie und individualistische Menschenrechte können für die einen passen und für die anderen nicht.
4. *Einfühlung in andere* wird durch tiefgehende Dialoge erreicht. Man muss mit Sicherheit herausbekommen können, was die (anderen) Parteien in eine bestimmte Richtung treibt, die ihnen richtig erscheint, mit der man selbst aber nicht notwendigerweise einverstanden ist.
5. *Einfühlung in sich selbst* wird durch inneren Dialog (Meditation) erreicht. Man muss mit Sicherheit die treibenden Kräfte in sich

selbst erkennen können, die über den Wunsch hinausgehen, den Parteien bei der Konflikttransformation zu helfen und auf kreative und gewaltfreie Weise Schaden wieder gutzumachen.

6. *DPT-Konsistenz*: Man muss sicher sein, dass man genau weiß, worum es sich bei dem Problem handelt, ehe man eine Lösung vorschlägt, so dass man nicht aus purer Gewohnheit immer ein und dieselbe Lösung als Allheilmittel anbietet. Man muss dazu bereit sein, mit allen Parteien über Diagnose-Prognose-Therapie zu sprechen.

7. *Interventionen der anderen ermutigen*: Man soll Dialoge zwischen den Konfliktparteien über ihre Situation organisieren.

8. *Breitere Teilnahme anstreben*: Man darf nicht der Versuchung erliegen, nur von den Führern akzeptierte Lösungen zu suchen, sondern man muss von den Bedürfnissen einer breiteren Basis ausgehen.

9. *Annehmbarkeit anstreben*: Man soll nicht nach einem Ergebnis suchen, dem nur aus Angst vor Strafe oder dem Wunsch nach Belohnung (Zuckerbrot und Peitsche) zugestimmt wird, sondern das Ergebnis an sich soll den Parteien richtig erscheinen.

10. *Nachhaltigkeit anstreben*: Das Ergebnis soll nicht künstlich von außen gestützt werden müssen, sondern es soll sich selbst dadurch tragen, dass es den Bedingungen aller Parteien entspricht.

Konflikttransformation: Ein TRANSCEND-Verhaltenskodex

Um der Konfliktarbeiterin im Feld Anleitungen zu geben, folgt hier ein Verhaltenskodex für Konflikttransformation, der auf der Mikro-, Meso- und Makroebene von Konflikten angewandt werden kann:

A. *Grundsatz-Absichts-Erklärung: Frieden mit friedlichen Mitteln*
Mit Frieden meinen wir die Fähigkeit zur konstruktiven Konflikttransformation ohne Anwendung von Gewalt. Das ist ein nie endender Prozess.
Mit *Konflikttransformation* meinen wir: Beim Hervorbringen einer Situation behilflich zu sein, in der die Parteien mitbestimmend, auf gegenseitig annehmbare Weise und nachhaltig vorgehen.
Mit *konstruktiv* meinen wir, die Konfliktenergie auf neue, innovative Weise so zu kanalisieren, dass die menschlichen Grundbedürfnisse aller befriedigt werden.

Mit *ohne Anwendung von Gewalt* meinen wir, dass dieser Prozess Folgendes vermeiden soll:

* jede Androhung oder jeden Gebrauch direkter Gewalt, die verletzt und beschädigt,
* jeden Gebrauch struktureller Gewalt, der die Parteien lahm legt.

B. *Die Beziehung der Konfliktarbeiterin zu sich selbst*

1. Ihre Motivation sollte sein, den Parteien dabei zu helfen, ihren Konflikt zu transformieren, nicht ihre eigene materielle oder nichtmaterielle Förderung.
2. Sie sollte genügend Fähigkeiten und Wissen zur Erfüllung der Aufgabe besitzen und darüber hinaus den Konflikt dazu benutzen, diese Fähigkeiten weiterzuentwickeln, aber nicht dazu, sie erst zu erwerben.
3. Sie soll weder ein vor sich selbst noch vor anderen verstecktes Programm über die Konflikttransformation hinaus verfolgen. Sie soll nichts zu verbergen haben.
4. Ihre Legitimation liegt in ihren Fähigkeiten, ihrem Wissen, ihrer Kreativität, ihrem Mitleid, ihrer Ausdauer und ihrer Fähigkeit, all das in den Konfliktparteien zu stimulieren, nicht in einem Mandat oder bei einer Organisation.

C. *Die Beziehung zwischen der Konfliktarbeiterin und den Parteien*

5. Die Konfliktarbeiterin soll nicht in einen Konflikt gehen, wenn sie selbst einen ungelösten Konflikt mit einer der Parteien hat oder tiefen Groll empfindet.
6. Empathie bzw. Gespräche mit *allen* Parteien. Abneigung muss überwunden werden.
7. Die Konfliktarbeiterin soll nicht manipulieren, sondern mit offenen Karten spielen und sagen, was sie tut.
8. Sie muss die Forderungen nach Vertraulichkeit respektieren und soll sie nicht beurteilen.
9. Sie darf kein Honorar, Geschenke usw. über normale Gastfreundschaft hinaus annehmen.
10. Sie darf zwischen den Parteien Informationen nur mit deren Erlaubnis hin- und hertragen.
11. Sie darf nicht mit gespaltener Zunge sprechen und nicht eine Version für die eine und eine andere für die andere Partei bereithalten; die Schwerpunkte mögen allerdings verschieden sein.
12. Sie soll neuen Ideen gegenüber offen sein und sich nicht zur Gefangenen irgendeines Planes machen.

13. Sie soll niemals ein Ergebnis oder einen Prozess vorschlagen, das oder der nicht rückgängig gemacht werden kann. Sie könnte sich ja geirrt haben.

D. Die Beziehungen zwischen der Konfliktarbeiterin und der Gesellschaft

14. Die Konfliktarbeiterin soll weder für sich selbst noch für ihre Organisation Anerkennung suchen.

15. Sie soll sich aus dem Konflikt zurückziehen, wenn sie nicht mehr gebraucht wird.

16. Pläne für Konfliktergebnisse und Konfliktprozesse gehören weder ihr noch den Parteien, sondern der Öffentlichkeit.

17. Die Konfliktarbeiterin soll ihre Fähigkeiten, ihr Wissen, ihre Erfahrungen anderen mitteilen und damit zu einer allgemeinen Konflikttransformationskultur beitragen.

18. Sie darf keine direkten Spenden von ehemaligen, gegenwärtigen oder zukünftigen Konfliktparteien annehmen, die ihre Dienste in Anspruch nahmen, nehmen oder in Zukunft nehmen könnten.

19. Konfliktarbeit ist eine Arbeit, und die Belohnung dafür ist die gut getane Arbeit als solche.

Alle Konflikte sind gleich geboren und haben dasselbe Recht auf Transformation, kein Konflikt liegt auf einer 'höheren Ebene' als irgendein anderer.

Johan Galtung, Dietrich Fischer,   Kai Frithjof Brand-Jacobsen
    Direktor   Co-Direktor   Co-Direktor

Einführung

Aus der Vogelperspektive

Kapitel O.1

Konflikt, Krieg und Frieden

Johan Galtung

Es gibt ein Naturgesetz - mit vielen Variationen und Untertypen -, nach dem Gewalt und Krieg - organisierte Gruppengewaltanwendung - ablaufen. Daraus kann man lernen, wie Gewalt zu vermeiden oder wenigstens zu reduzieren ist. Nach diesem Gesetz gibt es zwei Stadien, die der Gewaltanwendung vorausgehen.

Das erste Stadium ist das des *Konflikts* (Parteien verfolgen Ziele, die einander widersprechen), ein allgegenwärtiges Phänomen in der individuellen und sozialen Realität, eine Haupttriebkraft. Genauer gesagt geht es um das Stadium des *ungelösten Konflikts*, der infolge blockierter Ziele zu Frustration führt und der ein Aggressionspotential gegen diejenigen enthält, die einem anscheinend im Weg stehen.

Das zweite Stadium ist das der *Polarisierung*, d.h. die Reduktion der Menschen auf Angehörige zweier Gruppen, die eigene und die andere, mit positiven Interaktionen innerhalb der Gruppen und negativen Interaktionen zwischen ihnen. Bei extremer Polarisierung wird die andere entmenschlicht und dämonisiert und das Ich zum - heiligen oder profanen - höchsten Wesen erhoben. Dieser Prototyp gehört ebenso zur menschlichen Realität wie hohe Ansteckungsgefahr (Pathogene) + niedriger Widerstand (Immunität) zur Krankheit. Wie eine Krankheit wird Gewalt durch die vorangegangenen Stadien verursacht; wie einer Krankheit kann man Gewalt vorbeugen, indem man die Ursache(n) aus dem Weg räumt. Konflikt wird durch *Transformation* als Ursache beseitigt, so dass die Parteien gewaltfrei, kreativ und einfühlsam mit dem Konflikt umgehen können. Polarisierung kann durch *Entpolarisierung* beseitigt werden, durch Friedenskonsolidierung, durch Abflachen des Gefälles zwischen Ich und der anderen, durch Wiederverbinden. Da Gewaltanwendung zur Polarisierung führt, sollte sie so niedrig wie möglich gehalten werden. Bei der Umgestaltung des Konflikts werden die 'Bellogene' Frustration und Aggression beseitigt. Entpolarisierung fügt dem Prozess ein 'Paxogen' hinzu, was der Stärkung des Immunsystems entspricht.

In der Sprache der UN heißen die beiden Aktivitäten Friedensstiftung und Friedenskonsolidierung. In der Sprache der Medizin entsprechen sie der Primär- und Sekundärprophylaxe, wobei die Pathogene entfernt und die Selbstheilungskraft des Körpers gestärkt wird.

Außerdem gibt es noch Friedenssicherung, welche auf Gewalt-kontrolle zielt und sie reduziert, ja vielleicht auf einen Punkt zurück-schraubt, der gemeinhin Waffenstillstand genannt wird. In der Spra-che der Medizin wäre das eine Behandlung, die die Symptome der Krankheit entfernt, im Unterschied zu den beiden oben genannten Typen präventiver Therapie. Beim Frieden wie bei der Gesundheit liegt die Therapie in der Gesamtheit, nicht in einem einzelnen Teil. Das Flussdiagramm sieht so aus:

KONFLIKT →	POLARISIERUNG →	GEWALT/KRIEG
Unvereinbare Ziele	Entmenschlichung; Gefälle zwischen Ich und der anderen	Körper, Seele oder Geist verletzen bzw. schädigen
Widerspruch	*Annahmen/Einstellungen; Tiefenstruktur/-kultur*	*Verhalten; Grundbedürfnisse*

Wir ergänzen einige erklärende Kategorien: Konflikt hat mit *Wider-sprüchen* zwischen einander ausschließenden Zielen zu tun. Polari-sierung hat mit Annahmen/Einstellungen zu tun, die sich wie Vorur-teile im Verhalten ausdrücken können, sie kann aber auch mit einem Verhalten wie z. B. Diskriminierung anfangen.

Gewalt ist eine Form von vermeidbarem Verhalten - physisch, verbal oder beides (Körpersprache) -, das verletzt bzw. schädigt. Direkte Gewalt kann man am Modell eines Satzes darstellen, der Subjekt (einen Täter), Prädikat (eine Handlung) und Objekt (ein verletztes bzw. geschädigtes Opfer) besitzt. Wenn es kein Subjekt gibt, spre-chen wir von indirekter oder struktureller Gewalt.

Darunter liegen die tieferen Erklärungsebenen: die länger an- dau-ernden Tiefenstrukturen und -kulturen, die lang anhaltende Wider-sprüche und Annahmen/Einstellungen bezeichnen, und die mensch-lichen Grundbedürfnisse, die dauerhafteres Verhalten bezeichnen (in der medizinischen Theorie bedeutet 'tief' artgemäß bzw. genetisch).

Wir wollen jetzt den Prototyp noch einmal genauer ins Auge fassen.

Die Grundfrage ist: Sind die Vorläufer (falls es denn welche sind) notwendige Gründe, ausreichende Gründe, beides oder keins von beiden? Liefern sie wirklich eine Erklärung für Gewalt?

Beginnen wir mit 'notwendig'.

Liegt einer Gewaltanwendung immer ein ungelöster Konflikt zu Grunde? Die imperialistischen Mächte verhielten sich in ihren Koloni-alreichen außerordentlich gewalttätig. Aber sie hatten zuvor keine

Konflikte mit den Völkern, sie kannten sie ja nicht einmal, sie 'entdeckten' sie erst. Im Konflikt ging es um die von ihnen verlangte vollständige Unterwerfung (durch die päpstliche Bulle *Inter Caetera* gerechtfertigt) als Untertanen, wirtschaftlich als Arbeitskräfte, kulturell als Bekehrte. Wenn sie sich unterwarfen, wurde ihnen erlaubt, Sklaven zu sein (heute: Bürger zweiter Klasse), wenn nicht, gebrauchte man militärische Macht, Gewalt oder Krieg gegen sie.

Ein Vergleich: Wenn Gewalt der Rauch ist, dann ist Konflikt das Feuer. Man suche und man wird finden!

Liegt Polarisierung immer der Gewalt zugrunde? Polarisierung bedeutet soziale Distanz, horizontal (z. B. durch Grenzen getrennte Länder), vertikal (z. B. ungleiche Macht voneinander getrennter Klassen) oder beides. Soziale Distanz bedeutet menschliche Distanz. Auch der gewalttätigste Kerl hat wahrscheinlich jemanden, den er (denn gewöhnlich ist es ein Mann) nicht kränken oder verletzen würde. Er erkennt eine gemeinsame Identität an, d.h. er identifiziert sich. Der gewalttätige Kerl hat einen Kumpel, selbst wenn er seine eigene Familie nicht mit seinen Gewalttaten verschont. Jemand ist für ihn unberührbar, durch Identifikation geschützt. Gandhi identifizierte sich mit der ganzen Menschheit; der Buddhismus mit allem empfindungsfähigen Leben (allem Leben, das fähig war, *dukkha - sukha* zu erfahren, vom Leiden bis zum Wohlergehen). Die Römer sprachen vom *homo res sacra hominibus* (der Mensch ist den Menschen heilig).

Es ist überflüssig zu erwähnen, dass die weniger Polarisierten die Polarisierteren für die schmutzige Arbeit der Gewaltanwendung benutzen, das Gesindel jeder Gesellschaft, und dass sie ihnen zur Krönung des Ganzen das Töten beibringen. Wenn man an der Oberfläche kratzt, wird man Elemente von Polarisierung finden.

Ob diese Gründe ausreichen, ist schon fraglicher.

Führt Frustration einer oder aller Parteien durch nicht erreichte Ziele immer zu Aggression und Gewalt? In einem Grundkonflikt, in dem es um die Befriedigung von Grundbedürfnissen geht, ist der Ausbruch von Aggressionen wahrscheinlicher. Aber auch da kann es ein Leiden in der Stille geben, wenn die Menschen das Erdulden einer Zwangslage als unvermeidbaren Teil der menschlichen Bedingungen ansehen, als etwas, das in der menschlichen Natur begründet ist.

Das gilt besonders für Konflikte, die der Sozialstruktur eingeschrieben sind, Konflikte zwischen denen, die oben sind und bleiben wollen, und denen, die weiter unten sind und die sich mit ihrem Schicksal (nicht) abfinden. Das sind die gefährlichen Klassen, 'gefährlich' darum, weil sie eines schönen Tages aufwachen und die Realität erkennen könnten. Aber in Konflikten, in denen es einen sehr konkreten

Akteur auf der Gegenseite gibt (reale Konflikte sind aus beidem gemischt), ist das im Weg stehende Subjekt leicht zu identifizieren, so
dass aus der Frage 'was können wir in der Sache tun?' die Frage wird
'was können wir gegen diese Person(en) tun?'
Führt Polarisierung immer zu Gewalt? Natürlich nicht, sie kann ewig
dauern, wie zwischen Ländern, die keine Verbindung zueinander
haben. Zwischen Klassen ist Polarisierung dann strukturelle Gewalt,
wenn die Unteren wirklich verletzt oder geschädigt werden, d.h.
wenn ihre Grundbedürfnisse durch die Strukturen eingeschränkt oder
bestenfalls nicht befriedigt werden.
Wird direkte Gewalt hinzukommen? Wenn die Grundbedürfnisse tief
verletzt werden, dann ja. Aber Staaten und Nationen haben sich
Jahrhunderte lang voneinander ferngehalten, ohne Gewalt anzu-
wenden, ebenso wie Klassenstrukturen zwischen Völkern und zwischen Ländern. Schließlich: können wir uns denn immer allen nahe
fühlen?
Was muss hinzukommen, damit ein ungelöster Konflikt + Polarisierung
zu Gewalt führen? *Eine* Antwort (die genügt, denn hier ist von ausreichenden Gründen die Rede) ist, dass eine *Gewaltkultur* - eine Kultur,
in der Gewalt natürlich bzw. normal zu sein scheint - die Schwellen-
angst vor Gewalt senkt.
Eine solche Kultur der Gewalt wird bereitgestellt durch fundamentalistische Auslegung des *Buches*, des *kitab* der abrahamitischen Religionen, das Alte Testament (aber auch das christliche Neue Testament, obwohl dort der Schwerpunkt mehr auf Glauben und Reich
Gottes im Himmel und/oder in uns als auf Handlungen liegt, und Zion
für die Juden).
Konflikte werden als dualistisch angesehen, als Konflikte zwischen
zwei Parteien wie z.B. Gott und Satan, einem Guten und einem Bösen, die um *eine* Sache kämpfen. Das kann nur auf eines hinauslau-
fen, auf ein massives gewalttätiges Treffen, in dem vielleicht das Böse
über das Gute in der Welt triumphiert, aber Gott weiter im Himmel
herrscht.
Wir nennen das das DMA-Syndrom: Dualismus - Manichäismus - Armageddon. Wenn ein Konflikt als Widerspruch zwischen zwei Partei-
en konstruiert ist, eine, die es wert ist zu überleben, und eine, die es
nicht wert ist, zwei Parteien, die dazu vorherbestimmt sind, in einer
großen Schlacht aufeinander zu treffen, dann wird dieses 'natürliche
Gesetz der Gewalt', seine DMA-Unausweichlichkeit, zu einer sich
selbst erfüllenden Prophezeihung, wie im Marxismus, eingebettet in
die Tiefenkultur.

Gewaltkultur verwandelt den durch einen ungelösten Konflikt frustrierten Akteur in einen bösen Akteur, einen gewalttätigen Kerl; eine Gewaltstruktur hat die Gesellschaft schon im Voraus polarisiert. Nun genügen ein paar sich überstürzende Ereignisse, um wie mit einem Hammerschlag die explosive Mischung - vergleichbar der von Nitrat, Karbon und einer Schwefelverbindung - zur Explosion zu bringen. So entsteht die Gleichung: Böser Akteur + böse Kultur (Gewaltkultur) + böse Struktur (polarisiert) = Gewalt.

Das verhilft uns zu vier Komponenten einer Präventivtherapie:

1. Die bösen Akteure identifizieren (z.B. durch ihr Verhalten in der Vergangenheit), sie bei Gericht verklagen, sie einsperren lassen und entmachten
2. Eine Gewaltkultur in eine Friedenskultur umwandeln
3. Eine Gewaltstruktur in eine Friedensstruktur umwandeln
4. Auf der Hut sein vor sich überstürzenden Ereignissen.

Gewaltbereite Akteure und sich überstürzende Ereignisse wird es allerdings immer geben. Deshalb ist es besser, auf Friedenskulturen und Friedensstrukturen zu bauen.

Die erste Geschichte: Nur Gewalt/Krieg

Dies ist die vorherrschende Geschichte, den Pfeilen (wie bei einem Rundgang) folgend.

Am Anfang ist nicht das Wort, sondern ein Dilemma zwischen zwei oder mehr Zielen, in dem sich eine oder mehrere Parteien befinden. Ein Ziel kann man zwar in Worte fassen, aber die vermitteln nicht starke Gefühle wie Hoffnungen und Ängste, die die Verfolgung des Ziels - sei es ein positives, etwas, das man erreichen möchte, oder sei es ein negatives, etwas, das man vermeiden möchte - dringlich machen. Der Wunsch, etwas zu erreichen oder zu vermeiden, ist um so stärker, je mehr die Ziele mit dem *sine qua non* (Unabdingbaren) der menschlichen Existenz verknüpft sind: mit der Erfüllung der Grundbedürfnisse, Überleben, Wohlergehen, Freiheit, Identität.

Polarisierung tritt auf, weil es so aussieht, als ständen andere einem beim Erreichen des Ziels im Weg. Zu diesen wird eine soziale bzw. menschliche Distanz aufgebaut. Dem liegt vielleicht die Frage nach der Legitimität zugrunde: Mein Wunsch, das Ziel zu erreichen, ist legitim, ihrer nicht, auch wenn sie das behaupten. Der Gegnerin werden verborgene üble Ziele unterstellt, so dass ihre erklärten Ziele als nur vorgeschoben erscheinen. Ich habe die erste Runde gewonnen, indem ich ihr nicht nur üble Ziele unterstellt, sondern sie auch zu einer Bösen bzw. Illegitimen aufgebaut habe.

Übeltäter sollten entmachtet werden, so dass sie der Möglichkeit beraubt werden, ihre üblen Absichten in die Tat umzusetzen. Aber das Problematische an der Gewalt ist, dass sie das grundlegendste der menschlichen Grundbedürfnisse, das nach Überleben, gefährdet. Es wird eine *Reaktion* auf die Gewalt-*Aktion* geben.

Eine Möglichkeit ist, dass die Gewaltanwendung die Betroffene dazu bringt, sich wenigstens teilweise als böse zu betrachten, sich zu bessern und ihr Ziel aufzugeben. Dies ist die Begründung für den legalen Gebrauch von Gewalt, die Bestrafung.

Eine zweite Möglichkeit ist die Flucht: Die Betroffene ist nicht verfügbar.

Eine dritte Möglichkeit für die Betroffene ist es, widerstandslos die Gewalt zu erdulden. Das ist üblich, wenn die direkte oder strukturelle Gewalt institutionalisiert ist. Möglicherweise mit vernichtendem Ausgang.

Eine vierte Möglichkeit ist der gewaltsame Widerstand der Betroffenen, auch Rache.

Und die fünfte Möglichkeit ist der gewaltfreie Widerstand.

Gewalt führt nach dem ursprünglichen Konflikt zu einem neuen Konflikt, einem Meta-Konflikt zwischen ‚wehr dich!' und ‚bleib ruhig!' der dann zu einer Meta-Polarisierung wird und dem ursprünglichen Konflikt Nahrung gibt im wohlbekannten Teufelskreis von ‚Gewalt gebiert Gewalt'. In den ersten drei Fällen bekommt das Ich, was es möchte, ebenso in dem Fall, wenn es den gewaltsamen oder gewaltfreien Widerstand bricht. Das nennt man dann eine 'militärische Lösung'. Sie führt zu einer Pause vor der nächsten Runde.

Wieder ist Legitimität das Schlüsselwort. Die besiegte Betroffene kann den Schluss ziehen, sie sei im Unrecht gewesen, illegitim. Dann ist für den glücklichen Ausgang der ersten Geschichte für das Ich gesorgt.

Aber ebenso gut kann die andere zu dem Schluss kommen, dass die Verfolgung ihres Ziels im ursprünglichen Konflikt legitim gewesen sei und Rache fordern, dann geht es wieder von vorne los.

Und/oder die Betroffene kann zu dem Schluss kommen, dass ihr Ziel im Meta-Konflikt – Überleben wollen - legitim gewesen sei, und Vergeltung fordern.

Hier macht die Geschichte eine Wendung in Richtung Tiefenkultur zur Bestätigung der Legitimität, und die nächste Runde beginnt.

Die Geschichte wird in die Länge gezogen, wenn die Möglichkeiten beider Seiten, die andere zu entmachten, etwa gleich groß sind, der

'Sportplatz mit gleichen Chancen'. Es geht eher darum, wie im Sport das Ziel Fairness zu verfolgen, indem man die Gewinnerin herausfindet, als um Abschreckung vom Spielen. Der Archetyp ist das Duell bzw. die Schlacht um individuelle oder kollektive Entscheidung des Konflikts nach dem Motto 'die Gewinnerin bekommt alles'. Dem liegt eine Meta-Geschichte zugrunde, die die Siegerin mit der Legitimierten gleichsetzt. Gemäß dieser Geschichte sieht man die Gerechtigkeit am Werk, wenn man der Entfaltung von Gewalt bzw. des Krieges zusieht.

Gewalt bzw. Krieg ist ein moralisches Spiel. Gott ist auf der Seite der Gewinnerin. Oder wenn nicht Gott, dann die Evolution. Oder bei der Globalisierung ist der Markt auf der Seite der Gewinnerin. Wer verliert, hat es nicht anders verdient. Der Gerechtigkeit ist Genüge geschehen.

Je gleicher die Chancen auf dem Sportplatz sind, um so größer ist das Leiden.

Wie kommt nun ein voll entwickelter Krieg mit Konflikt und Meta-Konflikt, Polarisierung und Meta-Polarisierung und Meta-Meta zu einem Ende? Denken Sie daran, dass ein Krieg Möglichkeit, Motivation und Ziel der Entmachtung voraussetzt. Warum sollte man also das Spiel beenden?

Das erste Szenario ist die Entmachtung einer Seite; es ist unwahrscheinlich, dass beide entmachtet werden. Die Gewinnerin diktiert die Bedingungen.

Das zweite Szenario ist die Kapitulation einer Seite, die die andere nicht entmachten kann. Gleichzeitige Kapitulation ist unwahrscheinlich. Aber die, die kapituliert, kann in den Verdacht geraten, dass sie Reserven für Rache und Vergeltung aufhebt. Darum ist die Kapitulation besser bedingungslos.

Das dritte Szenario ist ein Waffenstillstand durch gegenseitiges Übereinkommen, weil die Kosten zu hoch sind und Entmachtung bzw. Kapitulation nicht in Sicht ist. Die Frage ist, wer fordert den Waffenstillstand aus einer Position der Stärke und wer aus einer der Schwäche?

Das vierte Szenario ist, dass die Gewalt bzw. der Krieg dadurch zusammenbricht, dass die Ziele verloren gehen (oder nicht verfügbar sind), dass die Reserven ausgehen (Truppen, Munition, Geld, Nahrung) oder dass die Motivation aufhört. Gleichzeitiges Zusammenbrechen ist unwahrscheinlich, aber der Zeitpunkt muss nicht für beide Parteien derselbe sein.

Das fünfte Szenario liegt in der westlichen Tiefengeschichte: ein Krieg hat nur einen Höhepunkt, danach kommt das Ende. Hier dient der männliche Orgasmus als Metapher. Wenn beide Parteien diese Deutung teilen, führt ein Höhepunkt in eins der oben genannten Szenarien, und eine der Parteien wird zur Siegerin erklärt.

Die Geschichte führt Gewalt bzw. Krieg auf Gerechtigkeit zurück. Der Krieg ist nicht nur ein gegenseitiges Abschlachten, sondern er hat eine Funktion. Wenn Gott auf der Seite der Gewinnerin ist, dann offenbart der Ausgang des Krieges Gottes Willen. Wenn die Evolution auf der Seite der Gewinnerin bzw. der Tüchtigsten ist, dann offenbart die Evolution mit dem Kriegsausgang ihre Richtung. Wenn einige obenauf schwimmen, denen der Markt Auftrieb gegeben hat, und einige untergehen, dann soll das eben so sein. Sie haben es nicht anders verdient.

Die zweite Geschichte: Eingreifen auf der Seite der Gerechtigkeit

Aber man stelle sich vor, es sei kein Ende in Sicht. Der Krieg zieht sich in die Länge. Oder schlimmer: Die Partei, auf deren Seite Gott ist (sprich: unsere Seite) oder die in der Evolution höher steht (sprich: Demokratie besitzt) oder die den Markt besser verkörpert (sprich: Zugang, Privatisierung), gewinnt nicht. Dann ist die Zeit gekommen, eine zweite Geschichte zu eröffnen: Intervention von außen, so genannter dritter Parteien. Wenn sie sich in den Kampf einmischen wollen, dann müssen sie definitiv Großmächte sein, oder sie werden schweren Schaden nehmen. Und auch Großmächte können ihre Intervention durch die Doktrin des Machtschutzes begrenzen.

Da sie nun zu Konfliktparteien geworden sind, ist die Frage: Welche Ziele haben sie, und sind ihre Ziele legitim? Da sie groß sind, mag man sie verdächtigen, große oder gar Hinter-Ziele zu haben. Humanitätsgedanken bieten Rezepte für Legitimität, aber sie reichen kaum aus, um den Verdacht der Hinter-Ziele zu zerstreuen. Ein Konflikt, und besonders ein gewaltsam ausgetragener Konflikt, erschüttert jedes System. Es kann schon sein, dass dabei lose Brocken umherfliegen, Brosamen, die von außen kommende Parteien auflesen können. Großmächte mögen verdächtigt werden, Vorteile herauszuschlagen zu wollen: beim Wiederaufbau, sogar aus Reparationsverträgen, in Form von Handelsprivilegien, politischer Anhängerschaft, kulturellem Einfluss, Errichtung von Militärbasen und dem Gewinnen militärischer Verbündeter.

Wir betreten jetzt die Geschichte des Konflikts zwischen den Eingreifenden und denen, in deren Angelegenheiten eingegriffen wird. Die Geschichte wird vermutlich die sein, dass die Eingreifenden auf der Seite der Gerechtigkeit eingreifen, um den Sportplatz zu planieren, indem sie der Seite, die im Recht ist, zu einem gerechten Sieg über die Unwürdigen verhelfen und bei der Gelegenheit gleich das Leiden der Unschuldigen vermindern. Im Wesentlichen haben die Eingreifenden drei legitimierende Prinzipien zu verkörpern, um die sich die moralischen Erzählungen spinnen. Die drei Prinzipien Gott, die Evolution und der Markt treffen die Auswahl. Eingegriffen werden muss, damit Gott seine Wahl treffen kann, damit die Evolution ihren Gang nehmen kann, indem sie die belohnt, die am weitesten entwickelt sind, die am ehesten bereit sind, die Prinzipien des Marktes anzunehmen.

Was die Folgen angeht, sieh oben. Alles hängt von der Fähigkeit des Eingreifenden ab, als legitimiert zu erscheinen und nicht nur als eine weitere Partei, die durch die Frage 'Was springt für mich dabei raus?' motiviert ist. *Aus diesem Grund ist es wesentlich, so spät in den Konflikt einzutreten, dass die Parteien eine Chance haben, zuvor einander so zu erschöpfen, dass das militärische Risiko des Eingreifenden gering ist, aber doch früh genug, nämlich ehe die böse Seite gewinnt.* Wenn die gute Seite gewinnt, ist alles in Ordnung. Wenn nicht, können bei Wahl des richtigen Zeitpunkts die Szenarios zu einem Sieg für den Eingreifenden kombiniert werden, der dann die Bedingungen für einen Waffenstillstand, die Art, wie depolarisiert werden soll, und die Bedingungen der Konfliktlösung (zu Gunsten der guten Partei) diktiert.

Der Gedanke an die dritte Möglichkeit ist fast zu schrecklich, aber auch das kommt vor: die böse Seite gewinnt nicht nur gegen die gerechte Seite, sondern auch noch gegen die, die im Namen der Gerechtigkeit eingegriffen haben. Die Geschichte versinkt in einen Albtraum. Nicht nur die Gerechtigkeit Gottes, der das Böse besiegt, steht auf dem Spiel. Gott, der zu schwach ist, konnte nicht allein gewinnen. Aber wenn Gott auch dann nicht gewinnen kann, wenn er durch einen Super-Gott unterstützt wird, was ist in dem Fall die Moral von der Geschichte? Dass wir in der schlechtesten aller Welten leben und das Ende nahe bevor steht? Möglicherweise, und das würde zur Armageddon-Metapher passen.

Aber es gibt noch mindestens drei andere Interpretationen.

Zuerst die schlimme Interpretation: Könnte es sein, dass die Intervention sich selbst erdrosselte, indem sie nicht genügend Fähigkeiten oder Motivation hatte oder weil ihr die Ziele ausgegangen waren? Fehlten die Nerven oder der Wille?

Zweitens, die schlimmere Interpretation: Könnte es sein, dass die Referenzen des Eingreifenden als Katalysator bei der die Gerechtigkeit offenbarenden Handlung nicht gut genug waren? Noch schlimmer, könnte es vielleicht sogar sein, dass sie negativ waren, dass der Eingreifende auf der Seite des Bösen stand?

Drittens, die schlimmste Interpretation: Könnte es sein, dass der Gebrauch von Krieg als Mittel, der Gerechtigkeit zu dienen und um politisch-kulturelle Ziele zu erreichen, grundsätzlich falsch ist?

Das dritte Szenario: Transformation - Depolarisierung – Frieden

In der ersten Geschichte (der nach Clausewitz) ging es um das schnelle oder langsame, aber jedenfalls erfolgreiche Verfolgen eines politischen Zieles, des Konfliktziels, mit militärischen Mitteln. Zu diesem Zweck kann eine im Augenblick entstehende Polarisierung benutzt werden. Man vertraut darauf, dass Gewalt selbst polarisierend wirkt und die Bindungen durch ökonomische Verflechtung, Nachbarschaft, Freundschaft und sogar Verwandtschaft zerreißt. Der Prozess umgeht eine tiefe Polarisierung. Er geht direkt vom ungelösten Konflikt - ungelöst, weil die andere Partei sich weigert, sich zu unterwerfen - zu Gewaltanwendung und Krieg über und schreitet durch einige Schleifen von Meta-Konflikt und Meta-Polarisierung zum Sieg.

In der zweiten Geschichte ging es um schnelles oder langsames, aber erfolgreiches Eingreifen in sich hinziehende Kriegshandlungen. Das geschieht besser durch 'überwältigende Kraft', damit die drei quälenden Probleme am Ende der vorangegangenen Abteilung nicht an die Oberfläche kommen.

Ist in diesem Prototyp vielleicht eine dritte Geschichte verborgen? Sicherlich, und wie die erste Geschichte fängt sie beim Konflikt-Ende der Geschichte an, aber anders als die zweite Geschichte, beginnt sie nicht mit Gewalt. Man kann sie die *Frieden-mit-friedlichen-Mitteln-Geschichte* nennen, die weniger Unterstützung in unserer Tiefenkultur besitzt, da sie neueren Datums ist. Aber auch sie hat einen archetypischen Hintergrund. Bei den jüdischen Propheten, in den Worten Christi und des Propheten finden sich viele Vorschläge für Konfliktlösungen. Aber diese Vorschläge sind oft vom Typ 'tu das lieber (nicht), denn sonst ...'; letzten Endes werden sie vom Zorn des Allmächtigen unterstützt.

Die Geschichte schließt durchaus einen Friedenssicherungs-Prolog nicht aus, mit Hilfe dessen Gewalt reduziert wird, wenn möglich bis zum Nullpunkt, aber dies ist keine 'Friedensbestärkung', die einer Partei gewinnen hilft. Friedenssicherung erfolgt nicht (notwendig) durch das Militär. 'Überwältigende gewaltfreie Macht' kann auch ein Rezept sein, eins, das der Gewalt keinen Raum lässt.

Das erste Kapitel dieser Geschichte ist, dass man sich ein Bild davon macht, was bei dem Konflikt herauskommen soll, ein Bild, das so zwingend ist, dass die Parteien sagen: 'Das ist viel besser als das, was die erste und die zweite Geschichte zu bieten haben, besonders, wenn man das Leiden und die Rache und Vergeltung bedenkt, die sie im Gefolge haben können.'

Das zweite Kapitel ist *die Geschichte der Friedenskonsolidierung*, in anderen Worten der Depolarisierung, wo zerrissenes Gewebe geflickt, indem neues Gewebe unterlegt wird. Das ist viel mehr als 'vertrauensbildende Maßnahmen', die sehr wohl nur kosmetisch sein können, wenn sie nicht in Herz und Geist befestigt und in den Strukturen institutionalisiert sind. Wahrheit für den Geist und Versöhnung fürs Herz!

Das dritte Kapitel ist *gewaltfreie oder mit sehr sanften Gewaltmitteln arbeitende Friedenssicherung*, d.h. Polizei wird eingesetzt, ähnlich wie im zuvor erwähnten Prolog. Aber es gibt für den dritten Faktor auch ein anderes Szenario. Das Bild von einer Konfliktlösung kann Gewalt als irrelevant, unpassend, abwegig erscheinen lassen. Die Waffen werden auf kein Ziel gerichtet, sie verlieren ihre Mission. Sie können ruhig verrosten.

Wir sagen 'Kapitel', aber sie müssen alle gleichzeitig gelesen werden. Und man muss sie in der Öffentlichkeit laut vorlesen und zwar so, dass deutlich wird, die Lesung beruht auf solider Kenntnis des Textes.

Hat man mit dieser Geschichte jemals Erfahrungen gemacht? O ja, aber die beiden vorangehenden Geschichten werden in den Medien so laut vorgelesen, dass sie das öffentliche Bewusstsein betäuben. Das kollektive Unbewusste, die Kriegsschaffende Tiefenkultur, benutzt die Kriegsberichterstattung als langes Förderband. Die dritte Geschichte ereignet sich so häufig, dass sie nicht einmal mehr erzählt, sondern für selbstverständlich gehalten wird. Sie erzählt, wie normalerweise Probleme gelöst werden. Das Bild von einer realisierbaren = annehmbaren + nachhaltigen Zukunft ersteht.

Die Menschen machen sich von dieser Zukunft ein Bild, dann eine Vorstellung und schließlich werden sie sie leben. So einfach ist das.

Die Friedens-Geschichte: Vier Fälle

Der Konflikt zwischen Weiß und Schwarz über die Aufhebung der Rassentrennung in den Südstaaten der USA führte nicht zu einem bedeutenden Krieg (obwohl es Gewalt gab) mit Intervention (obwohl Elemente davon vorhanden waren) und einem Diktat (obwohl es in den Schulen Elemente davon gab und noch gibt). Es gibt die Vorstellung von einer Demokratie, in der jeder Mensch eine Stimme hat, eine farbenblinde Gesellschaft. Dieses Bild gewinnt an Annehmbarkeit, wie man an den unzähligen Einrichtungen im Süden, in denen die Rassentrennung aufgehoben wurde, sehen kann: den Restaurants, den Toiletten und den Erholungsgebieten. Die Depolarisierung zwischen Schwarzen und Weißen nimmt immer mehr zu, einfach weil ein Zukunftsbild von Zusammengehörigkeit praktiziert wird, das zwar für Segregationisten sehr provokativ, auf die Dauer aber unwiderstehlich ist. Die grundlegende Friedenssicherung war gewaltfrei, bis der Prozess sich weitgehend selbst trug. Und das alles ereignete sich in erstaunlich kurzer Zeit. Zweifellos spielte dabei eine Rolle, wer das Konflikt-Ergebnis-Bild propagierte: Es war der Oberste Gerichtshof der USA am 17. Mai 1954. Dieses Bild ersetzte das alte 'getrennt, aber gleich' durch 'nicht getrennt und gleich'.

Auch der Konflikt zwischen Weiß und Schwarz in Südafrika führte nicht zu einem bedeutenden Krieg, sondern nur zu einem Austausch von Gewaltakten zwischen dem Terrorismus und dem Staatsterrorismus, und auch zu keiner bedeutenden Intervention, die ein Ende der Gewalt herbeiführen und den Konflikt regeln sollte. Die Menschen beteiligten sich zunehmend an dem überzeugenden Bild einer Demokratie, in der jeder Mensch eine Stimme hat und die Menschenrechte gelten. An der Spitze gab es eine bedeutende Depolarisierung: die enge und kooperative Beziehung zwischen Mandela und de Klerk. Zweifellos erleichterte die vorangegangene Aufhebung der Rassentrennung in den USA, die ja ohne bedeutende Rückschläge irgendwelcher Art vonstatten gegangen war, die Abschaffung der Apartheid. Es ist gut, wenn man einem virtuellen Bild nachlebt, aber ganz etwas anderes ist es doch, wenn man einen realen Fall hat, der ähnlich genug ist, um dem Bild wirkliche Überzeugungskraft zu verleihen. Zweifellos war auch die friedliche Einigung gleich nebenan, in Rhodesien-Zimbabwe, von Nutzen.

Das Ende des Kalten Krieges ist als Fall der dritten Geschichte, der Friedens-Geschichte, noch eindrucksvoller. Es ist wahr, wir haben schon darauf hingewiesen, dass die Vorgeschichte von Gewalt bzw. Krieg kein ausreichender Grund ist, nicht einmal wenn ungelöste Konflikte und starke Polarisierung sich mit einem Rüstungswettkampf zu einem Kalten Krieg verbinden. Der zugrunde liegende Konflikt war massiv. Es ging um Interessen: *Wer beherrscht Osteuropa?* Und um Werte: *Welche Gesellschaftsform ist besser?* - die Vielparteien- bzw. kapitalistische oder die Einparteien- bzw. sozialistische Gesellschaft? Wenn die erste Geschichte ausgeführt worden wäre, wäre das katastrophal geworden, wie wir an Orten sehen, wo sie zum Teil ausgeführt wurde, in Korea und Vietnam. Und außerdem hätte kein mächtiger Eingreifer zur Verfügung gestanden.

Glücklicherweise folgten die Ereignisse der dritten Geschichte.

Beiden Parteien stand zunächst als Ergebnis vor Augen: Du brauchst nur so zu werden, wie ich bin. Aber das ist keine erkennbar annehmbare Lösung, sondern ein Aufzwängen und Siegenwollen.

Dann begann der Gedanke der Annäherung Wurzeln zu schlagen in Form von sozialer Demokratie oder demokratischem Sozialismus (die erste Ideologie von Solidarnosc) als sich anbietende gemeinsame Basis. Aber es sollte nicht so kommen, weil die im Innern der USA vor sich gehenden Prozesse sich politisch stetig nach rechts bewegten, dem New Deal entsprechend, und die Sowjetunion sich infolge ihrer Unfähigkeit, eine Menge Widersprüche zu überwinden, stetig in Richtung Demoralisierung und Implosion bewegte.

Aber ein anderes überzeugendes Bild kam aus der Friedens- und aus der Dissidentenbewegung: Keine Gefährdungen durch Kernwaffen, keine Gefahr der Nichteinhaltung der Menschenrechte und mehr Demokratie für alle. Die Bewegungen nahmen die Zukunft voraus, indem sie verschiedene und einander ergänzende Segmente des tief polarisierten Ost-West-Systems depolarisierten. Der Widerstand gegen Kernwaffen und Poststalinismus wurde gewaltfrei und erfolgreich geleistet. Die Berliner Mauer fiel. Wir wussten alle, es war vorüber.

Der vierte Fall hat einen anderen Geschmack, weil die Zeit zwischen der ersten und zweiten Geschichte einerseits und der dritten andererseits sich hinzog. Der Spanische Bürgerkrieg 1936-39 zwischen den Loyalen (treu der demokratisch gewählten Volksfrontregierung von Republikanern, Sozialisten, Kommunisten, Anarchisten und katalonischen und baskischen Nationalisten) und den Aufständischen (unter Franco, die die *los poderes fácticos* unterstützten und von ihnen unterstützt wurden, die wirklichen Mächte: Landbesitzer, Militär, Klerus) gründete sich auch auf einen massiven Konflikt zwischen zwei verschiedenen Bildern von der Gesellschaft, wie sie sein sollte. Kommunisten (mit stark anarchistischen Elementen) standen gegen Faschisten, die *falange*. Geschichte 1 wurde mit vielen Schleifen in einem grausamen Krieg mit massiver Polarisierung und einer Millionen Toten in Szene gesetzt. Geschichte 2 ereignete sich mit viel militärischer Hilfe aus Deutschland und Italien für die Aufständischen und einer Internationalen Brigade und spärlicher Hilfe von der Sowjetunion für die Loyalen.

Wer gewann? Zunächst natürlich Franco, der einer unstabilen, tief traumatisierten Gesellschaft sein Bild aufprägte. Aber wer gewann auf die Dauer? Weder die eine noch die andere Seite. Ein sehr überzeugendes Bild lag seit dem Zweiten Weltkrieg in der Luft, oft verdreht, verhindert: eine Viel-Parteien-Demokratie, Menschenrechte, Selbstbestimmung für Minoritäten. Beide Seiten nahmen graduell an diesem Bild Anteil, sie reisten ins Ausland, lebten es und bekamen es von Besuchern bezeugt. Aber Zeit war nötig, sagen wir eine Generation, um die akuteste Phase der Traumatisierung zu überwinden. Das fiel ungefähr mit der Lebenszeit Francos zusammen. Als er im November 1975 starb, von wenigen betrauert, war keine Nacht der langen Messer in Sicht. Die Nachfolger der Loyalen und der Aufständischen trafen sich in einer Viel-Parteien-Kooperation, die insoweit ganz erfolgreich war, dass weder ein faschistisches noch ein stalinistisches Spanien aufgebaut wurde. Sie hatten dabei nur einen kleinen Rückschlag: Den Tejero-Zwischenfall vom 23. Februar 1981 (gescheiterter Putschversuch der Guardia Civil).

Warum funktionierte das nicht im Baskenland, in Nordirland, im Nahen Osten bzw. Israel-Palästina? Warum gibt es da den Friedensprozess nur verbal in der Propaganda, ohne dass wirklich Frieden in Sicht wäre, und statt dessen nur einige Pausen in der Gewalt der Geschichte 1? Und In-Szene-Setzen von Geschichte 2 durch spanische/s und englische/s Polizei und Militär in den beiden ersten Fällen und eine Ablehnung von Geschichte 2 durch Israel im dritten Fall, ohne dass der Sportplatz eben geworden wäre?

Erste Antwort: aus Mangel an einem überzeugenden Bild von der Zukunft. Allgemeine Autonomie des Baskenlandes in Spanien ist weniger, als die Basken wollen; außerdem sind die französischen Basken nicht eingeschlossen. In Nordirland garantiert das Karfreitagsabkommen keine Symmetrie im Waffenbesitz. Die IRA kämpft gegen die Britische Armee und die Polizeikräfte für Nordirland (früher die Königliche Ulster Polizei; bestehend aus etwa 93 Prozent Protestanten) und die paramilitärischen Ulster-Verteidigungstruppen. Und es gibt kein ernst zu nehmendes Bild davon, wie zwei Staaten, Israel und Palästina, Seite an Seite leben können, wenn man bedenkt, dass in jedem Bild Symmetrie herrschen muss in so grundlegender Hinsicht wie dem Recht auf einen Staat, auf eine Hauptstadt und auf Rückkehr.

Zweitens, eine negative Antwort: Die ritualisierte Forderung, dass Waffenstillstand oder sogar Entwaffnung die Voraussetzungen für Depolarisierung und Konfliktlösung am Verhandlungstisch sein müsse. Warum sollten sie die Waffen niederlegen, wenn kein Licht am Ende des Tunnels zu sehen ist, nicht einmal ein Bild als Anreiz dazu, das Ergebnis virtuell auszuprobieren? Auch wenn ihre Besitzer keine bedeutenden Gewaltakte planen, so wirken Waffen doch als Störfaktoren. Warum sollten sie sie dann aufgeben?

Darüber wäre noch mehr zu sagen, aber das soll genügen. Der grundlegende Schluss ist: Die erste Geschichte führt zu Rache und Vergeltungs-Forderungen. Die zweite Geschichte zäumt das Pferd beim Schwanz auf, indem sie fordert, die Menschen sollten das schon am Anfang tun, was sie frühestens am Ende tun werden. Die Friedens-Geschichte verspricht mehr.

Was allerdings nicht bedeutet, dass sie unfehlbar wäre. Wie Naturmedizin heilt sie, ohne zu schaden, aber sie braucht mehr Zeit als ein gewalttätiges Antibiotikum. Die Menschen müssen sich in einem virtuellen Test eines konkreten Friedensvorschlages engagieren. Man braucht viel psychische Beweglichkeit; es muss etwas 'Überzeugendes' und 'Unwiderstehliches' sein. Der Vorschlag muss so gut sein, dass der Zeitfaktor eine geringe Rolle spielt. Es widerspricht der Vernunft zu glauben, dass so kreative Vorschläge von einem Verhandlungstisch aufsteigen, um den Menschen sitzen, die eben noch in einem Tunnel waren, die sich eben noch gemäß Geschichte 1 und 2 gegenseitig umbrachten. Wie sollten sie plötzlich auf Geschichte 3 umschalten können?

Die alte und nicht so alte Geschichte spricht durch die Geschichten 1 und 2 zu uns. Wir wissen, dass primitive Gesellschaften Gewaltrituale gebrauchen, um einen Konflikt beizulegen. Wir wissen auch, dass die traditionelle Gesellschaft Gottes Finger und die von Ihm gewählten Werkzeuge, die Könige, bemüht. Und wir wissen, dass die moderne Gesellschaft mit dem Staat als Nachfolger der Könige zum Ausführen des atavistischen Rituals, dazu die Idee des Sozialdarwinismus der Evolution und jetzt noch die Demokratie-mit-Markt als krönende Vollendung zum Ende der Evolution bzw. Geschichte führt.

Auf dem Spiel steht mehr als die Macht des/der mächtigsten Staates/Staaten. Ein ganzes Syndrom miteinander verbundener Glaubenssätze tief im kollektiven Unbewussten, darunter der Gedanke vom 'der Gerechtigkeit überliefern', auf dem Schlachtfeld und schließlich im Gericht, ist damit verbunden. Und wir wissen, wie subversiv der Friedensgedanke ist, den die dritte Geschichte enthält, der den Atavismus der Gewalt abschneidet und direkt auf die Lösung zuführt, die er durch Depolarisierung und so viel gewaltfreie Kontrolle der Gewalt wie möglich befestigt. Der Frieden steht links, nicht weil linke Leute pazifistischer wären, sondern weil sie weniger an die beiden ersten Geschichten glauben. Möge sich dieser Gedanke ausbreiten und schließlich von allen geteilt werden!

Und was machen die meisten Journalisten und Politiker daraus?

1. *Sie lassen die ungelösten Konflikte und Polarisierungen* unbeachtet und konzentrieren sich nur auf Gewalt, die dann irrational und autistisch wirkt. *Beispiel:* 'Terrorismus' (vgl. Chalmers Johnson, Ein Imperium verfällt: Ist die Weltmacht USA am Ende?).

2. Sie verwechseln die Konfliktarena - wo sich die Gewalt bzw. 'Aktion' abspielt - mit der Konfliktformation, die alle Parteien umfasst, die ein Interesse an dem Ergebnis haben.
   Beispiel: Das Hauptaugenmerk liegt auf den Gewalt anwendenden Parteien in Nordirland, nicht auf den 85 Prozent der Bevölkerung, die sich Frieden mit friedlichen Mitteln wünscht.

3. *Dualismus. Die Zahl der Konfliktparteien wird auf 2 und die der Streitpunkte auf einen reduziert.* Man kümmert sich nicht um versteckte Parteien, die sich als Mediatoren und Themen darstellen.
   Beispiel: Deutschland wurde als bedeutende Konfliktpartei mit ihren eigenen Zielen in Jugoslawien ausgespart (vgl. Matthias Küntzel, Der Weg in den Krieg); Klasse und Geschlecht als bedeutende Themen in Jugoslawien wurden ebenfalls ausgespart.

4. *Manichäismus: Eine Partei wird als böse, die andere als gut dargestellt*, die Polarisierung wird (wieder) verstärkt, dem Bösen wird keine Stimme zugestanden.
   Beispiel: Die Standard-Bilder von Serbien, Indonesien, Saddam Hussein. Man nimmt Partei, gewöhnlich dieselbe wie die Regierung des eigenen Nationalstaates.

5. *Armageddon: Gewalt wird als unausweichlich dargestellt*, Alternativen werden nicht genannt, die böse Partei wird wegen ihres Autismus getadelt.
   Beispiel: Der NATO-Krieg gegen Jugoslawien (Serbien), viele Gründe für die Aktion werden nicht genannt, ihre Existenz wird geleugnet. Es führt zu nichts Gutem, dass Dualismus/ Manichäismus/Armageddon Grundelemente der westlichen, jüdisch-christlichen und islamischen Tiefenkultur sind.

6. *Sie übergehen strukturelle Konflikte, Polarisierung und Gewalt* wie Ghettos und Flüchtlingslager und berichten nur über direkte Gewalt.
   Beispiel: 100 000 und mehr sterben täglich an Hunger und Krankheit.

7. *Sie lassen die Leidtragenden außer Acht*, wenigstens zehn je Opfer, und ihren Wunsch nach Rache und Vergeltung, der die Gewaltspirale antreibt.
   Beispiel: Fast jeder Konflikt außer 'unseren' prominenten Leidtragenden.
8. Sie untersuchen nicht die Gründe für das In-die-Länge-Ziehen und die Eskalation, im Besonderen die Rolle der Medien beim In-Gang-Halten der Gewalt.
   Beispiel: Waffenlieferung an die Parteien, z.B. Sri Lanka.
9. *Sie untersuchen nicht die Ziele der Eingreifenden.* Großmächte neigen dazu, sich einzuschalten, wenn ein System durch Konflikt und Gewalt brüchig geworden ist; sie lesen die Brosamen auf und gewinnen eine sichere Ausgangsposition.
   Beispiel: Die 'internationale Gemeinschaft' in Jugoslawien, es fehlt die Camp-Bondsteel-Geschichte, die deutsche Protektoratspolitik.
10. Sie unterlassen es, Friedensvorschläge und überzeugende Bilder zu untersuchen.
    Beispiel: Der Vorschlag von Pérez de Cuéllar vom Dezember 1991 zur Lösung des jugoslawischen Konflikts; die Arbeit von Bürgergruppen.
11. *Sie verwechseln Waffenstillstände und Konferenzen mit Frieden* und wecken übertriebene Erwartungen, wenn sich die 'Kriegsherren' zu Friedensverhandlungen treffen. Damit folgen sie der üblichen Regierungs-Agenda: Waffenstillstand - Verhandlung - Frieden.
    Beispiel: Afghanistan, keine Beachtung der Friedensbilder.
12. *Sie übergehen Versöhnung*, die für Depolarisierung grundlegend ist. *Beispiel*: Jeder Konflikt, z.B. Äthiopien - Eritrea.

Kapitel 0.2

Frieden: Das Ziel und der Weg

Kai Frithjof Brand-Jacobsen

Konflikte gibt es auf allen Ebenen, innerhalb von und zwischen Einzelnen, Gemeinschaften, Ländern und Kulturen. Konflikte sind naturgegeben. Menschen jeglicher Herkunft, Kultur, Klasse, Nationalität, jeden Alters und Geschlechts erfahren Tag für Tag Konflikte. Wichtig ist nicht, ob Konflikte an sich *gut* oder *schlecht* sind, sondern wie wir mit ihnen umgehen.

Kriegskultur und *Krieg* hervorrufende Reaktionen auf Konflikte konzentrieren sich auf den Aspekt *Konflikt als Zerstörer*. Konflikte werden hier als Kampf zwischen Gut und Böse, Schwarz und Weiß, als Null-Summen-Spiel gesehen, wo der Sieg des einen auf der Niederlage der anderen beruht: Der eine gewinnt auf Kosten der anderen so viel, wie dieser verliert. Friedensforscher, Friedensarbeiter und andere setzen sich seit ein paar Jahrzehnten für eine alternative Kultur und eine andere Methode des Umgangs mit Konflikten ein. Sie sehen den *Konflikt als Schöpfer* und erkennen die positiven, konstruktiven und kreativen Möglichkeiten, die in jeder Konfliktsituation liegen.

Diese Unterscheidung entspricht der zwischen *dukkha* und *sukha* im Buddhismus/Hinduismus. *Dukkha* ist der Zustand des Leidens, zerstörerisch, negativ und schädigend - ein Zustand von Gewalt bzw. Krankheit -, während *sukha* Segen, vollständiges Glück, Nirvana ist - ein Zustand von Frieden bzw. Gesundheit. Auch das chinesische Symbol für Krise zeigt die beiden Gesichter des Konflikts: Es ist die Verbindung der beiden Symbole für Gefahr und Gelegenheit. Krisen und Konflikte können beide Möglichkeiten enthalten: Sie können entweder zur Verschlechterung einer Situation oder einer Beziehung führen und mit ihrer zerstörerischen Dynamik einem oder allen Beteiligten großes Leid zufügen oder sie können als Gelegenheit gesehen werden, ein höheres konstruktiveres, positives Ziel zu erreichen, wenn man sich darum bemüht, die Widersprüche innerhalb eines Systems, einer Beziehung oder einer Kultur zu überschreiten und zu überwinden.

Oft wird angenommen, dass 'Konflikt' und 'Gewalt' ein und dasselbe wären.

Das kommt daher, dass man glaubt, Konflikt und Gewalt wären nicht voneinander zu trennen, dass Gewalt die einzige und/oder die beste Methode wäre, auf Konflikte zu reagieren, und dass die einzige Art und Weise, mit Konfrontationen oder Differenzen umzugehen, 'gewinnen', 'die andere Seite' 'zerstören' oder 'schlagen' wäre, bzw. 'sich zu rächen', wenn einem Unrecht geschehen ist. Gewalt ist nur eine von vielen Möglichkeiten, und zwar die, die auf einer *Kriegskultur* und auf *Gewalt hervorrufenden* Reaktionen auf schwierige Situationen beruht. Wenn wir erkennen, dass es verschiedene Weisen gibt, mit Konflikten umzugehen, können wir kreativere, konstruktivere und brauchbarere Methoden als die üblicherweise praktizierten suchen und finden.

Mit Hilfe solcher Methoden wollen wir die zugrunde liegenden Widersprüche zur Sprache bringen und überschreiten, die oft die Wurzel von Konflikten bilden, die zwischen Einzelnen, Gemeinschaften, Ländern und Kulturen auftreten und die in jedem von uns liegen.

Wenn man automatisch Konflikt mit Gewalt assoziiert, dann entsteht der falsche Eindruck, dort, wo keine direkten oder offenen Gewaltakte geschehen, wären keine Konflikte. Das führt dazu, dass Journalisten, Politiker, 'Experten' und andere so lange warten, bis Gewalt ausgebrochen ist, bevor sie sich mit einem Konflikt beschäftigen oder nach Lösungen suchen. Wenn ein Konflikt schon die Schwelle zur Gewalt überschritten hat, ist das wahrscheinlich das deutlichste Zeichen dafür, dass er bis dahin schlecht gehandhabt, nicht zur Sprache gebracht oder einfach übersehen wurde.

Deshalb hat Johan Galtung das 'Gewalt-Dreieck' entwickelt, das drei verschiedene Gewaltformen voneinander unterscheidet, die eng miteinander verbunden sind.

Die erste Form, die *direkte Gewalt*, bezieht sich auf *physische Gewaltakte*, z.B. ein Mann schlägt seine Frau, Kinder kämpfen in der Schule miteinander, Soldaten ziehen in den Krieg. *Direkte Gewalt* ist nur *eine* mögliche Form von Gewalt, sie tritt am deutlichsten zu Tage, wird in unsere Häuser ausgestrahlt und täglich in vielen verschiedenen Formen an uns herangetragen. In ihrer extremsten Form, dem Krieg, hat die direkte Gewalt seit 1990 40 Millionen Menschenleben gefordert, fast genauso viele wie der Zweite Weltkrieg. Wenn wir noch die Menschen hinzuzählen, die im letzten Jahrzehnt durch direkte *intra*-personale (Selbstmord) und direkte *inter*-personale (Mord, Kindestötung) Gewalt gestorben sind, wird die Zahl zwei- bis dreimal so hoch. Auch Missbrauch, Vergewaltigung und Körperverletzung sind Anwendungen direkter Gewalt.

Der zweite Eckpunkt des Gewalt-Dreiecks, *strukturelle Gewalt*, ist oft viel schwerer zu erkennen und zu begreifen. Es ist die Gewalt, die in soziale, politische und ökonomische Systeme eingebaut ist, die Gesellschaften, Staaten und die Welt strukturieren. Strukturelle Gewalt äußert sich in der unterschiedlichen Verteilung von Waren, Ressourcen, Chancen usw. auf verschiedene Gruppen, Klassen, Geschlechter, Nationalitäten usw.; sie ist die Gewalt, die durch die Strukturen vorgegeben ist, die die Beziehungen lenken. Es ist die Differenz zwischen dem, was sein kann bzw. dem Bestmöglichen, und dem, was ist. *Strukturelle* Gewalt verhält sich zur *direkten* Gewalt wie die neun Zehntel eines Eisbergs, die dem Blick entzogen sind, zu der Spitze, die aus dem Wasser ragt.

Beispiele für strukturelle Gewalt sind Apartheid, Patriarchismus, Sklaverei, Kolonialismus und Imperialismus, die früheren autoritären Staatsregime in Osteuropa, der heutige globale Imperialismus/ Kapitalismus (oft Globalisierung, Globalismus genannt). Hinsichtlich zu beklagender Menschenleben, Elend und menschlichen Leidens ist strukturelle Gewalt die weit verheerendere und destruktivere Form von Gewalt, soweit das bisher erforscht wurde. Dass etwa 30 Millionen Menschen jährlich verhungern, ist nur *ein* extremer Ausdruck von struktureller Gewalt unter manchen anderen. Dass jährlich eine Billionen US $ für die Produktion von Rüstung und Waffen (das entspricht zwei Millionen US $ pro Minute) statt für Schulen, Gesundheit, Nahrung, soziale Infrastruktur und Entwicklung aus- gegeben werden, ist das Ergebnis einer Struktur der Gewalt (und eindeutig politische Entscheidung von Körperschaften und Regierungen), die die Produktion von Todesinstrumenten der Investition in Schaffung und Verbesserung von Lebensbedingungen vorzieht.

Die dritte Form (oder der dritte Aspekt) von Gewalt ist *kulturelle Gewalt*. Auf der einen Ebene sind es die Aspekte einer Kultur, die Gewalt *legitimieren* oder sie als *annehmbares* Mittel bei der Reaktion auf einen Konflikt erscheinen lassen. Dass Gewalt als 'normal', 'ok' oder gar als 'stark' gilt, ist ein Ausdruck *kultureller Gewalt*. Der Grad, in dem Gewalt in fast alle Gebiete unserer Kultur eingedrungen ist - besonders in die Musik, das Fernsehen und einen großen Teil der Unterhaltungsliteratur - , ist ein Ausdruck und eine Form der *kulturellen Gewalt* (und nicht einfach ein Abbild der 'Welt, in der wir leben', wie so oft behauptet wird).

Auf einer tieferen Ebene dagegen braucht man den Begriff *kulturelle Gewalt*, um zu verstehen, wie eine Gemeinschaft oder Einzelne sich selbst in Beziehung zu sich selbst, zu 'anderen', zu ihrer Gemeinschaft und zur Welt sehen und wie diese Sichtweise ihre Reaktion auf Konflikte beeinflusst. Wenn eine Nation oder Gruppe sich für 'auserwählt' hält (von Gott, durch Geschichte, Rasse, Nation, Zivilisation, Geschlecht oder den Markt), wenn sie glaubt, sie sei 'den anderen' überlegen, wenn sie die Welt schwarz-weiß sieht, als Kampf des Guten gegen das Böse, als Null-Summen-Spiel mit nur einem möglichen Ergebnis, nämlich Gewinn bzw. Verlust, wird das einen Einfluss darauf haben, ob sie sich dafür entscheidet, bei der Konfrontation mit einem Konflikt gewaltsam oder konstruktiv zu reagieren. Auch die 'Entmenschlichung' anderer, wenn man sie als 'geringer' und 'wertlos' darstellt und ihnen völlig negative, selbstsüchtige oder sogar 'üble' Motive unterstellt, alles das sind Komponenten *kultureller Gewalt*. *Kulturelle Gewalt* findet ihren Ausdruck in Rassismus und Fremdenfeindlichkeit ebenso wie in Imperialismus, Patriarchat und Neoliberalismus (obwohl die oft das Ergebnis von Unsicherheiten und Ängsten derjenigen sind, die sich dafür einsetzen). Die Dualismus-Manichäertum-Armageddon-Formel drückt das treffend aus. Ein weiterer Indikator findet sich im 'kollektiven Gedächtnis' einer Gemeinschaft oder Nation, das gemeinsame Mythen und die Erinnerung an Zeiten von Verletzung oder Ruhm enthält, die in ihrer Geschichte zelebriert wurden.

Keine Kultur ist ausschließlich schwarz oder weiß, gewalttätig oder friedlich. Ebenso wie es Elemente von *Gewaltkultur* in fast allen Kulturen der Welt gibt, so gibt es in ihnen Elemente von *Friedenskultur*. Das chinesische Symbol von Yin und Yang zeigt die Beziehung zwischen *Friedenskultur* und *Gewaltkultur* besser als Schwarz-weiß-Malerei es vermag. Wenn wir das auf Religion übertragen, dann können wir erkennen, dass die Unterschiede zwischen den harten (ein zorniger, rächender Gott, Gott der Zerstörer, Gericht, Exkommunikation, Krieg gegen Ungläubige und Abtrünnige) und den sanften Aspekten (die Sanftmütigen sollen die Erde besitzen, die andere Wange hinhalten, das Himmelreich auf Erden und in jedem von uns, liebe deinen Nächsten wie dich selbst, gehe mit dem/der, der/die im Frieden geht) *innerhalb* einer Religion oft größer sind als der Unterschied *zwischen* verschiedenen Religionen (oder auch Kulturen).

Nebenbei bemerkt: Die Unterscheidung zwischen Ideologie und Kosmologie ist wichtig. Ideologie kann als System von Gedanken und grundlegenden Verstehensstrukturen verstanden werden, die bewusst konstruiert sind und an denen wir haften, um Verständnis und Interpretation der Welt, unserer Gemeinschaft und unseres Selbst zu formulieren, wie sie/es ist oder wie sie/es sein sollte. Kosmologie dagegen liegt auf einer tieferen Ebene. Wieder ist die Metapher vom Eisberg mit seinen unsichtbaren neun Zehnteln unter der Wasseroberfläche angemessen.

Kosmologie ähnelt Freuds „kollektivem Unbewussten", und man kann vom Einzelnen auf die Gemeinschaft schließen. Kosmologien, auch Tiefenkulturen genannt, sind aus 'Annahmen' und nicht hinterfragten

Glaubenssätzen zusammengesetzt, die Menschen in ihrer Eigenschaft als Mitglieder einer Gemeinschaft erben und die sie weitergeben. Sie sind die grundlegenden Werte, die den Boden bereiten, auf dem unsere 'bewussten' Werte sich entwickeln, die dann ausgedrückt werden. Einige der oben bei der Untersuchung kultureller Gewalt genannten Beispiele können als Ausdruck von Annahmen der *Kosmologie* gesehen werden. Diese Annahmen bewusst zu machen und zu verstehen, wie sie sich auf unsere Handlungsweisen und Entscheidungen auswirken und sie beeinflussen, ist eine Vorbedingung für die Möglichkeit, sie zu verändern, und ein wichtiger Schritt bei der Förderung friedlicher und konstruktiver Methoden zur Transformation von Konflikten.

Die drei - bisher auf Gewalt bezogenen - Kategorien *direkt, strukturell* und *kulturell* können auch sinnvoll beim Nachdenken über Frieden angewandt werden. Sie helfen uns zu unterscheiden:

1. *direkte* Handlungen zur Unterstützung des Friedens und der Konflikttransformation wie z.B. Dialog, aktive Gewaltfreiheit und gewaltfreier Kampf, die Weigerung, sich Ungerechtigkeiten, Unterdrückung und Gewalt bzw. Grausamkeit zu unterwerfen oder sie zuzulassen;
2. *Strukturen*, die die Befriedigung der Bedürfnisse aller Mitglieder einer Gemeinschaft ermöglichen, indem sie Einzelnen und Gruppen Gelegenheit bieten, all ihre Möglichkeiten zu entwickeln, d.h. Strukturen, die weder ausbeuten noch unterdrücken noch dem Einzelnen oder einer Gruppe ihre Rechte verweigern und
3. *Friedenskultur*, die Frieden als Wert fördert, die Unterschiede respektiert und würdigt, die die politischen, bürgerlichen, sozialen, ökonomischen und kulturellen Rechte aller Einzelnen, Gemeinschaften und Gruppen beschützt bzw. fördert und die *ein- und nicht ausschließt* (nach eigener Wahl und aufgrund von Dialogen, nicht durch Zwang).

Dies sind nur einige Beispiele, die sich durch Gespräche und weiteres Nachdenken leicht vermehren lassen.

Ein weiteres wichtiges Werkzeug zum Verstehen von Konflikten ist das - ebenfalls von Johan Galtung gefundene - *Konfliktdreieck*. Die drei Eckpunkte des Dreiecks sind A (attitudes: *Annahmen/Einstellungen*), B (behaviour: *Verhalten*) und C (contradiction: *Widerspruch*).

Annahmen/Einstellungen beziehen sich auf Gefühle und Gedanken der Konfliktparteien, darauf, wie sie einander sehen - mit Achtung und Liebe oder mit Verachtung und Hass - , wie sie ihre eigenen Ziele und den Konflikt wahrnehmen. *Verhalten* bezieht sich darauf, wie die Konfliktparteien im Konflikt handeln - wollen sie gemeinsame Interessen finden und konstruktiv und kreativ handeln oder wollen sie 'der anderen' Verlust und Schmerz bereiten? *Widerspruch* bezieht sich auf das/die aktuellen Thema/en und darauf, worum es im Konflikt geht. Die Konfliktparteien fassen die Widersprüche und Themen, die dem Konflikt zugrunde liegen, oft verschieden auf. Meist liegen diese vollständig im Dunkeln und Verborgenen, da Parteien und Akteure aller Seiten - einschließlich der Medien - sich lieber auf *Annahmen/Einstellungen* und *Verhalten* konzentrieren, entweder das eigene (üblicherweise in günstigem Licht) oder das der anderen (üblicherweise in ungünstigem Licht).

Wie aus Diskussionen mit Teilnehmern, aus Gesprächen und Trainingsprogrammen mit Konfliktparteien in der ganzen Welt hervorgeht, sind einige der *Annahmen/Einstellungen* (sowohl kognitive als auch emotionale), von denen Menschen sagen, sie hätten sie während eines Konflikts oft eingenommen, die folgenden: Die andere tadeln, ihre Handlungsweise als 'Grund' für den Konflikt ansehen und 'Angst', 'Hass' oder 'Unsicherheit' empfinden. Das Verhalten der Konfliktparteien ist, besonders dort, wo strukturelle oder kulturelle Gewalt herrscht, oft gewalttätig. Sie wollen ihr ersehntes Ziel durch Zwang erreichen, oder eine der Konfliktparteien versucht der anderen ihre Ansichten aufzuzwingen. Das wird noch weiter durch die herrschende 'realistische' Interpretation des Machtbegriffs gefördert: Wer die Macht besitzt, kann die andere dazu zwingen, auf die von ihm gewünschte Weise zu handeln. Die Macht *zu etwas* oder *für etwas/jemanden* wird vollständig ignoriert oder ausgeschlossen, da die Konzentration einer Kriegskultur auf Macht *über etwas/jemanden* (und damit auf die Begriffe Herrschaft - physische, soziale, ökonomische und im weiteren Sinne -, Kontrolle, Gewaltherrschaft und 'Macht ist Recht') als normal angesehen wird. Die den Konflikten zugrunde liegenden Widersprüche und die Dinge, um die es in den Konflikten tatsächlich geht, können zahlreich sein, da jeder einzelne Konflikt oft verschiedene Widersprüche und Themen enthält und gewisse Konflikte sich räumlich oder zeitlich überlappen. Wichtig, ja entscheidend, wenn eine Methode zur Friedensbewahrung und eine konstruktive Konflikttransformation erfolgreich sein sollen, ist Folgendes: Die Themen und Widersprüche müssen ausgemacht und auf eine Weise zur Sprache gebracht werden, dass sich alle Parteien in den Lösungsprozess einbezogen fühlen und dass die Grundbedürfnisse keines der Beteiligten verleugnet, ignoriert oder zurückgewiesen werden.

Verschiedene Ideologien und Philosophien wählen unterschiedliche Eckpunkte des Konfliktdreiecks für ihren Kritikansatz. Im Folgenden wird das vereinfacht dargestellt:

Die liberale Fokussierung - auf Annahmen/Einstellungen/ Glaubenssysteme. Die angemessene Reaktion auf Konflikte liegt darin, die Menschen dazu zu bringen, einander zu lieben, die Parteien/Akteure zu 'zivilisieren', aufzuklären und vernünftiger zu machen.

Die konservative Fokussierung - auf Verhalten/Handeln. Handlungen sollen unterdrückt werden, die als negativ, das System bedrohend gelten, und zwar durch Gesetze, Einkerkerung, mehr Polizei auf den Straßen und mehr 'Kriminelle' im Gefängnis.

Die marxistische Fokussierung - auf Strukturen. Die Lösung von Konflikten wird in der Umgestaltung der Gewalt-, Ungerechtigkeits- und Ausbeutungsstrukturen gesehen.

Das Problem ist Exklusivität: dass nur ein Eckpunkt des Konfliktdreiecks gesehen wird und die anderen ignoriert werden. Eine mögliche Lösung dieses Problems und ganz allgemein eine gute Methode für Konflikt- und Friedensarbeit ist es, anstelle der Entweder-oder-Haltung die Sowohl-als-auch-Haltung einzunehmen. Diese Haltung wird von Organisationen wie TRANSCEND, ICL/ Praxis for Peace, dem Peace Action, Training and Research Institute of Romania (PATRIR) und vielen anderen eingenommen, die erkennen, dass Konflikte an jedem der drei Punkte aufbrechen können und dass sie auch von jedem der drei Punkte aus sowohl verstärkt und gesteigert als auch transformiert und vermindert werden können. Potentielle Konflikttransformationen müssen alle drei Eckpunkte des Dreiecks – Annahmen/Einstellungen, Verhalten und Widersprüche - mit einbeziehen, wenn sie konstruktiv, dauerhaft und erfolgreich sein sollen.

Frieden mit friedlichen Mitteln schaffen, eine Formel:

- für Annahmen/Einstellungen: *Empathie*
- für Verhalten: Gewaltfreiheit/Friedenskampf
- für Widersprüche: *Kreativität*

Dabei gibt es eine Schwierigkeit: Unsere Bildung und Erziehung bereiten uns nicht auf diese Aufgabe vor. Der Geschichtsunterricht stellt Kriege, Gewalt und die Geschichte von Eliten (Kaisern, Königen, Königinnen, Generälen, Präsidenten) und Verträge (die oft Kriege beenden, die von Kaisern, Königen, Königinnen, Generälen und Präsidenten angezettelt wurden) in den Mittelpunkt; die Medien konzentrieren sich auf Gewalt und auf Entscheidungen, die von Eliten getroffen wurden, und oft auf Personen, die den Krieg unterstützen oder die

'Extremisten' genannt werden. Sie lehnen es ab, sich auf alternative Visionen, Wahlmöglichkeiten und Vorschläge zur friedlichen Umgestaltung von Konflikten und auf diejenigen einzulassen, die für den Frieden arbeiten. Statt dessen beschäftigen sie sich mit Gewalt und Strukturen und Kulturen, die Hierarchien, der Macht von Eliten (gemeinhin Männer in mittlerem Alter), Ausbeutung, Ungleichheit, Militarismus und Gewalt (wieder) Geltung verschaffen.

Die Herausforderungen sind zweifellos vorhanden und mögen oft entmutigend oder gar überwältigend sein und zu Apathie, Pessimismus, Ohnmachtsgefühlen und der Überzeugung führen, dass 'ich/wir nichts daran ändern kann/können'. Die Geschichte der Kriege in den letzten Jahren, Jahrzehnten und Jahrhunderten bietet reichlich Beweise für das, was passiert, wenn die *Veranlassungen von Gewalt* nicht zur Sprache gebracht und angegangen werden. Notwendig ist es deshalb, sie zur Sprache zu bringen und einen Gewalt hervorrufenden und verstärkenden Umgang mit Konflikten und dem Leben allgemein zu *transzendieren*. Wir müssen uns mit Werkzeugen, Fähigkeiten und Kenntnissen versehen, um Menschen zu ermutigen ('Ich/wir kann/können'), und wir müssen Strukturen (oder Strukturlosigkeit) und Kulturen schaffen, die den Frieden fördern.

Die Ansicht vom *Konflikt als Schöpfer* soll die Ansicht vom *Konflikt als Zerstörer* ablösen.

Ein wichtiges Mittel, um das zu erreichen, ist die Betrachtung eines Konflikts unter den drei Gesichtspunkten: Diagnose - Prognose - Therapie. Das Modell kommt aus der Medizin. Es betont die Beziehung zwischen Gesundheit und Frieden, dem ersehnten Ziel, einerseits und Krankheit und Gewalt, die vermieden, denen vorgebeugt und die transzendiert werden sollen, andererseits. Diagnose umfasst Analyse und Vermessen der Situation bzw. des Konflikts. Wer sind die Akteure? Was sind ihre Ziele, Bedürfnisse, Interessen? Diese Fragen sollten in Hinsicht auf alle Akteure/Parteien gestellt, niemand sollte ausgenommen werden. Bei der Analyse wird auch das A-B-C-Dreieck – Annahmen/Einstellungen, Verhalten, Widersprüche - auf alle am Konflikt beteiligten Akteure und das D-S-K-Dreieck - direkt, strukturell, kulturell - auf den Konflikt angewandt. Worauf kommt es an? Dass die Darstellung des Konflikts so sorgfältig und vollständig wie möglich ist. Komplexität wird der Vereinfachung vorgezogen: Je mehr Akteure und Interessen einbezogen werden, um so größer ist die Möglichkeit, zu einem kreativen Ansatz zur Umgestaltung des Konflikts zu kommen.

Wir überwinden die vereinfachende Kriegskultur-Lehrbuch-Erklärung von Konflikten, die folgende Fehler begeht:

1. Sie reduziert die Zahl der Akteure auf zwei: A und B.
2. Sie reduziert die Erklärungsfaktoren auf einen: die üblen Machenschaften der 'bösen' Partei.
3. Sie reduziert die Haltungen auf 'weiß' und 'schwarz', 'gut' und 'böse'.
4. Sie bietet eine manichäische Vision des Kampfes: Gott gegen das Böse.
5. Sie entmenschlicht und dämonisiert 'die andere'.
6. Sie personifiziert den Konflikt: Irak auf Saddam Hussein, Somalia auf Mohamed Farah Aideed, Jugoslawien auf Slobodan Milosevic, Rumäniens Probleme auf Ceausescu, Terrorismus auf Osama bin Laden.
7. Sie reduziert Methoden des Kampfes bzw. des Umgangs mit Konflikten auf Gewalt (D, S, K: direkte, strukturelle, kulturelle).
8. Sie reduziert die möglichen Ergebnisse auf Gewinn - Verlust, entweder – oder.

Eine gute Diagnose muss eine Darstellung enthalten, die so vollständig wie möglich ist, einmal von der *Ausbildung* des Konflikts und dann von seiner *Geschichte* bzw. seiner Entwicklung. Die Darstellung des Konflikts sollte alle Akteure und Parteien des Konflikts mit einbeziehen, nicht nur die innerhalb eines Landes bzw. einer Konfliktzone. Eine Analyse des Krieges in Bosnien, die sich nur auf Serben, Muslime und Kroaten beschränkt, ohne die Verstrickung ausländischer Mächte (der USA, Deutschlands, der EU, Russlands, des Iran usw.) zur Sprache zu bringen, vereinfacht unzulässig und kann nicht zu vollständigem Verständnis und eingehender Analyse des Konflikts oder dessen, was ihn in die eingeschlagene Richtung (z.B. Gewalt) drängte, vorstoßen. Deshalb sollte die Analyse der Ausbildung eines Konflikts alle Parteien und Akteure, die am Konflikt beteiligt sind, einschließen, also auch *Friedensakteure* und alle, die durch den Konflikt berührt werden, nicht nur die *Kämpfenden* oder die, die Gewalt gebrauchen, um ihre Ziele zu erreichen. *Friedensakteure* sollten ebenso wie *Gewaltakteure* als Gruppen oder Einzelne gesehen werden, die oft beiden Kategorien angehören: diejenigen, die Gewalt gebrauchen, als potentielle Akteure für den Frieden und diejenigen, die für den Frieden arbeiten, als potentiell auf der Seite der Gewalt. *Konfliktgeschichte* umfasst die gesamte Geschichte bzw. Entwicklung des Konflikts, nicht nur Anfang und Ende der Gewalt. Wo liegen die Wurzeln des Konflikts? Wie ist seine Geschichte? Wie hat er den Zustand erreicht, in dem er jetzt ist? Wichtig ist, dass die Art und Weise, wie die Konfliktparteien die Geschichte des Konflikts sehen, respektiert und verstanden wird. Allerdings sollte die Sichtweise der Parteien die Friedensarbeiterin weder einengen noch sie davon abhalten, andere Interpretationen bzw. Analysen in Betracht zu ziehen. Worauf es ankommt, ist, dass die Konfliktparteien bzw. -akteure nicht das Gefühl haben, ihre Perspektive und ihre Meinungen seien nicht beachtet worden, etwas, das nur allzu häufig in den meisten herkömmlichen Ansätzen zum 'Frieden'-Schließen vorkommt.

Prognose - Wohin führt der Konflikt? Was könnte passieren? Wie werden möglicherweise Zukunft und Ergebnisse aussehen, wenn wir von unserer Diagnose der Situation ausgehen? Prognose ist wichtig, weil man einerseits den möglichen Schaden, die mögliche Verheerung voraussieht, die dann entstehen werden, wenn man den Konflikt nicht konstruktiv angeht, und weil man andererseits erkennt, welche Visionen, Ideen und Möglichkeiten sich bei konstruktivem Umgang mit dem Konflikt ergeben können.

Therapie - ist auf vielerlei Weise die wichtigste und größte Herausforderung. Wenn eine bestimmte Konflikt-Therapie erfolgreich sein soll, muss sie auf gute *Diagnose* und *Prognose* gegründet sein. Wie bei der Gesundheit beruht gute Therapie (Was hat zu geschehen, um zur Gesundheit bzw. zum Frieden zurückzukehren oder sie/ihn herzustellen?) auf einer guten Diagnose (Worin besteht die Krankheit bzw. welches sind die Gründe für die Gewalt und was könnte Krankheit bzw. Gewalt vorbeugen oder was steht beidem im Weg?). Dem Therapieplan entsprechen Anregungen, Ideen und Vorschläge dafür, wie man den Konflikt kreativ, gewaltfrei und konstruktiv umgestalten muss, um die Erfüllung der Bedürfnisse aller Konfliktakteure und -parteien zu sichern. Er ist die Vision, die Strategie und die Landkarte, die zeigen, wie man von hier (Gewalt, Konflikt, Nicht-Frieden) nach dort, zu unserem ersehnten Ziel, dem *Frieden*, kommen kann. Therapie von Konflikten kann jedoch weder von oben - von Leitern, Eliten, Politikern oder Generälen - noch von außen - von ausländischen Leitern, Eliten, Politikern, Generälen - auferlegt werden. Sie muss sich auf die Entwicklung realistischer und konkreter Vorschläge gründen, die den am Konflikt Beteiligten und denen, die in Gemeinschaften leben, die vom Konflikt beeinträchtigt werden, etwas zu sagen haben. Zu einer erfolgreichen Therapie gehört auch, Frieden zu praktizieren, d.h. solche für den Alltag der Menschen bedeutsamen Strategien und Aktionen zur Umgestaltung des Konflikts zu entwickeln, die sich auf Teilnahme, Mobilisierung und Befähigung für den Frieden gründen und nicht auf bloße Verstärkung von Herrschafts- und Kontrollstrukturen durch Eliten. Deshalb muss Therapie kreativ und dem Konflikt angemessen sein.

Einer der besten Wege, das zu erreichen, ist durch einen Dialog, besser gesagt nicht durch einen einzigen Dialog, sondern durch Tausende Dialoge auf allen Ebenen der Gesellschaft, immer wieder neue Dialoge, in denen so viele Ideen und Aktionen für den Frieden wie möglich zur Sprache kommen. Dann müssen wir handeln und immer weiter handeln, bauen und arbeiten, uns selbst, unsere Gemeinschaften und die Welt dazu befähigen, den Frieden mit friedlichen Mitteln zu fördern. Wir müssen uns weigern, uns einer Logik der Gewalt zu unterwerfen, Gewalt zu akzeptieren oder Gewalt gegen andere auszuüben. Dies ist ein Kampf, in dem Frieden sowohl das Ziel als auch der Weg zu diesem Ziel ist.

1. Teil

Zu Theorie und Praxis von Frieden mit friedlichen Mitteln

Kapitel 1.1

Friedensstiftung als Realpolitik, Konfliktlösung und Oxymoron: der Bericht; die Herausforderung[1]

Carl G. Jacobsen und Kai Frithjof Brand-Jakobsen

Die 90er Jahre brachten im Vergleich mit der Zeit zwischen 1945 und 1990 einen fast zehnfachen Anstieg in der Häufigkeit von direkten UN- und von den UN-sanktionierten Friedenssicherungsinterventionen. Bemerkenswerterweise bleibt die Mehrzahl der gegenwärtigen Konflikte von UN-Untersuchungen oder Aktionen unberührt. Noch beeindruckender ist das Anwachsen von Konfliktmediation und Lösungsversuchen durch NGOs, das diese Vorgänge begleitet. Es gab niemals zuvor so viele und so verschiedene Interventionen ‚dritter Parteien', Trainingsprogramme in Friedenskonsolidierung und Konflikttransformation und Bemühungen, die örtlichen Friedenskräfte zu unterstützen und zu bestärken. Diese außerordentliche Aktivität brachte gleichzeitig - und zum Teil davon erzeugt - eine Überfülle theoretischer Arbeiten hervor, von denen einige sich auf die ausgedehnten Datensammlungen der traditionellen strategischen Studien und der Konfliktforschungsstudien stützen, die sie weiter entwickeln, während andere die Lehren und Erfahrungen neuerer Initiativen zusammentragen.

Kriegskultur versus Friedenskultur – die Herausforderung durch Gorbatschow

John Vasquez' Buch *The War Puzzle* entwickelt die Lehren aus dem Projekt ‚Correlates of War (Kriegsentsprechungen)' und anderer Konfliktanalyseforschung. Das Projekt ist eine riesige Zusammenstellung von Daten aller bewaffneten Konflikte mit 1000 oder mehr Gefallenen des nachnapoleonischen 19. und des 20. Jahrhunderts.[2] In

51

seiner Schlussfolgerung postuliert der Verfasser eine im Wesentlichen europäische, aus den Erfahrungen abgeleitete ‚Kriegskultur', die sich in der Redensart vom Nullsummenspiel des Kalten Krieges ausdrückt. Danach entspricht der Vorteil der einen dem Nachteil der anderen. Die Folge davon ist, dass man der Feindin ihre Menschlichkeit und ihre Rechte abspricht. Das geht oft so weit, dass Verhandlungen und Mediation fast unmöglich werden.[3] Diese Kultur hatte schon ihre Antithese erzeugt, aber die Synthese blieb frustrierend unerreichbar.

Ursprünglich waren Spieltheorie, Modell- und Simulationstechniken zur Vorteilsoptimierung in Begleitung der Kriegskultur, des vorherrschenden Dogmas, entwickelt worden. Aber ihre Entwicklung und zunehmende Verfeinerung boten dieser Kultur und den ihr zugrunde liegenden Prämissen bald entscheidende Herausforderungen. Das ‚Gefangenendilemma' zeigte, dass unter Bedingungen von Langzeit-Interaktionen gegenseitiger Vorteil nicht nur möglich sei, sondern, wenn er konsequent verfolgt würde, würde er beiden (oder allen) Protagonisten größere Vorteile bieten, als bei Nullsummen-Ansätzen herauskommen könnten. Diese vom traditionellen Verteidigungssystem lange Zeit ignorierte Einsicht wurde zur Stütze für eine zunehmende Zahl von akademischen ‚Friedensstudien', einer interdisziplinären Zusammenarbeit, die zu Anfang Mathematiker, Psychologen, Soziologen und Anthropologen und mit der Zeit immer mehr Abtrünnige der traditionellen strategischen nationalen Sicherheits- und Konfliktstudien umfasste.[4] Die Aufnahme der Begriffe ‚gegenseitige Sicherheit' und ‚gemeinsame/allgemeine Sicherheit' der UN-Palme-Kommission bezeichnet das Heraustreten der Disziplin aus ihrem akademische Ghetto.[5] Die Anwesenheit ehemaliger und künftiger Ratgeber von Michail Gorbatschow, der bald CPSU-Generalsekretär werden sollte, bei der Kommission, die ihre Zeugen waren und zu Überbringern wurden, gab einen größeren und bemerkenswerteren Anstoß.

Nachdem Gorbatschow 1985 an die Macht gekommen war, zerschlug er den gordischen Knoten der apokalyptischen Konfrontation zwischen China-Sowjetrussland und Ost-West durch einseitige Abrüstungsmaßnahmen. Damit erteilte er dem realistischen Nullsummen-Denken und dem Dogma, demzufolge man gleich oder überlegen sein musste, eine Absage. Dieses Dogma hatte bei vielen ritualisierten formellen Waffen-Kontroll-Verhandlungen in eine Sackgasse geführt. Das bekannteste Beispiel dafür sind die nicht enden wollenden Gespräche über eine gegenseitige und ausgeglichene Truppenreduzierung in Europa. Gorbatschow war von der Irrelevanz der meisten dieser Argumente und Positionen in einer Welt des nuklearen

Overkill überzeugt. Er war von der Waffenkontroll-Untersuchung, die das Ergreifen der Gedanken der ‚gegenseitigen Sicherheit' (wir können beide gewinnen oder verlieren) und der ‚ausreichenden Sicherheit' (man stirbt oder tötet dieselbe Person nur einmal) der Palme-Kommission beeinflusst hatte und dem überschreitenden, individuellen, nicht-staatszentrierten Konzept der ‚gemeinsamen/ gegenseitigen Sicherheit' überzeugt.

Deshalb nötigte er den anderen ihre Zustimmung ab, indem er ihnen die Erfüllung ihrer Hauptforderungen zusagte. Diese Forderungen entsprachen ihrer Sicherheitskultur, waren für ihn aber nicht mehr relevant.[6] Welche Ironie liegt darin, dass die von Staaten und der UN gesponserten Friedenssicherungs-Initiativen der 90er Jahre zu den Verschreibungen der früheren verfehlten Glaubensbekenntnisse zurückkehrten, indem sie damit dem durch die Tradition bestimmten *Diktat* der Großmächte folgten. Sie versäumten es, die Empfehlungen für eine dauerhafte Konfliktverbesserung oder –Überschreitung zu befolgen. Damit löschten sie zwar die Flammen des Konflikts, ließen aber die Glut weiter schwelen.

Vasquez' Arbeit folgte eine Flut von Literatur über das Auseinanderklaffen von proklamierten und tatsächlichen staatlichen Konfliktlösungsansätzen und Vorgehensweisen.[7] Mary B. Anderson trägt in ihrem *Do No Harm: Supporting Local Capacities for Peace through Aid* Daten zusammen und zieht Lehren aus 15 Fallstudien über die Teilnahme von NGOs in Krisen geschüttelten Gesellschaften.[8] Louis Kriesbergs *Constructive Conflicts: From Escalation to Resolution* und John Paul Lederachs *Building Peace: Sustainable Reconciliation in Diveded Societies* enthalten wertvolle Einsichten in die konstruktive Transformation von Konflikten und die Konsolidierung von Frieden mit friedlichen Mitteln.[9] Diese Studien werden durch eine Anzahl anderer ambitionierter Überblicke und Empfehlungen ergänzt, nicht zuletzt durch die von Jan Oeberg und der Trans- national Foundation for Peace and Future Research (TFF) verfassten[10], Kai Frithjof Brand-Jacobsens International Corres-pondence League (ICL/Praxis for Peace)[11] und Johan Galtungs TRANSCEND Konflikttransformations- und Friedenskonsolidierungs-Netzwerk. Galtungs UN-Trainingshandbuch, *Conflict Transformation by Peaceful Means: The TRANSCEND Method* (1999) und sein früheres „*Frieden mit friedlichen Mitteln*" (engl. 1996, deutsch 1998) sind ergiebige Beispiele dieser Arbeit. Ihre weitere Ausarbeitung und Verfeinerung sind zwei der Hauptanliegen dieses Buches.[12]

Der neue Ansatz und die Konzentration auf Friedensforschung und – analyse zeigt und betont die Dringlichkeit ergänzender Trainingsmöglichkeiten und –ziele. Zum Beispiel spielten die Arbeit von John Burton, Herbert Kelman und Edward Azar von den 70er bis in die 90er Jahre eine Vorreiterrolle in interaktiven Konflikt- und Problemlösungs-Workshops und –Seminaren. Simon Fishers „Auf-Konflikte-reagieren-und-mit-Konflikten-Arbeiten"-Trainingsprogramm an den Selly Oak Colleges in Birmingham spielte schon früh und die 90er Jahre hindurch eine Rolle und tut das auch heute noch: Hier werden Facilitatoren trainiert und die ‚örtliche Befähigung zum Frieden' gefördert. Die örtlichen Friedensarbeiter lernen, Dialoge aufzubauen, Unterdrückung zu widerstehen und Wunden zu heilen – von Guatemala bis Ruanda und von Afghanistan bis Kambodscha.[13] 2001 begannen Diakonhjemmet International Centre in Oslo, Norwegen, und das Peace Action, Training and Research Institute of Romania (PATRIR) mit der Durchführung von ein- und zweiwöchigen Intensivkursen in Friedenskonsolidierung, Konflikttransformation, Friedensjournalismus und ‚Frieden und Religion', bei denen einige in der ganzen Welt führende Praktiker und Wissenschaftler mitwirkten. An der Eastern Mennonite Universität erklärte John Paul Lederach die Dynamiken und Prozesse von Konflikten und unterschied zwischen Ansätzen der Friedenskonsolidierung und dem Potential zur Umgestaltung, das aktive Friedensarbeit besitzt. Die Europäische Friedensuniversität in Burg Schlaining, Österreich, die nach Johan Galtungs Vorgaben und den Empfehlungen des UNESCO-Friedens-Preises eingerichtet wurde, vergibt ein Zertifikat und bietet ein Master-Programm. Die Bradford Universität in England unterhält die größte und älteste Friedensstudien-Abteilung der Welt. 2000/2001 gab es Initiativen für das neue Studienfach und Magister(Master)-Programm für Friedensstudien in Kanada (besonders an der McMasters Universität in Hamilton), den Vereinigten Staaten, Norwegen (an der Universität Tromso mit Vidar Vambheim), in Rumänien, Südafrika und anderswo. In den späten 90er Jahren erweiterten die Berufstrainingsprogramme die Zugangsmöglichkeiten zu diesem im Wesentlichen neuen Beruf bzw. zu diesen neuen Berufen. Besonders bemerkenswert sind die Programme von TFF, EMU, PATRIR und TRANSCEND (jetzt von den UN übernommen). Der Bereich einer Friedensarbeiterin umfasst notwendigerweise ein breites Spektrum von Erfahrungswissen. Dazu gehört auch das Training von Friedenskorrespondenten (als Gegenmittel und Korrektiv zu der zu späten bzw. reaktiven Beteiligung des Journalismus der traditionellen Kriegskorrespondenten).[14] Als die Arbeit anfing, hatten Friedensforschung, Friedenserziehung und das Training in friedlicher Konflikttransformation eine neue Stufe erreicht. Vorangegangen waren 1999 Treffen in Budapest und London, wo TRANSCEND per

Fernstudium über das Internet und in seinen 20 Zentren in der ganzen Welt das erste globale Studium für Frieden und Entwicklung mit Magister-Abschluss ins Leben rief. Außerdem gab es im Sommer 2002 das erste TRANSCEND-Sommer-Institut in Rumänien.

Wenn man die neue Praxis von Friedenssicherung bzw. –stiftung und, damit verbunden, das Anwachsen und die Entwicklung der Theorie nebeneinander stellt, wirft das ein Schlaglicht auf eine Anzahl fundamentaler Probleme. Darunter ist die Tatsache besonders wichtig, dass einige der heute anerkannten Konfliktlösungsrezepte Merkmale enthalten, die eher dazu geeignet sind, den Konflikt künftig zu verstärken. Eine kritische Zusammenfassung scheint diese Schlussfolgerung zu bestätigen: Nämlich dann, wenn man den Golfkrieg, die Oslo-Verträge und das Dayton-Abkommen an der Theorie misst, die frühere Konflikte und gegenwärtige Versuche von Konfliktmanagement lehrten. Das bestätigt auch ein Überblick über die kaukasische und andere Konfliktdynamiken, nicht zuletzt der verheerende (in menschlicher Hinsicht) Krieg der NATO in Jugoslawien, ein würdiger Abschluss eines gewalttätigen Jahrhunderts. Als der erste große Krieg des einundzwanzigsten Jahrhunderts mit dem Bombenhagel der USA auf Kabul begann und kein Hinweis auf ernsthafte Bemühungen in Sicht war, die zugrunde liegenden Dynamiken und Gründe der Anschläge des 11. Septembers zu transformieren, erinnerten wir uns schmerzlich an die Beschreibung der Römer durch Tacitus, aus der uns ein treffendes Bild der gegenwärtigen Staats zentrierten Ansätze zur Friedenskonsolidierung und Konflikttransformation in der Welt entgegenblickt: „*Sie haben Verwüstung angerichtet und nennen es Frieden.*" Als das neue Jahrhundert anbrach, wich die Hoffnung auf *glasnost* (Offenheit) und *perestroika* (Wiederaufbau) in globalem Maßstab den Realitäten von *naglost* (dreiste Frechheit) und *perestrelka* (Feuergefecht).

Von der Friedenssicherung zur Friedensstiftung

Der dramatische Anstieg der Aktivitäten der UN und der von ihnen sanktionierten Aktivitäten in den 90er Jahren beruhte auf einer grundlegenden Revidierung von Mandat und Zweck. Bis dahin war das Eingreifen auf Konflikte zwischen Staaten beschränkt, wenn beide (oder alle) Parteien sich darin einig waren, Waffenstillstands- oder andere Konfliktlösungs-Überwacher oder -Beobachter einzuladen. Jetzt wurden UN-Mandat und –Zwecke auf innerstaatliche und fortschreitende Konflikte ausgedehnt und von allen Verpflichtungen der

Einladung oder Zustimmung der Kampfparteien, ob Staaten oder nicht, befreit. Aber Probleme der Definition und der Durchführung zeichnen sich ab.

Der bis dahin einmalige Umfang der Interventionsaktivitäten verdeckte die Exklusivität. Die Interventionen der UN richteten sich auf weniger als die Hälfte vergleichbarer Konflikte und durchaus nicht immer auf die schlimmsten und hartnäckigsten. Die Selektivität wurde durch Interessen und Programme der Supermacht bestimmt und drohte die Glaubwürdigkeit der UN zu untergraben, denn durch sie wurden die Ziele und Motive hinter der neuen Welle der ‚humanitären' Interventionen fraglich. Das wirft ein Schlaglicht auf die Auswahl. Warum richtete sich die Intervention auf Somalia und nicht auf den benachbarten Sudan, dessen Bürgerkrieg, wenn überhaupt möglich, noch bestialischer war und ist? Die einfache Antwort ist offensichtlich die Anwesenheit des CNN in Mogadishu und seine Fernsehsendung von Bildern, wie Audrey Hepburn ein verhungerndes Kind streichelt. Hinter der Szene ging es allerdings um wachsende Erdölinteressen. Im Grunde zeigt das Problem, dass es keine zuverlässige neutrale Informationssammlung und Beurteilungskapazität gibt und dass infolgedessen die UN von parteiischen und von Selbstinteressen verzerrten Daten der Hauptmitgliedsstaaten abhängt.

Weitere Probleme schränkten die Fähigkeit der UN ein, die Grauzone oder den Übergang zwischen Friedenssicherung und den Friedenssicherern erlaubten Reaktionen auf Gefährdung der Friedensstiftung zu regeln. Die Möglichkeiten des Sicherheitsrates mochten jetzt zwar eher den von den Gründern der UN beabsichtigten entsprechen, aber die Mittel des Sekretariats zur Durchführung reichten nicht aus. Einige der grotesken Widersprüche zwischen Mandat und Mitteln wurden später beseitigt, z.B. war, wenn sich am Wochenende oder am Abend ein Notfall ereignete, kein Dienst tuender Offizier in New York erreichbar, was die frühen Friedenssicherer in Bosnien sehr frustrierte.[15] Aber die Besetzung der militärischen Stellen durch das UN-Hauptquartier blieb unzureichend. Einige mit wenig Macht ausgestattete Mitgliedsländer wie Norwegen und Kanada waren dazu bereit, unabhängige Einsatztruppen zur Verstärkung zu schicken, aber dem widersetzten sich einflussreichere Mitgliedsländer. Wenn Truppen von Mitgliedsländern doch von Fall zu Fall akzeptiert wurden, spiegelten sie strategische Kultur und Anliegen ihrer Nationen wider. Infolgedessen arbeiteten die Kontingente oft aneinander vorbei, da sie sich effektiv mit unterschiedlichen Parteiprogrammen der örtlichen Kontrahenten identifizierten oder man das von ihnen annahm, so dass es wenig wirksame Koordination gab. Auf diese Weise wurden sie tatsächlich zu Konfliktparteien und blieben nicht etwa ‚neutrale' Schiedsrichter. Außerdem fehlten ihnen solide Grundlagen und Training in Konflikttransformation und der dazugehörigen Problematik.

Die finanzielle Krise, die durch die Schuldner der UN hervorgerufen wurde (bemerkenswerterweise die Vereinigten Staaten) verstärkte diese Probleme, denn die ohnehin schon ungenügenden Mittel des Interventionsfonds wurden auf die täglichen Haushaltsausgaben umgelenkt. Das Friedenssicherungs-Budget betrug auch auf seiner Höhe nur 0,3 Prozent der Militärausgaben in der Welt. In der Mitte der 90er Jahre hatte die Krise erzwungen, dass die Interventionsverantwortung regionalen Organisationen übertragen wurde. Dadurch gerieten sie an regionale Mächte, deren Parteilichkeit und deren Ziele in Frage zu stellen sind: an die NATO mit ihrer US-amerikanisch-deutschen Vorherrschaft in Europa; an die CIS mit dem russischen Übergewicht im ehemaligen Sowjetgebiet; an die Organization of African Unity - mit Nigerias verabscheuungswürdigem Abache-Regime, das seit langem den Haupt-Militärschlag vorbereitet - in Afrika und in anderen ähnlichen Konstellationen. Mit dem Ansteigen der Gewaltanwendungen in Konflikten und der Verschlimmerung der humanitären Katastrophen wurden Erfolg und Brauchbarkeit von Friedenssicherung und Friedensstiftung durch die UN immer zweifelhafter. Die Bedeutung der UN wurde immer weiter verringert und sie wurden daran gehindert, eine bedeutungsvolle Rolle zu spielen (außer dass sie ‚nachher' aufräumen sollten, noch dazu mit einer Finanzierung, die nicht im geringsten der Aufgabe entsprach). Dadurch gewannen der globale Militarismus, die globale Militarisierung und ‚Gewalt als letzter Ausweg', um Konflikte zu ‚lösen', immer mehr an Boden.

Die Erfolgsliste war und ist gemischt. Humanitäre Hilfe als Anhängsel der Friedenssicherung (die Hilfe wurde ungeheuer ausgedehnt) war in vielen Fällen außerordentlich erfolgreich. Sie rettete vielen Menschen das Leben in Konfliktzonen, die sehr verschieden waren, z.B. Somalia, Bosnien und Kambodscha. Aber in einigen Fällen, am bemerkenswertesten in der Mitte und am Ende der 90er Jahre in Zentralafrika, aber auch in Somalia, Bosnien und anderswo, wurde die humanitäre Hilfe der UN ebenso wie die zusätzlichen Hilfsbemühungen von NGOs zur Geisel der Launen und des *Diktats* der Kämpfenden und auch der Interessen ausländischer Parteien.

Friedenssicherung war im Großen und Ganzen in vielen Fällen erfolgreich. Aber auch da war der Erfolg von der Einwilligung der Kämpfenden abhängig. Die Mission in Somalia brach zusammen, als die Weisung der USA, einen widerspenstigen ‚Kriegsherrn‘ gefangen zu nehmen und zu verurteilen, nicht befolgt wurde, nachdem schon politisch unannehmbare Opfer gebracht worden waren. Der schwer zu vollziehende Rückzug auf eine unparteiische Position erwies sich als Vorbedingung für die Wiederaufnahme auch nur der geringsten humanitären Hilfsaktionen. Von den UN angeordnete, finanzierte und überwachte Wahlen in Kambodscha und Angola wurden erfolgreich durchgeführt, aber als die Wahlverlierer später die Ergebnisse missachteten, gab es keine wirksame Bestrafung. Im Gegenteil, als die OSCE, der 1996 in Bosnien die Wahlüberwachung übertragen worden war, die Tatsache dokumentierte, dass Alija Izetbegovics Wahlsieg auf Betrug beruhte, der so extrem war, dass behauptet wurde, vor dem Krieg hätte es keine Toten gegeben, wurde sein ‚Wahlsieg‘ trotzdem bestätigt.[16] Aber dieses Beispiel gehört wohl eher in die Kategorie ‚aufgezwungene Einigung‘.

Friedensstiftung – aufgezwungene Einigungen

Der brutal rasche Golfkrieg, die Oslo-Verträge, die die israelisch-palästinensischen Friedensverhandlungen an sich rissen, und das Dayton-Abkommen, das die jugoslawischen Nachfolgekriege ‚beendete‘, waren von den UN sanktionierte Konflikteinigungsvorschriften der vorherrschenden Macht, d.h. sie wurden von den USA auferlegt. Diese ‚Lösungen‘ sicherten für eine kurze oder auch mittlere Zeitspanne die Interessen der USA, aber auf lange Sicht bargen sie Gefahren. So war es auch mit dem katastrophalen NATO-Krieg, der das Jahrzehnt abschloss. Gegen jede dieser ‚Lösungen‘ richtete sich strenge Kritik, die die zentralen Probleme des Verhaltens einer Großmacht in Vergangenheit und Gegenwart erhellen. Aber diese Kritik lenkt die Aufmerksamkeit von den realistischen Argumenten und Erfolgskriterien, die zu diesen ‚Lösungen‘ führten, und von den künftigen Problemen, die sie heraufbeschwören, ab.[17] Einige der Kritiken erhellen die unterschätzte Tautologie jeder Kriegsvorbereitung oder auf andere Weise aufgezwungene politische Vorschrift. Solche Vorbereitungen wurden immer von entschlossenen Anstrengungen begleitet, durch Manipulation durch die Medien eine möglichst breite Zustimmung zu erreichen.[18] Zwar hat die Verlogenheit in diesen Dingen eine lange Tradition, aber die heutigen Medientechniken, Eigentumskonzentration und Reichweite bieten nie da gewesene Möglichkeiten. Für die Vorbereitung der Oslo-Verträge sind dem Autor keine entsprechenden Verbindungen mit der Wall Street bekannt.

Jedenfalls lenkte die *New York Times* die Institution USA und die vereinigten Medien, indem sie systematisch das in der ganzen Welt (mit Ausnahme von Washington und Tel Aviv) anerkannte, also internationale Recht systematisch missachtete. Die zweideutigen UN-Resolutionen, die den Palästinensern ihr Recht auf einen Staat als *quid pro quo* für Israels Existenzrecht, das Recht der Besetzten, gegen die Besetzer Widerstand zu leisten, und das Recht der Flüchtlinge auf Rückkehr einräumten, wurden alle ausdrücklich in den verschiedenen Klauseln des 1. Und 2. Oslo-Vertrags aufge-hoben.[20] Noch während des jugoslawischen Krieges kehrten Finn und Hill & Knowlton zurück. Sie waren jetzt von der kroatischen Regierung (und später von der bosnisch-muslimischen Regierung) für eine besonders skurile Kampagne gegen die Serben, die mehr als die Coca Cola und Pepsi Werbung zusammen kostete, angeworben worden. Diese Kampagne setzte die moralischen Maßstäbe, rechtfertigte den eingeschlagenen Kurs und wirkt noch jetzt in der Konzentration des Kriegsverbrecher-Tribunals auf serbische Tötungsstätten und Gefangenenlager weiter, während kroatischen und muslimischen Tötungsstätten und Lagern sehr viel weniger Aufmerksamkeit gezollt wird (s. die NATO-Kriegs-Berichterstattung unten).[21]
Die Kampagne dämonisierte nicht nur die Gegner, sondern sie wusch auch die Alliierten rein. Das feudale Saudi-Arabien und die Oligarchen in Kuwait wurden als Demokraten hingestellt (die folgende Wahl in Kuwait erteilte 6 Prozent der Bevölkerung, nur Männern, die Erlaubnis, die Legislative zu wählen, die keine Entscheidungsmacht hat). Kroatiens Präsident Tudjman wurde zum Demokraten erklärt, obwohl er die Allianz der Kroaten mit den Nazis in der Vergangenheit akzeptierte (gemäß seiner Geschichtsschreibung waren die jüdischen Wachen für die Opfer in den Todeslagern verantwortlich). Ebenso war es mit Izetbegovic, dessen Verteidigung des fundamentalistischen Islam ihm die Freundschaft und finanzielle – später auch militärische – Unterstützung von Ayatollah Khomeni und seinen Nachfolgern gewann, und so war es mit den Angehörigen der Befreiungsarmee des Kosovo, die zu Freiheitskämpfern befördert wurden, trotz ihren von Europol dokumentierten Verbindungen zur Mafia und zum Drogenhandel und ihrer beispiellosen Grausamkeit. Auf ähnliche Weise wurde Israels Missachtung der Genfer Konventionen für einen unbedeutenden Widerspruch zu seiner Behauptung, es sei ein demokratisches Land, gehalten. Diese Missachtung zeigte sich offen in Israels Kollektivstrafen und in der Verhörfolter - Israel war das einzige legale System in der Welt, das den Gebrauch von Folter offiziell zuließ, bis diese Erlaubnis Ende 1999 aufgehoben wurde - und in

dem Freibrief für spezielle Todeskommandos der Armee.[22] Die Herstellung eines öffentlichen Konsens wuchs und wurde immer wichtiger: George Orwells ‚Neusprache' wurde zur allgemeinen Umgangssprache gemacht: Krieg ist Frieden, Kontrolle ist Freiheit und ‚Auge um Auge' ist ‚Konfliktlösung' und ‚Friedensstiftung'.

Das Phänomen der parteiischen Dämonisierung bzw. des Reinwaschens wurde von der Bestätigung der Biegbarkeit und des machtabhängigen Status des internationalen Rechts begleitet. Das internationale Recht galt niemals absolut und war nicht, was es sein sollte. Zwar wurde es angerufen, als der Irak Kuwait, seine ehemals 16. Provinz, (zurück)eroberte, aber es wurde nicht mit derselben Konsequenz auf andere Gebietsbesetzungen angewendet, die historisch schwerer zu verteidigen und ebenfalls von den UN verurteilt worden waren: z.B. Israels und Syriens Besetzung des Libanon, Israels fortgesetzte Besetzung von Gaza, der Westbank und der Golanhöhen (s.u.). Über das Ignorieren der allgemein akzeptierten Einengung internationalen Rechts durch die Oslo-Verträge wurde oben berichtet. Weit entfernt davon, regionale Autonomie zu gewähren, versagen sie den palästinensischen Behörden die Rechte, die Eigenstaatlichkeit normalerweise sichert und die besetzten Völkern gewährt werden. Diese Rechte können nicht auf den Kopf gestellt werden, indem der Status pro forma gewährt wird. Sie behalten das meiste Land, die Ressourcen und die Kontrolle der Sicherheit Israel vor, machen die palästinensische Polizei zu einem abhängigen Anhängsel der israelischen Sicherheitspolizei und beschränken die palästinensischen Behörden auf isolierte Rest-Enklaven mit weniger Autonomie als die, die einmal den südafrikanischen Homelands gewährt wurde.

Die übereilte Anerkennung von Staaten, die sich aus den jugoslawischen und Sowjet-Republiken gelöst hatten, bei gleichzeitiger Ablehnung ähnlicher Sezessionsrechte für abweichende Minderheiten und Regionen widerspricht allen da gewesenen Vorstellungen von internationalem Recht und ebenso der Warnung des damaligen UN-Generalsekretär Pérez de Cuéllar. Typischerweise hatten die USA seit ihrem eigenen Bürgerkrieg gegen Sezession alle Sezessionen abgelehnt, so demokratisch deren Anliegen auch sein mochten. Die einzige internationale Konvention von Bedeutung, die KSZE-Schlussakte von Helsinki, sanktionierte die damals existierenden europäischen Grenzen, d.h. die des föderalen Jugoslawiens und der UDSSR. Bald wurden die Interpretationen des internationalen Rechts noch einmal umgedreht, als die internationale Gemeinschaft sich hinter Kanadas Position stellte, dass das Recht auf Selbstbestimmung nur im kolonialen Zusammenhang automatisch galt, und ihre ausweichende Behauptung, dass, wenn Kanada trotzdem geteilt würde, Quebec dasselbe Recht zustehe. Aber diese Position wurde natürlich auch für Kosovo umgedreht (eine einmalige Ausnahme?).

Das Problem erwuchs aus der Tatsache, dass die meisten innerstaatlichen Föderationsgrenzen sich der Vorstellung einer Eigenstaatlichkeit widersetzten; sie waren im Gegenteil oft so gezogen, dass sie eine Eigenstaatlichkeit ausschlossen, indem sie Gruppen einschlossen, die nicht zur herrschenden Mehrheit gehörten. Quebecs nördliche zwei Drittel, die von Cree- und Inuit-Völkern bewohnt werden, wurden nach der Konföderation aus zeitlichen und politischen Berechnungen zu Quebec geschlagen, ohne einen Gedanken daran, dass Kanada auseinander brechen könnte. Die Krajina und andere serbische Länder waren Geschenke der Nazis an Kroatien, später von Josip Broz Tito bestätigt. (Beide fürchteten den serbischen Nationalismus und suchten ihn durch die Devise ‚teile und herrsche' in Grenzen zu halten) Stalin gab ursprünglich polnisches Land und Wilno/a, heute Vilnius, an Lettland und die nicht rumänische Dnjestr-Region mit ihrer rumänischen Mehrheit an Moldawien. Er gab Abchasien und andere Länder kleinerer Nationen an Georgien, das von Armeniern bevölkerte Nakichevan und Nagorno-Karabakh an Aserbaidschan und Taschkent und andere tadschikische Regionen an Usbekistan. Chruschtschow gab die russische Krim der Ukraine als Belohnung für deren Treue zu (seinem) Moskau. Das sich daraus ergebende Rätsel wurde veranschaulicht, als Quebecs Separatisten 1996 ein Referendum um ein Prozent verloren, wobei die Cree und Inuit fast einstimmig wählten, bei Kanada zu bleiben.

Quebecs Separatisten ebenso wie Kroatiens separatistischer Präsident Tudjman, Georgiens und Aserbaidschans wie übrigens auch alle anderen Regierungen neuer Staaten bestanden darauf, dass ihr Recht, sich von einer ungeliebten Superstruktur abzuspalten, sich nicht auf ihre eigenen entfremdeten Regionen ausdehnen dürfe. Und sie konnten und können sich alle auf die Änderung des internationalen Rechts von 1991 berufen, sowohl was Sanktionen als was Konzessionen angeht, während ihre Separatisten ihren Trost in der immer logischen und (nur für Kanada?) jetzt bestätigten nächsten Veränderung finden können. Der sich daraus ergebende Bürgerkrieg in Kroatien wurde schließlich durch die einzigartige größte ethnische Säuberung (vor dem NATO-Krieg 1999) des jugoslawischen Krieges (durch Milosevics Einwilligung sanktioniert) beendet. Andere Feuersbrünste wie die zwischen der Dnjestr-Region und Moldavien, Abchasien und Georgien, Ossetien und Georgien und Nagorno-Karabakh und Aserbaidschan werden durch zerbrechliche Waffenstillstände unter Kontrolle gehalten, die nur locker von russischen Friedenssicherern aufrechterhalten werden und die wieder aufflammen können (wie in Tschetschenien). Andere können sich von selbst entzünden oder von außen entzündet werden.

Die Oslo-Verträge und das Dayton-Abkommen sind wohl besonders anfällig gegen künftige Rückschläge, wie die Explosion der Gewalt und der Abstieg in den Krieg erkennen lassen, die dem Besuch Ariel Sharons auf dem Tempelberg im September 2000 folgten, ebenso wie die sich verschlechternde Situation mit Gewalteskalation auf allen Seiten, die nach dem 11. September 2001 eintrat. Die in den Oslo-Verträgen angedeuteten Konzessionen, die durch die darauf folgende Durchsetzung Israels hervorgehoben wurden, befremden natürlich die meisten Palästinenser. Gleichermaßen sehen die Serben, die Dayton als gegen das Zurückfallen des verlorenen Landes - der Krajina und West- und Ost-Sloweniens - an Serbien gerichtet verstehen, das Abkommen als ungerecht und ungerechterweise auferlegt an. (Die meisten Bosnier sind auch von der Tatsache befremdet, dass Dayton im Wesentlichen die Vereinbarung widerspiegelt, deren Unterzeichnung der Botschafter der USA, Zimmermann, ihnen vor dem Krieg ausgeredet hatte – so dass der Krieg überflüssig war.) Man erinnert sich an Bismarcks vorausblickende Warnung an den Kaiser nach dem französisch-preußischen Krieg von 1870, die Annektion von Elsass-Lothringen würde die Feindschaft mit Frankreich zementieren. Die kurzsichtige Hybris des Kaisers fand ihr Echo im *Diktat* der Alliierten in Versailles nach dem Ersten Weltkrieg, das schicksalhaft den späteren Aufstieg der Nazis begünstigte. Aber in diesem Fall drohte die größere unmittelbare Gefahr durch die Wiederbelebung der Ziele der muslimischen Maximalisten, die durch die Entscheidung der USA verursacht wurde, mit verstärktem Programm der Destabilisierung von Waffen und Ausbildung die Empfindlichkeiten ihrer Alliierten zu besänftigen.[23] Der NATO-Krieg 1999 gegen Serbien/Jugoslawien und seine Folgen mitsamt der fortgesetzten Ächtung von Belgrad bestärkte Vermutungen darüber, dass der Balkan weiter entlang von Linien geteilt würde, die ausländische Mächte zogen. Für die Durchführung einer solchen Teilung würde ausländisches Militär sorgen, das dazu bestimmt war, die Interessen anderer zu schützen, was immer eine Verschreibung künftiger Konflikte ist.

Die zweite Gefahrenquelle entsprang der besonderen Dynamik, die sowohl Arafats als auch Milosevics Bereitschaft förderte, auf die Angebote einzugehen. Arafat, der mit dem größten Teil der PLO-Führung in Tunesien im Exil war, sah seine Autorität in Palästina durch die wachsende Popularität des von der Hamas geleiteten Widerstands bedroht. Die Oslo-Verträge mögen ihm als die letzte Chance erschienen sein, seine Führung zu sichern, seine letzte Chance zur Rückkehr. Milosevic, der sich später und opportunistischer als Tudjman und Izetbegovic zur ethno-religiösen Ausschließlichkeit bekehrt hatte, wurde seinerseits später von den neueren und älteren Jüngern des Nationalismus überlistet. Das waren nicht zuletzt bosnisch-serbische Führer und Führer aus der Krajina (und der jetzt engagiert ‚demokratische' Führer Vuk Draskovic). Seine Verleumdung dieser Führer, sein (ausgehandelter) Verrat an der Krajina und seine Hinnahme des NATO-Luftkrieges (vor den Verhandlungen) und der Bedingungen des Dayton-Abkommens kann teilweise damit erklärt werden, dass er dringend eine politische Wiederplatzierung brauchte. Das Gespenst einer zweiten Front, das durch separatistische Kosovo-Albaner heraufbeschworen wurde, bot legitimierende Ausrede und Begründung. Wenn schließlich Arafat und Milosevic aus ihrer Position besonderer Schwäche heraus Verträge unterzeichneten, so bestand im Gegensatz dazu die Motivation Tel Avivs und Washingtons, die Verträge vorwärts zu bringen, darin, die günstige Gelegenheit zur Durchsetzung maximalistischer Forderungen beim Schopfe zu ergreifen. War das eine kaiserliche Selbstüberschätzung?

Friedenssicherung bzw. Friedensverstärkung

Der realistische Ansatz zu Friedenssicherung und Friedensstiftung, der für die diesbezügliche Vorgehensweise der USA, Deutschlands, Russlands und sogar Chinas, Nigerias und anderer charakteristisch ist, spiegelt die Kriegs- bzw. Abschreckungsstrategie und allgemeiner die hierarchisch-elitäre Beschlussfassung wider, die tief im Erbe der Kriegskultur des modernen Europas und der USA verwurzelt sind. Dieser Ansatz und seine Empfehlungen bringen tatsächlich einzigartig magere Ergebnisse im Hinblick auf Friedensbewahrung. Ihre Langzeitergebnisse weisen sie als Kriegs fördernd und nicht als Kriegs vorbeugend aus. Aber wenn der realistische Ansatz auf gefährlicher Volksüberlieferung beruht, wie Vasquez ausführt (und tatsächlich gab es solche Gesellschaften in der Vergangenheit, Gesellschaften von manchmal außergewöhnlicher Langlebigkeit), so verfolgen alternative NGOs und Idealisten, die versuchen, Keime von Friedenskultur zu nähren und zu pflegen, oft ihren Weg mit gefährlicher, Konflikt anheizender Naivität.
NGO- und humanitäre UN-Hilfsaktionen werden oft, wie schon gesagt, Opfer örtlicher und internationaler Machtdynamiken. Um we-

nigstens einige der anvisierten Empfänger zu erreichen, müssen sie sich oft mit den örtlichen Kriegsherren verständigen, womit sie deren Machtstatus aufbessern. Außerdem kann das dazu führen, dass die Empfängerliste zu deren Gunsten verändert wird. Andererseits werden Versuche, sich diesem Zwang zu widersetzen und unabhängig von den örtlichen Kriegsherren zu arbeiten, von denen oft als Bedrohung ihrer Macht empfunden, was zu direkten oder indirekten Angriffen führen kann, so dass die Helfer zum Rückzug und zum Aufgeben ihrer Absicht, Hilfsgüter zu verteilen, gezwungen sind.

Die Aktivitäten von NGOs und den UN wurden zeitweise, mit oder ohne ihre Einwilligung, von ausländischen Interventionsakteuren unterwandert, benutzt und manipuliert. In Bosnien wurden z.B. eine Anzahl von Fahrern von Rote-Kreuz-Wagen als CIA-Agenten identifiziert. Fahrzeuge von NGOs und der UN wurden von örtlichen wie ausländischen Akteuren zum Schmuggeln von Waffen und anderen Gütern benutzt. Dadurch bekamen die Kriegsparteien mehr Möglichkeiten zum Kriegführen und zur Kriegverlängern. Das Geld, das mit Hilfeleistungen und humanitären Operationen verbunden war, und die Gehälter der Beschäftigten, die über der örtlichen Norm lagen, führten in einigen Fällen zu Nötigung und parteiischer Erpressung. In anderen Fällen wirkte dieses Geld zerstörerisch, korrumpierend und lang andauernd negativ auf die örtliche Wirtschaft. Es schuf eine Profit bringende, an den Krieg gebundene Ökonomie der Hilfeleistungen und fördert damit die Fortsetzung des Konflikts. Einige internationale NGOs gingen sogar so weit, aktiv mit ausländischen Regierungen und Spionageagenturen zusammen zu arbeiten, indem sie Waffen einschleusten und Kriegsherren und paramilitärische Todeskommandos finanzierten wie in Afghanistan, Kolumbien und in anderen Ländern.[24]

Rezepte zur Unterstützung örtlicher Friedenskultur und Friedensfähigkeit sind oft überzeugend, wenn nicht zwingend, aber die Summe der Erfahrungen mit *Do No Harm*, die vieles von dem bestätigen, was oben gesagt wurde, zeigt, wie diese Versuche oft ‚kreativ' umgangen wurden. Dadurch wird deutlich, dass es notwendig ist, einen neutralen Spielraum für Konfliktlösungen, für die Anhörung gegnerischer Stimmen und für die Entwicklung von Initiativen zwischen den Gemeinschaften zu schaffen. Darüber hinaus wurde von anderen der Standpunkt vertreten, es sei notwendig, die Feindbilder und konflikt-provozierenden Annahmen übereinander auszuräumen (‚man kann ihnen nicht trauen', ‚sie werden sich das nur zu Nutze machen ...') und sie durch vertrauensbildende Dialoge und die Betonung von

Ähnlichkeiten, Ergänzungen und gegenseitiger Bereicherung zu ersetzen.

Unweigerlich sind einige Rezepte zu dogmatisch den Vorstellungen von politischer Korrektheit der eigenen Kultur verpflichtet und manchmal auf naive Weise ungeduldig. Der Gedanke Füge-keinen-Schaden-zu gibt dem Herstellen von Harmonie zwischen Glaubensbekenntnissen und Ethnien enorme Dringlichkeit. Dabei wird wenig Achtung und Verständnis für die Lehre aus der Geschichte bewiesen, dass die Nachwirkungen eines Bürgerkrieges eine Zeit der Trennung voraussetzen, bevor die Versöhnung beginnen kann. Wenn man das widerstrebende Deutschland 1945 in die Europäische Union gezwungen hätte, dann hätte sich das Übel auswirken können, während die vertrauenswürdige, wieder aufgebaute Nation, die später die Mitgliedschaft anstrebte, wohl eine der festesten Säulen und engagiertesten Verteidiger geworden ist. Entsprechend ist es in Bosnien, wo das erzwungene Zusammensein mitten im Hexenkessel furchtbarer Erinnerungen die Ängste tiefer verwurzelt und verschlimmert. Trennung, verbunden mit im Wesentlichen unparteiischer Entwicklungshilfe, würde einerseits eher eine vorwärts blickende Führung ermöglichen, die die Krieger von gestern ersetzt, und andererseits ein Gefühl der Sicherheit einflößen, das allein einer anderen Logik Raum zur Entfaltung gäbe, einer Logik, die schließlich Geografie und Wirtschaft miteinander versöhnen könnte. So steht es auch in Afghanistan und anderen innerlich gespaltenen Konfliktzonen. Wo zu viele ethnoreligiöse Traumata die Erinnerungen belasten, können ungeduldige Verschreibungen die Ängste verstärken und damit die scheinbare Legitimation von Kriegern und Massada-Komplexen verstärken. Die Verwirklichung anderer Visionen und die Entfaltung einer anderen Logik wird dadurch verzögert oder sogar vereitelt.

Das größte Problem jedoch sind unzureichendes Wissen und unzureichende einseitige Informationen über die Geschichte, Kultur, den Verlauf und die Dynamik des örtlichen Konflikts. Verfechter einer Gegen-Krieg-Kultur sind oft schwer durch die Tatsache beeinträchtigt, dass ihre Prämissen sich von eben der Kriegskultur herleiten, die zu ersetzen sie sich bemühen. Das am ernstesten zu nehmende Problem mit der politischen Korrektheit der eigenen Kultur ist das Ausmaß, in dem diese die Parteiinteressen beeinflusst. Friedensarbeiter sind oft unterbewusst von einer Denkweise durchdrungen, die sie zur Parteinahme drängt.[25]

Der Grundsatz Füge-keinen-Schaden-zu verdeutlicht das. Kriegsherren, Waffenhändler und Profiteure werden streng kritisiert, und wir haben wenig Verständnis für die Tatsache, Gründe und Konsequenzen der ausländischen Spenderaktivitäten. Gar kein Verständnis haben wir für die kausalen Dynamiken und Verflechtungen z.B. von USA-Unterstützung für den ehemaligen Präsidenten von Georgien, Ghamsakhurdia, Kroatiens Tudjman und Bosniens Izetbegovic, der russischen Unterstützung der Separatistenführer in Georgien, Aserbaidschan und anderswo und der französischen Unterstützung der Hutu-Extremisten von Ruanda, die den schlimmsten Genozid unserer Generation veranstalteten.

Wir kritisieren ebenfalls die vorgefasste Meinung der Geber und ihre festen Überzeugungen von Schuld und Schande und dafür, dass sie weder die Informationen noch die Informanden hinterfragen, auf deren Informationen sie ihre speziellen Urteile gründen. Über Schuld und Schande urteilt die Geschichte niemals so eindeutig wie die zeitgenössischen Kämpfer und ihre Alliierten. Man versteht allgemein, dass Hilfe öfter Konflikte verschärft, aber man macht sich nicht den einzigen wichtigsten Grund dafür klar: nämlich dass die Hilfe selten nach unparteiischen Gesichtspunkten verteilt wird. Das ermutigt unweigerlich die Ambitionen der einen Seite und nährt die Ängste der anderen. Es ist auch unhistorisch. Man pflegt die hybride Annahme, dass die Hilfeleistenden die Wahrheit kennen, obwohl die Geschichte unweigerlich erweist, dass es mehrere Wahrheiten gibt und dass jede einzelne Wahrheit verschiedene Facetten hat.

Das Problem der von den Gebern gesetzten Prioritäten, hinter denen die örtlichen oft zurücktreten, wird noch durch die zeitliche Begrenzung, die die Geber setzen, verschlimmert. Oft werden Programme abgebrochen oder verdorben, wenn sie nicht mehr weiter finanziert werden können oder wenn die Agentur vor Ort gezwungen ist, sich anderen Dingen zuzuwenden, anderen Regionen und anderen Prioritäten der Geber. Auf diese Weise kann man die ‚örtlichen Möglichkeiten für den Frieden' nicht stärken. Man muss den Betroffenen dabei helfen, sich selbst zu erhalten – darin liegt die größte Herausforderung.[26]

Die überzeugendsten Grundzüge der TRANSCEND-Methode von Johan Galtung sind die folgenden: Anerkennung der Notwendigkeit einer Zeit der Trennung zwischen streitenden Gruppen wie zwischen streitenden Individuen, die Notwendigkeit, die Körnchen von Wahrheit und die Gründe zu respektieren, die allen Ängsten zugrunde liegen (das heißt keineswegs, dass wir zustimmen oder mitfühlen), und die Notwendigkeit, nicht zu drängen, sondern Geduld aufzubringen und, kreativ vorschlagend, aber niemals anmaßend oder zwingend, Ratschläge zu geben.

Der Autor entwarf wie Johan Galtung Teile von Kursen und hielt Vorträge und Workshops in zwei Gruppen, die an dem von der norwegischen Regierung und dem Roten Kreuz finanzierten jugoslawischen Versöhnungs-Projekt teilnahmen, das durch die Nansen-Akademie in Lillehammer durchgeführt wurde. Das erste im September 1996 umfasste einen Querschnitt von kämpfenden Gemeinschaften. Sie nährten Hoffnungen auf Versöhnung, obwohl sie unterschiedliche Konzepte vertraten, vielleicht geschah das aus Achtung vor den von ihnen vermuteten Hoffnungen ihrer Gastgeber, aber es klangen auch Erinnerungen an frühere Zusammenarbeit darin mit. Die zweite Gruppe im Februar 1997 förderte den Pessimismus und die Furcht vor neuen Waffengängen. Vielleicht war der Grund dafür, dass die eine Seite sich mehr gestärkt fühlte als die zweite und eine dritte und weitere nicht vorkamen, oder vielleicht war es der Einfluss der parteiischen Hilfszahlungen (militärisch, humanitär und für die Entwicklung). Damit wurde der Standpunkt stark unterstützt, dass es eine riesige Rolle spielt, was man sieht und was man nicht sieht, ebenso die Auffassung von den Umständen und den Sponsoren, die diktieren, wohin man sich wendet und mit wem man sich trifft. Wenn man nur von den Gräueltaten der einen Seite durchdrungen ist, kann man leicht für die Heftigkeit und den Umfang der Gräueltaten der anderen Seite blind sein.

Galtungs Vorgehensweise verkörpert die selbstverständliche, aber oft unterschätzte Notwendigkeit, Geduld zu üben und ein Diktat zu vermeiden, wenn wahre Versöhnung gefördert werden soll. Die Unterstützung einer echten Friedenskultur fordert allerdings einen Zeitrahmen und eine Ausdauer der Bemühungen, die weit über das, was Staaten und auch NGOs für ausreichend halten, hinausgeht. Gleichzeitig besteht Galtung selbst darauf, dass endgültige Lösungs-Formulierungen (‚Frieden' eingeschlossen) vermieden werden sollten. Das Verstehen der strukturellen und kulturellen Ursachen der Gewalt sollte im Mittelpunkt stehen und das Verständnis für das Problem, wie man von den Konfliktmodi (Annahmen/Einstellungen – Verhalten – Widerspruch) durch Ergebnisalternativen (Zurückziehen – Kompromiss – Transzendieren) zu künftiger Prävention (Einfühlung – Gewaltfreiheit – Kreativität) gelangt. Das Folgende ist sowohl unverzichtbar als auch äußerst anstrengend: Frühwarnung und Prävention, Konflikttransformation, Dialoge auf gleicher Ebene und ohne Zeitbegrenzung an Friedenstreffpunkten und einander überlappende und stärkende Friedenstransformationsmechanismen. Man darf niemals auf Verhandlungen von Angesicht zu Angesicht zwischen Menschen bestehen, die zu einer persönlichen Begegnung noch nicht bereit sind oder sich dabei nicht wohl fühlen.

Der Autor und Galtung wurden dazu aufgefordert, im Juni 1997 auf verschiedenen Tagungen in Georgien, Armenien und Aserbaidschan Vorschläge zu unterbreiten. Galtung befand sich auf einer Reise, deren Zweck es war, die TRANSCEND-Methode zu verbreiten; er besuchte Streitorte zwischen den Baskengebieten und Taiwan, Okinawa und Zaire-Ruanda. Eine Auswahl aus diesen Vorschlägen mag zum Zweck von Vergleich, Erklärung und, um Beispiele zu geben, nützlich sein.[27]

1. Eine Überlegung zur dualen bzw. vielseitigen und gemeinsamen Souveränität – eine Friedens- bzw. Kooperations-Zone, einige Quadratkilometer groß, von jedem Land für eine Versuchsperiode an der Dreiländergrenze zur Verfügung gestellt, mit dem Ziel einer ausdehnbaren Freihandels-Jointventure-Zone mit eigenem Flughafen und Autobahnen zu jeder Hauptstadt. Das Ziel könnte möglicherweise sein, einen Platz für ein pan-kaukasisches Parlament oder eine pan-kaukasische Ratsversammlung zu schaffen, ein Gebäude für NGO-Versammlungen bzw. für Verhandlungen von professionellen Vereinigungen und ein Zentrum für Konfliktmediation bzw. Konfliktlösungen. Zu Anfang kann es ein Ort für Jugend- und ökumenische Treffen und Festivals sein. (Galtung)

2. Region Nagorno-Karabadh (N-K), die separatistische armenische Enklave in Aserbaidschan, die nach einem brutalen Bürgerkrieg jetzt den Lachin-Korridor und die angrenzenden Regionen, die es vom eigentlichen Armenien trennen, kontrolliert. Aserbaidschan fordert die Wiederherstellung der Souveränität (von Stalin erteilt) und die Rückkehr der Zwangsvertriebenen, während N-K und Armenien die Anerkennung des neuen Status quo verlangen: ein ungelöster Konflikt mit der Möglichkeit erneuter Kriegshandlungen. Wenn man sich auf die vermuteten minimalistischen Forderungen beider - nämlich eine Rückkehr zur Aserbaidschanischen Souveränität pro forma und Rückkehr der Flüchtlinge einerseits und die Erfüllung der wegen der unmittelbaren Nachbarschaft mit Armenien von N-K erhobenen Forderung nach Sicherheit andererseits – konzentriert, dann mag der Kompromiss, Lachin N-K anzugliedern und innerhalb Aserbaidschans Autonomie zu garantieren ein möglicher Ausweg sein. (Jacobsen)

3. Region Abchasien (nicht anerkannt; von russischen Friedenssicherern wird die Einhaltung des Waffenstillstands beobachtet), die ‚unabhängige‘, früher autonome georgische Region (eine Gabe Stalins): ein Vielpunkteplan, der sich auf analoge Prinzipien stützt. (Galtung)

4. Region Abchasien, Ossetien (eine weitere abgespaltene georgische Provinz) und anderes separatistische Potential (Georgien umfasst 26 verschiedene ‚Nationen‘). An Aserbaidschan und Armenien gleichermaßen gerichteter Rat: Verlassen des neuen Dogmas der Einsprachigkeit und statt dessen Toleranz für viele Ethnien und Sprachen, zu Anfang durch örtlich gewählte und verantwortliche Direktoren der Schulbehörde bestätigt. (Galtung und Jacobsen)

5. Ein Kaukasischer Rat, vielleicht nach dem Modell des Nordischen Rats mit klar erkennbarer Repräsentation (jede Region wird gehört, aber vielleicht ist nicht jede stimmberechtigt) unterstaatlicher Ethnien bzw. Nationen. Er böte die Möglichkeit zur Koordination und Vertrauensbildung. Am Ende kann ein kaukasisches Parlament, vielleicht mit einem Zweiten Haus der Nationalitäten, kooperative Dynamiken einpflanzen und verstärken. (Galtung und Jacobsen)

6. Laufende machtpolitische Auseinandersetzungen (Aserbaidschan-Georgien-Türkei – vielleicht Ukraine vs. Russland – vielleicht Abchasien-Armenien/N-K – Iran) verlängern, rechtfertigen und legitimieren die Einmischung ausländischer Mächte; pankaukasische Kooperation, aufs Innere konzentriert und nach außen nicht bedrohlich, würde sowohl den kurzfristigen als auch den langfristigen ökonomischen und Sicherheitsinteressen am besten dienen. (Galtung und Jacobsen)

Die Jahre 1998 und 1999 gaben Anlass sowohl zur Hoffnung als auch zur Verzweiflung: Einerseits bestätigte sich die Kraft der gorbatschowschen Flexibilität und andererseits die fortdauernde Unflexibilität und selbst-zentrierte Parteilichkeit des ‚Konfliktmanagements‘ der Großmacht. Die Erstere, die man die gorbatschowsche Wiedergeburt nennen könnte, zeigte sich im Stormont-Abkommen, dem Konfliktkompromiss von Ekuador und Peru und der Lösung des Jahrzehnte dauernden Streits zwischen der UDSSR bzw. Russland und China um Bear Island. Das intellektuelle Verdienst sollte wahrscheinlich Johan

Galtung zugeschrieben werden - dessen jahrzehntelanges Eintreten für das Teilen von Souveränität und die Verblüffung als Konfliktlöser den schließlichen Erfolg seiner Empfehlungen bewirkten - und Joe Camplisson und anderen Meistern der kommunalen Initiative, die schon früh Bausteine bereitstellten.

Das nordirische Karfreitags-Abkommen beendete die unversöhnlichen katholischen Forderungen nach der Einheit Irlands und die protestantischen Forderungen nach Unteilbarkeit Britanniens durch die Schaffung eines übergreifenden Gremiums, das den gordischen Knoten zerschlug, indem es effektiv beide Zwecke erfüllte. Bei der Vereinbarung zwischen Ekuador und Peru wurde ein ähnlicher Weg beschritten, indem Dogmen, die eine Einigung ausschlossen, ‚transzendiert' wurden.[28] Ebenso war es mit der Bear-Island-Resolution, die die russisch-chinesischen Grenzstreitigkeiten beendete. Darin wird Russland die Souveränität über die Insel zugestanden bei gemeinsamer ökonomischer Herrschaft.[29] Die Insel deckt den südwestlichen Zusammenfluss von Amur und Ussuri. Sie ist wichtig, weil sie eine Pufferzone für Khabarovsk bietet, das unmittelbar gegenüber auf dem nördlichen Ufer des Amur liegt.

Die größeren Konfliktreaktionen und ‚Lösungs'-Initiativen am Ende des Jahrzehnts und zur Jahrhundertwende ähnelten einander: Alle bezogen ihre Rechtfertigung aus – so wurde behauptet - moralischen Gründen: das Anwachsen des Drucks auf den Irak, dessen Einverständnis mit den von den USA interpretierten UN-Resolutionen zu erzwingen Anfang 1998, die Angriffe im September gegen bin Ladens ‚Terroristen'-Lager in Afghanistan und die gegen die Anlage für die Herstellung ‚chemisch-biologischer Waffen' im Sudan, die Ansammlung einer Land- und See-Armada (mit sechs B-52) im Oktober, die Serbien bzw. Jugoslawien bedrohte, und im Dezember die verheerenden Angriffe auf den Irak durch Streitkräfte der USA und Britanniens. Jedoch wurde in jedem einzelnen Fall – sogar von NATO-Mitgliedern - in Frage gestellt, ob die moralische Begründung ausreiche. In keinem der Fälle hatte der Sicherheitsrat die Angriffe autorisiert. Westliche Botschafter und Spezialisten, die die Anlagen im Sudan visitierten, fanden keinen Hinweis auf illegitime Produktion. Die persönlichen Animosiäten, die die anderen Fälle anheizten, verzerrten das Urteil und schufen gefährliche Präzedenzfälle. Der Aufmarsch im Oktober z.B. wurde von einigen als vendetta-ähnliche Reaktion auf die Siege der Hardliner gesehen, die gegen Dayton waren und in den vorausgegangenen bosnischen Wahlen gesiegt hatten. (Andere bemerkten, dass die Ankündigungen des Aufmarschs bzw. Angriffs zeitlich mit den Enthüllungen der Starr-Untersuchung über Präsident Clintons Affären zusammenfiel.) Die Bedrohung konzentrierte sich einzig und allein auf den serbischen Terror, während der Terror der von Albanien und dem Iran finanzierten Befreiungsarmee des Kosovo (KLA) stillschweigend übergangen wurde. Die Bombardierung des Irak mit 200 Raketen (während das Repräsentantenhaus für das Amtsenthebungs-Verfahren Clintons stimmte) schien ähnlich rachsüchtig und strategisch inkonsequent, da sie auf ,Massenvernichtungswaffen-Anlagen' zielte, die die UNSCOM (UN Special Commission: Sonderkommission der UN zur Überwachung chemischer, biologischer und waffentechnischer Anlagen im Irak) trotz ihren aufdringlichen Inspektionen nicht gefunden hatte. Die Bombardierungen brachten Leid und Schrecken über die Bevölkerung, aber Saddam Hussein blieb unangetastet und die Waffeninspekteure waren unerwünscht. Washington und London fanden weiterhin Gründe für fast tägliche Angriffe während der folgenden Monate. Aber Saddam blieb an der Macht. Die niedrigste Schätzung der UN für die Zahl der seit 1991 durch das Blutbad, das die Bombardierungen anrichteten, getöteten irakischen Kinder beläuft sich auf fast eine Million.

Washingtons und Londons Erklärung im Oktober 1998, es handele sich um eine gerechte Sache und sie seien gewillt, auch ohne die UN vorzugehen und, wenn nötig, auch ohne NATO-Sanktion (was sie im Dezember und noch einmal 1999 dann auch taten) brachte die scharfe Antwort Russlands, dass der Präzedenzfall ähnliche Vorgehensweisen anderer legitimiere (z.B. Angriffe auf die Türkei wegen der brutalen Unterdrückung der kurdischen Separatisten) und die UN unterhöhle – ähnlich wie die Außenpolitik der vereinigten Länder Japan, Italien und später Deutschland in den 30er Jahren den Völkerbund entwertet hatte. Moskau ließ verlauten, dass es die Zielgenauigkeit von Serbiens Boden-Luft-Raketen verbessert habe und drohte mit mehr Lieferungen und einem Ende seiner ,strategischen Partnerschaft' mit der NATO. Der angedrohte Angriff wurde schließlich durch ein anscheinend in elf Stunden erreichtes Abkommen abgewendet, dessen Inhalt war, dass die jugoslawische Armee und Spezialeinheiten, die für eine Offensive aufgestellt waren, sich zurückzogen, was von 2000 zivilen OSCE-Beobachtern und von unbewaffneten Flugzeugen aus überprüft werden sollte. Westliche Hilfe für Opfer und Flüchtlinge wurde ebenfalls gestattet. Angesichts der Größe der versammelten Armada waren Milosevics Zugeständnisse minimal. Serbiens Regierung hatte schon vor der Bedrohung den Sieg und den Rückzug seiner Streitkräfte erklärt. Die Bereitschaft, die örtliche autonome Versorgung wiederherzustellen, war schon angekündigt. Beobachter kleinerer ausländischer Hilfsagenturen und von

NGOs und westliche Botschaften und Medien waren da und wurden toleriert. Die umfangreicheren Hilfsleistungen und die jetzt verfügte Anwesenheit von Beobachtern erleichterte Belgrad wohl die Last der Wiederaufbaukosten, während die Akzeptanz der serbischen und jugoslawischen Souveränität tatsächlich die Pflicht der Überprüfer darauf ausdehnte, die sich sammelnde KLA (Befreiungsarmee des Kosovo) zu überwachen und zu verhindern, dass sie sich wieder stärkte und damit Gegenaktionen der Serben legitimierte. Die Anwesenheit von Kontingenten, die mit den Serben sympathisierten, sorgte für etwas mehr Ausgeglichenheit in der Parteinahme.

Tatsächlich wurde im Januar 1999 das Versagen des ersten von den USA geleiteten OSCE-Kontingents beim Versuch, die Aktivitäten der KLA zu begrenzen, zum Vorwand für serbische Kleinoffensiven und noch mehr Tragödien. Eine weitere Gräueltat und die Missachtung der Tatsache, dass die KLA ‚während des Waffenstillstands mehr Menschen getötet hatte als die serbischen Sicherheitskräfte' bewirkte erneut eine Drohung der NATO gegen Belgrad (während der Senat das Amtsenthebungsverfahren formell eröffnete).[30]

Dann folgte der Krieg der ‚NATO' gegen Jugoslawien, der durch Ultimaten angetrieben wurde, die dazu entworfen waren, einen Krieg ohne legale oder UN-Sanktionen zu legitimieren und tatsächlich zu erzwingen, einen Krieg, der wie der Erste Weltkrieg weit schlimmere Schrecken brachte, als die gewesen wären, denen er angeblich zuvorkommen sollte. Sein Ausbruch verleugnete die fundamentalsten Gebote der Diplomatie. Milosevics Regierung hatte tatsächlich alle Hauptforderungen (‚G-8') akzeptiert, den Einsatz einer bewaffneten internationalen Friedenstruppe eingeschlossen.[31] Der Krieg begann wenigstens teilweise deshalb, weil Außenministerin Albright und andere auf Einsatz von NATO-Soldaten statt Blauhelmen bestanden und weil sie naiverweise an die Wahrheit des Satzes glaubten: ‚Wenn du sie schlägst, werden sie kapitulieren'.[32]

Sie glaubten, es würde eine zweitägige ‚Demonstration' geben und machten sich wenig Gedanken über die Schrecken und Zerstörungen, die folgen würden, wenn sie sich irrten. Das elementarste Strategieprinzip wurde außer Acht gelassen: Die klar gedachte Setzung eines Ziels, das die Mittel (Tote, Opfer) rechtfertigen würde, deren Einsatz zu seiner Erreichung nötig war.

Dass moralische Gründe angeführt wurden, war eine Farce. Warum gab es denn keine Intervention in Konflikten, die viel mehr Opfer gefordert hatten, von einer Größenordnung wie Ruanda, der Sudan, Kurdistan oder Tibet? Waren die Antworten dementsprechend: ‚Die Türkei ist unsere Verbündete' und ‚China hat Kernwaffen' (in diesem

72

Fall war die implizierte Botschaft: ‚Machen wir's mit Kernwaffen')? Und warum gab es keine Intervention, sondern statt dessen Waffen und Training für Kroatien von den USA und Deutschland, als Kroatien weniger als vier Jahre zuvor 650 000 Serben aus der Krajina und Slavonien ‚wegsäuberte', Serben, die Flüchtlinge blieben, in unbeschreiblichen Zuständen lebten - von den Medien unbeachtet und ohne Hilfe - und denen man all und jedes Recht auf Rückkehr vorenthielt?

Die Interessen der NATO bzw. Washingtons sind anderswo zu finden. Hunderte von Milliarden Dollars waren im Nahen Osten und in Projekte des Wiederaufbaus nach dem Golfkrieg investiert, es gab Reichtümer an Öl und Gas und Aussicht auf Waffenverkäufe. All das widerspricht Saddams schwerer Beschuldigung, dass der Westen nur auf Muslime ziele. Washington wollte außerdem seine Stellung als globaler Sicherheitsschiedsrichter befestigen. Ein weiteres Motiv war die Notwendigkeit, die Monica-Lewinsky-Hinterlassenschaft auszulöschen, die Präsident Clinton verfolgte, und eine ähnliche Geschichte des britischen Außenministers Robin Cook. Ergänzt wurde das durch Albrights Thatcher-gleiche Macho-Pose, das Bedürfnis ihrer ‚Nach München'-Gesinnung, wie Churchill zu erscheinen, ‚entschlossen' und ohne Rücksicht auf die Folgen. Schließlich gab es den den Abzugshahn entsichernden Konsens, dass Russland durch seine politische und ökonomische Krise ohnmächtig sei. Allerdings gab es Hinweise darauf, dass das nicht stimmte: Russlands Reaktion, die Beziehungen zur NATO abzubrechen, Warnungen vor einem Raketeneinsatz, Entsendung eines Marine-Spionage-Schiffs ins Ägäische Meer und eine wachsende Flut antiamerikanischer Gefühle (stärker als während der gesamten 74 Jahre der Sowjetherrschaft).

Ein Kampf kleinen Ausmaßes von Aufstand und Gegenaufstand wurde in eine unberechenbar große Schreckensszenerie verwandelt. Das ‚mörderische Bombardement' der NATO (in den Worten Papst Johannes Pauls und des Patriarchen Teoctist) legitimierte die Schrecken der extremistischen, sezessionistischen KLA und damit auch den Fanatismus der serbischen Nationalisten und die – alle Mittel sind erlaubt – ‚gewaltsamen Vertreibungen' (wieder Zitat von Johannes Paul und Teoctist), wie sie nie zuvor legitimiert worden waren.[33] (Die Reinigung hatte wohl auch einen militärischen Grund: Jede Kommunikation mit den NATO-Bombern sollte verhindert und ‚das Schlachtfeld geräumt werden'.) ‚Gewaltsame Vertreibung' ist in der Geschichte nur allzu gebräuchlich: Die USA selbst fügten sie Millionen von Ureinwohnern zu und stimmten den Vertreibungen von Millionen von polnischen und tschechischen Deutschen nach dem Zweiten

Weltkrieg zu und der von 900 000 Palästinensern. Die ‚Reinigungen' waren tragisch und verabscheuenswürdig, sicherlich, aber können sie ‚mörderisches Bombardement' moralisch rechtfertigen und legitimieren?

Innerhalb weniger Wochen hatte die aus etwa 5000 Metern Höhe abgeworfene ‚Präzisionsmunition' zur Vermeidung von Boden-Luft-Raketen ‚zufällig' Tausende unschuldiger Serben und Kosovaren in Fabriken, Schulen, Zügen, Bussen, Konvois, Krankenhäusern und Botschaften getötet. Abnehmende Vorräte führten zu immer weniger ‚präziser' Munition und immer mehr Schrecken unter der Zivilbevölkerung. Schädliche Chemikalien aus den zerbombten petrochemischen und pharmazeutischen Anlagen sickerten ins Grundwasser und in die Flüsse und verseuchten nicht nur Serbien, sondern auch angrenzende Länder. Munition mit angereichertem Uranium hinterließ ein tödliches Erbe, denn tatsächlich hatte ein Kernwaffenkrieg auf niedrigem Niveau stattgefunden.

Während die traumatisierten kosovarischen Flüchtlinge Gesundheitsfürsorge, ein Dach, Nahrung und Sicherheit fanden, standen Serben und Kosovaren in Serbien/Kosovo unter ständiger Bedrohung. Sie hatten keine Elektrizität, oft kein Wasser, wenig oder gar keine Lebensmittel oder Medizin. Die Chirurgie wurde durch Stromausfälle behindert und die neurologischen und Entbindungs-Stationen zerbombt.

War Molosevic ein Schreckgespenst? Es ist eben so, dass die den Verstand betäubende Dämonisierung des Gegners eine unvermeidliche Begleiterscheinung von Konflikten darstellt. Der Autor tritt seit langem dafür ein, das internationale Recht und Gericht möge Anklage gegen Milosevic erheben, allerdings weist er darauf hin, dass ein solches Recht und ein solches Gericht auch gegen Kroatiens Tudjman, Bosniens Izetbegovic und andere Führer Anklage erheben müsse, die mit oder ohne Weitblick ähnliche Gräueltaten befehlen oder stillschweigend dulden (die NATO eingeschlossen). Solange das nicht geschieht, ist ein Prozess gegen Milosevic allein kaum mehr als ein Schauprozess.

Tatsächlich stand Milosevic in seinem Land unter politischem Druck, bevor die Bomben fielen. Aber die Bomben nahmen der Opposition ihre Berechtigung. Milosevic hatte als Symbol der vergangenen Misserfolge dagestanden, jetzt symbolisierte er den serbischen Trotz. Seine demokratischen (oder anderen) Rivalen akzeptierten die Notwendigkeit nationaler Einheit. Wenn es einen Kompromiss gegeben und das Bombardement aufgehört hätte, dann wäre die serbische Opposition wieder legitim und wahrscheinlich erfolgreich gewesen.

Aber das blinde Bombardement hielt an und man bereitete einen Bodenkrieg vor (gegen eine Bevölkerung mit trainierten Partisanen in einem für den Guerillakrieg idealen Gebiet), womit man sowohl Milosevics Macht als auch seine Legitimität aufrechterhielt.

Wurde ein Land, eine Zivilisation für eine Rache an einem Politiker, der kurz davor war, die Macht zu verlieren, in Schutt und Asche gelegt? Wie Kanadas ehemaliger Botschafter und hervorragender Jugoslawienspezialist es ausdrückte, war es ‚idiotisch ... barbarisch!' [34]

Die NATO-‚Kriegs-Partei' kümmerte sich nicht um die Worte des Papstes und des Patriarchen. Das Washington und London verpflichtete ‚Internationale Tribunal für Verbrechen im früheren Jugoslawien' erhob mit offener Parteilichkeit Anklage gegen Milosevic und ignorierte damit auch das Urteil, das 20 Richter des Obersten Staatsrates von Griechenland gegen die NATO gefällt hatten, es sei ein ‚noch nie da gewesener und barbarischer Angriff' gewesen, sowie die Urteile anderer. Als Milosevic nach 79 Tagen - an denen täglich bis zu 1000 Einsätze geflogen worden waren, was zu einer Hinterlassenschaft lang anhaltender Verzweiflung im Kosovo und in Rest-Jugoslawien führte - schließlich kapitulierte, waren die Bedingungen der ‚Sieger' weitgehend dieselben wie die des zuvor von Milosevic angebotenen Kompromisses (den nationalistischere Serben zurückgewiesen hatten). Im Gegensatz zu ihren anfänglich ‚unverzichtbaren' Forderungen beschränkte die NATO die inter-nationale Truppe auf den Kosovo, ordnete an, dass es künftig kein Unabhängigkeits-Referendum im Kosovo geben dürfe und, was besonders wichtig war, forderte, dass die Truppe von den UN sanktioniert und legitimiert sei. Die Truppen, die in den von Serben beherrschten nördlichen Regionen stationiert wurden, sollten aus Russland oder aus Staaten kommen, die nicht der NATO angehörten. Dies kündigte die (offiziell geleugnete) Möglichkeit einer künftigen Teilung an.

Trotz der katastrophalen Zerstörung, die angerichtet worden war, konnte der ‚Sieg' politisch verkauft werden. Aber die jugoslawische Armee blieb erstaunlich heil (nachdem sie die heftigen Angriffe in den Kellern und Tunneln des Kosovo überlebt hatte). Die Aussichten, gegen Partisanen auf Partisanengebiet zu kämpfen, missfiel den militärischen Bodenkriegs-Planern. Dieses und die Tatsache, dass Meinungsumfragen in den USA, Deutschland und Frankreich zeigten, dass viele Menschen gegen den Krieg waren und Zweifel an der stetig steigenden Erfolgskurve hatten, waren vermutlich für den Ausgang entscheidend.

Der ‚Sieg' hinterließ ein tödliches Erbe für künftige Generationen. Es ist die Frage, ob er nicht ein noch weiter wirkendes Erbe hinterlässt:

Präzedenzfälle, die ebenso schicksalhaft für das anbrechende Jahrhundert sein könnten, wie es der Erste Weltkrieg für das zwanzigste war. Die Sanktionierung von Bürgerwehr-‚Gerechtigkeit', ein Spuk aus den 30er Jahren, zeigt deutlich und in nicht aufrechtzuerhaltender Weise das Wesen der regierenden ‚Weltordnung'.

Die sich gleichzeitig in Osttimor ereignende Katastrophe, die bald darauf in ein noch groteskeres Blutbad ausuferte, war von anderem Rang und ist vielleicht ein noch eindrucksvolleres Zeugnis der Niederträchtigkeit der herrschenden ‚Moral'.[35] In jedem der 24 Jahre seit Indonesiens genozidaler Invasion hatte es mehr Tötungen gegeben als in den schlimmsten Monaten des Gemetzels im Kosovo, aber die moralische Scham (ganz zu schweigen von Intervention) war wie gewöhnlich beiseite gelassen worden im Interesse der Aufrechterhaltung der strategischen Beziehung des Suharto-Regimes zu Washington, Canberra und London und im Interesse lukrativer Investitions-, Handels- und weiter andauernder Waffenhandels-Verträge. Erst als die Proteste der Studenten und anderer Suharto stürzten, unterwarf sich sein weniger unzugänglicher Nachfolger B.J. Habibie dem Druck der endlich auftauchenden westlichen Medien und dem politischen Druck und gestattete die Durchführung eines von den UN überwachten Unabhängigkeitsreferendums. Mit oder ohne Zustimmung Habibies wurde im Vorfeld der Abstimmung eine Orgie von durch die Armee unterstützten Tötungen durch die Miliz entfesselt, die dazu bestimmt war, die Unabhängigkeitsansprüche zu unterdrücken und die Mehrheit dazu zu zwingen, für die Alternative einer Autonomie innerhalb Indonesiens zu stimmen. Aber die Menschen stimmten zu 80 Prozent für die Unabhängigkeit und legten damit ein außergewöhnliches Zeugnis für ihren Mut ab. Die ‚Endlösung' folgte mit Mord, Brandstiftung und Zerstörung. Es sollte eine ‚Lektion' für andere Provinzen mit Sezessionsgelüsten sein. Osttimor blieb als Wüste zurück, während der Westen und der Osten dabeistanden und sich plötzlich auf die Befolgung eines ‚internationalen Rechts' besannen, das Interventionen ohne Jakartas Zustimmung ausschloss. Erst als diese Zustimmung zusammen mit Belehrung und Warnung, die mit unzweideutiger Endgültigkeit geliefert wurden, kam, fing die westliche, bzw. UN-Intervention an, immer noch mit Schwüren der Vasallentreue zur Übergangsregierung in Jakarta verbunden!

Kosovo und Osttimor bezeichnen gemeinsam ausdrucksvolle Endpunkte eines Jahrhunderts, das ebenso trostlos und bedrohlich endete, wie es begonnen hatte. Sie stehen uns deutlich als Zeugen der zwingenden Notwendigkeit vor Augen, dass Zweck und Ausrichtung der Herangehensweisen neu definiert werden müssen.

Das vorliegende Buch ist dieser Aufgabe gewidmet. Es entwirft einen anderen Kurs.

Es mag Konfliktzonen geben, zu denen auch der Kosovo/a gehört, die die Intervention und Hilfe aus dem Westen oder anderswoher brauchen, wenn zugrunde liegende Probleme gelöst werden müssen - vorausgesetzt es handelt sich um eine UN-Sanktion, also um eine allgemeinere und ‚legale' –, aber eine solche Aufgabe verlangt Ausgewogenheit. Tief verwurzelte Konflikte entsprechen nur äußerst selten moralischen Geschichten, in denen das Gute gegen das Böse kämpft. Die Behauptung, eine einzige Gruppe wäre das Opfer, mag ebenso für die Täuschung des Auslands wie für örtliche Handlungs-anweisungen geeignet sein, aber sie ist eine Verzerrung der Wirklich-keit. Sie kann das Aufzwingen von Lösungen ‚legitimieren', aber sie bringt die Gründe eines Konflikts nicht zur Sprache und ist im Hinblick auf Konfliktlösung und Versöhnung kontraproduktiv.[26]

Aber wenn auch die offizielle Friedenssicherung noch in ältere, eige-ne Interessen in den Vordergrund stellende ‚realistische' Konstrukte verstrickt ist und wenn auch alternative Nicht-Regierungs-Bemühungen manchmal dem Einfluss und den Konsequenzen sol-cher Konstrukte anheim fallen, so kann man doch sagen, dass das Neue Denken sicherlich nicht mit Gorbatschows Machtenthebung ein für allemal verloren ist. Die Erkenntnisse von *The War Puzzle*, die wesentlichen Kernideale von *Füge-keinen-Schaden-zu*, *Frieden mit friedlichen Mitteln*, die ausführlichen Empfehlungen des *TRANSCEND-Handbuchs* und die Arbeit von ICL/Praxis for Peace, sie alle sum-mieren gewichtige historische und zeitgenössische Zeugnisse des Rufs nach Neuem Denken und Kreativität. Während sie die absolute Not-wendigkeit bestätigen, dass diese Aufgabe jetzt angegangen wer-den muss, bestätigen sie gleichzeitig effektiv, dass es die immer not-wendig zu erfüllende Ewige Aufgabe ist. Kulturelle Wandlung ist nicht das Ergebnis von Patentlösungen.

Schließlich sollte man sich vielleicht nicht auf die eintönige Vertraut-heit der Arroganz, Hybris und der manchmal alles verderbenden einseitigen Instinkte konzentrieren, sondern statt dessen auf die wachsende Reife und Überzeugungskraft der intellektuellen Heraus-forderung und die Präzedenzfälle Ulster, Ekuador-Peru und Bear-Island. Sie bestätigen eine nur allzu oft in Vergessenheit geratene Lehre der Geschichte: Dass aufgezwungener Straf-Frieden die Ver-schreibung für einen künftigen Krieg ist, während ein Frieden, der den Groll und die Minimalforderungen beider Seiten zur Sprache bringt, sehr viel wahrscheinlicher dauerhaft sein wird. So wäre – Albrights und Blairs Überzeugungen ungeachtet – die am meisten versprechende Verschreibung für den Kosovo/a wahrscheinlich, Kosovo Polje und die proserbischen nördlichen und nordwestlichen Regionen an Serbien/Jugoslawien zu geben, dann ein größeres Albanien zu sanktionieren (vereinigt mit dem größeren Teil des Kosovo und vielleicht mit dem von Albanern bewohnten Westmazedonien) *und* ein größeres Serbien (vereinigt mit Srpska, Bosniens Serbenrepublik, aber ohne die Krajina, Kroatiens, jetzt von Serben ‚gesäuberte', Provinz) – als Ergänzung früherer Sanktionen, die einen muslimisch-bosnischen Raum und ein größeres Kroatien gewährten.[36]

Angesichts des anbrechenden neuen Jahrhunderts könnten diese Prinzipien endlich eine Konfliktlösung in Osttimor und Chiapas (Mexiko) - und Kosovo/a – wenigstens etwas wahrscheinlicher machen. Sie reichen sicherlich nicht aus, um die Trägheit und die sich fortsetzenden Verästelungen unserer noch herrschenden ‚Kriegskultur' zu überwinden, aber sie erweitern den Rahmen des Vorstellbaren, des Einleuchtenden und des Möglichen, und zwar in eine Richtung, die man nur begrüßen kann.

Kapitel 1.2

Über Mediation hinaus: in Richtung auf einen ganzheitlichen Ansatz zur Friedenskonsolidierung und zur Befähigung von Friedens-Akteuren

Kai Frithjof Brand-Jacobsen und Carl G. Jacobsen

Krieg ist ebenso wie Unterdrückung ein Papiertiger. Notwendig ist es, ihn als solchen zu erkennen.

Das Ziel, Krieg zu überwinden, ist nicht neu. Viele Friedensforscher und -Aktivisten machten es sich in den letzten 40 bis 50 Jahren zur Hauptaufgabe und die Wurzeln reichen weit tiefer in die Vergangenheit. Seit dem Ende des Kalten Krieges ist die Notwendigkeit, Krieg als Institution zu überschreiten und die zugrunde liegenden Struktur- und Kultur-Pathologien umzugestalten, die Krieg und Gewalt auf allen Gesellschaftsebenen legitimieren und verstärken, nicht geringer geworden, sondern sie ist im Gegenteil noch gewachsen.
Ende der 80er Jahre war die Welt von der Hoffnung auf eine neue Ära der internationalen Beziehungen erfüllt, in der die Konfrontation zwischen den beiden Supermächten beendet wäre und ihre Zusammenarbeit beginnen würde. Die Logik der Gegenkultur von Abrüstung und friedlicher Konfliktlösung, die durch die Arbeit von Friedensforschern und -Aktivisten gefördert und die auf strategisch-politischer Ebene durch die Befürwortung von gegenseitiger und gemeinsamer Sicherheit von der UN-Palme-Kommission übernommen worden war, nährte die Hoffnung auf eine weniger gewalttätige Zukunft. Der Rüstungswettkampf und die bis dahin immer gegenwärtige Drohung eines nuklearen Holocaust schienen überwindbar.
Michail Gorbatschow, der damals der neue Sowjetführer war, setzte die Kürzung der Militärausgaben unilateral fort und reduzierte die Stärke der von Osteuropa bis zur chinesischen Grenze stationierten Truppen. Er erkannte die Möglichkeit, die Spannungen des Kalten Krieges zu reduzieren und die Denkweise des Null-Summen-Spiels (Gewinn der einen Seite gleich Verlust der anderen) zu überschreiten, die vorangegangene Versuche von Abrüstung und Waffenreduktion (die als notwendige Voraussetzung für die Langzeitziele Entspannung und Zusammenarbeit galten) vereitelt hatte. Als diese

neue Logik - *novoe politicheskow myslenie* - sich durchsetzte und ausbreitete, konnte man in der ganzen Welt - sowohl auf globaler als auch auf regionaler Ebene - einen allmählichen Rückgang von Konflikten beobachten.

Heute hat sich das wieder umgekehrt. Jetzt ist die Welt mit einem dramatischen Anstieg von Konflikten zwischen den und innerhalb der Staaten auf fast allen Kontinenten konfrontiert und, damit verbunden, mit einem Anwachsen des globalen Militarismus und der Militarisierung durch die Expansion von NATO/AMPO/TIAP mit Welt-Militär-Ausgaben von fast 1 Trillion US $ und dem Vorschlag eines neuen Krieg-der-Sterne-Verteidigungssystems. Die Implosion der Sowjetunion und das Ende des Kalten Krieges brachten nicht die Einlösung des Versprechens von *peristroika* und *glasnost*, sondern die trübe vertraute Realität der Hegemonie von Großmacht und Realpolitik, dazu die 'neue Weltordnung', die sich durch den Bombenregen auf Bagdad ankündigte. Auch mehr als zehn Jahre später fallen die Bomben noch, und die Sanktionen, die nach dem Golfkrieg über den Irak verhängt wurden, kosteten im Namen des Friedens 1.9 Millionen Menschen das Leben.

Der Traum von einer von der Geißel des Krieges befreiten Welt wird von vielen als naiv und utopisch angesehen, wenn nicht gar als gefährlich unrealistisch. Diesem Traum widerspricht eine Logik, die behauptet, dass Gewalt mit Gewalt begegnet werden müsse und dass Frieden nur durch den Einsatz von Waffen zu erreichen sei.

Aber diese Vorstellung ist falsch. Die Geschichte zeigt immer und immer wieder: Gewalt erzeugt Gewalt: „Auge um Auge macht die ganze Welt blind" (Gandhi). Die eingeschränkte Sichtweise derjenigen Staaten und Ideologien, die nur gewalttätige Handlungen, nicht aber deren Wurzeln erkennen, die mit Gewalt statt mit Alternativen reagieren und die eben die Handlungsweisen fortsetzen, die sie verdammen, überflutet die Welt mit einer immer höher werdenden Welle von Krieg und Gewalt, die sich weiter ausbreitet und immer mehr Regionen auf dem gesamten Globus erreicht. Der Glaube, dass das Ausmaß dieser Kriege begrenzt werden könnte und nur die ärmeren, so genannten Entwicklungsländer davon betroffen würden, ist einfach unrealistisch. Ausschließlich intra-staatliche oder interstaatliche Konflikte gibt es nicht. Die Verknüpfungen und Netzwerke, die die Akteure über Grenzen hinweg miteinander verbinden, führen unausweichlich dazu, dass jeder Konflikt dazu tendiert, mehr Parteien als nur die, die direkt vor Ort kämpfen, einzubeziehen, und noch viel mehr als die, die in den meisten Berichten der Medien genannt werden. Da die fünf größten im UN-Sicherheitsrat vertretenen Mächte für 85 Prozent des gesamten Weltwaffenhandels verantwortlich sind, werden heute die meisten Waffen von denselben Regierungen geliefert, die den Anspruch erheben, sie ständen für den Frieden. Zwar bewirken Waffen allein noch keine Kriege, aber sie ermöglichen, dass sie ausbrechen und sich ausbreiten, d.h. durch die Waffen wird die zunehmende Gewaltanwendung immer wahrscheinlicher. Lassen wir einmal Rhetorik und Neusprache beiseite: Die politischen, ökonomischen und militärischen Eliten, die im Namen von Frieden und Gerechtigkeit sprechen, sind oft gerade die, die die schlimmsten Verbrechen gegen die Menschlichkeit unterstützen oder selbst begehen, indem sie Gewaltstrukturen und -kulturen stützen, die unglaubliche Zerstörungen über die Menschen in aller Welt bringen.

Entgegen diesem Trend wächst die Erkenntnis, dass humanitäre Katastrophen und die ihnen zugrunde liegende strukturelle und kulturelle Gewalt den Kernpunkt vieler heutiger Kriege bilden. Darüber hinaus führen rassistisches Gedankengut und der Glaube, 'andere' seien irgendwie unterlegen und weniger wertvoll, oft zum Krieg und geben ihm Nahrung. Historische Hinterlassenschaften und Erinnerungen an Ruhm und Verletzung stellen oft das Material für zukünftige Expansionen und Konflikte bereit. Der Gedanke, man müsse früh wirkende und effektive Mechanismen zur Gewaltprävention entwickeln, Verhaltensmuster erkennen und die zugrunde liegenden Strukturen und Hintergründe der Gewalt umgestalten, findet zunehmend Anerkennung. Allerdings wirken die heutigen Ansätze zur Konflikt'lösung' in den meisten Fällen Konflikt verstärkend, denn sie umfassen nur kurz- und mittelfristige Lösungen, die den Machtinteressen entsprechen, während sie auf die Dauer Destabilisierung und Eskalation bewirken. Konfliktmediation und nicht Friedenskonsolidierung oder Konflikttransformation ist der vorherrschende Ansatz, der gleichermaßen von Staaten, Friedensforschern und NGOs bevorzugt wird.

Mediation: der vorherrschende Ansatz zur Konfliktlösung - Kriegsverstärkung oder Friedenskonsolidierung?

Vorbereitung

Mediation wurde von Friedensforschern und -Praktikern in Westeuropa und Nordamerika lange Zeit als vorherrschender Ansatz zur Konfliktlösung akzeptiert. Sie wurde auf vielen verschiedenen Ebenen in vielen verschiedenen Settings praktiziert, von Beschäftigten-Arbeitgeber-Disputen bis zu internationalen Handelsabkommen. Sie wurde in dieser oder jener Form benutzt, um ebenso Konflikte zwischen Familien wie Konflikte zwischen oder innerhalb von Staaten beizulegen. In vielen Fällen ist der Grundansatz und die ihm zugrunde liegende Methode dieselbe: Man bringt die Parteien zusammen und arbeitet mit ihnen daran, eine für beide bzw. alle Seiten annehmbare Lösung zu finden.

Gleichzeitig führte die Zunahme an 'Mediationsexperten' und die immer häufigere Teilnahme von NGOs an der Konfliktlösung zur Vermarktung von Mediation. Immer häufiger wird Mediation als ein Bündel von Fähigkeiten und Übungen angeboten, ein universeller Werkzeugkasten zum Konfliktlösen. Broschüren und Trainingshandbücher mit Erläuterung der Überlegenheit der einen Form der Mediation über eine andere erschienen in großer Zahl. Die ständig wiederholte Botschaft ist, dass es die zum Lösen von Konflikten notwendigen Werkzeuge gibt; alles, was man tun muss, ist, sie gebrauchen lernen und praktisch anwenden. Während zahllose Bücher und Aufsätze über die verschiedenen Ansätze von Mediation und ihre Geschichte von Erfolg und Misserfolg in den verschiedenen Settings und Konflikten geschrieben wurden, hat man einen Aspekt ganz und gar übersehen. Mediation wird zwar in der ganzen Welt und in vielen verschiedenen Kontexten praktiziert, sie ist aber ein vorherrschend westlicher Ansatz zur Konfliktlösung. Sie ist das Produkt einer speziellen Kultur und psychologischen bzw. ideologischen Kosmologie, die die Art und Weise, wie Konflikt wahrgenommen wird, ebenso wie die Werkzeuge beeinflusst, die wir als Reaktion auf Konflikte entwickelt haben und entwickeln. Der Sprössling der Umgebung, in der er sich entwickelte, erbte sowohl positive als auch negative Eigenschaften.

Eins der Ziele dieses Kapitels ist es, Mediation aus dieser neuen Perspektive zu erforschen: Wir betrachten sie als Produkt einer besonderen psycho-sozialen Umgebung und erklären die psychologischen und ideologischen Annahmen, die in ihrem Grundansatz liegen. Ein weiter gestecktes Ziel ist es, über Mediation als Werkzeug zur Konfliktlösung hinauszugehen und alternative Ansätze zum Verständnis von Konflikten samt Methoden und Werkzeugen der dazugehörigen Konflikttransformation vorzuschlagen. Um das zu tun, werden wir Mediation in der Praxis kritisch analysieren, indem wir uns ihre Rolle in drei Konflikten ansehen: Israel-Palästina, das frühere Jugoslawien (mit Kosovo/a) und Afghanistan. Die Beschränktheit der westlichen, neoliberalen Perspektive auf Konflikt und Konfliktlösung wird im Licht von nicht-westlichen Kulturauffassungen und Kosmologien erforscht, die sich auf Konflikt und seine Transformation beziehen. Wir hoffen, dass wir dadurch, dass wir Mediation und Konflikt vor einem umfassenderen Hintergrund verstehen, in der Lage sein werden, einen Schritt vorwärts zu machen in Richtung auf die Entwicklung von eher holistischen Ansätzen zu einer friedlichen Transformation von Konflikten und den ihnen zugrunde liegenden Strukturen, Haltungen und Kulturen.

Mediation als Werkzeug zur Konfliktlösung

Wie schon gesagt, ist Mediation weitgehend ein westlich-nordamerikanischer Ansatz zur Lösung von Konflikten. Der Glaube daran, dass Konflikte gelöst werden könnten und sollten, gründet sich auf Annahmen, die im westlichen Konfliktverständnis begründet sind, während andere Kulturen und Ansätze eher auf die Notwendigkeit zum 'Heilen', 'Transformieren', 'Transzendieren' oder 'Überschreiten' hinweisen. In neuerer Literatur wird dieses Konzept zwar überschritten und eine neue Terminologie entwickelt, die Begriffe wie Konfliktmanagement oder Konflikttransformation enthält, aber die Grundannahme, die den meisten Mediationsansätzen zugrunde liegt, besteht darin, dass das Ergebnis des ganzen Prozesses die *Lösung* des Konflikts ist.

Meist wird die Ursache eines Konflikts in der realen oder nur vorgestellten Unvereinbarkeit von Zielen zweier oder mehrerer Parteien oder Akteure gesehen, die Anlass zu Auseinandersetzungen, Widerspruch und Streit gibt. Man konzentriert sich auf den Konflikt *zwischen* den Akteuren und übersieht den in jeder Akteurin selbst liegenden. Im Prozess der Mediation bemüht man sich darum, den Konflikt in einen anderen Kontext zu stellen und die Akteure von ihrer Position der Unvereinbarkeit und Opposition weg- und zu einem Dialog über Interessen, Ähnlichkeiten und Ziele hinzubringen. Die Rolle der Mediatorin ist es, als *Medium* zu dienen, den Dialog zu erleichtern, sich zwischen die Konfliktparteien zu stellen und sie allmählich zu einer Art Lösung zu bringen. Bei zunehmender Aufmerksamkeit hat man erkannt, dass *die Konfliktparteien selbst* ihre Lösungen finden müssen und dass die Lösung nicht durch die Mediatoren oder eine andere Partei von außen aufgezwungen werden kann. Allerdings ist fraglich, in welchem Ausmaß diese Erkenntnis von Mediatoren und in der internationalen Arena akzeptiert wird.

Mediation konzentriert sich auf die *Akteure* und nicht auf *Beziehungen* und *Strukturen*. Sie orientiert sich an Einzelnen oder, genauer, an Führern und Machthabern. Das ist der Hauptgrund dafür, dass sich die meisten interaktiven Konflikt- und Problemlösungs-Workshops, die von Konfliktmediatoren aus den USA und England entwickelt wurden, fast ausschließlich auf Haltungen und Verhalten der Konfliktparteien konzentrieren und fast immer den Kontext und die Widersprüche des Konflikts außer Acht lassen.

Die meisten Mediatoren, darunter fast alle internationalen, wählen einen elitären Ansatz, d.h. sie agieren von oben nach unten. Sie scheitern, weil sie es ablehnen, Ansätzen und Methoden der Konflikttransformation, die an sie herangetragen werden, zuzulassen. Außerhalb der USA und Englands (und manchmal auch dort) führt das zur Marginalisierung traditioneller und kultureller Ansätze zur Konflikttransformation und Friedenskonsolidierung, schwächt die eigene Fähigkeit von Gemeinschaften, Konflikte gewaltfrei zu transformieren, und nimmt ihnen den Mut, sich zu beteiligen. So spielt die Unterstützung der Akteure, die Stärkung örtlicher Ressourcen und Akteure auf der Ebene von Gemeinschaften und Basisgruppen bei traditionellen Mediations- und Konfliktlösungsansätzen nur eine sehr geringe Rolle.

Die Grundannahme, die diesem Konfliktlösungsansatz auf der obersten Ebene zugrunde liegt, ist, dass man, wenn man einen Konflikt 'lösen' will, zuerst einmal die repräsentativen Führer herausfinden und sie dann dazu bringen müsse, sich miteinander zu verständigen. Man legt Wert darauf, sie 'an den Verhandlungstisch zu bringen', was im westlichen Denken gleichbedeutend damit ist, sie zu dem Zweck zusammenzubringen, dass sie eine Übereinkunft treffen, was aber denen, die dieses Denken nicht teilen, fremd ist. Dass man sich zu sehr darauf konzentriert, die Parteien zusammenzubringen, resultiert oft aus dem mangelnden Verständnis dafür, dass es Zeit und Heilung bedarf, bevor ein Dialog beginnen und ein wirksamer Friedensprozess in Gang gesetzt werden kann. Währenddessen kann ein Dialog zwischen den Konflikt- oder Friedensarbeitern mit den Konfliktparteien ein nutzbringender und manchmal notwendiger Schritt sein, bevor man tatsächlich die Konfliktparteien zusammenbringt. Oft kann das den Parteien dabei helfen zu verstehen, wie wichtig die Anerkennung der Interessen und Bedürfnisse der anderen Akteure im Konflikt ist und dass der Konflikt als ein gemeinsames Problem gesehen werden kann, das gemeinsam überwunden werden muss, statt als etwas, das die Parteien unüberwindlich trennt.

Bei der allzu häufigen Konzentration auf die Führer geht man nicht nur von der Annahme aus, dass die wirklichen Repräsentanten ausgemacht werden könnten, sondern auch davon, dass sie die Interessen derer, die sie repräsentieren sollen, auch wirklich aussprächen und sich dafür einsetzten. Tatsächlich fühlen sich Konfliktparteien ausgeschlossen und vernachlässigt, wenn sie nicht zur Teilnahme am Prozess eingeladen werden, und das kann sie dazu veranlassen, den Prozess zu destabilisieren und in Gefahr zu bringen. Der Wunsch, ein Übereinkommen herbeizuführen und die anscheinend Schuldigen und Extremisten zu bestrafen, veranlasst Mediatoren oft dazu, sich auf die Gemäßigten zu konzentrieren und die als Hardliner oder Kriegsverbrecher Betrachteten zu ignorieren und von der Mediation auszuschließen. Das Ergebnis davon ist, dass man die Bedürfnisse, Sorgen und Ängste derer, die die Hardliner repräsentieren, übergeht, was die entsprechenden Bevölkerungsgruppen dazu veranlasst, sich vernachlässigt und ignoriert zu fühlen, so dass sie immer unzufriedener und dem Prozess weiter entfremdet werden. Im Fall der Oslo-Verträge zwischen Israel und der PLO führte das Unterlassen der Einbeziehung der Hardliner aller Seiten zur Ermordung Yitzak Rabins, der damals Israels Premierminister war, zum Anwachsen von Autobomben- und Selbstmordanschlägen, zur Wahl einer rechts gerichteten Regierung, die damit drohte, sie werde den gesamten Prozess zum Scheitern bringen (was sie im Wesentlichen tat) und schließlich zum Wieder-Auflodern des Krieges, das Ariel Sharons Besuch des Tempelberges im September 2000 und Ehud Baraks provokativem, massivem und überwältigend starkem Militäreinsatz folgte.

In Irland gibt es ähnliche Schwierigkeiten, die noch durch die Tatsache vergrößert werden, dass eine der Parteien, die als 'neutrale' Mediatorin agiert, die frühere Kolonialmacht verkörpert, gegen die eine der beiden Seiten kämpft.

Oft wird übersehen, dass diejenigen, die die Machtpositionen besitzen, nicht dazu in der Lage sind, das Einhalten der Übereinkunft und die Unterstützung durch ihre Gemeinschaften zu garantieren. Parteien, die an der Mediation teilgenommen haben, erleben oft genug, dass, wenn sie zu ihren Anhängern zurückkommen, um sie davon zu überzeugen, dass sie den Handel unterstützen sollen, eine Übereinkunft gebrochen wird, noch ehe sie überhaupt in Kraft gesetzt wurde. Der Widerstand gegen den Frieden ist manchmal sehr stark, wenn diejenigen, die ein persönliches Interesse daran haben, den Konflikt aufrechtzuerhalten, ebenso wie die, die glauben, dass ihre fundamentalen Bedürfnisse und Ängste nicht zur Sprache kamen, sich rüsten, um ihre Interessen zu wahren. Der Verdacht, dass die, die am Mediationsprozess teilgenommen haben, sich der anderen Seite ausgeliefert und diejenigen betrogen haben, die sie repräsentieren sollten, vertieft sich weiter, wenn einige Konfliktparteien wieder von Anfang an ausgeschlossen werden.

Am häufigsten allerdings werden in der Mediation die einem Konflikt zugrunde liegenden Gründe und Strukturen, aus denen er entstanden ist, übersehen. Auch die übrig gebliebenen Traumata, psychisches und physisches Leiden und die Vorstellungen vom Feind, die durch Konflikt und Gewalt entstanden und verstärkt wurden, werden ignoriert. Zwar mag es für einen Waffenstillstand oder ein Friedensabkommen genügen, wenn man die Führer zusammenbringt, aber dadurch werden die beschädigten Beziehungen und das menschliche Leiden, das Konflikte erzeugt, nicht behandelt. Die Möglichkeit, dass ein Konflikt neue Konflikte schafft, dass Schmerz und Leiden eine Grundlage für langwierigen Hass, Angst und Feindschaft bilden und weitere Gewalt ausbricht, bleibt bestehen. So gesehen sind 'Friedens'abkommen oft nichts anderes als eine Fortsetzung des Krieges mit anderen Mitteln.

Mediation geht weitgehend von westlichen Voraussetzungen aus: hierarchischen Strukturen, sozialer Kontrolle und dem ökonomischen System 'Freier Markt'. Dabei werden andere Strukturen und Gemeinschaften übersehen, an den Rand gedrängt und vernachlässigt. Wo das geschieht, muss bezweifelt, dass die Führer dazu in der Lage sind, für die Annahme eines Abkommens zu garantieren. Anstatt sich auf die Wiederherstellung beschädigter Beziehungen, physische und psychische Heilung und Wiederaufbau zu konzentrieren, konzentriert sich Mediation darauf, eine Übereinkunft zu erreichen. Oft werden in der Mediation die veränderten Strukturen und Beziehungen, Polarisierung und Feindschaft, die den Konflikt auslösten, nicht thematisiert, ja nicht einmal erkannt. Wenn Mediation erfolgreich ist, kann sie ein Ende der Kämpfe bringen, eine Klarstellung der Positionen und Interessen beider Seiten und sie kann es notwendig erscheinen lassen, dass die Parteien über die Bewertung des Konflikts als einer zerstörerischen und schädigenden Art der Beziehung hinausgelan-gen. Im besten Fall kann Mediation einen Raum für künftige Heilung und Wiederherstellung zerbrochener und beschädigter Beziehungen und Verständnis für die positiven, schöpferischen und konstruktiven Kräfte des Konflikts schaffen. Mediation allein kann jedoch keinen Frieden bringen, denn eine Übereinkunft ausschließlich zwischen den Führenden führt oft zum Ausbruch von Konflikten und Kriegen in der Zukunft.

Israel Palästina: Die Oslo-Verträge, ein Friedensabkommen oder Erlaubnis zur Besetzung?

Als die Oslo-Verträge bekannt gegeben wurden, wurden sie als eine der meistversprechenden Entwicklungen in der neuen Weltordnung gesehen. Als Ergebnis einer Reihe geheimer Treffen zwischen israelischen und palästinensischen Unterhändlern in einem Haus in der Umgebung von Oslo wurden die Verträge als Durchbruch in einem Konflikt angekündigt, der seit kurz nach dem Ende des Zweiten Weltkriegs andauerte. Sowohl die Israelis als auch die Palästinenser, seit langem Gegner und geschworene Feinde, versprachen, die Waffen niederzulegen und zusammen für den Frieden zu arbeiten. Für Norwegen war das ein Beleg dafür, dass auch Mittelmächte eine Rolle auf der Weltbühne spielen könnten, und für den Sieg von Mediation, wo Gewehre und Bomben versagt hatten. Die Gründe dafür, dass man als erstes Verhandlungen geführt hatte, wurden nicht hinterfragt, ebenso wenig wurde die Frage gestellt, welche realen und dauerhaften Schritte zur Transformierung des zugrunde liegenden Konflikts in Richtung Frieden unternommen würden. Es war eine Vereinbarung zwischen Führern. Es blieb nun abzuwarten, wie sie durchgeführt werden würde.

Mit der *Intifada* stand Israel der ersten groß angelegten Volksopposition gegen seine Besetzung Palästinas gegenüber, seit sie 1948 begonnen hatte.[1] Zunehmende Aufmerksamkeit auf das und Mitgefühl mit dem Elend der Palästinenser führten zu einer weiten Verbreitung von Kritik an Israel und zur Verurteilung seiner Handlungsweisen. Wiederholt wurde Israel durch UN-Resolutionen getadelt, denen nur die USA und Israel selbst widersprachen und einmal die Dominikanische Republik als treue Kolonie der USA. Immer mehr junge Israelis verweigerten den Militärdienst in den besetzten Gebieten. Einige wurden ins Gefängnis gesteckt, weil sie den Militärdienst ganz und gar verweigerten. Die, die in den besetzten Gebieten dienten, erlebten am eigenen Leib, wie brutal die israelische Herrschaft war. Die Geschichten, die sie nach ihrer Rückkehr ihren Familien erzählten, bewirkten, dass auch diese bewusster wurden.

Eine gut organisierte Bewegung der Palästinenser, die breite Unterstützung und Teilnahme fand, dazu die zunehmende internationale Befürwortung der Unabhängigkeit Palästinas und die internationale Kritik an Israel und dazu noch eine sich langsam aufbauende Gruppierung von Dissidenten in Israel, die der Politik ihrer Regierung von Besetzung und Annektierung widersprachen, brachte die Regierung dazu, die Notwendigkeit anzuerkennen, Auswege aus einer Situation zu suchen, die inzwischen weniger vorteilhaft erschien.[2] Gleichzeitig wurde der palästinensische Wirtschaftsboykott Israels für die israelische Wirtschaft zunehmend spürbar. Die Notwendigkeit, die israelische Ökonomie auf mehr High-tech-Industrie mit einem großen Service-Bereich umzustellen, führte zu stärkerer Unterstützung des Friedensprozesses durch Angehörige der israelischen Elite und von Firmen. Inzwischen fühlte sich die PLO im Exil in Tunesien an den Rand gedrängt und befürchtete, den Kontakt zu den Realitäten auf dem Boden Palästinas zu verlieren. Sie hatte versäumt, die *Intifada* in nennenswerter Weise zu unterstützen, und ihre Kräfte damit verschwendet, Verhandlungen in Kairo weiterzuführen, die angesichts der Unnachgiebigkeit Israels noch vergeblicher erschienen, als sie ohnehin waren. Innerhalb und außerhalb der PLO wurde die Forderung laut, die PLO zu demokratisieren.

Als die Korruption in der PLO offensichtlicher wurde, wollten die Menschen in Palästina sie nicht mehr unterstützen. Eine alternde Führung, die aus der palästinensischen Exilelite bestand, lief Gefahr, durch jüngere Führer ersetzt zu werden, von denen viele aus den starken Basis-Organisationen der *Intifada* hervorgegangen waren. Die Notwendigkeit, die organisatorische und internationale Struktur der PLO mit der Bewegung des palästinensischen Volkes zu verbinden, wurde anerkannt und gefordert, was Yasser Arafat und die traditionelle Führung zu Gunsten demokratischerer Kräfte zu beseitigen drohte.

Die Oslo-Verträge boten sowohl den Israelis als auch der PLO-Führung einen Ausweg. Aufgrund der Vereinbarungen konnte Israel in Verhandlungen mit der geschwächten Opposition in Form der PLO-Repräsentanten eintreten (deren Ruf zusätzlich durch ihre Unterstützung Saddam Husseins im Golfkrieg geschädigt war), statt mit der Basisbewegung der *Intifada*. Für die PLO bedeuteten die Vereinbarungen ein Mittel, ihr dem Volk von Palästina gegebenes Versprechen einzulösen und als Befreier und Helden nach Palästina zurückzukehren. In Wirklichkeit allerdings machten die Vereinbarungen das rückgängig, was die Palästinenser in den letzten fünf Jahrzehnten hatten erreichen können. Von dem Recht der Palästinenser auf einen eigenen Staat war nicht mehr die Rede, etwas, das zahlreiche UN-Resolutionen gefordert hatten. Ein lockerer Zeitplan für den Rückzug der Israelis aus den palästinensischen Gebieten wurde festgelegt ohne Bestimmungen über die Durchführung oder deren Überprüfung.

Bezeichnenderweise waren die Oslo-Verträge nicht das Ergebnis eines Friedensprozesses zwischen zwei Völkern oder Staaten, sondern eine Vereinbarung zwischen der israelischen Regierung und der PLO.

Indem die Westbank und der Gazastreifen als 'umstrittene' Gebiete anerkannt wurden, auf die beide Seiten gleiches Recht hätten, legitimierte Arafat effektiv Israels Anspruch auf das Land, etwas, das Israel durch jahrzehntelange Besetzung nicht erreicht hatte.[3] Die von den Vereinbarungen anvisierte künftige Landkarte zeigte ein fragmentiertes Palästina, das auf fast allen Seiten von israelischem Territorium umgeben war. Wirtschaftlich war es von Israel abhängig. Um diesen Prozess noch weiter zu treiben, wurde das Recht Israels, ein verbindendes Netz von Straßen und Autobahnen zu bauen, die die verschiedenen Kolonien miteinander verbanden und Palästina noch weiter zerteilten, in den Vereinbarungen garantiert. Eher kritische Analytiker verweisen auf das Interesse der israelischen Wirtschaft, Palästina in ein Gebiet für Dienstleistungen und einen Markt für die israelischen Erzeugnisse zu verwandeln.

Auf diese Weise verfehlten es die Oslo-Verträge auf fast jede Weise, die Grundlagen für einen stabilen und dauerhaften Frieden zu schaffen. Sie beschäftigten sich nicht mit einer einzigen der Fragen, die für den Konflikt und seine zugrunde liegenden Strukturen und Denkweisen relevant sind. Das Thema Wasserverteilung, ein lebenswichtiges Anliegen aller Länder im Nahen Osten, wurde nicht einmal berührt. Zusammenarbeit oder gar gegenseitige Unterstützung zwischen den politischen und Regierungsebenen, auf denen die Verhandlungen geführt wurden, und dem Netzwerk der Basis-Organisationen und   - Institutionen quer durch Israel und Palästina existierten nicht (und das ist bis heute so geblieben). Das Leiden, die Traumata und das Feindbild, die sich als Ergebnis der längsten Okkupationszeit in der Nachkriegsgeschichte entwickelt hatten, wurden nicht bearbeitet. Statt dessen wurden 'Selbstregierung' und ein unabhängiges Palästina *in irgendeiner Form*, wenn schon nicht als Staat, versprochen, während die Antwort auf die Frage, wie Frieden herzustellen sei, so dass er für die Millionen Menschen in Israel und Palästina etwas bedeuten könnte, der Zukunft überlassen blieb. Dass auch diese Versprechen gebrochen wurden, wie die steigende Zahl der israelischen Siedlungen und Kolonien in den besetzten Gebieten zeigt, wurde bald offensichtlich. Wie sich die Dinge entwickelten, wurde deutlich, dass die Oslo-Verträge nicht mehr und nicht weniger waren als ein 'Frieden', der den Frieden beendete.

Eine Notiz über das Wye-Abkommen

Das Wye-Abkommen setzte den in Oslo eingeschlagenen Kurs fort, indem es bezeichnenderweise das Gebiet, das unter palästinensische Kontrolle gestellt werden sollte, von 30 auf 13 Prozent reduzierte. Seit Oslo wurden mehr als 600 palästinensische Häuser zerstört und 140 000 Dunums palästinensisches Land konfisziert, was Israels fortgesetzte Entschlossenheit zeigt, sich vor einer endgültigen Einigung soviel Land wie möglich anzueignen.[4]

Bezeichnenderweise ist das Hauptthema im Wye-Abkommen die Sicherheit. Wiederholt wird die palästinensische Verpflichtung, den 'Terrorismus zu bekämpfen und gegen Gewalt vorzugehen' beschworen, während Israel keine entsprechende Verpflichtung auferlegt wird. Dies ist angesichts der Tatsache, dass seit den Oslo-Verträgen viel mehr Palästinenser als Israelis getötet wurden, umso erschreckender. B'Tselem, einer führenden Menschenrechtsorganisation in Israel zufolge, waren es bis Oktober 1998 356 Palästinenser und 251 Israelis. Die palästinensische Verantwortung für die Verfolgung von Menschen, die des Terrorismus verdächtigt werden, wird hervorgehoben, während 'weiterhin fast völlige Straffreiheit für ungesetzliches Töten von Palästinensern' besteht (Amnesty International). Seit Oslo und in Folge der häufigen israelischen 'Aussperrungen' 'sank der palästinensische Lebensstandard um fast 40 Prozent bei 30 Prozent Arbeitslosigkeit. 40 Prozent der Bevölkerung leben auf oder unter der Armutsgrenze.'[5]

Die Verträge von Oslo und Wye bezeichnen die Fortsetzung der Okkupation, nicht ihr Nachlassen. In ihrer Folge ist Palästina weniger Autonomie geblieben als den südafrikanischen Bantus während der Apartheid. Die Übergangszeit, die die Oslo-Verträge einräumten, wurde nicht dazu benutzt, Vertrauen aufzubauen, sondern dazu, die israelische Herrschaft in den besetzten Gebieten zu festigen. Die Abkommen errichteten eine palästinensische Fassade, die es Israel erlaubte, seine Herrschaft fortzusetzen. Dabei folgte Israel dem traditionellen Modell des Neokolonialismus und richtete eine örtliche Polizei ein, die die Ordnung aufrechterhalten sollte. Ein Jahr nach Oslo kontrollierte Israel 75 Prozent der Westbank gegenüber 65 Prozent zur Zeit der Unterzeichnung der Abkommen, während die Wasserversorgung in Gaza halbiert wurde.[6] In der Westbank kommen auf jeden Liter für einen Palästinenser 876 Liter für einen israelischen Siedler.[7] Seitdem hat sich die Situation durch fortgesetzte Beschlagnahme palästinensischen Landes und eklatante Verletzung der Oslo-Verträge weiter verschlechtert. Die Farce, die sich im Nahen Osten abspielt, lässt wenig oder keine Hoffnung darauf, dass der Prozess, der in Israel begonnen hat, dazu führen kann, wirklichen und dauerhaften Frieden in Israel/Palästina aufzubauen. Statt dessen, wurde der 'Friedensprozess' selbst in bekannter Orwellscher Manier in einen Deckmantel für die fortgesetzte Expansion und Enteignung von Land umgewandelt und dem palästinensischen Volk werden die grundlegenden Menschenrechte verweigert. Das ist ein Prozess, der die Gewalt anheizt und nicht dem Frieden dient.

Aktualisierung 2001

Diskussionen und Analysen der jüngsten Ereignisse in Israel/Palästina von Fachleuten, die die Region kennen, politischen Führern, Friedensarbeitern, Journalisten, Menschenrechts-Aktivisten und anderen ermutigen einerseits zu neuen Hoffnungen und erfüllen andererseits mit Sorge. Die Situation in Israel und Palästina und im ganzen Nahen Osten ist alarmierend, aber durchaus keine Überraschung. Von Kairo über Oslo, Wye, Paris und wieder Kairo und Camp David wurde im Friedensprozess während des letzten Jahr-zehnts keine der zugrunde liegenden Ursachen des Konflikts thematisiert. Er hat Lösungen vorwärts getrieben, die der Gewaltstruktur noch mehr Geltung verschafften, und war darauf aus, die Hegemonie und Herrschaft einer der Konfliktparteien zu befestigen. Ärger und Frustration über eine der am meisten unterdrückenden und ausbeutenden Gewaltstrukturen der Welt haben sich in einen Krieg entladen, verschärft durch Gewaltanwendung auf allen Seiten. Der Teufelskreis von Gewalt, gegenseitiger Schuldzuweisung, Furcht und Ärger wächst und wird sich, da wirkliche Friedensbemühungen auf Seiten der Führer beider Seiten vollständig fehlen, erwartungsgemäß fortsetzen. Nach den Angriffen auf das World Trade Center und das Pentagon am 11. September 2001 profitierten die israelische Regierung und das israelische Militär von der Tatsache, dass die Aufmerksamkeit der Welt von ihnen abgelenkt war. Sie unternahmen massive Militärangriffe und Interventionen in den besetzten Gebieten. Der Terrorismus auf beiden Seiten wächst. Ein 'Frieden' zu den Bedingungen der israelischen Regierung und der USA wäre weder ein Frieden noch eine Beseitigung der Ursachen und Strukturen des Konflikts in Israel-Palästina. Stattdessen wäre es eine Fortsetzung des Krieges mit anderen Mitteln.
Notwendig und unerlässlich ist es daher, 1. gegen die Gewalt zu protestieren, die sich jetzt in Israel-Palästina entlädt, 2. kreative und gewaltfreie Wege der Konflikttransformierung zu suchen und vorzuschlagen und 3. aktiv für die Förderung des Friedens zu arbeiten. Wenn man nicht zu verstehen versucht, was wirklich hinter dem Konflikt steht, und nicht die Ungerechtigkeiten und Ungleichheiten hinter dem Konflikt thematisiert, verewigt man den Krieg, der in der einen

oder anderen Form jetzt schon länger als 50 Jahre anhält. Frieden muss alles einschließen. Er muss alle Akteure und alle Parteien einbeziehen und die grundlegende Menschlichkeit und Würde aller Beteiligten anerkennen. Er darf nicht blind sein.

Das ist ein Aufruf zu direkter, gewaltfreier Aktion und Solidarität an alle, die für die Förderung des Friedens und an der Transformierung des Konflikts mit friedlichen Mitteln arbeiten. Er basiert auf den im Folgenden genannten Erkenntnissen:

–   Frieden wird nur durch ehrliche Versuche hervorgebracht, zugrunde liegende Dynamiken und Strukturen des Konflikts anzusprechen, und durch die Anerkennung der Bedürfnisse und Menschenrechte aller Palästinenser und Israelis.

–   Frieden im wahren Sinne des Wortes kann sich nicht auf Ausbeutung, Annektionen und fortgesetzte Besetzung oder den Einsatz von Terror gründen.

–   Die Unterstützung des Friedensprozesses verlangt direkte und nicht nachlassende Aktionen zur Unterstützung des Friedens, um Edward Said zu zitieren, der einen gewaltfreien Kampf der Massen in Palästina fordert und der die wahre Solidarität zwischen Israelis und Palästinensern begrüßt, die sich dem Aufbau des Friedens mit der Formel 'keine Ausbeutung, keine Unterwerfung' verschrieben haben, dem Schlagwort von Ghandis Kampf für *swaraj*.

–   Israelis und Palästinenser haben gleichermaßen das Recht darauf, in Sicherheit zu leben, auf den Zugriff auf Wasser und Land, auf dieselben grundlegenden sozialen, ökonomischen, kulturellen, politischen und bürgerlichen Freiheiten, Freizügigkeit, freie Religionsausübung und Reisen ohne Beschränkungen.

Es ist notwendig, Neusprache, Gewalt- und Rassismuskultur, Propaganda und dem Glauben ein Ende zu setzen, eine oder die andere Seite wäre 'weniger als menschlich', ein Glaube, der so oft im Zentrum eines Krieges stand, ob er nun mit ökonomischen oder militärischen Mitteln geführt wurde. Frieden ist ein Kampf. Frieden mit friedlichen Mitteln bezeichnet diesen Kampf als gewaltfrei. Er wird uns nicht einfach in den Schoß fallen oder plötzlich auftauchen, während wir die Augen schließen und uns wünschen, die Gewalt möge verschwinden. Wir haben schon zu lange die Augen vor der Wirklichkeit verschlossen. Darum müssen wir jetzt hinsehen, wenn die Gewalt heute explodiert. Eine Frage müssen wir uns alle stellen, während

Experten, Journalisten, Politiker und 'Friedensarbeiter' die Seiten der Zeitungen und Zeitschriften mit ihren Artikeln und Analysen füllen: Warum hat es so lange gedauert? Warum haben wir gewartet, warum haben wir die Gewalt ignoriert, das viele Jahre dauernde tägliche Töten von Palästinensern, die Zerstörung der Häuser, die Situation in den Flüchtlingslagern? Warum haben wir gewartet und wie können wir für uns selbst glaubwürdig unser Gewissen damit beruhigen, dass uns der Anblick von Kindern, die erschossen, Gebäuden, die gesprengt, und Steinen, die geworfen werden, erschüttert? Die Zahl der Palästinenser, die seit Oslo gestorben sind wegen Mangel an Medizin, wegen schlechter Gesundheit und wegen des ökonomischen Zusammenbruchs in den besetzten Gebieten, die langsam an der strukturellen Gewalt gestorben sind, übersteigt die Zahl derer, die beim letzten Kriegsausbruch starben. War ihr Tod weniger erschreckend, war ihr Leben weniger wert oder heilig, weil sie nicht in den Abendnachrichten vorkamen? Diesen Fragen müssen wir uns im Interesse der Menschen von Palästina und Israel stellen, denn wenn wir wirklich glauben, wie wir es sollten, dass Israelis und Palästinenser das Recht haben, in Frieden zu leben, ohne Angst vor Autobomben und 'Terrorismus', dann müssen wir erkennen, dass das nur geschehen kann, wenn Israelis und Palästinenser bereit sind, an einem wahren, gerechten und ehrlichen Frieden zu arbeiten, und wenn die ausländischen Mächte damit aufhören, zu intervenieren und damit diesen Prozess zu verhindern. Wir können uns nicht schweigend zufrieden geben. Wenn wir schweigen, machen wir uns der Beihilfe zur Kriegsfortsetzung schuldig.

Das frühere Jugoslawien: 'Friedensabkommen' von Dayton und aufgezwungener 'Frieden'

Das 'Friedensabkommen' von Dayton bedeutete eine Fortsetzung des Nach-Kalten-Krieges und war im Wesentlichen ein von der Kriegskultur bestimmter Ansatz zu einer Konfliktlösung wie schon die Oslo-Vereinbarungen. Es war eine fortgesetzte Wegbewegung von der weniger rigiden, kreativeren Gorbatschow-Alternative - die das Ende des Kalten Krieges gebracht hatte, indem sie die zugrunde liegenden Ursachen und Strukturen des Konflikts thematisiert und damit den 'Gordischen Knoten zerhauen' hatte - und eine Rückkehr zu den im Wesentlichen von Macht bestimmten Zielen der Realpolitik und ihrer Begleiterscheinung, dem aufgezwungenen Friedensschluss.[8] Das 'Friedensabkommen' von Dayton war ein ausgezeichneter Waffenstillstand, aber ein miserables Friedensabkommen und legte das Fundament für einen Zustand von Weder-Krieg-noch-Frieden. Die Föderation wurde wiederbewaffnet und remilitarisiert und Truppen wurden entlang der inneren Demarkationslinie zwischen der Föderation und der Republika Srpska stationiert, was die Trennung festigte, und nicht entlang den Grenzen des Landes. Auf diese Weise wurde Bosnien in einen Staat mit zwei Einheiten und wenigstens drei Nationen geteilt und zum einzigen Staat der Welt ohne zusätzliche Bezeichnung gemacht, es bekam nur einen geografischen Namen. Wenn man das Dayton-Abkommen ein Friedensabkommen nennt, dann vermischt man die Termini, um die zugrunde liegenden Fehler und Widersprüche zu überdecken und die Strukturen und das Fundament, auf dem es aufgebaut wurde, zu bemänteln.

Durch die Luftangriffe auf serbische Stellungen hatte die NATO als Großmacht 1995 ein Diktat erzwungen, in dem andere politische Verschreibungen nicht vorkamen. Damit legte sie das Fundament für einen 'Kalter-Krieg'-Frieden, der die Kämpfe dadurch beendete, dass er eine Betonschicht in Form von NATO-Truppen auf die im Übrigen ungelösten Konflikte und Traumata goss. Die Verwüstung und Zerstörung, die der Krieg bewirkt hatte, nicht zuletzt an Leben und Beziehungen der Menschen von Bosnien-Herzegovina, wurden nur unzureichend zur Sprache gebracht. Bei den Verhandlungen in Dayton wurden die Kriegsopfer vergessen, nicht nur die Toten, sondern auch die Überlebenden, die *Menschen* auf *allen* Seiten. In den Medien erschienen nur die Bilder von leidenden Moslem und Karikaturen von bösen Serben (und seltener erwähnten Kroaten). Die Gewinner des Friedens waren die, die durch den Krieg oder schon davor an die Macht gekommen waren durch die Förderung von Fremdenfeindlichkeit, Ethnozentrizität und Gedanken des Ausschließens, die den Krieg in Gang gesetzt und bestimmt hatten. Das überstürzte Abhalten von Wahlen sofort nach dem Ende der Kämpfe und bevor Zeit für das Heilen von Wunden gewesen wäre, führte zu einem Einfrieren der Situation und dazu, dass im Krieg entstandene politische Kräfte akzeptiert wurden, die man nun durch die Wahlergebnisse quasi-demokratisch legitimierte. Die damals gebildete Regierung gründete sich auf einen föderativen Staat, der ohne Einkommensquelle war, in dem die Versammlung von Bosnien-Herzegovina von 14 serbischen, 14 bosnisch-muslimischen und 14 kroatischen Repräsentanten konsultiert werden musste, wobei Serben nicht für Kroaten, Kroaten nicht für Bosnier, Bosnier nicht für Serben und umgekehrt stimmen durften, und wo 9,2 Prozent der Bevölkerung, die weder

Kroaten noch Serben noch Muslime sind, sich zwischen den drei Nationalitäten entscheiden mussten.

Dadurch, dass die Architekten-Ärzte von Dayton die Menschen von Bosnien-Herzegovina zusammen zwangen, ohne ihnen Zeit und Platz für die notwendige Heilung und die Wiederherstellung der Beziehungen, die damit einhergegangen wäre, zuzugestehen, schrieben sie ihnen ein Rezept für fortgesetzte Ängste und Unsicherheiten aus. Die Hilfsgüter wurden völlig ungerecht verteilt. Die überwältigende Mehrheit der humanitären Hilfe und der Mittel zum Wiederaufbau nach dem Krieg ging an die kroatisch-muslimische Föderation und wurde noch dazu von massiven Waffenlieferungen und militärischem Training für die Truppen der bosnischen Regierung (überwiegend Muslime) begleitet[9]: 1996 und 1997 gingen 98 Prozent der Hilfen an die Föderation und nur 2 Prozent an die Republika Srpska, was sich seitdem nur wenig änderte. Der Mangel an Beachtung der Realitäten vor Ort und der von den Menschen auf allen Seiten erlittenen Traumata und Leiden schlug sich im Aufzwingen von *Frieden durch Macht* in Form der 60 000 Mann starken IFOR und später des SFOR Kontingents nieder. Aufrüstung und Verhärtung der Konfliktlinien statt Entwaffnung und Versöhnung sind die Erbschaft von Dayton.

Der schwerste Fehler des 'Friedensabkommens' von Dayton jedoch war es, dass keiner der den Kriegen zugrunde liegenden Konflikte aus dem früheren Jugoslawien gelöst oder auch nur zur Sprache gebracht wurde. Zwar beendete das Abkommen die militärischen Aktivitäten der Hauptakteure vor Ort, aber die *theoretischen, begrifflichen, strukturellen und praktischen* Versäumnisse der Entscheidungsträger, sich mit den Wurzeln des Konflikts auseinanderzusetzen, hinterließen der Region das Potential einer zukünftigen blutigen Fortsetzung des Krieges, der auf vielen Ebenen bisher kein Ende fand. Die Entscheidung des Internationalen Gerichtshofs in Den Haag, die eine Seite zu tadeln, und die extrem einseitige Verteilung der Hilfsgüter führten dazu, die strukturelle Teilung zwischen den 'zwei' Seiten zu institutionalisieren und zu vertiefen und damit Feindschaften und Misstrauen zu fördern. Beides trug keineswegs zu ihrer Überwindung bei.

Unter solchen Umständen wie in den meisten Nachkriegssituationen kann Hilfe ein starkes Mittel der Einflussnahme sein. Die Hilfe leistenden Länder waren darauf aus, die Serben zu bestrafen und ihnen die Schuld am Krieg anzulasten. Statt dessen hätten sie mit Programmen, die alle Parteien unterstützten, und durch massive Hilfe - vielleicht im Maßstab des Marshallplans für Europa nach dem 2. Weltkrieg - in den materiellen und psycho-sozialen Wiederaufbau investieren sollen.

Dadurch wären Verbindungen und Bindungen zwischen den Gemeinschaften leichter herzustellen gewesen, denn der Friede wäre auch von innen gewachsen und nicht den Kämpfenden einfach von ausländischen Mächten aufgezwungen worden. Ein auf Zwang beruhender, aufgezwungener Frieden oder 'Waffenstillstand', wie er zwischen Milosevic, Izetbegovic und Tudjman 1995 in Ohio erreicht wurde, kann die Kämpfe beenden, aber er kann nicht an und für sich Frieden bringen. Am Ende führt er sogar mit großer Wahrscheinlichkeit zum Krieg.

Rambouillet - Frieden oder Imperialismus?

Der neueste Ansatz zu einer Mediation durch eine Großmacht hat nur wenig (wenn überhaupt) damit zu tun, dass für die leidenden Menschen in Kosovo/a Frieden geschaffen worden wäre. Bestenfalls kann er als neuestes Beispiel in einer langen Reihe (Irak, Haiti, Somalia, früheres Jugoslawien, Afghanistan, Sudan usw.) von Interventionen und Kanonenboot-Diplomatie der letzten in der Welt übrig gebliebenen Supermacht angesehen werden. Im schlimmsten Fall zeigt es die brutale Manipulation von Serben und Albaniern gleichermaßen, während die sogenannte internationale Gemeinschaft darauf wartete, dass der Konflikt gewaltsam wurde, bevor sie sich einschaltete, um eine 'Lösung' aufzuerlegen, die so abscheulich war, dass keine der Seiten sie annehmen konnte. Am Ende wurde es eine Ausrede, bei der 19 'Demokratien' die Existenz eines örtlichen autoritären Regimes zur Rechtfertigung benutzten, eine autoritäre Herrschaft in globalem Maßstab zu fördern. Damit wurde die Autorität der NATO-Länder über die der UN-Charta und des Sicherheitsrates gestellt, und das NATO-*Dikat* verletzte internationales Recht.
Keineswegs unterstützten westliche Mediatoren, Staatsmänner und Entscheidungsträger die gewaltfreien Strategien von Ibrahim Rogova und die Dissidenten- und Bürgerorganisationen, die Demokratie in Belgrad forderten. Sie ignorierten mehr als zehn Jahre lang die Warnungen von hunderten von Friedensforschern und Gebietsexperten und warteten, bis die Hardliner und die Kriegs fördernden Taktiken sich auf allen Seiten durchgesetzt hatten, ehe sie einschritten. Wie Jan Oeberg vom TFF (Transnational Foundation for Peace and Future Research) herausstellt: „Wenn Frieden im Kosovo und im übrigen Balkan wirklich das Ziel gewesen wäre, dann hätten wir einen völlig anderen nach Rambouillet führenden Ansatz erleben können."[10] Deshalb heißt es, die Realität dessen, was tatsächlich geschah, Lügen zu strafen und eine Simplifizierung der Politik jenseits aller Erkenntnisse zu

fördern, wenn man argumentiert, es hätte keine Alternativen gegeben, oder man hätte nur die Wahl zwischen Bombardierung und
Nichtstun gehabt.

Anders als 1991 und 1992 im früheren Jugoslawien kann man unmöglich sagen, dass das, was sich in Kosovo/a ereignete, 'unvorhergese-
hen' gewesen wäre. Länger als zehn Jahre konnte jeder, der die
Region auch nur entfernt kannte, die Möglichkeit einer gewaltsamen
Explosion voraussagen, wenn die zugrunde liegenden Strukturen und
Ursachen des Konflikts, die quälende Armut, extreme Unterdrückung
und Brutalität der Polizei, dazu tiefes Misstrauen und Angst auf bei-
den Seiten, nicht beachtet würden. Dutzende von Friedensorganisa-
tionen, unter ihnen nicht zuletzt TRANSCEND, TFF und ICL/Praxis for
Peace warnten wiederholt vor der Möglichkeit eskalierender Gewalt.
Es fehlte nicht an frühen Warnungen, aber es fehlte am Zuhören und:
Die Mächtigen hätten ihr Programm vollständig ändern müssen.

Was kann - einmal abgesehen von der miserablen Haltung und Politik der 'internationalen Gemeinschaft' gegenüber der Bundesrepu-
blik Jugoslawien und ihrer Provinz Kosovo/a *vor* dem gegenwärtigen
Ausbruch - den Zustand der Diplomatie *jetzt*, vor, während und nach
Rambouillet und in dem Krieg, der folgte, erklären? Wie konnten die
angeblichen Mediatoren und selbst ernannten 'Konfliktarbeiter', die
auf einzigartige Weise versäumten, irgendwelche kreativen und
brauchbaren Alternativen zu dem Blutvergießen vorzuschlagen, das
Vertrauen und die Unterstützung beider Seiten gewinnen? Woher
kam das Vertrauen auf die bedrohliche Anwesenheit von NATO-
Truppen, Kriegshandlungen und Kampfflugzeuge zum Schaden einer
guten Politik und gesunden Nachdenkens? Während NATO-
Kommandeure und Regierungssprecher behaupteten, sie hätten aus
Bosnien ihre Lektion gelernt - zur Rechtfertigung und Illustration der
Notwendigkeit einer Intervention verliehen sie der Erinnerung und
dem Schrecken von Srebenica und anderen Massakern Ausdruck -,
machten sie dieselben Fehler, teilten wieder Tadel aus und versäum-
ten es, Strukturen und Hintergründe der Gewalt, die Angst und das
Leiden anzusprechen.

Wie die Fehler von Dayton und der falsche Umgang mit dem Konflikt
zu dem Krieg in Kosovo und der 79 Tage andauernden Bomben-
kampagne führten, so mussten die Versäumnisse von Rambouillet
und das Ende dieses Krieges zu einer Explosion der Gewalt und einige Zeit später zu einem Fast-Bürgerkrieg in Mazedonien führen.

Wenn die Mächte in Rambouillet ernsthaft am Frieden interessiert
gewesen wären, hätten sie die alternativen Stimmen und Visionen in
Serbien und Kosovo/a unterstützt, lange vor dem Ausbruch der Ge-

walt. Sie hätten die akzeptablere Alternative einer UN-geführten Friedenstruppe mit UN-Mandat vorschlagen sollen (möglicherweise als Verlängerung der kürzlich aufgelösten UNPREDEP und Begleit-OECD-Mission in Mazedonien), um auf Einladung von Belgrad hin die Gegend zu überwachen, und nicht die serbische Regierung mit den Demütigungen einer Okkupation konfrontieren sollen. (Oder, wie damals der Führer der Nordischen Bataillone, die in Mazedonien Dienst taten, vorschlug, hätten sie die Mission der UNPREDEP bis zur Kosovo/a-albanischen Grenze ausdehnen und den Waffenzustrom in die Region aufhalten können.)

Sie hätten breit angelegte, umfangreiche, auf die Entwicklung brauchbarer Alternativen gerichtete Dialoge zwischen Serben und Albanern in Gang gebracht, die für beide Seiten annehmbar gewesen wären, und hätten die LDK (League for a Democratic Kosova) und Dissidenten in Serbien dabei unterstützt, gemeinsam Demokratie und Menschenrechte und die bürgerlichen Freiheiten aller Menschen in der Region zu fördern. Sie hätten durch die Förderung der Zusammenarbeit mit anderen Gruppen der Region das Fundament für einen breiteren regionalen Ansatz der Friedenskonsolidierung und Sicherheit gelegt.

Sie hätten die freien Medien und den unabhängigen Journalismus in Jugoslawien viel stärker unterstützt, was zu einem komplexeren und objektiveren Bild der Nöte und Sorgen sowohl der Albaner als auch der Serben geführt hätte. Das hätte das einseitige Bild von Schwarz-Weiß, Gut-Böse korrigiert, das so oft in den Medien beider Seiten und ebenso in den internationalen wiederholt wurde. Und sie hätten die von ihnen zehn Jahre lang unterstützte Politik aufgegeben, die dazu geführt hatte, die Position der Hardliner und Nationalisten aller Seiten zu stärken, indem sie Bestrafung und Verurteilung über die von ihnen als 'böse' Wahrgenommenen verhängten. Als 'böse' galten ihnen nicht nur Einzelne, sondern ganze Völker. Statt dessen hätten sie offenere, kreative und vielschichtige Ansätze der Friedenskonsolidierung und Bestärkung der Friedensakteure zu ihrer Sache gemacht, die sich auf umfassende und weitreichende Zusammenarbeit mit Akteuren aller Seiten gegründet hätten.

Aber die Mediatoren und 'Konfliktarbeiter' in Rambouillet waren am Frieden nicht interessiert, und sie wollten nicht an den zugrunde liegenden Strukturen und Ursachen des Konflikts in Kosovo/a arbeiten. Ihre Ziele waren die folgenden: die Durchsetzung ihrer eigenen Interessen, Erlangen von Vorteilen für die Großmacht, Durchsetzung ihrer Vision vom Balkan, wie er sein sollte, die Stationierung einer massiven

Heeresmacht von NATO-Soldaten im Kosovo/a und die Erweiterung ihres Einflussbereichs von Italien, Ungarn, der Adria, Bosnien, Albanien und Mazedonien bis nach Griechenland und in die Türkei.

Jan Oeberg schreibt: „Mit dem Einfluss der USA/NATO in der Türkei, Griechenland, Georgien (und Aserbaidschan?) und in Kroatien, Bosnien, Albanien, Ungarn und Serbien erschien die Erreichbarkeit des Zieles, NATO-West und NATO-Ost miteinander zu verbinden, näher zu rücken. Auf die Dauer könnte das mehr Kontrolle über das 'teuflische Dreieck' von Balkan, Nahem Osten und Kaukasus bedeuten. Das Endziel wäre a) die dauerhafte Abwehr von Russland und b) der Zugang zum Öl am Kaspischen Meer."[11] In diesem Bild bekommt die Existenz der US-amerikanischen Camp Bond Steel vor den Toren von Pristina, der größten Militärbasis der Welt außerhalb der USA in den letzten 30 Jahren, besondere Bedeutung.

Was in Rambouillet als Mediation und Gelegenheit zum Friedensschluss zwischen den Konfliktparteien angeboten wurde, war in Wirklichkeit und in den Worten von Henry Kissinger ein 'Ultimatum', von dem man nicht annahm, dass es akzeptiert würde. Für die NATO gründete sich die falsche Alternative von Bombardement und Nichtstun auf ein 'moralisches' Argument, wobei eine ganze Bevölkerung zerbombt und terrorisiert wurde und die Angriffsziele der NATO-Bomber nicht die jugoslawische Armee oder Führung, sondern die Bürger Jugoslawiens waren. Nach 79 Tagen Bombardierung, vom 24. März an, stellte sich heraus, dass nur ein Drittel der Ziele militärische gewesen waren und weniger als 5 Prozent der 2000 bis 3000 Bombenopfer Teilnehmer am Kosovo/a-Krieg. Dazu kommen die vielen Zehntausend, die in Kämpfen zwischen Serben und Kosovaren getötet wurden, und die fast eine Million Kosovoalbaner, die durch den folgenden Terror gezwungen waren, ihre Heimat zu verlassen, durch die ethnische Säuberung und Zerstörung von Häusern und ganzen Dörfern durch das serbische Militär und paramilitärische Einheiten, denen die NATO die Erlaubnis dazu erteilt hatte, die sie zuvor nicht gehabt hatten.[12]

Auch wenn wir einige Argumente der NATO akzeptieren können - die Verurteilung der ethnischen Säuberung im großen Maßstab und des Terrors gegen die Kosovoalbaner -, sind wir der Meinung, dass es wenigstens ein Körnchen von Gleichbehandlung geben muss, d.h. dass verschiedene Länder, die dasselbe tun, auf dieselbe Weise behandelt werden müssen. Die Kroaten hatten den Serben 1996 in der Krajina dasselbe angetan und die Behandlung der Kurden in der Türkei ist sogar noch schlimmer. In beiden Fällen wurde nichts unternommen. Wenn man gegen das Bombardement ist, heißt das deshalb nicht, man wäre für den Terror und die Repressionen, die die serbische Armee und die KLA (Befreiungsarmee des Kosovo) in Kosovo/a ausübten. Aber man muss erkennen, dass Alternativen existierten und existieren und dass die Bombenopfer sowohl Serben als auch Albaner, d.h. Menschen aller Seiten waren und nicht etwa nur militärische Ziele bombardiert wurden, wie die NATO-Sprecher behaupteten.

Das NATO-Bombardement verletzte nicht nur die UN-Charta, sondern auch ihre eigene Verfassung ebenso wie die dreier NATO-Mitglieder (Italien, Deutschland und Griechenland). Mit dem Führen eines Offensivkrieges gegen ein Land, das nicht zuvor angegriffen hatte, und ohne ausdrückliche Unterstützung des UN-Sicherheitsrates eröffnete die NATO eine Möglichkeit für künftige 'Friedenssicherungs-' und 'Friedensaufzwingungs-'Missionen gegen jedes beliebige Land, von dem sie meint, es verletze die Interessen und Belange eines NATO-Mitgliedstaates. 'Humanitäre Intervention' war nur ein Feigenblatt. Tatsächlich brachte das NATO-Bombardement und der Bodenkrieg Verwüstung und Zerstörung über die gesamte Region, vernichtete die Chance auf Frieden und ließ die Kämpfe weit über jedes Maß hinaus, das sonst möglich gewesen wäre, eskalieren. Das Ausmaß der folgenden Kämpfe schuf eben die Bedingungen, die das Bombardement hatten verhindern sollen.

Der Schaden wird auf 50 bis 100 Milliarden US $ geschätzt. Jugoslawien hat nun die Ehrfurcht gebietende Aufgabe des Wiederaufbaus in einer Gesellschaft, in der die Hälfte der Arbeitsfähigen arbeitslos ist. Die Spaltungen und Traumata, die durch die Kämpfe und den Terror - aus der Luft wie auf dem Boden - verursacht wurden, haben die Möglichkeit, dass Serben und Albaner in naher Zukunft friedlich miteinander leben könnten, fast ganz vernichtet. Während die NATO sich darauf vorbereitet, ihre Truppen im Kosovo/a noch wenigstens drei Jahre stehen zu lassen, setzen sich Gewalt und Spannungen vor Ort fort und eskalieren. Weitere Destabilisierung ist zu befürchten. Die Fortsetzung einer kürzlich veranstalteten Geberversammlung, in der Entwicklungs- und Wiederaufbauhilfe für den Balkan, Serbien ausgeschlossen, diskutiert wurden, wird die Chancen für einen wirklichen und nachhaltigen Frieden nur verringern. Die Drohung eines Bürgerkriegs in Serbien und zunehmender Konflikte zwischen Serbien und Montenegro rückt näher. Durch 79 Tage der schwersten Bombardierung der Geschichte wurden die Wurzeln der Gewalt und keineswegs die Wurzeln des Friedens im Balkan eingepflanzt. Mazedonien kann das bezeugen.

Afghanistan - Verheißungen und Versagen einer globalen Perestroika und die Genfer Konventionen

Die Ansätze zur Konfliktlösung und die Verzweigungen des Afghanistan-Konflikts im größeren internationalen Zusammenhang sind aus einer Reihe von Gründen interessant. Einmal war der Krieg in Afghanistan eine der blutigsten Konfrontationen während der Zeit des Kalten Krieges. Er bedeutete hohe Kosten auf allen Seiten (ökonomisch, militärisch, politisch) und eine mögliche Eskalation, die die Nachbarn Afghanistans zu destabilisieren und die Konflikt- und Konfrontationslinien zu verhärten drohte. Andererseits konfrontierte er die Sowjetunion mit den Aspekten eines sich hinziehenden Krieges, der weder gewonnen werden konnte noch verloren wurde, und führte zur Suche nach alternativen Konfliktlösungstransformationen, nach Lösungen, die die Konfliktlösungen in einer Reihe anderer Fälle, nicht nur in Afghanistan, beeinflussen würden.

2001 geriet Afghanistan noch einmal in den Mittelpunkt des Weltinteresses: 1. weil es Osama bin Laden beherbergte, den die USA verdächtigten, hinter den Anschlägen des 11. Septembers zu stecken, 2. als das erste Ziel des 'Krieges' der USA 'gegen den Terrorismus' und 3. als Konflikt-Arena des ersten bedeutenden Krieges des 21. Jahrhunderts. Dies alles war die Hinterlassenschaft eines Jahrzehnts der Vernachlässigung und vollständigen Fehlhandhabung von Konflikten. Die 90er Jahre hindurch war die einzige bedeutende äußere Beteiligung die von UNOCAL (einer der größten Ölgesellschaften der USA), von Russland und den USA, die zur Verschlimmerung des Konflikts beitrugen, indem sie die eine oder andere der Kriegsparteien unterstützten. Daneben gab es eine winzige Menge an Hilfe von den regionalen Mächten, am bemerkenswertesten Pakistan, aber auch Iran, Tadschikistan und Usbekistan. Die von den USA (UNOCAL) und Pakistan (ISI) unterstützten Taliban sollten zu Anfang des 21. Jahrhunderts zum bevorzugten Angriffsziel der letzten in der Welt übrig gebliebenen Supermacht werden, als die Taliban versäumten, eine bedeutsame Politik zur Ausrottung und Zerstörung des 'Terrorismus' zu entwickeln, zu deren Schaffung, Finanzierung und Unterstützung sie so viel getan hatten. Auf mehr als eine Weise repräsentiert Afghanistan das tragische Versagen der von der Kriegskultur in Gang gesetzten Ansätze zur (Fehl-)Handhabung von Konflikten nach dem Kalten Krieg und die Hinterlassenschaft dieses Versagens im 21. Jahrhundert.

Die durch Gorbatschow und die Sowjetunion bewirkte Veränderung der Strategie, die ein Ende des Krieges und der sowjetischen Besetzung von Afghanistan brachten, kündigten eine neue Ära internationaler Zusammenarbeit an. Die Genfer Konventionen bezeichneten eine noch dramatischere Veränderung auf der Weltbühne. Ihr Misserfolg und der Misserfolg aller folgenden Versuche, eine Regelung in Afghanistan herbeizuführen, deuten auf die Unangemessenheit von Mediation durch eine Großmacht und von aufgezwungenen Konfliktlösungen hin und auf die verstörende Entwicklung, die sich seit dem Ende des Kalten Krieges vollzog. Außerdem, und vielleicht ist das wichtiger, zeigt das Abkommen den Weg und die Herausforderungen, die vor uns liegen.

Wie alle Konflikte, die man aus der Vogelperspektive betrachtet, wies und weist der Krieg in Afghanistan umfangreiche Einmischungen und Interventionen ausländischer Parteien auf. Die 'Lösung' des Konflikts (obwohl sie nicht endgültig erfolgreich war) und der Prozess, der dazu geführt hatte – die Genfer Konventionen -, wurden als Erfolg der UN bejubelt und öffneten den Weg zur 'Lösung' einer Reihe anderer regionaler Konflikte - von Nikaragua, El Salvador, Kambodscha, Angola bis zum Iran-Irak-Krieg im Nahen Osten.[13] Es bedeutete einen Aufschwung in Autorität und Prestige der einzigen wahren globalen Körperschaft der Welt mit ausgedehnter Erfahrung in einer Anzahl unterschiedlicher Konfliktanordnungen in aller Welt und eröffnete den Weg zur Zusammenarbeit der Großmächte an Stelle der bis dahin herrschenden Konfrontation. In seiner Rede vom Februar 1988 bezeichnete Gorbatschow Afghanistan als nahezu ersten regionalen Konflikt an, der die USA und die UDSSR dazu angeregt habe, sich einer kooperativen Regelung zu nähern.

Die Auswirkung des Engagements der Sowjetunion in Afghanistan auf die sowjetische Politik - etwas, das gemeinhin von Analytikern übersehen wird - spielte eine wichtige Rolle dabei, mit der Tradition von Breschnews Moskau zu brechen und den Weg für neue Herausforderungen und neue Ideen, die sich in Gorbatschows Reform- und Wiederaufbaupolitik verkörperten, zu öffnen. Die Arbeit der Friedensforscher und -Aktivisten in den Jahren zwischen 1950 und 1980 hatte auf dem Weg über die Bestätigung durch die Palme-Kommission, die die gegenseitige und allgemeine Sicherheit auf ihre Fahne geschrieben hatte, Eingang in die vorherrschenden politischen und strategischen Diskussionen gefunden. Dies lieferte das intellektuelle Fundament und die Inspiration für Gorbatschows spätere Reformen. Ebenso hatte der Krieg in Afghanistan mehr als jeder andere Konflikt dazu gedient, die etablierten Normen und Werte der Rivalität der Großmächte und die *Realpolitik*, die den kalten Krieg charakterisierten, zu diskreditieren. Zusammenarbeit, Dialog und Vertrauensbildung wurden als Alternativen zum Nullsummenspiel der Rivalität und dem Gewinn-des-einen- = Verlust-des-anderen-Szenarios angeboten oder auch statt der vertrauteren Realität des Beide-Verlierens, wo beide Parteien leiden, auch die, die behauptet, gewonnen zu haben.

Die Verwüstungen, die der Krieg in der sozialen und materiellen Infrastruktur von Afghanistan anrichtete, dazu die 1,5 Millionen Toten in zwei Jahrzehnten, waren der Preis, der für das Ende des Kalten Krieges und die Verheißung eines neuen Zeitalters internationaler Zusammenarbeit zu zahlen war. Die folgende Nichteinlösung dieser Verheißung ist vielleicht der größte Betrug am afghanischen Volk und kann zusammen mit den oben genannten Ansätzen zur Konfliktlösung als Verursacher des afghanischen Bürgerkrieges gesehen werden. Sie ist außerdem die Wurzel des Krieges in und um Afghanistan 2001 und 2002.

Die Auswirkungen von Afghanistan auf die Sowjetunion waren schwerwiegend. Man braucht nicht weit in die Geschichte zurückzublicken, um zu bemerken, dass fast jeder bedeutenden Veränderung in der russischen Politik eine Kriegsniederlage vorausging. Die Niederlage auf der Krim diente als Katalysator für die Reformen in den 60er Jahren des 19. Jahrhunderts. Dazu gehörte die Abschaffung der Leibeigenschaft. Die Niederlage im russisch-japanischen Krieg und die faktische Niederlage und Katastrophe am Ende des Ersten Weltkrieges führten zu den Revolutionen von 1905 und 1917. Ähnlich war es in Afghanistan. Die großen russischen Verluste, darunter ein bedeutender Verlust an internationaler Zustimmung (besonders der 'islamischen' und 'sich entwickelnden' Welt), riesige Ausgaben für Militär und Hilfen - die eine starke Belastung der dringlich für die Umstellung von militärischer auf zivile Wirtschaft und die Produktion von Verbrauchsgütern benötigten Mittel darstellten -, die hohen Verluste an Menschenleben und die sich verschlechternde Moral in der Armee diskreditierten Falken und militärische Hardliner und öffnete den Weg zu sehr viel kreativerem und flexiblerem Denken. Die Unfähigkeit der 40. Armee, den militärischen Sieg zu erringen (obwohl sie Städte und Basen sichern konnte), diente dazu, hochrangige politische und militärische Personen, die unter Breschnew aufgestiegen waren, zu diskreditieren und öffnete den Weg für eine neue Generation, die den Zielen und Idealen des neuen Führers Michail Gorbatschow gegenüber aufgeschlossen war.

Schon am 17. Oktober 1985 erklärte Gorbatschow in einer Versammlung des Politbüros in Moskau seine Absicht, die sowjetischen Truppen aus Afghanistan abzuziehen, und ließ diese Mitteilung an die Führung der PDPA in Kabul übermitteln. Noch eindringlicher äußerte sich Gorbatschow am 20. Juli 1987, als er eine hochrangige afghanische Delegation zu einem persönlichen Treffen zusammenrief: ‚Sie tun gut daran, in 12 Monaten bereit zu sein, denn dann ziehen wir ab, ob Sie so weit sind oder nicht. Sie müssen ihre politische Basis stärken.'[14] Am 13. November 1986 hatte das Politbüro im Geheimen beschlossen, Ende 1988 die sowjetischen Truppen abzuziehen und die 'kommunistische' PDPA durch eine breitere Koalition zu ersetzen, ein Regime nationaler Versöhnung. Fortgesetzte Versuche von Washington/Reagan, eine militärische Lösung herbeizuführen, und das Verkennen der Aufrichtigkeit von Gorbatschows Bemühungen, die Rivalität im Kalten Krieg, die zum Nachteil beider Seiten bestand, zu überschreiten, behinderten eine Lösung.

Zwar repräsentierten die Genfer Konventionen den allmählichen Anbruch einer neuen Ära von kooperativer Politik und internationaler Konfliktlösung, aber sie litten doch an einer Anzahl bedeutsamer Fehler, die ihre tatsächliche Umsetzung verhinderten. Die Mediationen wurden im Wesentlichen von Parteien durchgeführt, denen die traditionellen und kulturellen sozialen Strukturen in Afghanistan fremd waren: Die PDPA und die Regierung Pakistans, unterstützt durch die UDSSR bzw. durch die USA. Das Versäumnis, die Repräsentanten der *mujaheddin* und der Widerstandsparteien und die traditionellen und örtlichen Führer einzubeziehen, diskreditierte die UN in Afghanistan. Das führte dazu, dass die wichtigsten Oppositionskräfte in der Regierung in Kabul nicht vertreten waren. Das, was durch Genf gewonnen war, wurde durch das im Folgenden Genannte destabilisiert und schließlich zerstört: Das Versäumnis, der wachsenden Kriegswirtschaft Widerstand zu leisten und Alternativen dazu anzubieten, der Mangel an angemessener Unterstützung und Beteiligung von Menschen *innerhalb* Afghanistans und der unausgesetzte Waffenzustrom aus dem Ausland.

Die UN-Mediatoren verfolgten einen zweispurigen Ansatz. Die erste Spur verfolgte die Lösung der internationalen Verwicklungen des Streits: Anwesenheit der sowjetischen Truppen, Unterstützung von gegen die Regierung kämpfenden Truppen aus dem Ausland und die Flucht afghanischer Bürger in die benachbarten Länder. Auf der zweiten, geheimen, Spur wurde die künftige afghanische Regierung diskutiert. Die UN-Mediatoren versäumten es deshalb, angemessene Vorkehrungen gegen die fortgesetzte Unnachgiebigkeit der in- und ausländischen Konfliktparteien zu treffen. Die Struktur der Unterstützung und ihre Durchführung waren äußerst schwach, nicht zuletzt weil sie auf traditionellen, vom Staat betriebenen Mediationstechniken beruhten zu einem Zeitpunkt, als die Staats-Sprache und der Staats-Diskurs im traditionellen 'westlichen' Staat wenig Bedeutung hatten. Es war ein Mittel, die Beziehungen zwischen der Sowjetunion und den USA zu entwirren, und erlaubte beiden, ihre Aufmerksamkeit anderem zuzuwenden. Versäumt wurde allerdings, das Fundament für eine anhaltende und brauchbare Alternative zum Krieg in Afghanistan zu legen: Man hätte die Wirkungen des Krieges auf die afghanische Gesellschaft und ihre sozialen Beziehungen zur Sprache bringen müssen.

Als Vertrag zur Beendigung des Kalten Krieges und als Fundament für friedliche Zusammenarbeit und Koexistenz zwischen zwei Supermächten war Genf ein Erfolg. Als aufgezwungene Lösung, den Krieg in Afghanistan zu beenden, war es ein Fehlschlag. Zwar rückte es das krebsartige Wachstum des afghanischen Konflikts aus dem Rampenlicht der internationalen Aufmerksamkeit, aber es versäumte, den Konflikt aus der sozialen und materiellen Realität Afghanistans zu entfernen. Der Krieg wird unvermindert fortgesetzt. Die Verheißung von Gorbatschows Reformen, der *perestroika* und *glasnost,* wurde verhöhnt und durch Bombenlärm und Drohungen ersetzt, die Werkzeuge der Konfliktlösung, die so oft von der letzten in der Welt übrig gebliebenen Supermacht ergriffen werden, wenn sie versucht, 'aufsässige Kinder' und Staatsoberhäupter zu disziplinieren. Anstatt ein Zeitalter von Frieden und Zusammenarbeit auf internationaler Ebene einzuläuten, brachten die letzten zehn Jahre des 20. Jahrhunderts einen explosionsartigen Anstieg innerstaatlicher Konflikte, zusammen mit steigender Armut *innerhalb* der Staaten (UDSSR, USA) und international. Dafür gibt es kein besseres Beispiel als Afghanistan.

Die Treffen von Islamabad und Taschkent - Feuer im See

Bei den Versammlungen in Islamabad im April 1997 und in Taschkent im Juli 1999 versagten die westlichen Mediations- und Konfliktlösungs-Ansätze für den Afghanistan-Konflikt. Sie waren voller Widersprüche und Rätsel und enthielten kein einziges der notwendigen Elemente, die für einen dauerhaften Frieden notwendig gewesen wären. Der ersten Konferenz ging ein Angriff der Taliban auf Stellungen der Nordallianz voraus und sie stand im Zusammenhang mit den fortgesetzten Waffenlieferungen nach Afghanistan aus dem Ausland. Der zweiten Konferenz folgte fast unmittelbar ein Angriff der Taliban auf das Panjshir-Tal, die letzte Festung Ahmad Shah Masouds und der Reste der früheren Armee der Regierung von Burhanuddin Rabbani, die 1996 von den Taliban gestürzt worden war. Während Akteure aus

dem Ausland vom Frieden sprachen und die Taliban für ihre Auf-
zeichnungen über Menschenrechtsverletzungen tadelten, unterstützten sie den Konflikt und gaben der Konfliktdynamik neue Nahrung.
Pakistan und einige arabische Staaten hielten zu den Taliban,
während Massoud die Unterstützung Russlands und einiger zentral-
asiatischer Länder gewann. Obwohl die Kämpfe sich auf Afghanistan beschränkten, wurde das Land zum Epizentrum einiger regionaler Bruchlinien und Teilungen und zum Punkt, an dem das Herz Asiens
durch blutigen Konflikt zerrissen wird. Jede künftige größere Grundstruktur für regionale Sicherheit und Ökonomie und die soziale Zusammenarbeit in Zentralasien bzw. zwischen Zentralasien und dem
Subkontinent und China und dem Nahen Osten hängt von einer
schließlichen Lösung des Konflikts in Afghanistan ab. Es ist im Eigenin-
teresse dieser Länder, die Friedensbemühungen zu unterstützen und
zum Ende der Kämpfe beizutragen.

Als Ergebnis des Krieges gegen die sowjetische Besetzung bildeten
sich neue Autoritätsstrukturen, innerhalb des Landes um die Muja-
heddin-Kriegsherren und außerhalb um die politischen Widerstandsparteien. Die traditionellen Strukturen der Dorfautorität verloren ihr
Gewicht, was die örtlichen Konflikttransformationsmechanismen
schwächte und die soziale Autorität auf die Kriegsgewalt übertrug.
Während 98 Prozent der Menschen von Afghanistan sich nach Frieden sehnen, bleiben die Berufskrieger und -kämpfer, vielleicht 2 Prozent der Bevölkerung, obenauf wie eine Ölschicht auf dem Wasser.
Die Entmachtung der Taliban durch die vereinten Bombenangriffe
der USA und die von den USA unterstützen Bodenkämpfe der Nordallianz haben nur dazu geführt, die Schicht der Berufskrieger und
Kriegsherren an die Macht zu bringen. Der Frieden bleibt unerreichbar. Die Fortsetzung der Kämpfe und die wiederholte Teilung von
Afghanistan gemäß den Interessen ausländischer Parteien ist sehr
wahrscheinlich.
Die Verhandlungen damals (1997, 1999) und heute (2002) konzen-
trier(t)en sich auf einen Wettkampf um Macht und Kontrolle über das
Kapital und den afghanischen Staat, in einer Gesellschaft, in der die
meisten Menschen ihre Identität anders definieren denn als Staats-
bürger. Im Wesentlichen basierten sie auf realistischen Auffassungen
von Macht und Beziehungen, aber sie rechneten damit, dass die, die
vom Krieg abhingen, das Fundament für den Frieden legen würden.
Sie wollten den Konflikt auf den Tisch bringen, in einer Weltgegend, in
der Tische für die, die auf dem Boden sitzen, wenig Bedeutung
haben. Zur selben Zeit gab es einige Hoffnung, dass eine Lösung

möglich sein könnte, wenn man die zwei bis vier oder mehr Parteien (1997/99: Die Nordallianz und die Taliban; 2001: Die Nordallianz, den König, Pashtun-Führer aus dem Süden und Osten und Abtrünnige der Taliban) zusammenbringen würde. Aber in einer Gesellschaft, in der der Staat zusammengebrochen und die Zivilwirtschaft zerstört ist und wo Drogenhandel, Schmuggel und Krieg die anerkannte Währung sind, reicht Mediation als Ansatz der Friedenskonsolidierung nicht aus, um eine einleuchtende Alternative zum Krieg zu bieten. Eine politische Lösung des Konflikts ist notwendig. Die Wurzeln zu seiner Transformation und Überschreitung liegen in dem sozialen Gewebe und dem sozialen Kapital Afghanistans und seiner Menschen, nicht in Vereinbarungen oder ausgehandelten Regelungen. Dieser Prozess kann aus dem Ausland unterstützt, aber er kann nicht aufgezwungen werden. Solange aber Waffen und Unterstützung weiter ins Land fließen, und solange die regionalen und andere Mächte ihre eigenen Interessen auf Kosten des Volkes von Afghanistan verfolgen, so lange ist der Frieden bestenfalls ein Traum, heute so unerreichbar wie vor 20 Jahren.

Über Mediation hinaus: Analyse und Vorschläge (keine Lösungen)

Das genannte Beispiel und das Kapitel 1.1 haben illustriert, dass Mediation *so, wie sie praktiziert wird*, Gorbatschows Herausforderung und die Arbeit der Friedensforscher und -Aktivisten eines halben Jahrhunderts, die darin bestand, nach kooperativen Ansätzen zum Frieden zu suchen, indem man zu den Strukturen und Ursachen des Konflikt vorstieß, außer Acht lässt. Statt dessen ist sie zum simplifizierten Prozess von Konfliktlösung zurückgekehrt, der auf elitären Strukturen der Kriegskultur beruht. Mediation hat oft nur zur Verfolgung von Machtinteressen ausländischer Parteien und Akteure gedient und damit die Konfliktdynamik angeheizt und Lösung und Transformation verhindert.

Der Glaube, dass Kriege entstehen, weil man sie nicht verhindern kann, ist nicht mehr angemessen. Die Aufgabe heute ist es nicht nur, Mechanismen und Institutionen zu schaffen, die den Krieg verhindern, sondern die notwendige Kreativität und Fantasie zu entwickeln, so dass brauchbare Alternativen gefunden werden, die alle Formen direkter, struktureller und kultureller Gewalt überschreiten und die Menschen und Gemeinschaften zum Frieden mit friedlichen Mitteln befähigen. Wir müssen die Herausforderung annehmen und Alternativen suchen, die Hoffnung auf eine Zukunft wecken, in der Gewalt nicht mehr als legitime Reaktion auf Konflikte gesehen wird. Das bedeutet, dass wir nicht nur die Annahmen/Einstellungen und das Verhalten der Parteien zur Sprache bringen, den Teil des Eisbergs, der oberhalb der Wasseroberfläche erscheint, sondern dass wir tiefer gehen und die Tiefenkosmologien und -Strukturen transformieren - die Zeiten von Ruhm und Verletzung, von Erinnerungen an Expansion und Schrumpfung -, die den Kern von Krieg und Gewalt ausmachen, und den Glauben und die Denkweise, die sie aufrechterhalten.

Die Alternativen, die in diesem Buch vorgeschlagen werden, gehen weit über Gorbatschows und die meisten der in den herrschenden Ansätzen der Friedensforschung vorgebrachten Transformationen hinaus. Unser Ziel ist es, eine Friedenspraxis aufzubauen, in der wir über Staatsgrenzen und sogar NGOs hinausgehen und daran arbeiten, Mittel und Möglichkeiten zur Friedenskonsolidierung bei einer großen Vielfalt von Akteuren aufzubauen. Diese Praxis basiert auf der Befähigung von Zivilgesellschaft, Gruppen, Organisationen und Einzelnen auf jeder Ebene der Gesellschaft und auf den traditionellen Netzwerken und sozialen Strukturen der Kulturen in aller Welt, die so oft von den modernsten Ansätzen zur Konfliktlösung ausgeschlossen wurden. Praxis und Theorie, Aktion und Nachdenken, die sich aus einem großen Schatz von Erfahrungen und Konfliktbearbeitungsansätzen speisen, treffen in dem Bestreben, eine *Praxis für den Frieden* aufzubauen, zusammen.

Am Anfang des Kapitels wiesen wir darauf hin, dass Mediation ein möglicher Ansatz zur Lösung bzw. Transformation ist. Nur leider geschieht es oft, dass dieser *eine* Ansatz für den einzigen gehalten wird, was dazu führt, dass der Gedanke an Friedenskonsolidierung auf breiter Ebene an den Rand gedrängt oder vernachlässigt wird. So richten sich in Nordirland fast alle Bemühungen zur Lösung des Konflikts auf die 15 Prozent der Bevölkerung, die die Gewalt fortsetzen wollen, und nicht auf die 85 Prozent, von denen man annehmen kann, dass sie den Friedensprozess unterstützen. Dass wir einen Ansatz ausschließlich von oben oder bei den Extremisten in einem Konflikt für falsch halten, ist kein Widerspruch zur oben gemachten Feststellung, dass 'Hardliner' und diejenigen, die der Transformation widerstehen, nicht übergangen werden sollten, sondern wir wollen nur die Wichtigkeit der Einbeziehung einer Vielfalt sozialer Akteure in die Konflikttransformation betonen. Der Frieden soll auf allen Ebenen, von der Basis aufwärts, konsolidiert werden. Das Versäumnis, kreative und brauchbare Ansätze zur Konflikttransformation zu entwickeln, in die eine große Zahl Akteure der verschiedenen sozialen Ebenen einbezogen werden, ist das Ergebnis von Konfliktanalphabetismus und wird wesentlich von der Kriegskultur gefördert. Dieses Versäumnis provoziert Metakonflikte.

Wenn die Konfliktlösungsansätze sich nur auf die Führer der obersten Ebene und deren Interessen konzentrieren, ohne dass die zugrunde liegenden Strukturen und Ursachen des Konflikts zur Sprache gebracht werden, bringt das nicht nur keinen Frieden, sondern legt oft das Fundament für das spätere Ausbrechen von Kriegen. Der Vertrag, der den französisch-preußischen Krieg und die preußische Besetzung Elsass-Lothringens beendete, legte das Fundament für den Ersten Weltkrieg und der Versailler Vertrag am Ende des Ersten Weltkrieges das Fundament für den Zweiten. Jeder Versuch zur Konfliktlösung von oben ist wie eine Hinterlassenschaft von früher: ein Krieg provozierender 'Frieden', Konferenzen von Großmächten und Frieden durch *Diktat*. Es geht nicht um den Kampf der Kulturen, wie manche Friedensforscher und -Aktivisten herausbekommen zu haben meinen. Die kooperative Konfliktlösung Gorbatschows ist der Konflikt hervorbringenden Lösung von oben oder außen vorzuziehen.

Ansätze von Friedenskonsolidierung von oben nach unten, Frieden *von oben und aus dem Ausland* aufgezwungen, *rufen Konflikte hervor*, denn dadurch wird die Zahl der Optionen reduziert, der Konflikt wird eingeschlossen und der Raum für Alternativen, die eine Vielzahl von Akteuren hervorbringen können, wird blockiert. Man muss nicht nur den Nullsummen-Ansatz und die 'Einer-gewinnt-einer-verliert'-Vorstellung überwinden und zum 'Wir können beide gewinnen oder beide verlieren' fortschreiten, sondern man muss die Friedensarbeit und die Friedenskonsolidierung in einem Prozess begründen, der *soziale* und nicht nur *elitäre* Ressourcen für den Frieden mit einbezieht.

Die oben analysierten Versuche der Konfliktmediation haben das Versagen einer Mediation als Konfliktlösungsansatz herausgestellt, die im Leeren praktiziert und nicht durch andere parallel stattfindende Friedenskonsolidierungsbemühungen bestärkt wird. Ganzheitliche Ansätze zur Friedenskonsolidierung zu entwickeln bedeutet nicht, die Führungsebene auszuschließen, sondern neue Ansätze und neue Ebenen einzuführen und hervorzuheben, so dass die Prozesse einander ergänzen und verstärken. Dann ergeben sich 'Sowohl-als-auch' statt 'Entweder-oder'-Lösungen. Mediation versagt durch ihre Unfähigkeit, sich selbst innerhalb eines Prozesses von Konflikttransformation einzuordnen. Sie konzentriert sich darauf, 'eine Vereinbarung zustande zu bringen', 'die Parteien an einen Tisch zu bringen' und darauf, zu einer 'Lösung' oder einem 'Abschluss' des Konflikts zu kommen. Dabei werden Strukturen und Dynamiken auf vielen Ebenen verstärkt. Mediation, so wie sie praktiziert wird, versagt auch auf anderen Gebieten.

Nur allzu leicht, wie im Fall des früheren Jugoslawiens und des Kosovo/a, kann Mediation zum Deckmantel für das *Diktat* der Großmächte und für eine Lösung durch *Machtanwendung* oder deren Androhung werden. In anderen Fällen, wie in Israel-Palästina, kann Mediation als Prozess gebraucht werden, die Position der Führer bzw. der Eliten zu befestigen, die sich durch die Dynamiken des Konflikts bedroht fühlen. Sie versucht nicht, die Ursachen des Konflikts anzusprechen und sie durch alternative Visionen und Tatsachen zu überschreiten.

Wenn man Mediation auf einen Ansatz auf der obersten Ebene, eine Konfliktlösung zwischen Führern, beschränkt, bestärkt man damit die hierarchische Trennung zwischen den Vertretern der Macht, denen, die Entscheidungen treffen und durchsetzen, und den anderen, indem man diese als Objekte und Opfer des Konflikts behandelt. Konfliktlösung auf dieser Ebene versäumt nicht nur, die Akteure an der Basis und auf der mittleren Ebene der Gesellschaft zu bestärken, sondern drängt sie in die Rolle von Zuschauern, fördert ihr Gefühl der Hilflosigkeit und damit ihre Apathie, Resignation und Gefügigkeit. Sie entfremdet Menschen dem Friedensprozess, weil sie ihren Glauben an Frieden als eine Alternative zum Krieg verringert. Andererseits kann Mediation sich als Mittel zum Rückzug vom Konflikt erweisen, ohne ihn damit notwendig zu beenden, wie im Fall des sowjetischen Rückzuges aus Afghanistan.

Nicht nur die erreichten Vereinbarungen, sondern auch *der Prozess* der Mediation verhindert im Allgemeinen echtere Ansätze der friedlichen Konflikttransformation, anstatt sie zu fördern. Es genügt nicht, mit 'besseren Lösungen' und 'besseren Friedensvereinbarungen' zu kommen, um einen Konflikt zu beenden. Auch die beste Friedensvereinbarung genügt nicht, einen guten Friedens*prozess* zu garantieren, wenn sie sich nicht auf weit gestreute Unterstützung und *Beteiligung* einer großen Anzahl von Menschen jeder Ebene der Gesellschaft gründen kann. Beim ausgehandelten Frieden konzentriert sich Mediation nur auf wenige Menschen, Staatsoberhäupter, Parteiführer, Paramilitaristen usw. Die Alternative, Mediation zugunsten eines Dialogs zu überschreiten - von *einem* Dialog zu *tausend* Dialogen und Dialogen auf *allen* Gesellschaftsebenen -, wird nur allzu selten ergriffen.

Zwar gibt es heute eine größere Anzahl von 'Friedens-NGOs' als zu jeder anderen Zeit in der Geschichte, aber es fehlen die *sozialen Basisorganisationen* und *-Bewegungen (Satyagraha)* für den Frieden.

Sie wären in der Lage, die fundamentale Umkehrung von Kriegskultur in Friedenskultur und vom Glauben, 'Ich bzw. wir können nichts tun', zum Glauben, 'Ich bzw. wir können etwas tun' zu vollziehen. Gandhi sieht den Konflikt als eine Herausforderung, die die Parteien gemeinsam annehmen müssen, denn ein Konflikt fordert für seine Überschreitung und Überwindung die Mittel und Fähigkeiten aller Beteiligten. Dieses wesentliche Element wird nur zu oft übersehen und noch öfter nicht verstanden; statt dessen wird Konflikt als Wettkampf angesehen, in dem nur eine Partei sich als Siegerin erweisen kann.

'Elitisierung' und Monopolisierung des Friedens durch Regierungen und NGO-Führer gleichermaßen genügen nicht nur nicht, um Frieden zu 'bringen', sondern sie schaden oft. Gleichzeitig droht die Deformation von Friedens- und NGO-Arbeit in Geschäft nicht nur allen anderen Akteuren das Recht zum Handeln abzusprechen, sondern sie führt dazu, dass die NGO-Arbeit weitgehend von Regierungen abhängig ist, weil sie hauptsächlich von ihnen finanziert wird. NGOs kritisieren Regierungen oft wegen ihres 'Anzug-und-Limousinen'-Ansatzes der Konfliktlösung, aber in vielen Konfliktgebieten sind es die NGO-Arbeiter, die Anzüge tragen und Limousinen fahren. Sie fahren in Range Rovers umher und beziehen Gehälter, die weit über dem liegen, was die meisten, die in den Konfliktgebieten wohnen, zur Verfügung haben. Oft haben sie noch dazu wenig Kenntnisse und Verständnis für die zugrunde liegende Konfliktdynamik. Von 1970 bis 1990 wuchs die Zahl der interaktiven Konflikt- und Problemlösungs-Workshops. Immer häufiger wurden Konflikte von einzelnen Universitäten und Organisationen 'gekauft', um als Übungsmaterial zu dienen. Damit verschafften sie sich Stoff für Bücher und Publikationen, ob sie nun erfolgreich gewesen waren oder nicht, denn sie benutzen jede Gelegenheit, Wissen und Theorien über Konflikt und menschliche Beziehungen zu testen. Damit soll nicht gesagt sein, dass 'Experten' und Organisationen von außen keinen positiven Beitrag zur Konflikttransformation leisten könnten, sondern nur, dass wir bescheidener in unserm Ansatz und unseren Zielen sein sollen und dass wir daran arbeiten müssen, die Zusammenarbeit zwischen den Gruppen stärker zu fördern und die einheimischen Friedenskräfte und deren Fähigkeiten zu unterstützen. Wir sollen nicht versuchen, den Konflikt denen zu stehlen, die ihn am eigenen Leib erleiden.

Friedenskultur und die notwendige Kraft, den Dynamiken und Strukturen der Gewalt zu begegnen und sie zu transformieren, sind nicht in Institutionen und Organisationen zu finden, die von oben oder aus dem Ausland kommen. Diese Kraft ist nur in einem breiten sozialen Engagement zur Friedenskonsolidierung zu finden. Das trifft gleichermaßen für Länder zu, die extreme Formen von Gewalt erfahren, wie für die, die andere Formen von direkter und struktureller Gewalt erleben: Gewalt, die sich in einer hohen Anzahl Obdachloser, zunehmender Armut und Unterernährung, Verweigerung des Rechts auf Erziehung für manche Gruppen und Völker niederschlägt. Den Krieg als ungesetzlich zu erklären und zu ächten wird von einer wachsenden Zahl von NGOs in aller Welt als Lösung vorgeschlagen. Notwendiger ist dagegen die Entwicklung kreativer und brauchbarer Konflikttransformationsansätze, die einen positiven Frieden und nicht nur einen negativen fördern. Frieden aufbauen und den Krieg ächten sind zwei voneinander völlig verschiedene Prozesse, wie schaffen und verbieten. Der Maßstab für eine Friedenskultur ist ihre Fähigkeit, Konflikt konstruktiv und gewaltfrei zu transformieren. Dabei wird der Konflikt als Schöpfer und nicht als Zerstörer gesehen.

Um einen Konflikt zu überschreiten, ist Dialog unbedingt notwendig. Eine große Vielfalt von Akteuren wird zur Teilnahme eingeladen, um ihre Einsichten und ihr Wissen über und Erfahrungen mit Konflikten und Konflikttransformation beizutragen. Diese brauchen nicht aus dem Ausland importiert zu werden. Nur wenn der Dialog als Fundament, auf dem der Frieden aufgebaut werden kann, mit Friedenstheorie und Friedensaktionen zusammengebracht wird - dazu gehört *Bewusstmachung, Organisation, Mobilisierung und Bestärkung* (COME für conscientization, organization, mobilization und empowerment) für Einzelne und Organisationen auf allen Ebenen der Gesellschaft -, entwickelt sich ein echter Friedensprozess.

Daraus ergibt sich die Gleichung: *Dialog + Theorie + Aktion = Friedenspraxis. Dialog*: zwischen den Parteien, zwischen den Parteien und einer Mediatorin von außen, einer Konfliktarbeiterin, einer Friedensarbeiterin (*satyagrahi*) usw. und zwischen Akteuren und Parteien auf allen Ebenen (vertikal/vertikal, horizontal/horizontal, horizontal/vertikal, vertikal/horizontal). *Theorie*: Kreativität, Fähigkeit, 'Lösungen' bzw. Alternativen bzw. Ideen zur Transformierung des Konflikts hervorzubringen, Kenntnisse und Verständnis für den Konflikt im Besonderen und Allgemeinen besitzen und Konflikttransformationsansätze und die Bestärkung von Friedensakteuren, *satyagraha*, aktive Friedensarbeit, Widerstand gegen Gewalt, Förderung eines Dialogs. *Theorie in der Praxis*: Beziehungen und Strukturen heilen bzw. aufbauen und Wahlbezirke für den Frieden schaffen bzw. stärken. Wesentlich ist der *Prozess*: wie, wo, wann, warum (wozu) und wer bzw. was. Dringend notwendig ist es *anzufangen*!

Gewalt hat einen negativen Grund: Konfliktanalphabetismus und Mangel an Kreativität. Noch mehr Gewalt, Bombardierungen, Mili-

112

tärdrohungen, Militäraufbau - im Golf, Afghanistan, dem Balkan usw. (dazu Nordkorea und Kolumbien als künftige Gebiete) - ist das Ergebnis desselben Analphabetismus. Dagegen helfen Kreativität, die Fähigkeit, Alternativen zu suchen und auszuarbeiten, und das Entwickeln von Organisationen, Prozessen und Bewegungen, die sie ausführen können. Vom *Metakonflikt* - es geht ums Gewinnen, gibt nur ein mögliches Ergebnis, eine Partei setzt sich durch, Kampf mit physischen Mitteln (Gewalt, Krieg), gewöhnlich führt das zum Sieg der einen und zur Niederlage der anderen Partei - zum *Metafrieden* - Frieden gleichzeitig als Prozess und als Ziel, kreative und brauchbare Alternativen zur Gewalt, gegenseitige Ergebnis- bzw. Visionen-Bereicherung, offen bzw. beendet, von der Vorstellung: ‚Eine siegt, die andere wird besiegt' zur Vorstellung: ‚Alle siegen'.

Dafür sind *confianza* (‚Vertrauen' und ‚Zutrauen', Aufrichtigkeit, Verlässlichkeit und Unterstützung zusichern), *cuello* (buchstäbliche Bedeutung ist ‚Hals, Kragen', auch Netzwerk von Mitteln und Menschen) und *coyuntura* (‚eine Metapher für die einzigartige und meist unbewusste menschliche Anstrengung, uns selbst in den Fluss von Zeit und Raum zu versetzen und sie zu erfahren', ‚Timing') unbedingt notwendig.[15] Dem sollte noch *ubuntu* (Südafrika) und *sho* (Indien) hinzugefügt werden: ‚Ich bin ich, deinetwegen; eine Person ist eine Person wegen einer anderen Person'. Das öffnet die Menschen für Empathie und Solidarität.

Von größter Wichtigkeit sind: Bestärkung der Einheimischen, Friedensaktionen, die auf *communidades de base*, Basis-Gemeinschaften, beruhen, Erkennen der kulturellen Relevanz der Konflikttransformation und lange anhaltendes Engagement derer, die daran arbeiten, Frieden aufzubauen und den Konflikt konstruktiv zu transformieren, ebenso wie *Solidarität* und *Allianzen* zwischen ihnen.

Alle, die für den Frieden arbeiten (Frieden nicht nur als Alternative zu Gewalt, sondern auch als Prozess und Selbstzweck) müssen darauf achten, dass sie sich nicht in einen bestimmten Lösungsansatz verrennen oder sich in einer Richtung zu sehr bemühen und dabei die anderen außer Acht lassen. Vorschläge, Lösungen und Prozesse sollten immer rückgängig zu machen sein, so dass Gelegenheit ist, sie durch neue zu ersetzen. Dazu muss die Bereitschaft vorhanden sein, wenn nötig, wieder von vorne anzufangen. Während Mediation für gewöhnlich ein einziges Mal stattfindet oder auch, wenn es nötig erscheint, wiederholt wird, ist Dialog ein ständiger Prozess. Dabei ist es wichtig, an jeden folgenden Dialog wie an einen ersten heranzugehen, niemals in einen Dialog mit einer neuen Partei Annahmen oder Schlussfolgerungen aus einem Dialog mit einer anderen Partei mitzubringen. Menschen, die an einem solchen Dialog teilnehmen, müssen dazu bereit sein, jedes Mal in einen neuen Prozess einzutreten, jedes Mal von vorne anzufangen.[16] Dialogparteien sind gleichberechtigte Gefährten. Sobald jemand die Führung übernimmt, ist es kein Dialog mehr.

Friedensarbeit muss sich auf eine Vielfalt von Visionen, Alternativen und Stimmen gründen, und sie muss auf Hintergrund und Erfahrungen der Akteure auf allen sozialen Ebenen zurückgreifen. Sie baut auf traditionellen und kulturellen Konfliktlösungsansätzen auf, lernt von ihnen, bestärkt sie und schafft neue Ansätze und Visionen. Menschen werden aktiv, wenn sie die Möglichkeit für konstruktive Aktionen sehen und wenn sie erkennen, was sie als Einzelne zur Lösung des Problems tun können. Viele Menschen würden gerne mehr tun, aber sie fühlen sich durch Unkenntnis der möglichen Alternativen behindert und wissen nicht, wie sie angesichts von überwältigenden Widerständen konstruktiv und gewaltfrei reagieren sollten. Deshalb ist es wichtig, aus anderen Kämpfen, Erfahrungen und Praktiken zu lernen, uns selbst genauer kennen zu lernen und konkrete Fähigkeiten und Kenntnisse für Konflikttransformation mit friedlichen Mitteln zu erwerben. Beim Erwerb dieser Kenntnisse und Fähigkeiten zu helfen ist die Aufgabe der Friedensbewegung, der Friedensforscher, Friedenserzieher und all derer, die heute für den Frieden arbeiten. Gute Friedensarbeit will nicht nur Konflikte lösen, sondern auch ein Fundament für realisierbaren und dauerhaften Frieden legen, der sich auf Dialog, Lernen und Üben gründet. Friedensarbeit wird für die, die im Konfliktgebiet leben, dann bedeutungsvoll und praktisch, wenn ihre eigenen Erfahrungen und Erwartungen zur Grundlage der Friedensarbeit werden, d.h. wenn die Friedensarbeit im Möglichen und nicht im Utopischen wurzelt. Das heißt *Frieden ermöglichen*. Kreativität und das Überschreiten von Strukturen und Ursachen der Gewalt gehen der Mediation ab.

Einige psychologische Annahmen über Konflikt - Akteure, Strukturen und Beziehungen

Ehe man überlegt, welche Mittel zur Konflikttransformation in einer bestimmten Gesellschaft geeignet sind, muss man sich darüber klar werden, welche Auffassung von Konflikt diese Gesellschaft hat. Sieht sie Konflikt als destruktiv und böse, der das, was ist, zerstört und die Entwicklung bedroht, *Konflikt als Zerstörer*, oder sieht sie ihn als Herausforderung, als etwas, das überwunden, transzendiert werden muss, das Beziehungen und soziale Strukturen beleben kann, das das Neue mit dem Alten verschmilzt, *Konflikt als Schöpfer*? Um diese Frage zu beantworten, muss man die in einer Gesellschaft herrschenden psychologischen und ideologischen Annahmen bzw. Perspektiven verstehen, d.h. die Art und Weise, wie die Beziehungen zwischen den Menschen, die des Einzelnen zu sich selbst und die zwischen Mensch und Umwelt aufgefasst werden.

Wie die Beziehungen zwischen Mensch, Kultur und Umwelt gesehen werden, entscheidet über die Perspektive und die Reaktion der Menschen auf einen Konflikt. Im reichen, fruchtbaren alten Ägypten, wo das Leben unmittelbar mit den Überschwemmungen durch den Nil verbunden war, wurde *Ogdoad*, das Chaos, als lebenspendende, kreative, freundliche und kooperative Kraft betrachtet, die den Schöpfer, die Sonne, gebar. Die Götter des alten Ägypten waren mächtig, aber nicht besonders gewalttätig und Konflikte zwischen Göttern und Sterblichen, zwischen miteinander Wettstreitenden, Rivalen und Feinden (innerhalb Ägyptens und mit den Nachbarn) wurden gewöhnlich durch friedliche Annäherung beigelegt. Im Gegensatz dazu wurde in Mesopotamien das Chaos als gefährliche Macht betrachtet, eine unglaublich überwältigende Macht, sowohl gut als auch böse, die Leben und etablierte Ordnung bedrohte. Tiamat, die Große Mutter und Macht des Chaos, wurde wild angegriffen und zerstört, ebenso wie sie Rivalen und Widersacher blutig bekämpfte und vernichtete. Marduk, der Verteidiger und Meister des zerrissenen, Wind durchwehten Mesopotamiens, hatte einen verzweifelten Kampf um das Überleben seines Landes und seines Volkes zu führen.[17] Die Unterschiede in Land, Erfahrungen und Kultur führen zu unterschiedlichem Umgang mit Konflikten.

Ob Menschen als Teil einer Gemeinschaft, eines alle mit allen verbindenden Netzwerks, oder ob sie als Einzelne, die keine Verantwortungen und Verpflichtungen gegen andere haben, angesehen werden, entscheidet darüber, wie sie mit Konflikten umgehen. Im Allgemeinen liegt die Realität in der Mitte, denn Menschen werden sowohl als Einzelne als auch als soziale Geschöpfe aufgefasst. Wenn wir untersuchen, wie Gesellschaft und Einzelne aus verschiedenen Blickwinkeln gesehen werden, und wenn wir dies auf unser Konfliktverständnis beziehen, können eher holistische und vielfältige Konflikttransformationsansätze entstehen, weil die Erfahrungen einer Vielfalt von Kulturen bzw. Perspektiven mit einbezogen werden. Entscheidend für unsere Untersuchung ist es zu erkennen, wie in verschiedenen Ideologien und Weltanschauungen das Leben dargestellt wird, ob sie auf den Menschen oder die Natur zentriert sind und ob sie Menschen als

Teile eines Systems oder als voneinander isoliert sehen. Wenn wir das berücksichtigen, können wir eher angemessene Reaktionen auf Konflikte entwickeln. Das ist besser, als wenn wir unser Begriffsrepertoire auf unsere eigene Sichtweise beschränken und alles andere ausschließen.

Im Folgenden werden acht verschiedene Sichtweisen schematisch dargestellt.

1. Liberal, aufklärerisch, euro-amerikanisch, protestantisch

Die Gesellschaft wird als ein Ganzes, als Organismus aufgefasst. Oft wird sie als Körper dargestellt: Die Führer sind der Kopf, Armee und Polizei die Arme und die Arbeiter und Bauern die Beine.[18] Konflikte in der Gesellschaft entstehen aus miteinander im Wettstreit liegenden Interessen und Zielen und sind nicht etwa das Ergebnis von Konflikten zwischen Gruppen und Klassen (die bestehenden werden geleugnet) usw. oder gar durch die zugrunde liegenden Strukturen und sozialen Ungleichheiten geschaffen. Das Augenmerk liegt auf dem Einzelnen und ihrem Verhalten, nicht auf der Gesellschaft, also auf den Knotenpunkten und nicht auf den Netzen. Verantwortlich ist der Einzelne, also liegen auch ökonomische und soziale Differenzen im Verantwortungsbereich des Einzelnen. Der Erfolg kommt von harter Arbeit und Initiative und der Misserfolg von Faulheit und der Unfähigkeit zum Arbeiten. Die Welt wird in gut und böse, richtig und falsch eingeteilt. Der Einzelne löst sein Problem durch den religiösen Gedanken an Erlösung und im Gebet und durch die Trennung des Spirituellen vom 'Praktischen'. Die Zeit verläuft linear und reicht von der Erschaffung der Welt bis zum Jüngsten Gericht und eventuell darüber hinaus.

2. Sozialistische Kritik (in erster Linie 'utopische' Sozialisten)

Die Gesellschaft ist eine Pyramide, kein harmonisches Ganzes. Die Reichen und Mächtigen sind oben, die Armen, Ausgebeuteten und Unterdrückten unten und die Mittelklasse dazwischen. Das liberale-aufgeklärte-protestantische Modell wird dafür kritisiert, dass es einigen wenigen Menschen Vorteile und Luxus erlaubt, während es die 'Massen' ins Elend stößt. Daraus ergeben sich zwei alternative Forderungen: 1. in eine vorindustrielle Gesellschaft zurückzukehren, wobei die frühe, vormoderne, 'kommunistische' Gesellschaft idealisiert wird oder 2. den Kuchen zu vergrößern und jedem einen gerechteren Anteil zuzuteilen. Darüber wird in vielen Kritiken an den 'westlichen' Gesellschaften nachgedacht, was oft zu Rückzug und Absonderung führt oder zum Versuch einer Transformation durch Reformen (ohne die zugrunde liegenden Strukturen zu verändern; nicht die Macht, sondern die Produktion soll gerecht verteilt werden).

3. Marxismus und der frühe Marx (nicht sowjetischer Marxismus)

Diese Sichtweise behält die Pyramide als Modell bei, aber sie konzentriert sich auf Strukturen und Beziehungen, die zu dieser Pyramide führen. Sie öffnet den Weg zum Verständnis des Systems und erklärt soziale und ökonomische Ungleichheiten als Ergebnis der Unterschiede in der Kontrolle bzw. dem Besitz der Produktionsmittel. Solange diese Unterschiede existieren, werden die Konflikte zwischen den Klassen fortdauern. Marx' Begriffe der Entfremdung, Ausbeutung und Ungleichheit betonen die 'strukturelle Gewalt' und sind nicht nur direkt auf Personen bezogen. Die Lösung wäre die Sozialisierung der Produktionsmittel. Damit würden die Klassenunterschiede eliminiert und die Gesellschaft könnte auf sozialer, ökonomischer, bürgerlicher und politischer Gleichheit aufgebaut werden. Das würde die freiere Entwicklung einer menschlicheren Gesellschaft ermöglichen, die sich auf wissenschaftliche Prinzipien gründet. Der frühe Marx (nicht unbedingt anders als der späte) kritisiert die liberalistische und bürgerliche Gesellschaft, weil sie die bürgerliche und politische Existenz des Menschen von seiner sozialen und ökonomischen Realität trennt. Der Mensch ist ein soziales Wesen. Er lebt in Beziehungen zu Objekten außerhalb und innerhalb seiner selbst, d.h. er hat Beziehungen zu sich selbst, zu anderen Menschen, zu seiner Umwelt und zu seiner eigenen Art. Der Schwerpunkt liegt auf Beziehungen, d.h. auf Strukturen *und* Netz, nicht nur auf Strukturen, wie gemeinhin behauptet wird. Konflikt wird als natürlich angesehen, als Teil der Geschichte. Der Grundsatz heißt: Ein gelöster Konflikt ist ein gewonnener Konflikt. Die Antithese siegt über die These.

Alle drei sind homozentrisch, d.h. sie sehen den Menschen im Mittelpunkt. Konflikt wird nicht als Schöpfer, sondern als Zerstörer gesehen (einige Elemente der positiven Sicht von Konflikt gibt es in allen Sichtweisen, besonders in der dritten). Was bleibt? Der Ansatz bei Frauen, Kindern, Natur, dem Universum ...

4. Die Grünen - Frauen, Kinder, Umwelt (die in den ersten drei Ansätzen an den Rand gedrängt werden).

117

Diese Bewegungen fordern die drei ersten heraus. Die bisher Ausge-schlossenen wollen dazugehören, entweder als Teile einer breiteren, menschlicheren Form der drei, oder sie wollen in Zusammenarbeit eine neue Vision schaffen.

Alle vier kommen aus dem 'Westen', aus den herrschenden Kulturen und Ländern mit ihren Pathologien. Die Modelle 2 - 4 sprechen zu allen im Schatten Stehenden, nicht nur zu denen im 'Westen', und wollen ihnen - wie Missionare, NGOs und Friedensarbeiter - das Heil bringen und ihre Probleme lösen. Der Unterschied zwischen den ers-ten vier und den folgenden besteht darin, dass sich in den ersten der Westen artikuliert und sich anmaßt, für die nicht-westlichen Völ-ker zu sprechen. Wie können wir das ändern? Wir müssen den nicht-westlichen Menschen zuhören, wenn sie für sich selbst sprechen.

5. Buddhistisch

Wie beim frühen Marx stehen Beziehungen und Interdependenzen im Mittelpunkt. Es besteht ein Netzwerk, Zusammenhang von Leben-digem und Nichtlebendigem, von Aktionen und Reaktionen, Ratio-nalität und Kontemplation, gegenseitiger Verursachung und inter-dependenter Herkunft. Der Schwerpunkt liegt auf *innerem Frieden* und *Frieden mit friedlichen Mitteln* und nicht auf Frieden durch Re-volutionen, die gewaltsam sein können, wenn auch nicht müssen. Konflikt wird als *Beziehung* gesehen, die inneren Frieden und Harmo-nie fordert, damit eine falsche Handlung berichtigt und die ursprüng-liche Balance des Universums bzw. der Beziehung wieder hergestellt werden kann. Die Erlösung ist das *nirvana*. Alles wächst zusammen. Das Mittel dazu ist die Harmonie mit allem Lebenden und Nichtle-benden. Hier werden Netz und Zusammenhang betont. Sie sind weit über die homozentrische Sichtweise hinaus gespannt und umfassen die Natur, sind ganzheitsorientiert und verteilen die Verantwortung auf alle im gesamten Netz. Die Zeit hat weder Anfang noch Ende, sondern sie ist ein Fluss, eine Beziehung.

6. Taoistisch

Das Gute ist im Schlechten bzw. Bösen, das Schlechte im Guten, yin in yang und yang in yin. Jedes Handeln hat Folgen, bewirkt Reaktio-nen, deshalb ist wichtig, nur etwas zu tun, was rückgängig gemacht werden kann. Zu lernen ist ebenso vom Guten wie vom Schlechten. Wir müssen unser Potential für beides erkennen.

7. Die ersten Nationen, Eingeborene, holistische Lebensweise, naturorientierte Gesellschaften

Die Erde wird als fürsorgliche Mutter gesehen. Das Chaos ist eine Lebenskraft, ein Gefährte, Schöpfer von Welt und Ordnung. Wenn die Welt aus ihrer Ordnung geraten ist, muss die Ordnung wieder hergestellt werden. Die Menschen leben in Verbindung mit allen anderen Kreaturen. Unser Geist spiegelt sich in der natürlichen Welt, in Tieren, Pflanzen usw. Die Welt ist in uns, und wir sind in der Welt. Es gibt vier heilige Dinge: Erde, Luft, Feuer und Wasser. Ein fünftes heiliges Ding ist der Geist mit Verstehen und Harmonie. Die Menschen leben in kleinen Gesellschaften, jeder Mensch hat seine Rolle, jeder ist mit jedem anderen verbunden. *Sarvodaya*. Die Menschen geben auf die Welt und aufeinander Acht. Sie sind auch Jäger, aber nur als Teil innerhalb der Welt, um zu überleben. Sie erheben sich nicht zu Beherrschern über ihre Welt.

8. Tausend andere Kulturen

In einigen Kulturen gibt es Raum für Pluralität und Komplementarität (und nicht für Herrschaftsausübung und Ausschluss). Wo sind sie zu finden? In Randkulturen innerhalb und außerhalb der herrschenden Kulturen, bei Einzelnen und in Gemeinschaften, in traditionellen und kulturellen Netzwerken, Kosmologien und Konflikttransformations- und Friedensansätzen.

Was soll man mit all dem anfangen?

Aus den nichtwestlichen Ansätzen kann man das Folgende lernen: Es geht in ihnen um ,sowohl als auch' und nicht um ,entweder – oder'. Der Einzelne steht in Zusammenhang mit der Gesellschaft wie ein Knotenpunkt mit dem Netz. Die Menschen leben in und für sich selbst und gleichzeitig in der und für die Welt, sie erfassen das Besondere im Ganzen und das Ganze im Besonderen. Der Konflikt liegt im Netz, in der Struktur. Der Einzelne auf der Meta-, Makro- und Mikroebene kann aus allen acht genannten Sichtweisen etwas lernen und er soll Raum für noch mehr lassen. Welche ist die richtige? Alle sind richtig, jede hat ihre eigene Weisheit und kann etwas lehren. Keine Person, keine Kultur und keine Kosmologie ist im Besitz der ganzen Wahrheit, deshalb kann Frieden nicht von nur einer einzigen von ihnen ausgehen. Alle müssen gemeinsam und zusammen wirken. Die Aufgabe

119

besteht darin, alle Ansätze aufzunehmen und neue hinzu zu schaffen, die Grenzen jedes einzelnen Ansatzes zu erkennen und ihn zu ergänzen und auszufüllen, indem man etwas aus anderen Ansätze einbeziehen. Die herrschende Logik wird zu Gunsten einer neuen Logik, einer neuen Vision überschritten. Wir müssen von der Logik des Krieges zur Logik des Friedens fortschreiten. Unsere Aufgabe ist es, das Mögliche zu ergreifen, das ist *Frieden*, und es zur Realität zu machen: durch Heilen, Arbeiten, Bauen, das Führen von Dialogen und vor allem durch *Friedenspraxis*, d.h. alles Genannte und mehr. Was wir getan haben, muss immer rückgängig zu machen sein, und wir müssen immer bereit sein zu erkennen, dass das Gute zum Schlechten werden kann und das Schlechte zum Guten. Deshalb müssen wir uns von Verabsolutierungen fort und auf Prozesse zu bewegen.

Kulturen, die Gewalt, Rassismus und Hierarchie legitimieren und bestärken, gründen sich meist auf die Auffassung vom Konflikt als Zerstörer, während die Auffassung vom Konflikt als Schöpfer zur Entwicklung von Denkweisen, Perspektiven und Kulturen (nicht nur oberflächlich, sondern auf der kosmologischen Tiefenebene) führt, die sich für kreative und positive Konflikttransformation öffnen. Wir müssen gewohnte Annahmen und Glaubenssätze hinterfragen und wir müssen Denkweisen zu überwinden bzw. zu transformieren suchen, die das Folgende fördern: Entmenschlichung, das Schaffen von Feindbildern und unseren Glauben, wir hätten das Recht, auf Kosten anderer zu leben. Dieses Recht sprechen wir uns zu, wenn wir uns für 'besser als die anderen' halten, denn das geht natürlich auf Kosten derer, die wir für uns unterlegen halten. Das alles muss auf individueller, nationaler und kultureller Ebene geschehen. Das sind große Aufgaben, die wir nur durch Zusammenarbeit und persönlichen Einsatz erfüllen können.

Die Geschichte von den drei Brüdern

Vor zwei- oder dreitausend Jahren lebte in China ein Arzt, der wegen seiner reichen Kenntnisse und seiner großen Geschicklichkeit, die tödlichsten Krankheiten zu heilen, sehr berühmt war. Eines Tages fragte man ihn, warum er so viel besser sei als seine beiden Brüder, die wie er Ärzte waren. Da antwortete er:

Mein erster Bruder heilt die Krankheiten, bevor sie sich entwickeln, deshalb bleiben seine Methoden verborgen, so dass er und seine ärztliche Kunst nur in unserem Dorf bekannt sind. Mein zweiter Bruder behandelt Krankheiten, solange sie noch im Anfangsstadium sind. Er hindert die Krankheit daran, schlimmer zu werden, und gibt so dem Körper seine Gesundheit zurück. Ich dagegen behandle Krankheiten, wenn sie ein Stadium erreicht haben, in dem sie den befallenen Körper zu zerstören drohen. Dafür brauche ich viel Medizin und Kenntnis und Geschicklichkeit in ihrer Anwendung. Deshalb wurde mein Name im ganzen Königreich berühmt und der König will mich zum Leibarzt haben. Aber mein erster Bruder ist so gelehrt, dass er die Krankheit erkennen und behandeln kann, bevor sie ausbricht, und mein zweiter Bruder kann die Krankheit in einem frühen Stadium erkennen und behandeln und damit verhindern, dass sie schlimmer wird. Obwohl ich es bin, dessen Ruhm im ganzen Land verbreitet ist, so besitzen doch meine Brüder größeres Wissen.

Wenn man die Geschichte auf Konflikt anwendet, könnte sie heißen: Der erste Bruder kann mit einem Konflikt umgehen, ehe er ausbricht. Er kennt und versteht die Harmonie der Welt und das Wesen von Beziehungen. Seine Kunst besteht darin, die Harmonie im Gleichgewicht zu halten, Muster und Strukturen zu erkennen, die zum Konflikt führen können, und sie zu transformieren. Er gebraucht die Konfliktenergie, um konstruktive und bereichernde Beziehungen zu schaffen, die dem Körper und den beteiligten Parteien gut tun. Sein Wissen bezieht sich auf Frieden und Gesundheit und seine Fähigkeit besteht darin, schon früh zu erkennen, was Gleichgewicht und Harmonie, auf die sich Gesundheit gründet, stören könnte.
Der zweite Bruder kann mit Konflikten umgehen, wenn sie noch klein sind. Er erkennt sie in einem frühen Stadium, bevor sie eskalieren. Er arbeitet daran, den Konflikt zu transformieren und bringt die Parteien und den Körper zur Gesundheit zurück. Sein Wissen bezieht sich auf Frieden und Konflikt, gleichwohl ist seine Energie auf die Krankheit des Körpers bzw. auf den Konflikt gerichtet, nicht auf seine Gesundheit bzw. die Konflikttransformierung. Er will den Schmerz, das Leiden, den Konflikt lindern und Harmonie und Frieden, die gestört sind, stärken.
Das Wissen des dritten Bruders bezieht sich nicht auf die körperliche Gesundheit oder die Harmonie der sozialen Beziehungen. Er weiß über Krankheit Bescheid. Seine Geschicklichkeit liegt darin, dass er die Krankheit überwindet und die Schmerzen des Körpers beendigt, d.h. bei Konflikten großen Ausmaßes gleichermaßen ihre Symptome und ihre Ursachen beseitigt.
Alle drei Brüder besitzen viel mehr Wissen und Weisheit als im Allgemeinen die meisten modernen Mediatoren und alle drei behandeln

sowohl Körper als auch Krankheit, wenn auch in verschiedenem Maß.

Und ein vierter oder vielleicht fünfter Bruder? Die modernen Mediatoren oder Unterhändler verstehen weder etwas vom Körper noch von der Krankheit, die ihn befallen hat. Die Aufgabe der Mediatoren ist es, 'die Parteien an den Verhandlungstisch' zu bringen und dafür zu sorgen, dass sie zu einer Übereinkunft kommen. Oft geht es da nicht um die zugrunde liegenden Ursachen des Konflikts oder die Traumata und das Leiden, die den Konflikt auslösten. Dort geht es nicht darum zu heilen und den Körper wieder in Harmonie zu bringen, sondern es geht darum, einen Waffenstillstand zu bewirken, also die Symptome zu beseitigen und nicht die Krankheit und deren Ursache. Die Mediatoren ermöglichen eine Heilung, aber sie heilen nicht selbst. Da sie aber versäumen, die traditionellen und kulturellen Konflikttransformationsansätzen mit einzubeziehen oder sie auch nur zu erkennen, behandeln sie ihre 'Patienten' nicht wie Handelnde, sondern wie Opfer. Die Beziehung ist hierarchisch, Ärzte dieses Typs verhalten sich zu Patienten wie Experten zu Opfern.

Die neue Art von Beziehung ist umkehrbar, d.h. beide sind Ärzte und beide Patienten, beide haben die Fähigkeit zum Heilen, und beide haben etwas, das geheilt werden muss. (Der Mythos der Neutralität, einer 'wissenschaftlichen Objektivität', ist überholt.) Beide erkennen sich gegenseitig als Partner in der Beziehung an.

Noch mehr neue Beziehungen und Aufgaben sollen hinzukommen: die Aufgabe von Zuhörern, Arbeitern, Heilern, Freunden, Dialogpartnern, Aufbauenden, Liebenden usw. Yin und yang ist gut - wobei wir daran denken, dass yin in yang und yang in yin ist - aber 'yins' und 'yangs', Tausende und Abertausende, sind besser. Nicht nur schwarz und weiß, sondern Tausende von Farben, von denen jede zu ihrer Zeit gebraucht werden kann oder alle zusammen, aber immer koexistierend, in Beziehung miteinander. Über die Beziehung Arzt - Patient hinaus wird die Tür zur Gemeinschaft, zu den örtlichen Praktiken, zur örtlichen Weisheit und zum örtlichen Wissen geöffnet. Der Konflikt wird in seiner Komplexität gesehen und aus vielen verschiedenen Richtungen angegangen. Die vielen verschiedenen Rollen und Ebenen von Aktivitäten werden erkannt, die für die Transformierung einer Beziehung, in der der Konflikt als Zerstörer gesehen wird, in eine Beziehung, in der Konflikt als Schöpfer gesehen wird, notwendig sind.

Kenntnisse, Fertigkeiten, Werkzeuge usw. können aus dem Ausland eingeführt werden, aber das muss in einem gegenseitigen Lernprozess geschehen, einem kooperativen Bemühen. Keineswegs darf den Konfliktparteien eine ihnen fremde Lösung aufgezwungen werden. Die örtlichen Kenntnisse über Konflikte und traditionelle und kulturelle Konflikttransformationsansätze sind die wertvollsten Quellen jedes Friedenskonsolidierungsprozesses. Man kann ein Dach nicht in die Luft bauen, es braucht ein Haus. Das Dach des Empire State Building würde schlecht auf ein Tipi oder eine Bambushütte und nicht einmal auf ein Haus aus Stein passen. Man kann Kenntnisse nicht von außen mitbringen und aufzwingen. Die Heilung gibt es nicht nur auf Rezept. Haus und Dach müssen aus derselben Gesellschaft stammen, damit sie dauerhaft und fest sind. Die Selbstheilungskräfte des Körpers dürfen nicht übergangen werden. Auch wenn Medizin und traditionelles Heilen nötig sind, so ist es doch der Körper selbst, der zur Gesundheit zurückkehren und sich gesund halten muss. Ein Frieden, der gewaltsam von außen oder von oben aufgezwungen wurde, ist kein Frieden.

An Stelle einer Zusammenfassung

Die Gedanken und Diskussionsbeiträge, die in diesem Kapitel entwickelt wurden, sollten nicht als abgeschlossen oder endgültig angesehen werden. Sie sind Teil eines immer weiter fortschreitenden Prozesses, in den die Erfahrungen und die Arbeit von Tausenden von Menschen auf verschiedenen Ebenen einbezogen wurden und von denen gelernt wurde. Es gibt Tausende von verschiedenen Ansätzen in der ganzen Welt. Die zentralen Argumente sind immer wieder vorgetragen worden: Mediation, so wie sie von 'westlichen' Praktikern praktiziert wird, ist nur *ein* Ansatz unter vielen möglichen und um Konflikte wirksam zu transformieren, ist es notwendig, eine große Anzahl von Akteuren und eine Vielfalt sozialer Ebenen mit einzubeziehen und die zugrunde liegenden Strukturen und Konfliktursachen zur Sprache zu bringen. Aber das, was daraus gelernt werden muss, darf nicht auf der Ebene der theoretischen Diskussion stehen bleiben, sondern wir müssen daran arbeiten, unsere Ansätze auf die Praxis auszudehnen und sie ihr anzupassen. Wir ermutigen viel mehr Menschen zur Beteiligung an der Friedensarbeit, als es vorangegangene Methoden für möglich hielten. Wir verstehen Frieden nicht nur als ein statisches, lebloses Substantiv, sondern als eine dynamische, Lebens spendende Kraft. Frieden ist ein Verb, das viele verschiedene Frieden einschließt. Das, was der eine als Frieden ansieht, ist nicht notwendig dasselbe, was ein anderer als Frieden ansieht. Einige Kulturen und Ideologien konzentrieren sich auf Entwicklung und Wachstum, während andere Harmonie und Nachhaltigkeit erhalten wollen. Es gibt

Tausende von verschiedenen Verständnisweisen und Interpretationen davon, was Frieden ist und wie man dafür arbeiten kann. Wir müssen erkennen, dass sie sich weder ausschließen müssen noch einander entgegengesetzt sind. Vielleicht können unsere Bemühungen, kreative und brauchbare Alternativen zum Krieg und zur Gewalt zu entwickeln - strukturell, kulturell und materiell -, nur dann Erfolg haben, wenn wir alle Auffassungen zusammenbringen und als viele verschiedene mögliche Beiträge zum Frieden erkennen.

Kapitel 1.3

Der 11. September 2001: Diagnose, Prognose, Therapie

Johan Galtung

Diagnose

In der Politik kann man wie in der Kommunikation die Fragen stellen: Wer tut wem was, wie, wann, wo und warum. Das Was-wie-wann-wo der Attentate vom 11. September in New York und Washington ist klar. Offen bleibt: wer und warum. Warum ist wenigstens bis zu einem gewissen Punkt klar. Wie bei der Bombardierung des Präsidentenpalastes in Santiago de Chile am 11. September (1973) hatte jemand etwas gegen das, was sich innerhalb einiger Gebäude abspielte: 2001 waren es der Kapitalismus des Welthandels der USA[1] und der Militarismus des Pentagon, 1973 war es die Politik der Unidad Popular.

Der Text wurde in der Gebäude-Sprache geschrieben. Wie für alle nicht geschriebenen Texte ist gleichermaßen wichtig, was es nicht war: Es war weder ein Museum noch eine Kathedrale noch ein Parlament. Die 15 bis 20 Luftpiraten trafen genau das, was sie wollten, genau so wie die chilenische Luftwaffe und ihre Herren.

Aber es könnte auch eine militärische Motivation für diese kriminell politischen Gewaltakte[2] geben, nämlich die, dass man jemanden unfähig machen, außer Gefecht setzen, ‚ausschalten' wollte. Das geschah mit Salvador Allende und danach mit mehr als 3000 Chilenen. In New York und Washington waren es etwa 4000 bis 5000. Aber das demokratische Chile erholte sich wieder, allerdings dauerte es einige Zeit. Der Kapitalismus der USA, den man heute Globalisierung nennt, befand sich aus andern Gründen im Niedergang, aber der Militarismus der USA ist so stark wie eh und je. Die 11. September 2001 und 1973 vermittelten eher eine politische Botschaft, als dass sie militärische Bedeutung gehabt hätten.

Bei allem, was man über diese Attentate denkt, sagt und tut, muss man mit einbeziehen, welche Symbole Amerikas ihre Ziele waren, sonst wird es dogmatisch und voreingenommen. Jemand hatte bzw. hat etwas gegen das, was von diesen Gebäuden ausging. Das gibt uns einen Hinweis auf das *Warum*. Aber *wer* war bzw. ist das?

Das ist die herrschende Haupt- und Kriminalfrage, nicht warum.

Der herrschende Haupt-Diskurs: ‚Terrorismus'

Die Antwort ist: der Terrorismus, genauer Al Kaida, noch genauer: Osama bin Laden. Um diesen Diskurs zu erklären, muss man ‚Terrorismus' definieren. Das Wort scheint zwei verschiedene Bedeutungen zu haben.

Zuerst die *taktische*: ‚Terrorismus' beruht auf der Unvorhersehbarkeit von Wer-wen trifft es-wie-wann-wo, im Gegensatz zu regulären militärischen Kampagnen mit ihren erkennbaren Parteien und einer Vielfalt von Methoden des Tötens und der Zerstörung. Die Frage wo? beantwortete die Frontlinie, die Frage wann? kann sich mit der Voraussagekraft eines japanischen *sakura* bewegen. Dazu gibt es das terroristische Element der Frage wen trifft es? Zivilisten bzw. Unschuldige.

Es gibt zwei Untertypen: *nicht-staatlichen Terrorismus* und *Staatsterrorismus*. Terrorismus von unten (‚hat Bomben, aber keine Luftwaffe') und von oben (‚hat sowohl Bomben als auch Luftwaffe'). Die Kamikaze-Attentäter[3] vom 11. September 2001 – faschistisch wie alle massive politische Gewalt – werden in die Militärgeschichte eingehen als Benutzer von Flugzeugen mit Treibstoff als Bomben.

Der Terrorismus von unten richtet sich gegen Regierungen oder Staaten als Personen oder Institutionen und ist natürlich auf politische Veränderung aus. Die meisten Regierungen und die Vereinten Nationen als Regierungsgewerkschaft haben etwas gegen den Terrorismus von unten, weil er wie Sezession die unverzichtbaren Interessen der Regierungen verletzt und *causa sui* Spielleiter ist.

Staatsterrorismus ist eine militärische Taktik. Er kommt überraschend und konzentriert sich auf das Töten von Zivilisten, um die Kapitulation zu erzwingen. Das ist das Hauptthema in der modernen Kriegsführung. Er wurde von der Luftwaffe der USA und Englands in ihrem Terrorbombardement auf Deutschland und Japan 1940 bis 1945 angewandt.[4]

Im Kampf gegen Jugoslawien vom März bis Juni 1999 wurden bemerkenswert wenige militärische Ziele zerstört, aber viele serbische Zivilisten getötet und die serbische Infrastruktur (Fabriken, Stromversorgung, Transport und Kommunikation, Schulen und Krankenhäuser) wurde zerstört. Das bewirkte die Kapitulation und verhinderte den Genozid.[5]

Dass Terrorismus eben Terrorismus ist, ob er nun von oben oder von unten kommt, heißt nicht, dass beide auf dieselbe Weise organisiert sind. Von ‚oben' setzt fast selbstverständlich eine hierarchische Organisation voraus mit einer vertikalen, gut gesicherten Befehlskette.

Terrorismus ,von unten' muss Guerillataktiken mit einer nur lockeren horizontalen Organisation kleiner Zellen, die wenig angreifbar ist, verwenden. Das Bindemittel für die Glieder der vertikalen Kette ist eine tief verwurzelte Ideologie. Theoretisch ist es möglich, dass 19 oder 20 Personen das Attentat vom 11. September organisierten, das Geld für die Flugscheine besorgten, ein Training im Flugsimulator absolvierten - wobei sie die schwierigeren Start- und Landeoperationen wegließen - und ein paar Teppichmesser besorgten. In einem solchen Fall gibt es keine Kausalkette von Befehlen, die die Existenz eines einzigen ersten Bewegers voraussetzt, wie es das USA-Gemüt gerne hätte. Es gibt niemanden, den man suchen und bestrafen oder zerstören könnte, wenn die Zelle ein geschlossenes System ist, das auf Selbstzerstörung programmiert ist wie manche Tiere nach der Zeugung. Alles, was zu einer solchen Tat nötig ist, ist vollkommene Solidarität und Einmütigkeit.

Die Voraussetzung dafür, dass diese Hypothese zutrifft, ist ein Zusammenhang, ein Meer von Hass, der bzw. das die Fähigkeit zur spontanen Hervorbringung solcher Zellen hat. Im Zentrum des Terrorismus steht die Provokation: Ein terroristischer Angriff führt zu einem massiven Gegenangriff des Staats-Terrorismus, der dann seinerseits das Meer von Hass vergrößert, das Terroristen nicht nur hervorbringt, sondern auch nährt: Körper, Seele und Geist. Das 'Volk' erhebt sich, *levée en masse*. Die deutsche Gruppe *Rote Armee Fraktion* (RAF) hatte diese Theorie, ebenso die italienischen *Brigate Rosse*. Aber das funktionierte nicht. Menschen, die isoliert sind, überschätzen leicht den Grad der Zustimmung, die sie in der Gesellschaft finden.

Allerdings wird es nicht leicht sein, ein Meer von Hass und Opferwillen, der das Opfer des eigenen Lebens einschließt, zu zerstören und zu verdampfen. Damit ist es anders als mit einer konkreten Hierarchie und ordentlichen Befehlsketten. Die BBC zählte 60 mögliche Zielländer für die USA. [6]

Zweitens die *ideologische* Bedeutung. ,Terrorismus' wird als Geisteszustand gesehen. Fundamentalismus ist seine geistige Grundlage und Hass seine emotionale Quelle. Der Terrorist ist ein Übeltäter, dessen einziges Ziel es ist, zu schädigen und zu verletzen, Gewalt ist Selbstzweck. Der Terrorismus hat darüber hinaus keine Ursache. Dem entsprechen die Taktiken des Terroristen. Er versteckt sich schwankend und lauernd im Dunkeln und wartet den rechten Augenblick ab.

In den abrahamitischen Religionen entspricht dies der Metapher vom Satan persönlich, von Luzifer, der die gegen Gott rebellierenden Engel anführte. Diese Metapher wurde zum wichtigen Archetyp in den USA, die in der ganzen Welt die Nation ist, die am stärksten von der Realität des Teufels überzeugt ist.[7] Die US-Amerikaner sehen sich ohne Weiteres als Instrument Gottes. So erklärte Colin Powell persönlich einmal, dass ‚Amerika durch göttliche Vorsehung dazu berufen ist, die Welt zu leiten'.[8] George W. Bush sagte, Jesus Christus sei der politische Philosoph, den er am meisten bewundere.[9] Die Metapher von Luzifer passt auf bin Laden gleich doppelt: Früher einmal kämpfte er mit den USA gegen das ‚Reich des Bösen' von damals, die Sowjetunion, aber wie Pol Pot, Saddam Hussein, Mohammed Aideed, Manuel Noriega und in gewissem Maß auch Slobodan Milosevic wandte er sich dann wie Luzifer gegen die USA und widersetzte sich damit der Logik des Satzes ‚der Feind meines Feindes ist mein Freund'.

Der Fundamentalismus als kognitive Einstellung hat drei Säulen:

1. Dualismus: Die Welt teilt sich in zwei Teile, es gibt keine Neutralen.
2. Manichäismus: Wer nicht auf der Seite des Guten ist, ist auf der Seite des Bösen.
3. Armageddon: Das Böse weicht nur der Gewalt.

George Bush kann mit seinem ‚ihr seid entweder auf unserer Seite oder der Seite der Terroristen' ebenso wie bin Laden mit seiner Unterscheidung zwischen Gläubigen und Ungläubigen[10] - beide rechtfertigen Gewalt - als Fundamentalist eingestuft werden. Der ‚Krieg gegen den Terrorismus' findet zwischen dem harten christlichen (Baptisten/Presbyterianer?) und dem harten islamischen (Wahabbiten?) Fundamentalismus statt. Die sich gegenseitig verstärkende Dialektik zwischen beiden ist offensichtlich, sie heißt ‚mein Terrorismus ist gut, ihrer ist schlecht'.

Andere Überlegungen: Vergeltung

In den USA wird darüber nur am Rande gesprochen, häufig in den westlichen Völkern und oft im Rest der Welt, wo es das Hauptthema ist. Die Attentate vom 11. September waren eine Vergeltungsmaßnahme, motiviert vielleicht vor allem durch eine Verbindung von Hass, Verzweiflung und dem Gedanken ‚Gewalt ist die einzige Sprache, die sie verstehen', d.h. blockierte Kommunikation. Der zweite Zweck großer politischer Gewaltanwendung, die andere Seite unfähig zum Handeln zu machen, setzt eine solche Naivität voraus, wie sie Attentätern auf einem technisch so ausgefeilten Niveau nicht zuzutrauen ist. Aber den dritten Zweck, politische Veränderungen zu bewirken, können sie sehr wohl im Sinn gehabt haben, ebenso wie den vierten: Vergeltung für ihre Vergeltung zu provozieren, die groß genug wäre, eine wirklich große Vergeltung gegen die USA zu provozieren.

Diese Überlegungen konstruieren die ‚andere Seite', AS - wir nennen sie so, weil wir nicht genau wissen, wer sie ist (es könnte ‚Osama-Seite' bedeuten, engl. OS, Other Side) – als wenigstens teilweise rational, die Gründe und Motive hat und nicht nur so zum Vergnügen anderen Böses zufügt. Unter diesen Gründen ist die Vergeltung für USA-Gewalt sehr wichtig. Das würde einige der Gründe für das, was den USA geschah, in den USA selbst lokalisieren, genauer in der strukturellen Gewalt, die mit dem World Trade Center gleichgesetzt wird, und mit der direkten Gewalt, die mit dem Pentagon gleichgesetzt wird.

Aber würde das nicht das Attentat rechtfertigen? Nein. Nichts kann Verbrechen gegen Frieden und Menschlichkeit rechtfertigen, weder die der AS noch die der USA. Aber wir können zu verstehen und zu erklären versuchen. Hitler kann teilweise durch die hochgradige Gewalt des 2. Versailler Vertrags (ähnlich dem ersten 1871) verstanden werden. Aber das rechtfertigt durchaus nicht seine Verbrechen. Wie zwingend die Gründe auch sein mögen, es gibt immer einen Rest von freiem Willen. Hitler, USA und AS hätten auch anders entscheiden können. Verstehen ist eine notwendige Bedingung, Ursachen und Zwecke auszuräumen, um dadurch eine Wiederholung unwahrscheinlicher werden zu lassen.

Die Liste der Gewaltanwendungen durch die USA seit dem Zweiten Weltkrieg – nur um einen Zeitpunkt zu nennen, der der gegenwärtigen Generation etwas sagt – ist überwältigend lang. Aber auch die Gewalt der USA wird durch etwas verursacht; es gibt Motive über das bloße Antun von Bösem, Zufügung von Verletzung und Schaden, die das Wesen der Gewalt ausmachen, hinaus. Taktisch kann man einen großen Teil davon, vielleicht das meiste, als Staatsterrorismus charakterisieren, aber wie Terrorismus von unten können die Motive neutral oder wertvoll sein, selbst wenn die Folgen für die Opfer und Leidtragenden ausschließlich böse sind.

Gleich nach dem 11. September machte Zoltan Grossman eine Liste über ‚Ein Jahrhundert militärischer Interventionen durch das Militär der USA, von Wounded Knee bis Afghanistan' zugänglich. Sie basiert auf Kongressberichten und der Kongress-Bibliothek des Forschungsdienstes des Kongresses. Seine Liste von 134 kleinen und großen, globalen und inländischen Interventionen deckt die 111 Jahre zwischen

1890 und 2001 ab. Vor dem Zweiten Weltkrieg gab es 1.15 Interventionen pro Jahr und danach 1.29, das bedeutet einen kleinen Anstieg. Wenn wir uns auf die Zeit nach dem Ende des Kalten Krieges beziehen, gab es jedoch in elf Jahren 22 Interventionen, also zwei pro Jahr. Das stimmt mit der Hypothese überein, dass mehr Interventionen zum Schutz unternommen werden müssen, wenn sich ein Reich oder eine Hegemonie weiter ausdehnt.

William Blum gibt in seinem Buch *Rogue State: A Guide to the World's Only Superpower* auf 300 Seiten viele Einzelinformationen.[12] Über einige davon kann man streiten. Aber wir richten unser Augenmerk auf die Opfer, die Leidtragenden, die Vertriebenen, die Zerstörungen sowohl der von Menschen geschaffenen als auch der natürlichen Umwelt, den Schaden an den sozialen Institutionen und an der Kultur, die solch ein massiver Einsatz von Gewalt zur Folge hat.[13] Wir wollen nicht leugnen, dass es einige wertvolle Motive gab. Aber wir leugnen sehr wohl, dass Gewalt der einzige Ausweg war. Für jeden einzelnen Fall könnte man eine alternative Handlungsweise nennen, aber darum geht es uns jetzt nicht.

Blum führt eine Liste von 67 ‚Globalen Interventionen seit 1945' an (Grossman hat nur 56, aber Blum schließt auch nichtmilitärische Interventionen und viele indirekte, von den USA unterstützte Gewaltanwendungen mit ein. In zeitlicher Reihenfolge:

China 1945-51, Frankreich 1947, Marschallinseln 1946-58, Italien 1947 bis in die 70er, Griechenland 1947-49, Philippinen 1945-53, Korea 1945-53, Albanien 1949-53, Osteuropa 1948-56, Deutschland in den 50ern, Iran 1953, Guatemala 1953 bis in die 90er, Costa Rica in den 50ern, 1970/71, Naher Osten 1956-58, Indonesien 1957/58, Haiti 1959, Westeuropa von den 50ern bis in die 60er, Britisch Guiana 1953-64, Irak 1958-63, Sowjetunion von den 40ern bis in die 60er, Vietnam 1945-73, Kambodscha 1955-73, Laos 1957-73, Laos 1957-73, Thailand 1965-73, Ekuador 1960-63, Kongo-Zaire 1977/78, Frankreich-Algerien in den 60ern, Brasilien 1961-63, Peru 1965, Dominikanische Republik 1963-65, Kuba 1959 bis heute, Indonesien 1965, Ghana 1966, Uruguay 1969-72, Chile 1964-73, Griechenland 1967-74, Südafrika von den 60ern bis in die 80er, Bolivien 1964-75, Australien 1972-75, Irak 1972-75, Portugal 1974-76, Osttimor 1975-99, Angola 1975 bis in die 80er, Jamaika 1976, Honduras in den 80ern, Nikaragua 1978 bis in die 90er, Philippinen in den 70ern, Seyschellen 1979-81, Südjemen 1979-84, Südkorea 1980, Tschad 1981/82, Grenada 1979-83, Surinam 1982-84, Libyen 1981-89, Fiji 1987, Panama 1989, Afghanistan 1979-92, El Salvador 1981-92, Haiti 1987-94, Bulgarien 1990/91, Albanien 1991/92,

Somalia 1993, Irak in den 90ern, Peru in den 90ern, Mexiko in den 90ern, Kolumbien in den 90ern, Jugoslawien 1995-99.

Die Interventionen nahmen die Form von Bombardements an in 25 Fällen:

China 1945/46, Korea/China 1950-53, Guatemala 1954, Indonesien 1958, Kuba 1960/61, Guatemala 1960, Vietnam 1961-73, Kongo 1964, Peru 1965, Laos 1964-73, Kambodscha 1969/70, Guatemala 1967-69, Libanon-Syrien 1983/84, Libyen 1986, El Salvador in den 80ern, Nikaragua in den 80ern, Iran 1987, Panama 1989, Irak 1991 bis heute, Kuwait 1991, Somalia 1993, Sudan 1998, Afghanistan 1998, Jugoslawien 1999.

Versuchte oder erfolgreiche Mordanschläge auf Führer, Staatsober-häupter eingeschlossen, wurden in 35 Fällen unternommen und Bei-hilfe zur Folter in elf Ländern (Griechenland, Iran, Deutschland, Viet-nam, Bolivien, Uruguay, Brasilien, Guatemala, El Salvador, Honduras, Panama). Besonders heftig waren die Aktionen gegen Führer, die früher einmal mit den USA zusammengearbeitet hatten, weil sie ei-nen gemeinsamen Feind hatten: Pol Pot, Manuel Noriega, Saddam Hussein, Mohammed Aideed und Osama bin Laden. Blum bringt eine Liste von 23 Ländern, wo die USA die ‚Wahlen pervertierten‘ und damit dem demokratischen Prozess entgegenwirkten:

Italien 1948 bis in die 70er, Libanon in den 50ern, Indonesien 1955, Vietnam 1955, Guayana 1953-64, Japan 1958 bis in die 70er, Nepal 1959, Laos 1960, Brasilien 1962, Dominikanische Republik 1962, Gua-temala 1963, Bolivien 1966, Chile 1964-70, Portugal 1974/75, Austra-lien 1974/75, Jamaica 1976, Panama 1984, 1989, Nikaragua 1984, 1990, Haiti 1987/88, Bulgarien 1991/92, Russland 1996, Mongolei 1996, Bosnien 1998.

Wenn Sie Einzelheiten wissen wollen, lesen Sie das Buch. Natürlich konnte das alles nicht geschehen, ohne Hass und Rachsucht auszu-lösen.
Es gibt ein räumliches Muster davon, wie sich die Interventionen mit bedeutenden Überlappungen über vier Regionen bewegten:

Räumliches Muster von Interventionen der USA: vier Regionen nach dem Kalten Krieg

Region I	Ostasien	konfuzianisch-buddhistisch
Region II	Osteuropa	orthodox-christlich
Region III	Lateinamerika	katholisch-christlich
Region IV	Westasien	muslimisch

Das erste Zentrum der extrem gewalttätigen Interventionen der USA war Ostasien (Korea, Vietnam, Indonesien, aber auch Iran).
Das zweite war Osteuropa (mit der Sowjetunion), der Kalte Krieg, der glücklicherweise nicht heiß wurde, jedenfalls nicht in Europa. In Ostasien allerdings setzte sich der Kalte Krieg fort. Dass es eine Gegen-Supermacht gab, hat viel damit zu tun. Nachdem die zweite Supermacht verschwunden war, wurde Gewalt auf orthodoxem Gebiet ausgeübt, in Serbien und Mazedonien.
Das dritte war Lateinamerika, ausgelöst und beginnend mit Kuba, dann mehr oder weniger auf die ganze Region ausgedehnt. Die Gewalt fand auf der Mikro- und Meso-Ebene und nicht wie in Ostasien auf der Makro-Ebene statt, ganz zu schweigen von der Gewalt auf der Mega-Ebene, die für die europäische Szene gefürchtet wurde.
Das vierte ist Westasien, beginnend mit Palästina und Iran, dann Libyen und Libanon/Syrien und in den 90er Jahren der Irak, Saudi Arabien (wegen Militär-Basen) und Afghanistan.[14]
Diese Verschiebung des Zentrums erklärt die Verspätung der Vergeltung im amerikanischen Vaterland. Die USA sehen sich über andere Länder erhoben, zwar unter Gott, aber nicht viel.[15] Die Gewaltanwendungen der USA sind keine Vergeltungsmaßnahmen, sondern Strafen von oben. Sie sind also akzeptabel und müssen akzeptiert werden. Aber in der Region I ist ein Krieg ein Zeichen von schlechtem Karma, das durch gemeinsame Anstrengungen verbessert werden muss, also weder Kapitulation noch Rache. In Region II gab es keine Gewalt. In Region III teilen viele Lateinamerikaner die Sichtweise der USA. Aber in Region IV? Niemals! Allah ist niemals niedriger als Gott, also keine Kapitulation, sondern Rache.
Die USA haben etwas auf sich gezogen, das sie nie zuvor erlebten.
Außerdem gibt es die strukturelle Gewalt durch die schnelle globale Ausbreitung des Marktsystems. Ein grundlegender Aspekt dieses Systems ist die Monetisierung, d.h. das, was zur Befriedigung der Grundbedürfnisse gebraucht wird, ist nur für Geld zu haben und nicht z.B.

für Arbeit. Die Grundbedürfnisse an Nahrung, Kleidung, Unterkunft und Gesundheitsfürsorge können nicht für weniger als einen Dollar pro Tag befriedigt werden. Daraus ergibt sich, dass wahrscheinlich 100 000 Menschen täglich an falscher und Unter-Ernährung, unangemessener Kleidung und Unterkunft und am Mangel an Gesundheitsfürsorge sterben, weil diese auch monetisiert sind und nicht subventioniert werden. Gleichzeitig häuft sich der Wohlstand an der Spitze der Gesellschaft. Viele Menschen verabscheuen das.

Was die Motive für die Auswüchse der direkten Gewalt angeht: Sie sind praktisch alle mit der Hypothese vereinbar, dass die direkte Gewalt der USA, offen oder verdeckt durch die CIA ausgeübt, sich gegen alles richtet, was das Auslandsgeschäft der USA gefährden könnte.[16] Das betrifft auch fortschrittliche Länder und fortschrittliche Menschen in allen Ländern, wenn wir unter ‚fortschrittlich' eine Politik verstehen, die die Verteilung von Gewinnen nach unten in der Gesellschaft und die Befriedigung der Grundbedürfnisse der Bedürftigsten befürwortet. Wenn das mit einem günstigen ‚Klima' für die Wirtschaft der USA zu vereinbaren ist, dann ist es gut. Aber in weniger entwickelten Ländern stellt die politische Ökonomie diese Ziele einander entgegen, und die Standardreaktion der USA ist gewaltsam. Wir können von einem militärisch-industriellen Komplex und von einem internationalen Klassenkampf zwischen den und innerhalb der Länder sprechen.

Eine Generation zuvor hätte sich der Begriff Vergeltung auf den Kolonialismus und die 200 britischen Strafexpeditionen bezogen. Heute konzentriert sich der Hass auf die USA und nicht mehr auf die ehemaligen Kolonialmächte Frankreich, Belgien, Portugal und nicht einmal Japan. Heute wird der militärisch-industrielle Komplex eindeutig durch das Pentagon und das World Trade Center symbolisiert.

Wenn man sich die insgesamt 161 Fälle politischer Gewalt ansieht – 35 mal Ermordung, 11 mal Folter, 25 Bombardements, 67 globale Interventionen und 23 mal Wahlbetrug – ist der Schluss unausweichlich: Für alle diese Eingriffe trifft die Hypothese vom Klassenkonflikt (zwischen und innerhalb von Ländern) zu. Für keinen der Fälle trifft die Hypothese vom ‚Kampf der Kulturen' zu, denn nicht Kultur-Symbole wie Moscheen oder Tempel oder rein religiöse Autoritäten wurden zum Angriffsziel. Es gibt auch keinen Hinweis auf klassische territoriale Expansion.

Natürlich ließ die Rechtfertigungsrhetorik anderes verlauten. Für die Regionen I und II war es die ‚Abwehr der sowjetischen Expansion'. Man stellte zu Recht Freiheit – Demokratie - Menschenrechte gegen Sklaverei - Diktatur, aber man schwieg über die Sklaverei-Diktatur, die der Außenpolitik innewohnte, und die furchtbaren ‚Fehler' in Theorie und Praxis, die z.B. vom ehemaligen Verteidigungsminister Robert McNamara in seinem Buch *In Retrospect*,[17] das heute ein Klassiker ist, aufgedeckt wurden.

Für Region III konzentrierte sich die Rhetorik auf den Marxismus, zum kleineren Teil auf die Abwehr der Sowjetunion (Kuba, Nikaragua), zum größeren auf die Studenten, Bauern, Arbeiter und Kleriker (Befreiungstheologie). Für Region IV ging es immer um den ‚Terrorismus' und führte dann über die ‚Abwehr des islamischen Fundamentalismus' zum ‚Kampf der Kulturen'.

Heute schafft die globale Ungerechtigkeit die Konflikte; damit ist sie zur Nachfolgerin der Sklaverei und des Kolonialismus geworden und wird wahrscheinlich wie diese durch Bewusstseinsveränderung und Demoralisierung an der Spitze enden. Heute wissen das die wenigsten Amerikaner und wenige im Westen, auch wenn sie sich mit der Situation nicht wohl fühlen, wie die Deutschen unter dem Nationalsozialismus. Sie bevorzugen als Erklärungsmuster den Kommunismus und den Terrorismus.

Eine antiamerikanische Analyse? Durchaus nicht. Aber sicherlich eine gegen Washingtons hegemoniale ausbeuterische Außenpolitik.

Der Kurs der Aktionen folgt dem Diskurs

Es kommt auf die Wahl des Diskurses an. Diskurs und Kurs der Aktionen beeinflussen einander: Der Diskurs dient der Aktion als Direktive und zur Rationalisierung der unternommenen Aktionen.

Der Terrorismus-Diskurs führt zu zwei möglichen Reaktionen:

A. Suchen und Bestrafen: vom Gericht angeordnete Polizeiaktion, ordentlicher Prozess,
B. Suchen und zerstören: uni- oder multilaterale Militäraktion.

Der Vergeltungs-Diskurs führt zu zwei möglichen Reaktionen:

C. Vergeltung: Hass-Gewalt zum Zurückschlagen, Auge um Auge.
D. Ausweg aus dem Vergeltungs-Kreis; die USA und die ‚andere Seite' ändern ihre Politik.

Der Autor glaubt, dass 10 Prozent im Terrorismus-Diskurs (es gibt ein paar sehr harte, böse Menschen auf der Welt) und 90 Prozent im Vergeltungs-Diskurs (so traurig und unklug es auch sein mag, Vergeltung entspricht einer menschlichen Veranlagung, die durch Fundamentalismus verstärkt wird) die Reaktionen oder besser die Politik von A und D bevorzugen. Die Reaktion der USA ist eine Mischung aus B (dabei wird das Militär als Gericht dem ordentlichen Prozess [18] vorgezogen) und C, Unfähigmachen des mutmaßlichen Feindes und reine Rache mit einigen Elementen von A (Legitimation durch die UN) und D (neue Palästina-Politik).

Natürlich kann es für die USA auch andere Motive geben. Kein menschliches Wesen, keine Macht und schon gar keine Supermacht ist so einseitig, dass sie nur aus einem Motiv handelt. Als der Autor als Mediator für afghanische Gruppen arbeitete, die im Februar 2001[19] von der Afghanischen Universität in Peshawar organisiert worden waren, war viel die Rede von der US-Basis, die zwischen Herat und der iranischen Grenze gebaut werden sollte, um die Öl-Pipelines von Usbekistan und Turkmenistan zu schützen und zur Kontrolle von Zentralasien im Allgemeinen und von Afghanistan im Besonderen.[20]

Dann kommen solch traditionelle Faktoren hinzu wie die Wiederbehauptung der Weltführung, was der NATO einen neuen Inhalt gibt, und, tatsächlich, das Aufrechterhalten der Klassen-Struktur der Welt, die von dem Zentrum des ZEntrums des ZENTRUMS geleitet wird: den Eliten in den Vereinigten Staaten.

Was halten die Menschen im Allgemeinen davon? Zum Glück gibt es eine Umfrage des Internationalen Gallup-Instituts in 33 Ländern unmittelbar nach dem 11. September (zwischen dem 14. und 18. September 2001). Anders als bei den Umfragen in den USA konnten die Menschen sich zwischen zwei möglichen Antworten entscheiden: „Wenn einmal die Identität der Terroristen bekannt ist, sollte Ihrer Meinung nach die amerikanische Regierung das Land oder die Länder, wo die Terroristen ihre Basis haben, militärisch angreifen, oder sollte sie versuchen, die Terroristen zu finden und ihnen den Prozess machen?" (Das letztere ist das libysche Modell).

Nur drei Länder wollten lieber einen ‚Angriff': Israel mit 77 Prozent, Indien mit 72 Prozent und die USA mit 54 Prozent. In Europa lag Frankreich mit 29 Prozent an der Spitze für einen Angriff. Die Antwort, es solle ein ‚Standgericht' geben, fand die überwältigende Mehrheit, etwa 80 Prozent in den übrigen 30 Ländern (Großbritannien 75, Frankreich 67, Lateinamerika gut über 80 Prozent).

Es gibt also in der Weltbevölkerung in diesem Punkt eine sichere Basis für die Herrschaft des Rechts und gegen die Herrschaft der Macht und auch für eine Friedensbewegung in Nord-Süd-Richtung. Regierungen werden streng gegen den Terrorismus vorgehen, vielleicht weniger, um ihr Volk zu beschützen, als um sich selbst und die Interessen ihrer Klasse, den harten Kern eines Landes, zu verteidigen.

Regierungen fürchten sich auch vor der Vergeltung der USA, wenn die sie als Abtrünnige sehen, und sie standen nach dem 11. September unter Schock, offensichtlich weil ihre Informationseliten sie nicht genügend vor dem Offensichtlichen gewarnt hatten. Der Autor hatte mit großer Besorgnis etwas Ähnliches erwartet – wie etwa das Zerstören der Brücken oder Blockaden des Tunnels nach Manhatten – und zwar seit 1988-91, als die USA ein ziviles iranisches Flugzeug über dem Golf abschossen, die massive Zerstörung des Irak anfing und muslimische Länder, nicht-arabische wie arabische, ins Visier genommen wurden. Das Überraschende ist, dass einige überrascht waren.

Kurz gesagt: Es gibt eine Spaltung zwischen der Mehrheit der Menschen und den Regierungen. Von den vier Aktionskursen - A, B, C und D – sind die beiden gewählten B und C sehr teuer[21] und können leicht von B in C übergehen, wenn der Begleitschaden sehr groß wird. Aber sie sind auch ziemlich offensichtlich, wir kennen das schon, z.B. vom Golf und Jugoslawien. Die anderen beiden müssen entziffert werden.

Eine Polizeiaktion unterscheidet sich von einer Militäraktion dadurch, dass sie vom Gericht angeordnet und legitimisiert ist, und dass sie genau auf den Verdächtigen zielt, damit er festgenommen und zur möglichen Verurteilung und Bestrafung bei Gericht angeklagt wird. Das Gericht muss in diesem Fall international sein, denn Bestrafung ist Gewalt von oben. Die USA und einige ihrer Alliierten mögen der Meinung sein, die USA stehe über allen anderen Ländern, aber der größte Teil der Welt besteht darauf, dass alle UN-Staaten sich auf derselben Ebene befinden. Eine Ausnahme bildet der UN-Sicherheitsrat, der zwar grundsätzlich derselben Meinung ist, die er aber in diesem Fall nicht durchsetzen kann: Von fünf Hauptmitgliedern mit Vetorecht sind vier christlich (USA protestantisch, England anglikanisch, Frankreich katholisch/säkular, Russland orthodox), ein Mitglied, China, ist konfuzianisch und keins repräsentiert die 56 Länder in der Welt mit einer Moslem-Mehrheit. Der Internationale Gerichtshof für Gerechtigkeit (ICJ) wäre geeigneter und ebenso der bevorstehende Internationale Kriminal-Gerichtshof (ICC), aber noch gibt es ihn nicht, und die USA werden ihn wahrscheinlich ohnehin nicht ratifizieren.[22] Es spielt durchaus eine Rolle, dass die Liste der Anklagepunkte gegen Henry Kissinger, einen ehemaligen Außenminister[23], viel länger ist als die gegen bin Laden.

Nichts desto weniger gibt es das libysche Modell zum Umgang mit krimineller Gewalt gegen den PanAM-Flug 103 über Lockerbie, Schottland. Der Prozess zog sich lange hin, und es ist leicht, ihn zu kritisieren, aber am Ende funktionierte es. Länder, die die Herrschaft des Rechts schätzen, ziehen das Zur-Rechenschaft-Ziehen Einzelner den Militäreinsätzen vor, bei denen die Wälder niedergebrannt und die im Land Lebenden getötet werden. Die Aktionen in Afghanistan versuchen diese Elemente zu verbinden, allerdings ist eine Gefangennahme des Lebenden unwahrscheinlich.

Wie kann man dem Teufelskreis der Vergeltung entkommen? Diese Frage muss man nicht nur den USA stellen, sondern auch der AS, wer sie auch sein mag. Die Antwort wird sich wahrscheinlich mit der Entwicklung der Gewaltanwendungen durch die USA ändern. Der Ausgangspunkt dürfen nicht einfach Reflexe, sondern müssen Reflexionen sein, die die Fragen umfassen:

Für die USA: Was haben wir getan, dass sie uns so sehr hassen, um uns das anzutun, was sie uns am 11. September antaten?

Für die AS: Warum reagieren wir so bereitwillig mit Gewalt?

Die erste Frage setzt voraus, was der Schweizer Psychologe Jean Piaget ,Gegenseitigkeit/Wechselbeziehung' nennt: Die Fähigkeit, die Handlung eines anderen als etwas zu sehen, das wenigstens teilweise durch das (Handeln des) Ich begründet ist, durch die eigene Fähigkeit, Gutes oder Böses im anderen hervorzurufen. Offensichtlich gründet sich der gesamte Vergeltungs-Diskurs auf diese Perspektive, die Mädchen eher als Jungen gewinnen, die aber am Ende der Kindheit bei allen voll entwickelt sein sollte. Die erste Zeit der Kindheit ist durch ,Absolutismus' gekennzeichnet und verdorben, den Gedanken, dass das, was Gutes oder Böses von der anderen kommt, ganz und gar von der anderen verursacht wird, dass die andere *causa sui* ist. Der Terrorismus-Diskurs passt gut in diese Perspektive: ,Es hat nichts mit uns zu tun, sie hätten das ohnehin getan' – eine Reaktion, die bei Jungen von etwa vier Jahren sehr beliebt ist.

Selbst-Reflexion verlangt Mut, und doch hat es kaum je eine Zeit gegeben, in der so viel sowohl in den USA bzw. im Westen als auch in der übrigen Welt, besonders in den muslimischen Ländern, reflektiert wurde, aber ,nur' auf der Ebene der Menschen, aus den genannten Gründen nicht auf Regierungsebene. In den islamischen Ländern kann das schließlich zu einigen Veränderungen führen[24], sowohl in Richtung einer nicht-gewalttätigen Politik, die demokratische Ansätze gebraucht, als auch in einem eher Gandhi entsprechenden Ansatz, gemäß dem Terroristen ebenso wie repressive Regierungen isoliert werden. Beide werden oft durch dieselben harten Zweige des Islam in Gang gesetzt.[25]

Aber wie ist es mit den USA bzw. dem Westen? Die Formulierung ‚etwas Veränderung in der Außenpolitik der USA' sollte die Bereitschaft dazu signalisieren, den Kurs zu ändern, um direkte und strukturelle Gewalt zu vermindern, und, wenn überhaupt möglich, Versöhnung zu bringen. Solche Signale müssten jetzt kommen, und die Probleme sind immens. Aber die Signale, wenn sie nur deutlich genug sind, könnten durchaus sofort etwas bewirken.

Hier werden sieben Signale genannt, die ein Ende der Vergeltung signalisieren:

Militärisch-politische gegen direkte Gewalt:
1. Die Bereitschaft, Palästina als Staat anzuerkennen: Das ist schon geschehen, und die USA sollten dafür gelobt werden.
2. Alles US-Militär aus Arabien zurückziehen, damit anerkennen, dass es für die Muslime ein heiliges Land ist und dadurch dieser Diktatur den Weg in die Demokratie eröffnen.
3. Aufhebung der Sanktionen gegen den Irak, mit dem Regime verhandeln und sich für die Bemerkung der Außenministerin Albright entschuldigen: ‚Das war es wert.' Das ist schwieriger und verlangt die Fähigkeiten eines wahren Staatsmannes.
4. Akzeptieren der Einladung des Präsidenten Khatami (Iran) zu einem offenen öffentlichen Dialog auf hoher Ebene über die Beziehung zwischen dem Iran und den USA und zwischen dem Westen bzw. Christentum und dem Islam im Allgemeinen. Die USA befürchten, dass ein solcher Dialog für Propaganda-Zwecke ausgenutzt würde. Wahrscheinlich würden einige unangenehme Dinge über den von den USA bzw. dem CIA unterstützen Coup gegen den gewählten Premierminister Mossadegh zugunsten des nicht-gewählten Schahs gesagt werden. Aber nach dieser Kritik, die jeder reife Mensch aushalten können müsste, kommt die konstruktive Phase, auf die der Iran hoffentlich gut vorbereitet ist: ‚OK, was machen wir jetzt?' Das ist eine ausgezeichnete amerikanische Standardformulierung.
5. Hände weg von Afghanistan. Einerseits weil jede Präsenz der USA das Argument, die USA hätten Hintergedanken, stärkt und eine Koalition gegen die USA anregen könnte, andererseits als Zeichen des Respekts. Eine Präsenz der UN bis hin zu einer Treuhandschaft ist eine brauchbare Alternative.

Ökonomisch-politische gegen strukturelle Gewalt
6. Globalisierungsfreie Zonen in Regionen, wo die Menschen an der Globalisierung sterben, weil sie nicht genug Geld haben, das zu kaufen, was ihre Grundbedürfnisse befriedigt. Im Kyoto-Protokoll

138

gibt es schon die Befreiung der Dritten Welt; der Gedanke unterschiedlicher Ansätze ist also nichts Neues. Die Alternative wäre ein Marshall-Plan für die ärmsten Gebiete der Welt - die Anden, Schwarzafrika und Südasien -, mit Hilfe dessen man die örtliche informelle Wirtschaft stärkt mit dem Ziel der Befriedigung der Grundbedürfnisse aller.

7. Versöhnung: Von den Deutschen lernen, die 18 Länder eroberten und zwei Nationen auszurotten versuchten, die Juden und die Sinti und Roma. Heute hat Deutschland vernünftige Beziehungen zu allen. Der Schlüssel dazu ist über die Entschuldigungen und Wiedergutmachungen hinaus die Neuschreibung der Geschichtsbücher.

Das alles könnte eine Seite in der Geschichte umschlagen, und es würde im Vergleich mit den enormen Ausgaben für die Wege B und C relativ wenig kosten. Die politischen Gewinne wären wahrscheinlich ebenfalls enorm. Aber die psychischen Kosten sind entmutigend hoch.

Um die auszugleichen, müssten solche Prozesse von der Zivilgesellschaft eingeleitet und mit lauter Stimme gefordert werden. Aber wird es nicht den Terrorismus anregen, wenn man dieser Forderung[26] nachgibt?

Es mag einige anregen. Aber die meisten von ihnen würde es isolieren, indem sie das Meer von Hass verlören, in dem sie schwimmen können und das sie anregt, während ein militärischer Angriff dieses Meer nur vertiefen und verbreitern würde. Gleichzeitig würde es positive Prozesse in Gang setzen, Engelskreise, die bald die Teufelskreise von Vergeltung überstrahlen und die Aufmerksamkeit der Menschen überall auf sich ziehen würden. Sie würden, was die Europäische Gemeinschaft in den 50er Jahren für Europa tat, einen Quantensprung in der Weltpolitik bewirken. Der ist wahrhaftig überfällig. Jetzt besteht die Chance dazu.

Prognose

Wie soll das enden? Die Antwort hängt davon ab, was für ein ,Das' wir wählen. Meinen wir das kleine Bild des Diskurses A, den ,Terrorismus' des 11. Septembers und die Strafaktion = Militäraktion + Vergeltung? Oder das größere Bild des Diskurses B, einen Vergeltungszyklus, der in einem globalisierten Konflikt zwischen den Klassen wurzelt?

Im ersten Fall kann die Antwort sein: ,Sieg' der USA, bin Laden tot, Al Kaida in Afghanistan zerschlagen und die Öl- und militärischen Interessen der USA in Zentralasien gesichert.[27] Aber bin Laden kann zum Märtyrer gemacht werden, Al Kaida kann ihren Namen ändern und sich neu gruppieren – beides sind Prozesse, die so global sind wie die Handelsgesellschaften und die Luftwaffe der USA – mit einem Multiplikationseffekt, der durch ein höheres Hassniveau noch vergrößert wird. Strafende Gewalt macht den Gestraften unfähig, aber sie beseitigt nicht die Gründe, die den Terrorismus hervorbrachten. Der Terrorismus hat kein zentrales Kommando, das kapitulieren könnte. Ebenso gut können sich die Afghanen gegen die USA vereinigen, wie jemand vorschlug.[28]

Ein Hauptproblem ist, ob man den Sieg verkünden kann. Wenn gestraft wird, kann das eine größere Gewaltbereitschaft hervorbringen, so dass das Verkünden von Sieg selbstzerstörerisch sein kann und gleich für den nächsten Tag Angriffe provoziert, wie die algerische Regierung aus bitterer Erfahrung weiß. Aber den Sieg nicht verkünden bedeutet eine in die Länge gezogene, nie endende Alarmbereitschaft – sehr strapaziös für die USA und die ‚Alliierten', Regierung und Volk. Die Frage: Was stimmt bei uns nicht, dass wir so viele Feinde haben? taucht auf. Alarmbereitschaft nimmt ab, wenn sie nicht entsprechend stimuliert wird.

1990 wurde in einem Treffen mit einigen Vertretern des Außenministeriums der USA das Ende des Terrorismus verkündet. Man stützte sich dabei auf abwärts verlaufende Kurven. Man glaubte, das den 1986 über Libyen abgeworfenen Bomben zu verdanken. Ich sprach damals die Warnung aus, dass Terroristen möglicherweise *längerfristige* Perspektiven hätten und Beifall von *einer größeren Region* als Libyen bekämen. Das jeweilige Bild der USA ist eine Momentaufnahme, es zeigt Hoch- und Tiefpunkte. Ein passenderes Bild sind Wellen mit Auf- und Abbewegungen, abhängig von der Politik der USA.

Wir hören oft: ‚Die Welt wird nie wieder so sein, wie sie einmal war.' Für Präsident Bush verloren die USA ihre Unschuld (drei Gebäude wurden durch Flugzeuge vergewaltigt, die sich in ihren Bauch rammten?). Klar ist jedenfalls, dass die Verletzbarkeit der USA und, damit verbunden, die westliche und die japanische öffentlich bekannt wurde. Dass die Zerstörungsmacht der USA größer ist als die jeder anderen Macht ist eine Binsenweisheit: $Z (USA) > Z (AS)$. Aber die Verletzbarkeit ist auch größer: $V (USA) > V (AS)$. Wenn Macht = Zerstörungsmacht – Verletzbarkeit ist, welches Zeichen, ‚größer als' oder ‚kleiner als', setzen wir dann zwischen $Z (USA) – V (USA)$ und $Z (AS) – V (AS)$?

Aber das hängt alles davon ab, wie wir Verletzbarkeit auffassen. Zerstörung hat das Unfähigmachen zum Ziel, und Verletzbarkeit dient als

140

Multiplikator für Zerstörungsmacht. Am 11. September sahen wir drei fliegende Bomben, das ist nichts im Vergleich zur Zahl der ‚Einsätze' der USA. Aber sie hatten einen Einfluss auf die schon bedrängte Wirtschaft und auf das Staatswesen, von dem sich eine demokratische Schicht nach der anderen abschälte, und dabei war dieses Staatswesen seit den Wahlen im November 2000 und dem darauf folgenden juristischen Staatsstreich in demokratischer Hinsicht ohnehin schon auf dem Weg nach unten.

Verletzbarkeit, soziale wie menschliche, hat viele Dimensionen. Eine Formel für soziale und globale Verletzbarkeit ist der Grad an Verbundenheit. Je stärker vertikal bzw. zentralisiert die Gesellschaft ist, je stärker vom Handel abhängig, um so verwundbarer.[29] Das war wahrscheinlich ein Schlüsselfaktor bei der Wahl des Ziels am 11. September und das Ganze ist wiederholbar. Horizontale Verbundenheit ist weniger verletzlich und Nichtverbundenheit bedeutet ‚keine Verletzbarkeit'. Wenn selbstgenügsame Dörfer in Vietnam ‚entfernt', vernichtet, werden, dann kann man den Einfluss davon auf die übrige Gesellschaft vernachlässigen. Es besteht kein Zweifel daran, in welch einer Gesellschaft, einer stärker oder schwächer verbundenen, nukleare Waffen mehr anrichten würden.

Ein Teil der menschlichen Verletzbarkeit ist die Kurzzeit-Perspektive, verbunden mit einer Kosmologie, die sich einen einzigen Höhepunkt vorstellt, was leicht zu übertriebenem Optimismus oder übertriebenem Pessimismus führt. Eine Langzeit-Perspektive und eine Philosophie, in der der Zeitverlauf als wellenförmig aufgefasst wird, inspiriert Ausdauer.

Für das größere Bild ist die Prognose weitläufiger, zeitlich ausgedehnt. Dieses Bild wurzelt im Vergeltungs-Diskurs und in der Perspektive des Klassenkonflikts bzw. des amerikanischen Empire. Welcher historische Prozess könnte als Metapher dienen? Sehr geeignet ist die Metapher *Sklaverei*, weil die USA so tief darin verstrickt waren.

Das System war verabscheuenswürdig, das Leiden unbeschreiblich, die Selbstgerechtigkeit unerträglich. Es gab Vergeltung von unten, Terrorismus, würden wir heute sagen, wie z.B. das, was Nat Turner, ein amerikanischer Sklave, und seine Sklavenrevolte 1831 taten. Turner tötete zusammen mit etwa 70 Aufständischen 59 Weiße. Das Dogma der weißen Überlegenheit stand auf dem Spiel. Die Unterdrückung des Aufstandes war schnell, enorm und effektiv. Den Sklaven wurden die Rechte auf Versammlung, Bildung und Freizügigkeit genommen. Aber etwas Wichtiges hatte sich ereignet: Die Schwarzen hatten bewiesen, dass sie zu einem Aufstand fähig waren. Gleichzeitig diente die Gewalt von unten vielen Sklavenhaltern als Rechtfertigung ihrer

Gewalt von oben. Die Ähnlichkeit in jedem Punkt mit der Situation nach dem 11. September wird schmerzhaft deutlich. Wir können fast hören, wie die Sklavenhalter erklären, wie die Sklaven sich selbst zerstören, wie die Terroristen die Armen schädigen, indem sie das ökonomische Wachstum unterminieren.

Die Metapher Kolonialismus funktioniert auf dieselbe Weise. Es gab Aufstände und Strafexpeditionen in Hülle und Fülle. Das wird teilweise durch einseitige Geschichtsschreibung verdunkelt. Im Großen und Ganzen waren diese Aufstände zwar nicht erfolgreich, aber die Abschaffung des Kolonialismus-Kampfes schuf Raum für die Rolle Gandhis, und das führt uns zu der interessanten Frage: Was wäre die Alternative Gandhis zum 11. September?

Wir wissen, wie Sklaverei und Kolonialismus endeten: Sie endeten mit ihrer Abschaffung, kurz nach Turner und kurz nach Gandhi. Welche Therapie könnte sich aus derselben Prognose für die massive Ausbeutung, die das Wesen des globalen Klassenkonflikts ausmacht, ergeben?

Therapie

Im vorletzten Abschnitt beschrieben wir sieben Praktiken als mögliche Auswege aus dem Vergeltungszyklus. Wenn sie einige Monate vor dem 11. September angewendet worden wären oder wenigstens einige Monate danach ... Aber das wurden sie nicht, und das Töten geht weiter. Wie wären die konkreten Umstände beschaffen, unter denen die Kursänderung der einen Seite eine grundlegende Veränderung bei der anderen bewirkt hätte?

Beginnen wir diesmal mit der AS, der anderen Seite, der Osman-Seite. Eine Gandhi gemäße Aktion am 11. September wäre es gewesen, mit derselben Präzision und Synchronisation und in globalem Maßstab massive Demonstrationen um die Botschaften der USA, der übrigen westlichen Länder und der Japans in aller Welt zu veranstalten. Sie würden von Tausenden völlig gewaltfrei umringt, die die Tatsachen der globalen Ungerechtigkeit aufzeigen und zum Dialog einladen. Dabei ginge es nicht nur um die wirtschaftliche Ausbeutung, sondern alle Dimensionen des Klassenkonflikts: die politischen Monopole und die Manipulation in Palästina und Afghanistan, die militärische Gewalt im Irak und anderswo, die kulturelle Herrschaft durch die Medien und andere Mittel, die Sakrilege in Arabien.[30]

Am selben Tag würde es einen massiven weltweiten Boykott der Waren und Produkte der übelsten, am wenigsten sozialen und ökologisch schädlichsten globalen Unternehmen geben. Dazu würden konkrete Aktionen für eine Ökonomie unternommen, die die Erfüllung der Grundbedürfnisse der Bedürftigsten in den Vordergrund stellt. All das müsste die Aktionen in Seattle, Göteborg und Genf weit übertreffen. Gespräche zwischen den Menschen und den Regierungen würden gefordert; dabei ginge man davon aus, dass die Menschen in den Regierungen alle Demokraten sind und sich nicht davor fürchten, mit anderen Menschen zusammenzutreffen.

Hätte das einen Einfluss auf die harten, geschlossenen USA bzw. den Westen, die sich auf Polizei- und Militärmacht stützen? Auf die Dauer ja, und es hätte Tausende von Leben in New York, Washington und Afghanistan gerettet. Bald vielleicht noch viele, viele mehr.

Welches sind die Schritte auf dem Weg zu diesem ‚Auf-die-Dauer'? Wir kennen sie schon dank zwei ausgezeichneten und neuen Modellen: dem Ende des Vietnam-Krieges und dem Ende des Kalten Krieges.

In beiden Fällen waren zwei Faktoren am Werk. Es gab starken Widerstand gegen das wilde Kriegführen in Vietnam und den nuklearen Rüstungswettkampf im Kalten Krieg; beide Prozesse gingen unablässig weiter. Und es gab außerdem eine starke, beharrliche, ständig wachsende Bewegung gegen den Krieg, sowohl gegen das (nukleare) Wettrüsten als auch gegen die Unterdrückung in den nach-stalinistischen Ländern. Es gab gewaltsame Aktionen von Seiten der Regierungen und gewaltfreie zivile Gegenaktionen. Die letzteren gewannen die Oberhand, und der Krieg in Vietnam und zeitweise das Wettrüsten hörten auf.

Wird es möglich sein, eine riesige Nord-Süd-Friedensbewegung auf die Beine zu stellen, die sich an beide Seiten wendet wie die riesige West-Ost-Friedensbewegung? Kann man auf den alten und neuen Friedensbewegungen im Norden, der Globalisierungsgegner-Bewegung und den Bewegungen, die sowohl die Terroristen als auch die repressiven Tendenzen in muslimischen Gesellschaften kritisieren, aufbauen? Wahrscheinlich ja. Die zweite Bedingung ist schon erfüllt: Wie in den beiden anderen Fällen wählten die USA einen Kampf ohne klares Ende, ganz anders als die Kriege gegen Bagdad und Belgrad, wo die Metapher von der Kapitulation einen Sinn ergab.

Und doch ist bemerkenswert, dass es in beiden Fällen eine sehr wichtige Zwischenstufe gab: 'Verbündete' der USA, die zwischen der Politik der USA und den Forderungen der Volksbewegungen schwankten, drückten zunehmend und sogar öffentlich dieselbe Besorgnis aus wie die Volksbewegungen und waren immer weniger dazu bereit, den USA einen Blankoscheck auszustellen, das zu tun, was die Führung der USA für richtig hielt.

Das führt uns zu einem wichtigen Punkt. Washington ist empfindlich gegen sein eignes Volk und es arbeitet mit und durch Regierungen im Ausland. Aber Washington ist auch empfindlich gegen die verbündeten Regierungen und möchte immer Unterstützung und geschlossene Reihen. Diese Empfindlichkeit macht es verwundbar.

Wenn es einmal so weit ist, dann ist die massive globale Ungerechtigkeit kein Problem der Kraft, der Gegenkraft und der Vergeltungszyklen mehr, ebenso wenig wie sie das bei der Sklaverei und dem Kolonialismus war. Im Grunde ist sie ein moralisches Problem. Und dabei hat der Unterlegene die Oberhand, denn wenn er auch im Status niedrig steht, so steht der doch hoch in der Moral. Je sicherer das ist, umso gewaltfreier führt er seinen Kampf. Der Überlegene kann das Spiel der Kräfte gewinnen, aber nicht das moralische – und wenn ihm und seinen Verbündeten das dämmert, setzt ein Bewusstseinswandel ein, und die Demoralisierung erweicht das steinerne Herz. Das Spiel ist aus. Und tief in ihrem Herzen wissen das die Besseren unter denen an der Spitze schon, denn sie wurden durch drei Flugzeuge, die drei Gebäude vergewaltigten, brutal aufgeweckt: der Weckruf vom 11. September.

Aber wir brauchen auch eine Art von Mediation. In einigen Punkten werden Terroristen und Staatsterroristen sich einigen müssen, und sie werden über das reden müssen, was sie gemeinsam haben, nicht nur das Öl, sondern auch den Terrorismus. Ein Treffen bei einer guten Mediatorin, die es versteht, die Menschen dazu zu bringen, sich zu öffnen - die guten, die bösen und die hässlichen - zwischen George W. Bush und bin Laden oder denen, die gleich nach ihnen kommen, ist heute wenig wahrscheinlich. Aber kluge Menschen könnten sich zuerst mit beiden Seiten einzeln treffen, ihre Ziele erforschen, sowohl die an der Oberfläche als auch die tiefer gelegenen; sie könnten ihre Ansichten von der Welt und ihre dauerhafte Philosophie erkunden. Sie könnten nach Gemeinsamkeiten suchen, nach Möglichkeiten, die ihnen dabei helfen zu erkennen, dass ihr eigentlicher Feind die Vendetta ist, so wie zwei albanische Familien, denen es bestimmt war, einander zu töten, plötzlich erkannten, dass die Vendetta ihr Feind sei und nicht die andere Familie. Wer könnte das besser als die drei weisen Männer Jimmy Carter, Fredrik de Klerk und Nelson Mandela? Oder der Papst?

Sie sind zutiefst anständig. Und anständige Menschen weisen alle Formen politischer Gewalt zurück und haben Mitgefühl mit allen Opfern, nicht nur das Stammes-Mitgefühl mit den eigenen. Die Welt braucht alle anständigen, guten Männer und Frauen – jetzt sofort.

Kapitel 1.4

Die definierenden Parameter unserer Kriegskultur: Ihr Wesen, ihre Verzweigungen

Carl G. Jacobsen und Kai Frithjof Brand-Jacobsen

Ist unsere ‚Kriegskultur' unveränderlich? Drei Infragestellungen

Die Analyse des riesigen (nach-napoleonischen) ‚Kriegsentsprechungen'-Projekts (vgl. 1.1) zwingt zu der Schlussfolgerung, dass die in der westlichen Welt das 19. und 20. Jahrhundert hindurch bis heute vorherrschenden Sicherheits-Parameter eine Quintessenz der ‚Kriegskultur' darstellen.[27] Dies ist eine Kultur, deren realpolitische Sicherheitsverschreibungen, obwohl sie im Allgemeinen so verstanden werden, dass sie die Bedrohungen fernhalten sollen, in Wirklichkeit Konflikte anregen und beschleunigen und nicht etwa Konflikte vermeiden oder überschreiten. Durch drei unterschiedliche, jedoch einander ergänzende gegensätzliche Dynamiken wird diese Kultur in den letzten Jahren infrage gestellt: Die akademische Spieltheorie nach 1960, Michail Gorbatschows erstaunliche Umkehrung des vorausgegangenen Rüstungswettkampfs und der Waffenkontroll-Tautologie und die zunehmend allgemeine Akzeptanz der Auffassung, dass auf dem Staat beruhende und/oder von ihm diktierte Konfliktlösungsformeln selten die zugrunde liegenden Differenzen lösen, sondern dass sie sie oft verstärken. Auf einer tieferen Ebene verkörpern die im Folgenden genannten Bewegungen die Logik einer Gegenkultur, die die engen Grenzen und Parameter einer Kriegskultur getriebenen Politik der Ausschließung und der Herrschaft bzw. der Kontrolle durch Eliten zu überschreiten und über sie hinauszugehen sucht: Gandhis *Satyagsraha*-Kampagnen in Südafrika und Indien, das Auftauchen der Friedensforschung, die Friedensbewegung und die Friedenserziehung seit den 50er Jahren, die Anti-Kolonialisierungs-Kämpfe und nationalen Befreiungsbewegungen im Süden des Globus, die Bürgerrechts-, Frauen-, Menschenrechts- und Umwelt-Bewegungen, der Kampf für soziale Gerechtigkeit, der in den späten 90er Jahren und bis heute wieder die globale Herrschaft des Kapitals und den Verfall der Demokratie kritisiert. Diese Dynamiken oder phänomenologischen Infragestellungen konstituieren oder widerspiegeln einzeln oder gemeinsam vielleicht eine auftauchende

‚Friedenskultur', sicherlich aber bringen sie die zentralen Komponenten aller dieser Alternativen zur Sprache.

Im ‚Gefangenendilemma' ist die zentrale Botschaft der Spieltheorie äußerst dramatisch, mathematisch bewiesen und überzeugend zusammengefasst: Die Entscheidung zu einer kooperativen Solidarität schützt die Interessen beider Parteien am besten. Diese Erkenntnis wurde in akademischen Kreisen und Verteidigungsministerien für eine Offenbarung gehalten, dabei wurde sie seit Jahrhunderten, wenn nicht seit Jahrtausenden von den meisten Gemeinschaften in der Welt als führendes Prinzip zum Zweck des Überlebens, sozialer Harmonie und des Wohlergehens der Mitglieder der Gemeinschaft praktiziert. Obwohl die Logik und die Botschaft zwingend sind, wählen sogar Spieler, die in der Theorie sehr versiert sind, den Betrug als sichersten Weg zu einem zeitweiligen Vorteil, wenigstens wenn das Spiel zeitlich begrenzt ist, wie es unvermeidlich unter den Bedingungen, unter denen die meisten Spiele gespielt werden, nun einmal ist. Dasselbe ist nur allzu oft bei selbstsüchtigen politischen Berechnungen zu beobachten. Aber dieser Faktor spielt in historischer Zeit keine Rolle. (Darin liegt vielleicht ein Grund, warum dieselbe Lektion immer wieder neu gelernt werden muss.) Ausgefeiltere Spieltheorien, wie die von Pionieren wie Anatol Rapoport entwickelten, minimalisieren den Unterschied zwischen Spiel und realer Welt.[28] Aber die Spieler entscheiden sich trotz der Logik dieser Übung dafür, weiter zu betrügen. Dieses Phänomen ist nicht durch die Begrenzung des Spiels allein zu erklären. Ob man die Antwort darin findet, dass den Politikern nur eine begrenzte Zeit zur Verfügung steht, deren Druck durch unsere auf das Individuum konzentrierte und Wettkampf fördernde Kultur noch verstärkt wird? Die westlichen Spieler sind durch ihre Erziehung und Erinnerungen (manchmal extreme Ost-West-Feindschaft) ebenso wie durch die Normen der geläufigen Konfliktreaktionen (wie sie sich in Afghanistan, dem Golfkrieg und den darauf folgenden Konfrontationen zeigten) wohl tief in der ‚Kriegskultur' verankert. Deren Annahmen sind so überzeugend, dass sogar die, die vor ihren Konsequenzen zurückschrecken, unterbewusst durch ihre Grundüberzeugungen beeinflusst werden: Konkurrenz ist gut, aber nur, wenn sie gewonnen wird, denn sie ist auch eine Bedrohung. Staatliche (und andere?) gegenseitige Beziehungen sind ein Null-Summen-Spiel: Ein Gewinn für die eine bedeutet einen Verlust für die andere. Die Annahme dieser Grundüberzeugungen als eines wesentlichen Bestandteils des realistischen (sprich militärischen) Paradigmas durch Verteidigungs-, Außenministerien und die Kanzlerämter der Welt geschieht natürlich auch darum, weil ihre Bürokratien die Spieltheorie irrelevant fanden (oder wenigs-

146

tens alles an ihr außer dem ursprünglichen eng begrenzten Zweck, die Unterseekriegsführung zu erleichtern).

Aber die alternative Vision war von den akademischen Zitadellen und den hervorsprießenden Friedensbewegungen nach außen durchgesickert und hatte das Interesse der Pugwash-Konferenz über Wissenschaft und Weltfragen (eines Forums von Wissenschaftlern aus Ost und West) und anderer NGOs erregt. Dann tauchte diese Vision endlich in ihrer ersten ,offiziell' durch die UN anerkannten Inkarnation in der Palme-Kommission auf, der der ehemalige schwedische Premierminister Palme vorsaß. Die Kommission nahm das noch Staats zentrierte Konzept der gegenseitigen Sicherheit und die darüber hinausgehende Vision allgemeiner Sicherheit an.[29] Gegenseitige und tatsächlich gemeinsame Sicherheit waren nicht nur möglich, sondern man vermied Konflikte und schuf Vertrauen, wenn man dieses Ziel verfolgte, im Gegensatz zu dem so genannten realistischen Null-Summen-Spiel-Erbe.

In der Palme-Kommission saßen auch russische Spezialisten, die von Gorbatschows Führung angezogen wurden. Adlai Stevenson drückte es ungefähr so aus: ,Mit Gorbatschow ereignete sich auf dem Weg zur Konfrontation etwas Komisches'. Gorbatschow und seine Mannschaft hörten mit dem Tauziehen der Nachkriegszeit auf.[30]

Die Ost-West- wurden ebenso wie die chinesisch-sowjetischen Verhandlungen der vorangegangenen Jahre mit ihrem Nullsummenspiel-Verfolgungswahn durch die jahrzehntelangen, scheinbar unendlichen Gespräche über gegenseitige und ausgewogene Truppenreduzierung in Europa weniger charakterisiert als karikiert. In diesen Gesprächen galten Vorschläge zur Unterbrechung schon als Tarnung feindlicher Absichten. Gorbatschow zerschlug den Gordischen Nullsummen-Knoten. Er entschied sich für gegenseitige und allgemeine Sicherheit. Während frühere sowjetische Führer die USA und China von den europäischen und asiatischen Sicherheitsplänen ausschließen und isolieren wollten, schloss Gorbatschow sie als zentral und als wesentliche Partner ein. Während frühere sowjetische Führer jede Sicherheitsforderung der USA und Chinas als notwendigerweise und *ipso facto* gegen ihre Interessen gerichtet ansahen (wie diese auch immer sowjetische Forderungen angesehen hatten), war Gorbatschow bestrebt, solche Forderungen zu erfüllen, wenn immer es möglich war, und wies damit entschieden die Nullsummen-Formulierungen zurück.

Im Fernen Osten setzte er die Einsatzbereitschaft vieler Divisionen herab, die entlang der chinesisch-sowjetischen Grenze stationiert waren (er reduzierte die Truppenstärke) und zog andere zurück. Die,

die übrig blieben, zog er aus der unmittelbaren Nähe der Grenze zurück. Dann wandte er sich an den Westen und kündigte ein einseitiges Kernwaffentestmoratorium an, dem die Erklärung folgte, er werde 500 000 Soldaten, bedeutende Panzer- und andere Waffenlager aus Osteuropa zurückziehen. Er bezahlte die Rückstände, die die UDSSR bei den UN hatte, forderte und versprach die Bereitschaft, an einem kooperativeren und kollektiven Sicherheitsregime teilzunehmen, das in der globalen Arena die UN und im ‚gemeinsamen europäischen Haus' die OSCE (Organization for Security and Cooperation in Europe: Orgaisation für Sicherheit und Zusammenarbeit in Europa) garantieren sollten, in einem Europa, das sich von den Azoren bis hinter den Ural in Zentralasien erstreckte. Das ‚Reich des Bösen' – ein Ausdruck, der natürlich Verhandlungen und mögliche Kompromisse als sündhaft erscheinen ließ – erschien Washington und anderen NATO-Hauptstädten plötzlich als möglicher künftiger Partner, mit dem ‚man Geschäfte machen könnte', wie Premierministerin Thatcher es ausdrückte.

Nach Gorbatschows politischem Ende jedoch wurden die traditionellen Parteiansätze wieder verstärkt. Bei der Normalisierung der chinesisch-sowjetischen Beziehung und Annäherung im Fernen Osten überlebte die Veränderung, vielleicht weil die Realität eines jetzt schwächeren Russlands und eines einzig und allein triumphierenden Amerikas eine gute russisch-chinesische Zusammenarbeit zur Voraussetzung dafür machte, dass die Welt nicht nur einen einzigen Pol haben werde. Im Westen jedoch torpedierte Washington effektiv die OSCE als neuen europäischen Sicherheitsschlichter. Die NATO war in dieses Gedankengebäude nicht mit einbezogen und wurde auch nicht, wie es hätte sein können, als Suborganisation beibehalten, wie es die Westeuropäische Union (WEU) innerhalb der Europäischen Union war. Statt dessen wurde die NATO nicht nur als die endgültige Sicherheitsgarantie ihrer vorhandenen Mitglieder bestätigt, sondern durch die Direktiven ihrer Mitglieder (genauer die Anordnungen Washingtons) ausgedehnt, um das zentral-ost-europäische ‚Vakuum' zu füllen, das der jetzt außer Kraft gesetzte Warschauer Pakt hinterlassen hatte, und um im Nicht-CIS-Europa (‚Commonwealth of Independent Staates', die alles andere als geschlossene Dachorganisation der sowjetischen Nachfolgerstaaten) und vielleicht darüber hinaus als die wichtigste ausführende Kraft der UN-Friedenssicherung und UN-Friedensstiftung zu agieren.

In der unmittelbar auf Gorbatschow folgenden Periode mochte die Partnerschaft bei einem Friedensprogramm, die die NATO anbot und auf Russland und andere nachsowjetische Staaten ausdehnte, als

Zwischenstation für eine endgültige Mitgliedschaft in einer wahrhaft paneuropäischen Nachfolgegemeinschaft dienen. Aber die folgenden Jahre brachten die zwingende Evidenz dafür, dass diejenigen Recht gehabt hatten, die sie von Anfang an als minimalistisches Beschwichtigungsmittel gesehen hatten, das verschleiern sollte, dass sie nicht vorhatte, zu einem paneuropäischen ‚gemeinsamen Haus' fortzuschreiten. Die erklärte Absicht der NATO, zentral- und osteuropäische Anträge auf Mitgliedschaft anzunehmen, aber unter Ausschluss der nachsowjetischen Staaten, stellte eine neue Grenze in Aussicht, die den Kontinent teilen würde.

Diese Grenze würde, jedenfalls in voraussehbarer Zukunft, durchlässiger sein als der so genannte Eiserne Vorhang. Aber für Moskau wurde das zu einer konstituierenden Zurückweisung und zum Hauptgrund für die ‚Russland-zuerst'-Haltung, die es nun einnahm, und für seine erneute Begeisterung für Verbindungen mit China und anderen nicht westlichen Akteuren. Für einige kleinere nachsowjetische Staaten auf der ‚falschen' Seite der neuen Teilung brachte das neue Ängste. Denn ob man nun von Moskau, Riga oder anderen Hauptstädten aus die Sache betrachtet, so verspricht auch die weichste Teilungslinie Unheil, weil sie Ausschluss und eine Rückkehr zu den Nullsummen-Ängsten und zum Misstrauen verrät. Die Vertrauen schaffende Vision von gegenseitiger und gemeinsamer Sicherheit und Einschluss ist am Ende.

Aber die dramatische einverständliche Ausdehnung der Friedenssicherungs- und Friedensstiftungs-Programme und -Ziele mit ‚UN-Mandat' schienen bald die Grenzen der Mittel und der Bereitschaft der USA zu sprengen. Diese Programme sind vielleicht die bemerkenswerteste Neuheit der ‚neuen Weltordnung'. Die darauf folgenden Fehlschläge machten die Erklärungen über Moral und Ziele der Staatskunst lächerlich. Es waren die im Folgenden genannten Fehlschläge: der dramatische Rückzug aus Somalia, das Nicht-Eingreifen in den Völkermord in Ruanda, die schwelende Glut in Bosnien nach den Eingriffen, die Auflösung des UN-Plans für Kambodscha, das Gemetzel, das im Kosovo/a, Sri Lanka, Afghanistan, Kaschmir, Guatemala, Chiapas und an nur allzu vielen anderen unglücklichen Orten und in unglücklichen Konstellationen angerichtet wurde. Die Befürworter der Realpolitik waren gezwungen, wenn auch nicht öffentlich, deren Grenzen anzuerkennen. Die Pläne der auf dem Staat beruhenden und von ihm diktierten Konfliktlösungen, die oft durch die kontraproduktiven Folgen von NGO-Bemühungen ergänzt wurden, scheiterten. Die offensichtlichen Fehlschläge führten schließlich dazu, dass Staaten und die UN neues Interesse an alternativen Theorien und Ansätzen bekundeten. Zum ersten Mal schien eine breite ‚Bürokratie' zu akzeptieren, dass die Binsenweisheiten der Vergangenheit nicht mehr ausreichten. Als die UN ‚Friedensforschungs'-Handbücher, mit denen sie künftige ‚Friedensarbeiter' schulen wollten, und Expertisen bestellten, in denen das Transzendieren von Konflikten entwickelt wurde, schienen das Erbe der Spieltheorie und die Abweichung Gorbatschows vom bisherigen Kurs neues Leben und neuen Sinn zu gewinnen (vgl. 1.1).

Kapitalismus gegen Marxismus: die verinnerlichte Kriegskultur: die Bemühung um ein Transzendieren

Die frühen und herrschenden Begriffe von Kapitalismus und Marxismus und die ‚Bis-dass-der-Tod-uns-scheide'-Bekenntnisse ihrer Unversöhnlichkeit spiegeln und verstärken die ‚Kriegskultur', die die napoleonische Ära hinterlassen hat, die Kriegskultur, die sie erzeugte. Es war, wie schon gesagt, eine Kultur, die durch die Nullsummen-Annahme, dass der Vorteil der einen Seite gleich dem Nachteil der anderen Seite sei und umgekehrt, charakterisiert wird. Kapitalismus ist seinem Wesen nach Kriegskultur, da er auf Macht konzentriert und exklusiv ist und da seiner Lehre gemäß Privilegien nur durch noch größere Ausbeutung auf Kosten der Nichtprivilegierten gesichert werden können. Nicht-Privilegierung lindern bedeutet eigenes Privileg verringern - eine Bedrohung, die nur durch Pufferzonen in Grenzen gehalten werden kann, die bestehende Macht und Privilegien sichern und beschützen. Wie Marx lehrte, besteht die dem Kapitalismus inhärente Logik darin, die Ungleichheiten in Macht und Wohlstandsverteilung zu vergrößern. Der Kapitalismus war und ist ein ökonomisches System, das von einer Gewaltstruktur durchdrungen ist, die sich selbst fortzusetzen bestrebt ist, wobei sie Wohlstand und Privilegien der Eliten durch Verarmung und Marginalisierung der sozialen Mehrheit vergrößert, was durch die extremen Bedingungen der neoliberalen, vom Kapital betriebenen ‚Globalisierung'[31] verschlimmert wird.

Aber Marx' Gegentheologie und die Varianten, die seine Nachfolger und intellektuellen Nachkommen anboten - von den autoritären stalinistischen bzw. neostalinistischen Politikern, die Marx sicherlich verabscheut hätte, bis zu den heutigen Sozialdemokraten -, spiegeln gleichfalls die Glaubenssätze der Kriegskultur wieder. Zugegebenermaßen argumentierte Marx selbst heftig gegen alle Theologie und Ideologie, da er sich als engagierten und radikalen Kritiker des sozialen Prozesses und der sozialen Strukturen (in) der ihn umgebenden

150

Welt ansah, einen Kritiker, der die Grundursachen angriff und nicht nur die Wirkungen. Trotzdem entsprechen die Annahmen des Marxismus gleichermaßen der Nullsummenphilosophie und sind gleichermaßen Macht zentriert. Sie bilden spiegelbildlich die Notwendigkeit von Konfrontation ab, denn Sieg ist das einzige Gegenmittel gegen Niederlage. Diese Annahmen sind ebenso exklusiv (vgl. ‚die Diktatur des Proletariats' – obwohl Marx demokratische Alternativen einkalkulierte und den Ausdruck tatsächlich nur als Gegenposition zur ‚Diktatur' des Kapitals verwendete) und, wenn man sie als exklusiv erkennt, genauso pervers in ihren Konsequenzen, welche ebenso in autoritären wie in demokratischen Varianten dazu neigen, die Bürokratie, die Herrschaft der Bürokratie, Regeln und ‚politische Korrektheit' zu vergrößern, die schließlich in ihren Verzweigungen genauso verrucht sein können wie die roheren Ungerechtigkeiten des Kapitalismus. Die ‚marxistische' Perversion ist wohl ein inhärenter Widerspruch aller Lehrsätze des Marxismus, obwohl sie von ihm herzustammen behauptet. Es kann sein, dass das Wesen der Perversion sowohl des Kapitalismus als auch des sowjetischen und anderer Formen des ‚Kommunismus' eine Begleiterscheinung der tieferen Durchdringung mit hierarchischen, oben-unten-, inhärent elitistischen und autoritären Strukturen darstellt, mit Strukturen, die unsere Kulturen, Traditionen und selbst das Staatskonzept prägen. Vielleicht sollten der nicht regulierte ‚Kapitalismus' und der ‚Stalinismus' als uns ablenkende Extreme angesehen werden. Denn sicherlich sind die tiefer liegenden Eigenschaften der Staatsbestimmtheit und der Kontrolle und Herrschaft durch Eliten (gleich ob durch die Partei, Bürokratie oder die Kapitalisten) über die ökonomischen, sozialen, politischen und kulturellen (Re-)Produktionsmittel das fundamentale Phänomen, das unsere Aufmerksamkeit verdient.

Marx' frühe Schriften konzentrieren sich auf die Notwendigkeit, dass der Mensch seine Entfremdung von der Natur, von sich selbst, von seinem Mitmenschen und von seiner Arbeit überwindet. Der Kapitalismus wird als grundlegender Schöpfer dieser Entfremdung gesehen, und der ‚Kommunismus' muss die tieferen Ursachen und die Strukturen der Gewalt, auf die der Kapitalismus sich gründet, zur Sprache bringen und überschreiten.[32] Aber es ist kein Zufall, dass beide ‚Systeme', so wie sie entwickelt und praktiziert wurden, die Ausbeutung der Umwelt und die nicht aufrecht zu erhaltende Entwicklungspolitik rechtfertigen und stillschweigend dulden. Zwar wird im Zusammenhang mit den Launen der politischen Korrektheit Besorgnis ausgedrückt, aber vor den harten Konsequenzen politischer Entscheidungen, die dem entsprächen, schreckt man zurück. Beide Systeme dulden stillschweigend, ja verlangen, Ausbeutung. Beide verkünden Verschreibungen eines exklusiven Fortschritts, während sie inklusive Bedeutung behaupten. Beide sind Industrie zentriert und männlich orientiert, auf eine vom Westen dominierte Welt konzentriert und weisen starke Elemente des kulturellen Imperialismus auf.

Marx wurde ungerechterweise durch die Verbindung mit denen verleumdet, die seinen Namen annektierten, wie es einige eher humane Exponenten des Kapitalismus taten. (Einige mögen die Ansichten von Maynard Keynes oder gar von Adam Smith vertreten.) Dass die Kommunistische Partei zur revolutionären Vorhut und zur Ausübenden von monopolisierter Macht wurde, ist eine Erfindung Lenins. Lenin definierte das aber nicht als Modell für die Zukunft, - dazu wurde es erst später -, sondern zur vorübergehenden Notwendigkeit, die ursprünglich von der Allgegenwärtigkeit der zaristischen Geheimpolizei und später von den Umständen des Bürgerkrieges und ausländischer Interventionen diktiert wurde. Das Modell der gelenkten Ökonomie geht nicht auf Marx zurück, und ihn für die stalinistischen Perversionen zu tadeln ist nah damit verwandt, Christus für die spanische Inquisition zu tadeln.

Obwohl Marx offensichtlich ein Kind seiner männer- und Staats zentrierten Zeit ist, klagt er doch in seinen Schriften die aufgezwungene Unfairness an. Er fordert gleiche Chancen, die unbedingt auf dem gleichen Grad an sozialer Kontrolle (der wirklichen Macht) beruhen müssten, für alle – in der Erziehung, Beschäftigung, Gesundheitsfürsorge und allen Bereichen des sozialen Lebens und Verkehrs. Er diskriminiert nicht nach Geschlecht, Rasse, Glauben oder anderen Merkmalen. Er schließt alle ein und niemanden aus, wie es nur allzu oft interpretiert oder dargestellt wird.[33] Die Prominenz der feministischen Revolutionspionierinnen des frühen 20. Jahrhunderts wie Rosa Luxemburg, Alexandra Kollontai, N. K. Krupskaya und Emma Goldman und die den Internationalismus Lenins überschreitenden Martov und Trotzki beziehen sich auf diesen zentralen Gehalt.

Darin, dass sie das nicht taten, liegt das Versagen der Erben Marx', die die stalinistische Ära und die Zeit danach beherrschten. Der Chauvinismus sowohl Frauen als auch Minderheiten gegenüber ist ein unvergängliches Charakteristikum der Herrschaft der kulturellen Wurzeln über die Wurzeln von Marx' Schriften. Wie bei der Diktatur des Kapitals verewigten die Erben Marx' exklusive Privilegien, befestigten die Nachteile der Ausgeschlossenen und entsagten der Nachhaltigkeit und dem Umweltschutz. Ihr Marxismus wurde effektiv in einen Staats- bzw. Monopolkapitalismus umgewandelt. Dadurch wurde aus der ‚Diktatur des Proletariats' die Diktatur der Partei-Militär-

Bürokratie-Elite, während das Proletariat und das ganze Volk wieder in *Objekte* zurückverwandelt wurde, in Menschen, über die man regierte und die man leitete, anstatt zu *Subjekten,* die ihren eigenen Kurs und ihre eigne Geschichte formten. *Radikaldemokratie*, die sich auf die direkte Herrschaft und Beteiligung von Räten (*soviet*) und Referenden an der Regierung durch das Volk, für das Volk und mit dem Volk gründete, wurde als zu bedrohlich angesehen und zerschlagen, wenn sie nicht ohnehin tot geboren worden war, als die Tyrannei der Eliten, die die Kontrolle und Macht über das Volk besaßen, sich befestigte. Diese Tyrannei wurzelte in den tief eingewachsenen Strukturen und Kulturen der Gewalt und wurde durch die direkte Gewalt des Militärs und der *gulags* ausgeübt.

In der Radikaldemokratie ist die Vorläuferin der fundamental humanistischen (neu- oder nach-marxistischen) Vision zu sehen, wie sie von TRANSCEND, ICL/Praxis for Peace und anderen dargelegt wird: gegenseitige Ergänzung und Verschiedenheit und Foren für die Stimmen aller – Völker und Kulturen – in einem beständig transformativen Prozess. Ihre Vision ist die *permanente Revolution*. Diese basiert auf Dialog, Kommunikation, *Verpflichtung, Organisation, Mobilisierung und Bestärkung* (COME), sie ist eine Revolution der Mittel und Zwecke, wie sie sich im Slogan ‚Frieden mit friedlichen Mitteln' und den ähnlichen Konzepten ‚Friedenspraxis' und ‚Bestärken der Friedensakteure' verkörpert. Sie transzendiert die Gewalt und die Strukturen, Aktionen und Kulturen, die selbst von Gewalt beherrscht werden und die Gewalt immer weiter fortsetzen. Der Glaube Gandhis an die Macht des Volkes - die Macht von Gruppen, Gemeinschaften und Einzelnen -, kreative und brauchbare Alternativen zur Gewalt zu finden und auf diese Weise die Welt zu verändern, zeigt Resonanz.

Man muss kein Marxist sein, um der Meinung zuzustimmen, dass die heutige Obszönität, dass drei Männer einen Reichtum kontrollieren, der dem Bruttosozialprodukt von 50 Staaten entspricht, das ist, was es ist: eine Obszönität.[34] Und dass die massive Schuldenlast und Umstrukturierung, die benutzt werden, um die Länder und Bevölkerungen des Südens den Interessen und dem Gewinn der globalen Wirtschaft und der Finanzzentren (TNCs), die fast alle im Norden angesiedelt sind, zu versklaven, eine verheerendere und raffiniertere Form der kolonialen und imperialen Kontrolle ist. Damit wird jede bedeutende soziale und ökonomische Entwicklung, Demokratie und/oder Unabhängigkeit verhindert. Oft machen sich sowohl die nördlichen als auch die südlichen Eliten dabei zu Mittätern.[35] Aber als wichtiges Problem sollte hier nicht das Nullsummen-Denken gesehen werden. Auf dem Gebiet der Sicherheit wurden die militaristischen Nullsummendogmen überschritten, wenigstens intellektuell: Zuerst, wie oben gesagt, durch die immer noch Staats zentrierten Konzepte der gegenseitigen Sicherheit, die, ausgehend von Konflikt- und Friedensforschungsstudien, größeren Gewinn durch gemeinsam erstrebte Vorteile versprechen, später durch die eher katholischen (globalen) hohen Ziele der Zivilgesellschaft von gemeinsamer Sicherheit und ,menschlicher Sicherheit' – in der sich die ultimative Logik der neuesten Konflikt- bzw. Friedens-Forschungsergebnisse kristallisiert. Wenn sie sich auf sozio-politische und sozio-ökonomische Verzweigungen im eigenen Land wie auf äußere und inneren Sicherheitskonzepte konzentrieren, verschreiben sie einen konfliktfreien oder, realistischer, einen Konflikt transzendierenden Ansatz. Nicht der Konflikt an sich ist schlecht. Es kommt darauf an, wie wir mit Konflikten umgehen, ob sie positive oder negative, kreative oder destruktive Folgen haben. Also ist es das Ziel des Buches, das Repertoire an Fähigkeiten und Kenntnissen im Umgang mit Konflikten zu verbreitern und dabei zu helfen, Konflikttransformation als brauchbare und notwendige Alternative zum die Gewalt verstärkenden und die Gewalt fördernden Wesen der traditionellen Interventionen in fremden Staaten zu etablieren.

Das, was heute vor allem innerstaatliche und internationale Gewalt gebiert, sind die Vereitelung von Entwicklung und die Verschlimmerung von Armut und Ausbeutung, die wesentliche Folgen der heutigen systematischen Versäumnisse sind. Die krassesten Komponenten davon sind die Schuldzinszahlungen der Entwicklungsstaaten und die Handelsstrafen, die jede für sich die Summen für Hilfsleistungen übertreffen. Die Zahl der absolut Armen (die weniger als einen Dollar am Tag verdienen) hat sich in nur zwei Jahrzehnten verachtfacht. Mehr als 4000 Kinder sterben täglich an verseuchtem Wasser. Die Frauenbildung, das einzige wirklich effektive Werkzeug und der einzig wirksame Garant für Entwicklung, wird verheerend unterbewertet und nicht genügend finanziert. All das ist unhaltbar in einer Welt, in der das Wissen und der Besitz von Massenvernichtungswaffen sich schnell und stark erhöhen. In einer solchen Welt sorgt das Nullsummen-Denken für die Katastrophe.

Dieses Denken und die Politik, die sich daraus ergibt, wie z.B. in Samuel Huntingtons ,Kampf der Kulturen' beschrieben, stellt eine ideologische Rechtfertigung für Aktionen bereit, die oft eben die Resultate haben, die sie verhindern wollten (wie im NATO-Krieg die Katastrophe im Kosovo/a ,verhindert' werden sollte).

Aber es gibt eine dauerhafte transzendierende Möglichkeit. Sie ist überzeugend, und ihre Zeit ist gekommen. Es ist die Tobin-Steuer (oder Transaktions-Steuer), genannt nach James Tobin, Professor an der Yale-Universität, der als erster in den späten 70er Jahren die Idee vorstellte, als die Tatsache der dramatisch ansteigenden rein spekulativen Komponente und Aktien der internationalen Finanztransaktionen zuerst offensichtlich wurde. Hauptsächlich befürwortet Tobin die Einrichtung von Gemeingut, globaler Entwicklungsfinanzierung und eine minimale Besteuerung für bisher unbesteuerte Profite. Dieser Gedanke wurde in Morris Millers ertragreicher Arbeit von 1986 (und später) umgesetzt und stark erweitert. Er fordert, dass für die kommerzielle Nutzung der ‚globalen Gemeingüter', z.B. der Tiefsee und des Weltraums, Pacht bezahlt werden solle.[36] Es wurde durch die engagierte Arbeit von Organisationen wie ATTAC (Association for the Taxation of Financial Transactions for the Aid of Citizens) und die Halifax Initiative auf die internationale Bühne und in die Programme vieler heutiger Bürgerbewegungen gebracht.[37]

Schon eine grotesk, für einige gar obszön winzige Tobin- (oder Miller-) Steuer, die von den UN oder anderen Einrichtungen ausgearbeitet und festgesetzt werden könnte, würde genügen, um die Entwicklungs-Vorbedingungen für den Schuldenerlass, Gesundheitsfürsorge und Erziehung, Beseitigung von Umweltschäden und die Nachhaltigkeit oder den Ersatz für Resourcen zu finanzieren. Die Woge der rein spekulativen grenzüberschreitenden finanziellen Transaktionen von jetzt 3 Billionen US $ täglich, die jährlich um 32 Prozent anschwellen, sind eine Flut, die spontaneren produktiven Handel und Investitionen verschlingt. Sie nimmt den Kanzleien und Zentralbanken die Kraft (zum Vergleich: Deren gesamte Weltreserven sind nur 640 Milliarden US $), ebenso wie staatlichen und wirtschaftlichen Kontrollen, und wird heute erstaunlicherweise nicht besteuert. Dazu kommen die möglicherweise sogar noch reicheren Gebiete der großen ‚globalen Gemeingüter'.[38] Wenn man neue Zahlen zugrunde legt, würden nur 0.0025 Prozent Steuer auf die Spekulationen genügen, um die ehrgeizigsten globalen Entwicklungsprogramme zu finanzieren.[39]

Es gibt natürlich auch andere Einnahmequellen wie z.B. eine Erhöhung der allgemeinen Besteuerung und/oder die Umleitung eines Teils des Etats für Militär und Rüstungsindustrie (‚Konversion'), aber das würde natürlich deutlich höhere politische und vielleicht wirtschaftliche Kosten mit sich bringen. Die Durchführung der Tobin/Miller-Vorschläge würde am wenigsten stören. Sie würde die schwer verträgliche Lösung durch individuelle Steuererhöhungen in der entwickelten oder in der noch zu entwickelnden Welt transzendieren. Sie würden den Druck transzendieren, einen Teil des Etats für Rüstungsindustrie und andere geheiligte Einrichtungen umzuleiten.

Wenn die Zivilgesellschaften sich fairer entwickeln könnten, würde die Berechtigung, sich bedroht zu fühlen, abnehmen, und das hätte vermutlich einen Einfluss auf die die Rüstung legitimierenden Prämissen. Zwar würde das keine gerechte Welt garantieren, aber es würde die Unmittelbarkeit der Unhaltbarkeit transzendieren.

Kapitalismus und Marxismus/Sozialismus sind wohl beide Reaktionen auf das Gefühl der Bedrohung der Sicherheit des Einzelnen und der Hoffnung. In diesem Sinn ist vielleicht *Frieden*, der Tradition Gandhis entsprechend, *die Revolution*[40] - die Definitionsprämisse vorausgesetzt, dass aufgedrängter Frieden ganz und gar fragwürdig bleibt –, wobei Frieden sowohl die Mittel bzw. den Prozess (*satyagraha*, Friedenspraxis) als auch die Ziele bestimmt. Es gibt natürlich unzählbare Verschreibungen für die Umsetzung dieser Idee in die Praxis: Gandhis Begriffe *swaraj, sarvodaya* und *antodaya*, die vom Marxismus abgeleitete Vision der Selbstregierung der Arbeiter, Noam Chomskys Anarcho-Syndikalismus, Indiens *Lebende Demokratie* und Chiles *Nachhaltiges Chile*, die Argumente für die Menschen stärkenden Referenden von Metta Spencer und *The Economist* und vielleicht Wahlflexibilität und Maximierung der Zugeständnisse (jeder bekommt z.B. zehn Stimmen für zehn Referenden, die er aufteilen kann, wie er möchte: mehrere Stimmen für das, was er wichtig findet, vielleicht keine für unwichtige Belange), Kai Frithjof Brand-Jacobsens Befürwortung der Bestärkung von vielerlei Netzwerken von Einzelnen und Gemeinschaften, die Menschen auf allen gesellschaftlichen Ebenen miteinander verbinden, wobei Staatsbegrenzungen überwunden werden, um immer aktive, selbständige, aber auch miteinander verbundene inner- und zwischenstaatliche Fähigkeiten für Friedensarbeiter – *satyagrahis* – zu entwickeln.[41] Obwohl die Beteiligten aus einem umfassenden ideologischen Spektrum kommen, entsprechen die Ideale aller einer echteren Demokratie und sind ergänzend und einschließend und nicht ausschließend. Wir überlassen Alec Nove das letzte Wort. Er ist der Gründungsdirektor des Institus für Sowjet- und Osteuropäische Studien an der Universität Glasgow und Nestor der westlichen Sachkenntnis auf dem Gebiet der Geschichte der sowjetischen Wirtschaft und Politik, einer dessen menschewikische Wurzeln in vielerlei Weise die Suche nach transzendierenden Werten verkörpern. Bei dem nationalen Treffen der Britischen Gesellschaft für Sowjetische und Osteuropäische Studien 1968 merkte er an, als die sowjetischen und die Panzer des Warschauer Pakts dem Prager Frühling ein Ende bereiteten, dass ‚Kommunismus mit einem menschlichen Antlitz' mit dem ‚Kapitalismus mit menschlichem Antlitz' gleichgesetzt werden und beides wirksam in Sozialdemokratie übersetzt werden könne. Unsere Ideale sind vielleicht wirklich nicht so unvereinbar, wie man uns glauben machen wollte, obwohl die Sozialdemokratie auch Staat und Kontrolle bedeutet und nicht auf Menschen und Freiheit konzentriert ist, weshalb sie sich letzten Endes selbst transzendieren muss.

Kriegskultur bzw. Realpolitik: Rassismus als Katalysator?

Die Forderungen der Sezessionisten, die ihre ausschließenden Rechte zu erlangen suchten, um sich von Kollektiven zu befreien, die sie religiös und/oder ethnisch überfremdeten, entzündete viele der Konflikte der 90er Jahre und trieb sie vorwärts, von Kroatien bis Tadschikistan, Afghanistan, Sri Lanka, Ruanda und Kosovo/a. Allerdings war das Phänomen wohl nicht so neu, wie einige meinten. Es erschien nur neu, wenn man es dem vorangegangenen anomalen halben Jahrhundert der Herrschaft und Unterdrückung durch eine Supermacht gegenüberstellte. Das Ende des Kalten Krieges hob den Deckel, so dass der Dampf entwich.

Das Phänomen der ausschließenden statt einschließenden Programme stimmte bemerkenswert mit den Charakteristiken der nachnapoleonischen Kriegskultur überein, die die indo-europäischen und indo-europäisch beeinflussten Sicherheitseinstellungen durch das 19. und 20. Jahrhundert hindurch und die zugrunde liegenden Diktate der Realpolitik bestimmte. Diese Programme wurden auf allen Gebieten - Politik, Wirtschaft, Recht, Gesellschaft und Strategie - durch dieselbe selbstsüchtige Parteilichkeit der vorgebrachten Optionen gespeist und durchdrungen. Ihre Politik ist durch Selbstsucht, Nullsummendenken und Ängste beschmutzt, denn sie halten das Verfolgen des eigenen Vorteils für den einzigen Weg, auf dem ihre Interessen garantiert, geschützt, fortgesetzt und befestigt werden könnten.

Ihre Theologie spiegelt den Glaubenssatz vom ‚auserwählten Volk', den Israels jüdisches Establishment für sich beansprucht, aus dem sich folgerichtig ergibt, dass andere nicht auserwählt seien und deshalb weniger Wert besäßen. Bei denjenigen Juden, die diese Ansicht teilen, manifestiert sich darin die Weigerung, ähnliche Traumata durch Völkermord und Holocaust bei anderen zu erkennen und anzuerkennen. Und darin manifestiert sich die Weigerung oder Unfähigkeit, die Rechte der Palästinenser (und anderer) als mit den ihren gleichwertig zu betrachten. Der wesentliche Glaubenssatz moralischer Exklusivität und die politischen Optionen, die sich daraus ergeben, sind selbstverständlich ihrem Wesen nach rassistisch.

Aber während ein furchtbar zum Opfer gemachtes und im Wesentlichen vertriebenes Volk Dimensionen einer griechischen Tragödie angenommen hat, gibt es gleichzeitig die groteske und reale Gemeinsamkeit eines Konsens mit denselben Sicherheitsdogmen und Gruppenschutztheologien, aufgrund derer einmal die zentral- und osteuropäischen jüdischen Gemeinden ausgerottet worden waren. Das entspricht vielleicht dem perversen psychischen Zwang, der so viele Missbrauch-Opfer dazu treibt, ihrerseits ihre Ehegatten, Kinder und andere zu missbrauchen.

Japans nationalistische Vorkriegs-, Kriegs- und Nachkriegs-Propaganda – die noch lebendig ist, wie sich in der fortgesetzten Weigerung seines Establishments zeigt, die Schande zu sehen, die es sich durch die Schrecken, die es ‚geringeren' Rassen zufügte, aufgeladen hat – ist in ihren moralischen Parametern sicherlich ebenso ausschließend und folglich genauso rassistisch. Dasselbe ist auch von Chinas traditionellem Selbstbild als Mittleres Königreich zu sagen, dem Inbegriff der Zivilisation, von dem aus alle Menschen, die jenseits seiner Grenzen leben, als ‚Barbaren' bezeichnet wurden, die sich nur durch die geografische Lage ihrer Länder voneinander unterschieden.

Die Angst der Machthungrigen, ihre Macht zu verlieren, ist *ein* Hindernis auf dem Weg in die Demokratie und zu gerechter Entwicklung (bzw. zu überhaupt einer).

Der eigentliche Punkt aber ist die Unsicherheit der Einzelnen, eine tatsächliche oder nur eingebildete Unsicherheit, die ihre persönliche oder wirtschaftliche Realität definiert oder die die Äußerungen ihres Glaubens und ihrer Vorlieben einschränkt bzw. verhindert. Dieser Punkt muss zur Sprache gebracht werden. Wenn man Demokratie als Mehrheitsrecht definiert, kann das leicht Tyrannei bemänteln. ‚Politische Korrektheit', die die Wünsche der Mehrheit zu schützen vorgibt, könnte Diskriminierung und Unterdrückung einer Minderheit rechtfertigen. Die Menschenrechte müssen ebenso für die Minderheiten gelten, auch und gerade dann, wenn diese ‚abzuweichen' scheinen – natürlich nicht, wenn sie gegen die Rechte der anderen verstoßen oder sie einschränken (allerdings rechtfertigen intellektuelles oder religiöses Unbehagen allein keine Ächtung). In selbsternannten Demokratien, besonders denjenigen, die ihren Bürgern nur äußerst selten Gelegenheit geben, ihre Wünsche und Meinungen auszudrücken – vielleicht alle vier, fünf oder sogar nur sechs Jahre – , gibt es oft starke soziale und wirtschaftliche Ungleichheiten, die politische und bürgerliche Rechte und Freiheiten zu einem Luxus werden lassen, der, während er doch theoretisch allen zur Verfügung steht, nur von einer kleinen Minorität vollständig in Anspruch genommen und praktiziert werden kann. Wenn man von den wachsenden Extremen von Ungleichheit, Marginalisierung und Entmachtung in vielen dieser Gemeinschaften und von dem Nichtvorhandensein einer bedeutsamen Form der *demos kratia, der Macht des Volkes* ausgeht, ist es zweifelhaft, ob die Staaten von Westeuropa und Nordamerika oder andere in der heutigen Welt wirklich das Etikett ‚Demokratie' verdienen. Treffender mag das Wort Demagogie (agein: führen, treiben) sein. Eine Demagogin ist eine, die die Unterstützung der Öffentlichkeit (=Macht) gewinnt, indem sie verspricht, etwas für das Volk zu tun oder es zu repräsentieren.[42] Demokratie ist also in der heutigen Welt eher ein Ziel, etwas, um das man sich bemühen und für das man kämpfen muss, denn als etwas anzusehen, das aktuell in der Realität existiert. Im letzten Jahrzehnt haben die Ereignisse eher bewirkt, dass Verheißung und das Potential der Demokratie untergraben werden als dazu, uns ihrer Verwirklichung näher zu bringen.

Vielleicht wird es immer Menschen geben, die Herabsetzung fürchten und die andere herabsetzen wollen oder die man dazu bringen kann, andere herabzusetzen. Aber die dominierende Pathologie des Rassismus und seiner Gewaltträchtigkeit kann nur durch mitfühlende und alle einschließende Erziehung, durch Politik- und Wahl-Reformen, die Minderheiten- und persönliche Rechte propagieren und sicher stellen, und durch Dialoge zwischen Völkern und Gemeinschaften bekämpft werden, die die Feindbilder – ethnische, Rassen- oder andere Vorurteile - und das Klischee ‚Gut' gegen ‚Böse' abbauen.

Empfehlungen für eine wahrere Demokratie reichen von dem Ruf nach häufigeren Referenden, vielleicht mit gewichteten Wahlmöglichkeiten, über proportionale Repräsentation, die ein Anwachsen der Zusammenarbeit zwischen den Gemeinden nötig macht, bis zu Vorstellungen von Menschen, die meinen, dass eine Demokratie, die diesen Namen verdient, nicht nur viel häufigere und effektivere Mitwirkung der Bürger umfassen muss, als die gegenwärtigen Normen zulassen, sondern dass die endgültige Autorität der Bürgerschaft auch auf andere Gebiete ausgedehnt werden muss, z.B. auf die Entscheidung zur Teilnahme an einem Krieg. Die Einzelheiten erfordern noch Debatten, Diskussionen und Dialoge: am Prinzip aber beißt die Maus keinen Faden ab.

Der schnelle technische Fortschritt des späten 20. und frühen 21. Jahrhunderts kann die Wirksamkeit der Zölle, die die Entwicklung schützen sollen, unterminieren. Einige sagen, dass der staatliche Einfluss und die staatlichen Verordnungen Investitionen in Niedriglohn-Ländern provozieren, d.h. wahrscheinlich werden lassen. Wenn die dortigen nationalen Behörden den Vorgang unterstützen, erscheint es logisch, dass Verelendung und Hungerlöhne Investoren anlocken werden. Allerdings ist dabei zu bedenken, dass Verelendung und Niedriglöhne immer mit absolutem oder relativem Analphabetismus einhergehen, der nur den Gebrauch der aller einfachsten Technik gestattet und also nur Investitionen anzieht, die die Abhängigkeit verewigen.

Alle Studien über Entwicklung stimmen darin überein, dass Bildung für Entwicklung grundlegend ist und dass vor allem die Frauenbildung die stärkste Garantie für Entwicklung ist, da Frauen ihre Bildung an die Kinder weitergeben. Staatliche Planung und das Dirigieren der Entwicklung kann nicht den Wettbewerb, der vom Markt ausgeht, ersetzen; der Markt an sich sollte nicht mit dem Markt der Planwirtschaft gleichgesetzt werden. Die Notwendigkeit von Wettbewerb überhaupt erfordert allerdings nicht, dass er unreguliert ablaufen und die den Wettbewerb negierende monopolartige Kontrolle durch die internationalen Firmen herrschen sollte. Wettbewerb und freier Handel zwischen ungleichen Partnern – inner- oder zwischenstaatlich – befördert Ungleichheiten und steigert die Ungerechtigkeit. Aber da weder der Wettbewerb als solcher noch der Markt Regulierungen enthält – tatsächlich verlangt Wettbewerb Regulierung, wenn er gleiche Chancen bieten soll -, sollten beide für eine begrenzte Zeit durch Überregulierung begrenzt werden.

Internationales Recht: eine Illusion, die winkt – und verschwindet

Der Ausdruck ‚internationales Recht' ist eine unzutreffende Bezeichnung, wenn nicht gar ein Oxymoron. Es gibt keine internationale Regierung oder Legislative, die die Autorität besitzt, internationales Recht zu verkünden. Es gibt keinen Gerichtshof mit universalem Rechtsmandat. Es gibt keine globale Agentur zur Durchsetzung. Das internationale System ist im Wesentlichen anarchisch, es ist rechtsfeindlich.

Parteiische und selektive Anwendung des ‚internationalen Rechts' blieb die 90er Jahre hindurch das die internationalen Beziehungen beherrschende Muster.

Internationales Recht muss angemessen sein und auf alle gleichermaßen angewendet werden – wenigstens im Prinzip, wenn schon nicht immer in der Praxis.

Ein Ansatz zu ‚internationalem Recht', das sich nicht auf Konventionen zwischen den Großmächten beschränkt, ist neben anderem der Vertrag zur Ächtung der Landminen 1997. Kanadische, norwegische und andere Initiativen brachten ihn auf den Weg. Aber während er die Ideale moralischer und rechtlicher Begründung und angemessener Anwendbarkeit verkörpert, zeigt er ebenso deren Begrenztheit auf. Sein moralischer Imperativ sicherte ihm die Zustimmung der Großmächte, Absichtserklärungen darüber, dass Landminen nicht mehr produziert würden und das Versprechen, bei der Räumung zu helfen, dazu die Absichtserklärung, letztlich dem Vertrag zuzustimmen. Aber die ,Großmächte' traten dem Club der Vertragspartner nicht bei, ebenso wenig wie andere Staaten und Substaaten, die große Arsenale an Landminen besaßen und/oder strategisch oder taktisch von Landminen abhingen. So kam es, dass, obwohl der Vertrag deutlich eine weit verbreitete moralische Forderung widerspiegelte, das erfolgreiche Eintreten und Unterschreiben unterblieben, weil die Landminen im Wesentlichen die Interessen der Großmächte nicht störten.

Die hervorragende Rolle, die die NGOs und die Bürgerorganisationen bei der Aktion gegen Landminen spielten, ist neben vielem anderen Zeuge für die zunehmende Macht und den Aktivismus einer wachsenden weltweiten Zivilgesellschaft. Weitere Beispiele sind die immer größer werdenden Bewegungen, die dafür arbeiten, dass den Einheimischen und nicht anerkannten Völkern Stimme und Status verliehen werden, der anspruchsvolle Haager Friedensappell 1999, an dem beeindruckend viele Menschen teilnahmen (was an die glücklichen Tage der Kampagne für nukleare Abrüstung in den 50er Jahren erinnerte) und die vielen daraus folgenden Initiativen. Die hervorsprießende globale Bewegung für soziale Gerechtigkeit, die in Seattle, Bangkok, Okinawa, Prag, Melbourne, Washington, Quebec, Göteborg, Ottawa oder gar noch früher in Chiapas, auf den Philippinen und in Indonesien auf der Weltbühne erschienen, und – vielleicht das wichtigste von allen – das zuerst 2001 in Porto Alegre abgehaltene Welt-Sozial-Forum erweisen weiterhin die zunehmende Teilnahme und Aktivität der Bürger überall in der Welt, die daran arbeiten, die Demokratie aufzubauen bzw. zu stärken und direkte, strukturelle und kulturelle Gewalt zu transformieren bzw. zu überschreiten.[43] Aber die westlichen NGOs dürfen sich nicht in den Vordergrund drängen. Eine wirklich globale Zivilgesellschaft muss unbedingt auch die umfassen und repräsentieren, auf die nicht gehört wird und die nicht repräsentiert werden – etwa 80 Prozent der Weltbevölkerung –, sodass wirkliche Allianzen und wahre Solidarität zwischen den Volksbewegungen und den Bürgerorganisationen in Süd und Nord geschlossen werden. Dazu gehört wesentlich die Verbindung der Bewegungen für soziale Gerechtigkeit mit der Friedensbewegung im Kampf *um Frieden mit friedlichen Mitteln.* Einerseits ist ‚basta!', ‚Es reicht!' der revolutionärste Schrei, der diejenigen miteinander verbindet, die sich der wachsenden Ungerechtigkeit der globalen Ungleichheit und Ausschließung heute entgegenstellen, andererseits ist der Aufbau von positiven Programmen und konstruktiven Aktionen für direkten, strukturellen und kulturellen Frieden wahrscheinlich die größere Herausforderung.

Internationales Recht muss, wenn es Substanz haben soll, angemessen und unparteiisch sein und weder auf Berechnungen eines temporären Vorteils oder Nutzens noch auf Laune, persönlichen Bedarf oder Boshaftigkeit gegründet sein.

Die Welt braucht einen unabhängigen und uneingeschränkten Weltgerichtshof. Sie braucht ein Kriegsgericht mit globaler Reichweite und einem Mandat, das die Aktionen der Großmächte ebenso umfasst wie die Aktionen der willkürlich als Schurkenstaaten bezeichneten Staaten. Es braucht einheitliche Prinzipien und effektive, angemessen hergeleitete und angewandte und zu verantwortende Mittel. Besonders das Letztere mag eine für die unmittelbare Zukunft unerreichbare Vorstellung sein. Aber es ist die Vorbedingung für die Verwirklichung der Vision, die eine Autorität voraussetzt, die blind gegen Geschlecht und Neigung, Rasse und Glauben ist, wenigstens hinsichtlich ihres konstitutionellen oder operationellen Mandats.

Die Welt braucht auch ein System, mit dem sie die zugrunde liegenden Strukturen und Ursachen für die steigende Anzahl der inner- und zwischenstaatlichen Konflikte zur Sprache bringt. Der hegemoniale Impuls, der durch Diktat und Missionen im KFOR-Stil ungelöste Konflikte zu verkleistern versucht, führt bestenfalls zu einem äußerst kurz anhaltenden Frieden. Diese Tatsache wiederum beleuchtet die Notwendigkeit eines effektiveren Forums, das die zugrunde liegenden Strukturen und Kulturen der Gewalt beleuchtet, und die Notwendigkeit einer neuen Sprache von Dialog und Perspektiven, die kreativere und brauchbarere Alternativen für das einundzwanzigste Jahrhundert anzubieten hat.

Kapitel 1.5

Die Dialektik von Staat und Nation: Einige vorläufige Schlussfolgerungen

Johan Galtung

Dreißig und mehr TRANSCEND-Erfahrungen mit Staat, Nation und Territorium

1. Die Dialektik zwischen nationaler Identität und staatlicher Integrität und das Recht auf Selbstbestimmung

Da es 200 Staaten, 2000 Nationen, die heiligen Raum beanspruchen und Erinnerungen an eine heilige Zeit haben, und etwa 20 Nationen-Staaten auf der Welt gibt, existiert ein Potential von 1980 Unabhängigkeitskriegen, in denen status-quo-orientierte Nationen und Nationen, die die Staaten verändern wollen, einander gegenüber stehen. Die Verbindung von ‚heiligem Raum' und ‚heiliger Zeit' - die vielleicht am besten als säkulares Nachspiel der religiösen Tradition zu verstehen sind, in der Räume und Zeiten mit Heiligkeit umgeben werden - wird benutzt, um ‚Nation' zu definieren, im Unterschied zu Kultur, die sich durch Symbole wie Sprache, Religion und Mythen definiert. Eine Nation ist oder besitzt eine Kultur, aber eine Kultur ist nicht notwendig eine Nation. Kulturen erheben keinen Anspruch auf bestimmte Punkte oder sogar Regionen in Raum und Zeit. Raum ist wichtiger als Zeit, weil dort territoriale Konflikte auftreten. Territorium ist an die Souveränität eines Staates gebunden und Staaten an das Gewaltmonopol. Staaten kommen und gehen, aber Nationen bleiben. Sie sind eine wichtige Quelle der menschlichen Identität, oft verrückt und, wegen der ihnen entspringenden psychischen Energien, oft gewalttätig.
Etwa 180 Staaten sind multinational. Sie werden fast alle von nur einer der Nationen beherrscht. Das ist oft das Ergebnis historischer Eroberungsmuster. Expansionistische Nationen, viele von ihnen sind europäisch-christlich oder arabisch-muslimisch, hatten einander mit ähnlichen Mustern schon vor der Ankunft der ungebetenen Gäste des abrahamitischen Okzidents in Asien, Afrika und den Amerikas beherrscht. Es ist schwer, in der ganzen Welt mehr als einen Staat

oder ein Land zu finden, das gleichzeitig multinational und symmetrisch ist. Dieses eine Land ist natürlich die Schweiz, vielleicht wegen des hohen Grades von Autonomie, die den nicht-deutschen Teilen gegeben wurde, und dem niedrigen Grad von Eroberung.

Das Wort ‚heilig' gebrauche ich, um klar zu machen, dass Nationalität eine ernste Sache ist und dass man sie nicht als mit Vorurteilen beladen und diskriminierend weg psychologisieren kann, obwohl diese beiden Muster von Annahmen/Einstellungen und Verhalten eine wichtige Rolle spielen. Wenn zwei oder mehr Nationen denselben Ort beanspruchen, dann haben wir eine echte Unvereinbarkeit bzw. einen Widerspruch bzw. ein Problem, oder wie wir das nennen wollen, auch wenn die Beziehung zwischen den Kontrahenten symmetrisch und gleich ist. Vielleicht leben sie einfach nicht gerne zu nahe beieinander; dafür gibt es in der Schweiz Anzeichen. Es ist unwahrscheinlich, dass sich das Problem dadurch auflöst, dass man ‚Toleranz' predigt, womit gemeint ist, man solle die Nähe eines anderen tolerieren. Auch Gleichberechtigung hilft vielleicht nicht oder nur im Laufe der Zeit. Individuen haben ihre Privatsphäre, vielleicht Nationen ebenso, auch wenn sie gastfreundlich zu Gästen sind, die nicht zu lange bleiben.

Entsprechend kann auch eine Nation, die in zwei oder mehr Staaten aufgeteilt ist, sich danach sehnen, sich zu vereinigen. Ihre Trennung durch strukturelle Gewalt (oft durch direkte Gewalt verstärkt), wobei diejenigen gewaltsam getrennt werden, die zusammenleben wollen, ähnelt der strukturellen Gewalt (auch sie durch direkte Gewalt verstärkt), die Menschen zusammen zwingt, die getrennt leben wollen. Wir mögen es bedauern, dass Menschen wie die Koreaner und die Einwohner von Bosnien nicht getrennt oder zusammen gezwungen werden wollen, aber wir kommen einer Lösung vielleicht näher, wenn wir bedauern, dass es strukturelle Gewalt gibt (und die direkte Gewalt dahinter) und versuchen, etwas dagegen zu tun.

Eines der wichtigsten globalen Ziele zur Vermeidung von Kriegen ist es, Muster zur Konflikttransformation mit friedlichen Mitteln für diesen allgegenwärtigen Konfliktherd, die Staat-Nation-Interaktion, zu entwickeln. Offensichtlich waren wir bisher dazu noch nicht in der Lage, wie Konflikt-Arenen wie die frühere Sowjetunion, Ex-Jugoslawien, Nordirland und das Baskenland beweisen. Es gab zu viel Gewalt, zu viel Unterdrückung und zu viel Leiden.

Wie wir heute nur allzu gut wissen, brachen in den ersten Monaten des Jahres 2002 viele dieser Nationalismen aus, als die Büchse der Pandora des Kalten Krieges geöffnet wurde. Wer sich in der Geschichte nicht auskannte, glaubte, dass diese Ausbrüche durch das

Ende des Kalten Krieges ausgelöst wurden. Aber so war es nicht. Sie sind uralt, aber sie waren durch den Sozialismus unterdrückt worden, der davon überzeugt war, dass unter einer vereinigten Arbeiterklasse mit sozialisierten Produktionsmitteln Nationenkämpfe als wichtige soziale Kraft verschwinden würden. Nationen würden nur als Relikte weiterleben, die durch andere feudale Relikte, Klerus, Adel und Bürgertum, künstlich am Leben gehalten würden. Sie irrten sich und stimulierten den Nationalismus, indem sie alle seine Äußerungen über Kunst und Sprache hinaus tabuisierten. Als sie dann nach dem Kalten Krieg ihre Gesellschaften wieder aufbauten, machten sie den entgegen gesetzten Fehler und glaubten, dass in einer vereinigten Nation, die vom Liberalismus gelenkt würde und die demokratisiert sei und einen privatisierten Markt besitze, der Klassenkampf als wichtige soziale Kraft verschwinden würde und nur als ein Relikt überleben werde, das von Relikten wie alten Kommunisten und Nostalgikern künstlich am Leben gehalten würde. Auch sie irrten sich.

Nun taucht die Frage auf, ob, unter welchen Umständen und in welchem Maß das Recht zur Selbstbestimmung als Mechanismus für Konfliktlösung oder wenigstens Konflikttransformation dienen kann. Im Idealfall ginge das so: Jede Nation, die auf einem Staatsterritorium lebt, das sie zu Recht oder Unrecht als ‚Gefängnis der Nationen' ansieht, veranstaltet eine Volksbefragung unter denen, die ihr angehören, lädt Beobachter der ‚internationalen Gemeinschaft' ein, die Volksbefragung zu überwachen, und erklärt, wenn die Mehrheit einen (ziemlich großen) Anteil überschreitet (sagen wir zwei Drittel oder drei Viertel oder vier Fünftel), dass die Angehörigen dieser Nation entschlossen sind – ja, wozu eigentlich? Geht es um das Recht auf ihren eigenen Staat, was das Recht auf ihr eigenes Territorium bedeuten würde, das durch ihr eigenes Gewaltmonopol geschützt ist? In anderen Worten, dass ein neuer Staat geboren würde?

Welche Hilfen bietet uns der ‚Internationale Pakt über bürgerliche und politische Rechte' sowie der ‚Internationale Pakt über wirtschaftliche, soziale und kulturelle Rechte' vom 19. Dezember 1966? Artikel I lautet (vgl. UN-Charta 1 (2), 73:

‚Art. 1 Abs. 1: Alle Völker haben das Recht auf Selbstbestimmung. Kraft dieses Rechts entscheiden sie frei über ihren politischen Status und gestalten in Freiheit ihre wirtschaftliche, soziale und kulturelle Entwicklung.
Art. 1 Abs. 2: Alle Völker können für ihre eigenen Zwecke frei über ihre natürlichen Reichtümer und Mittel verfügen, unbeschadet aller Verpflichtungen, die aus der internationalen wirtschaftlichen Zusam-

menarbeit auf der Grundlage des gegenseitigen Wohles sowie aus dem Völkerrecht erwachsen. In keinem Fall darf ein Volk seiner eigenen Existenzmittel beraubt werden.' (Sartorius II, Textsammlung zum Völkerrecht. Anm. der Übs.)

Unabhängigkeit wird allerdings nicht erwähnt. Im Übrigen wird dieses kollektive Menschenrecht nicht wie individuelle Rechte behandelt. Während das Versammlungsrecht oder das Recht der freien Rede unmittelbar ausgeübt werden kann, ist das Recht auf Selbstbestimmung davon abhängig, dass dieses Recht anerkannt wird. Aber von wem? Von dem Staat, der die Nation in seiner Mitte hat? Wie ein Sklavenhalter, der das Recht eines Sklaven auf Freiheit anerkennt? Oder durch gewisse Großmächte wie die USA und England mit einer starken internationalen Rechtstradition und einem geschärften Sinn für Präzedenzfälle, die sich aus einer Anerkennung des Rechts zur Selbstbestimmung ergeben könnten? Oder durch den Internationalen Gerichtshof, der im Fall West-Sahara (1975 ICJ Rep 12) die Selbstbestimmung als vorrangiges Prinzip ansah im Gegensatz zum Fall Ost-Grönland, 1933, den er als Konflikt zwischen zwei kolonialisierenden Ländern (Dänemark und Norwegen) ansah? Ist das wirklich ein immanentes Recht oder ist es kontingent wie das ‚Recht' auf Kriegsdienstverweigerung? Wenn es das ist, ist hier nur die Rede von einer zweckmäßigen Wilsonschen Kriegsrhetorik nach dem Ersten Weltkrieg zum Abbau der besiegten und sterbenden Reiche der Habsburger und der Osmanen oder von der Rhetorik nach dem Zweiten Weltkrieg zur Verordnung der Beendigung einer Kolonialisierung, die es niemals hätte geben dürfen?
Einige dieser Gründe mögen im Artikel 1 (2) liegen: ‚frei über ihre natürlichen Reichtümer und Mittel verfügen' und ‚ein Volk darf [nicht] seiner eigenen Existenzmittel beraubt werden'. Das sind lobenswerte, aber auch sehr starke Worte, mit denen die Erfüllung der Grundbedürfnisse des Volkes der Macht des souveränen Staates und der Körperschaften, die auf diesem Territorium operieren, gegenübergestellt wird. Jedenfalls gibt es eine ökonomische Grundlage für Vorbehalte. Wie im Fall des Kriegsdienstverweigerers ergibt sich für den Staat und die Staatslogik eine deutliche und gegenwärtige Gefahr, wenn die Selbstbestimmung anerkannt wird.
Aber wie ist es mit der Volkslogik? Sie kann die Stärke gefrorenen Wassers in einer Gletscherspalte oder eines keimenden Samens unter dem Asphalt entwickeln. Sie ist auf die Dauer schwer abzuwehren, wie z.B. die Amerikanische Revolution bzw. der Unabhängigkeitskrieg 1776 - 1812 zeigt. Diese Kraft geht über das ‚Recht, frei über ihre na-

166

türlichen Reichtümer und Mittel zu verfügen' hinaus. Ein starkes nicht-materielles Bedürfnis steht auf dem Spiel, das der Theorie der Demokratie nicht klar genug eingeschrieben ist: Es geht nicht nur um das Recht, Regierende zum Regieren ein- und wieder auszuladen, sondern um das Recht, von seinesgleichen regiert zu werden.

Souveränität über ein Territorium ist weder eine notwendige noch eine ausreichende Bedingung zur Erfüllung dieses Rechts. Wenn diese Souveränität nicht ein Teil des Pakets ist, dann sprechen wir von Autonomie, nicht von Eigenstaatlichkeit. (Früher oder später mag die Eigenstaatlichkeit einer ‚Treuhandschaft' folgen, die ein Beispiel für eine Übergangsform ist.) Autonomie bedeutet dann Selbstbestimmung auf einem niedrigeren Niveau. Sie enthält einige Souveränität, aber nicht vollständige Souveränität, weil der betreffende Staat noch die *ultima ratio regis* besitzt, das letzte Argument des Königs: die Kanonen.

Das Recht auf Selbstbestimmung ist also nicht nur bedingt, es kann auch durch das Angebot eines Ergebnisses auf niedrigerem Niveau untergraben werden, das von der Nation, die ihr Recht auf Selbstbestimmung ausübt, angenommen werden kann oder nicht. Andererseits ist eine Situation, in der jede beliebige Gruppe sich selbst zum ‚Volk' erklärt und sich mit ihren ‚natürlichen Reichtümern und Mitteln' davonmacht, auch nicht akzeptabel. Die Experten der UNESCO definieren ‚ein Volk' mit rassischer oder ethnischer Identität, Sprachgemeinschaft, religiöser oder ideologischer Verbundenheit und territorialer Verbindung. Solche ‚Völker' gibt es viele. Die Definition könnte sich auch auf mit Macht und Privilegien ausgestattete Menschen beziehen, die oft in separaten Nischen eines Landes wohnen. Im Zeitalter der Globalisierung könnten sie sich als ‚ein Volk' erklären und ihre territoriale Nische zu einem globalen Finanz-Wirtschafts-Knotenpunkt machen.

Die Definition der UNESCO ist hilfreich, aber ist der unbestimmte Ausdruck ‚ein Volk' das auch? ‚Territoriale Verbindung' ist auch zu unbestimmt, um das zu bezeichnen, was wir hier als ‚Nation' definiert haben. Wir haben es nicht nur mit ‚Verbindung', sondern mit ‚emotionaler Verbundenheit' zu tun bis zum Punkt von kultureller Heiligkeit und rechtlichem Anspruch auf Territorium.

Aber das Problem liegt nicht in Definitionen, sondern darin, was geschieht, wenn zwei oder mehr Gruppen bzw. Völker bzw. Nationen ‚emotionale Verbundenheit' mit demselben und sogar einen Anspruch auf dasselbe Territorium haben. Die Beziehung ist gewöhnlich unsymmetrisch, eine Beziehung zwischen Mächtigen und Machtlosen. Wir können mit den machtlosen, unterdrückten und staatenlosen Juden, Roma und Palästinensern und ihrem Recht, ein Territorium und einen Staat zu besitzen, sympathisieren, das dem Recht des Individuums auf Eigentum entspricht. Aber die Mächtigen könnten dort schon seit Generationen leben und nicht nur ,verbunden', sondern ,emotional verbunden' sein und ihre Ansprüche beredsam formulieren. Es gibt eine komplexe Dialektik nicht nur der Macht, sondern auch der Rechte. Es kann auf beiden Seiten dieser Dialektik gute Argumente geben.

Können wir diesen gordischen Knoten mit einem einfachen Entscheidungsmechanismus durchhauen? Es gibt drei Nationen in einem Land und ein Referendum bei einer von ihnen, N, die den Willen zur Sezession hat. Die beiden anderen stimmen dagegen. Sie benutzen ihren Mehrheitsstatus dazu, einer ganzen Bevölkerungsgruppe ihren Ausgang des Referendums aufzuerlegen, indem sie beweisen, dass nur eine Minderheit für die Unabhängigkeit gestimmt hat.

Dieses Argument wiederholt natürlich nur das Argument, dass N das Recht vorenthalten wurde, von seinesgleichen regiert zu werden. Die drei getrennten Voten definieren die Parteien, die Akteure. Aber das gemeinsame Votum der drei Nationen, die in einem Land zusammengewürfelt sind, kann nur bedeuten, dass eine Einheit verschwindet. Selbstbestimmung ist ein Recht des Ich, nicht der anderen, das wäre Anders-Bestimmung. Vielleicht könnten wir die Anerkennungs-Institution und den Zwei-Stufen-Prozess anerkennen:

1.   Anerkennung des Rechts zur Selbstbestimmung für N,
2.   die Ausübung der Selbstbestimmung durch N.

Das Problem liegt in dem Schritt von der Anerkennung der Anerkennung zur Anerkennung dessen, der anerkennt. Weder Großmächte noch ihre Anwälte noch die UN-Generalversammlung, eine Staatengewerkschaft, noch, in dieser Sache, eine Gewerkschaft der Nationen kann das: Ihre Schlussfolgerungen sind zu sehr mit ihren eigenen Interessen verbunden und zu vorhersagbar. Ihre Meinung sollte erfragt, aber nicht befolgt werden. Die Suche nach Parteien, die keine eigenen Interessen verfolgen, ist im Gange, vielleicht ist es der Internationale Gerichtshof. Aber das Ergebnis ist durchaus nicht klar. Der Grund dafür kann sein, dass wir über Absoluta sprechen, noch dazu mit heiligen Konnotationen. Wir haben oben darauf hingewiesen, dass Entscheidungen in dieser Angelegenheit nicht durch Abstimmung getroffen werden können. Abstimmungen gegen Souveränität werden nicht notwendig respektiert. Kann die Frage des National-willens überhaupt gesetzlich geregelt werden? Die Einzelheiten ja,

168

aber das ‚Landbesitzrecht' konnte den Kampf um Freiheit nicht zum Schweigen bringen.

Außerdem funktioniert Selbstbestimmung nach dem Puppe-in-der-Puppe-Prinzip. Ein Staat kann ein ‚Gefängnis der Nationen' sein und damit einen Konflikt begründen, der oft ‚Krieg im Inneren' genannt wird, obwohl es im Zeitalter der Intervention so etwas nicht gibt. Aber das kann man auch auf Staaten anwenden, die aus einem solchen Konflikt hervorgehen, was Anlass zu dem Problem der Anerkennung von Nationen gibt, innerhalb von Nationen usw. Das Prinzip des *uti possidetis*, gemäß dem bestehende Grenzen innerhalb von (kolonialen) Reichen und Föderationen wie die Sowjetunion und Jugoslawien respektiert werden, misst einer Verwaltungsentscheidung in der Vergangenheit zu großes Gewicht bei. (Der Internationale Gerichtshof benutzte das 1986 in dem Grenzstreit zwischen Burkina Faso und Mali.) Das Recht auf Selbstbestimmung für Slowenien, Kroatien und Bosnien-Herzegovina wurde anerkannt, aber nicht für die Serben in der Krajina bzw. Slowenien, die Serben und Kroaten in Bosnien-Herzegovina und die Albaner im Kosovo. Das Ergebnis war Krieg und großes Leid, die man hätte vermeiden können, wenn gleiches Recht auf Selbstbestimmung auf ‚niedrigerem Niveau' anerkannt worden wäre.

Daraus kann man nur schließen, dass das Recht auf Selbstbestimmung ein wichtiges kollektives Menschrecht ist. Aber es sollte nicht automatisch als Recht zur Sezession, Unabhängigkeit und Anerkennung als Staat durch die internationale Gemeinschaft und auch nicht als Autonomie auf hohem Niveau innerhalb eines Staates ausgelegt werden. Das Recht zur Selbstbestimmung ist das Recht eines Volkes, seinen eigenen Status innerhalb eines Staates zu bestimmen und damit verbunden auch in der Welt, die Möglichkeit der Unabhängigkeit und des Status quo unbenommen. Aber ganz gleich wie die Entscheidung ausfällt, ein Recht auf Autonomie auf einem niedrigen oder hohen Niveau bedeutet nicht die Berechtigung zu Autismus und völligem Außerachtlassen anderer, ebenso wenig wie das Recht der freien Rede die Berechtigung dazu einschließt, die Folgen seiner Ausübung außer Acht zu lassen. Das Prinzip Verantwortlichkeit hat Vorrang.

2. Die Dialektik zwischen nationaler Identität und Staatsintegrität und die Pflicht zur Konflikttransformation

Unser Schluss ist, dass das Recht auf Selbstbestimmung eine notwendige, aber nicht ausreichende Grundlage dafür ist, die Dialektik zwischen nationaler Identität und Staatsintegrität zu einem die Bedingungen von Konfliktlösung erfüllenden Ergebnis zu führen, was die Annehmbarkeit durch die Parteien und die Nachhaltigkeit – ‚Das Ergebnis muss nicht gestützt werden' - angeht. Viele Disziplinen sind daran beteiligt: Die Rechtswissenschaft ist nur eine davon. Ein weites Spektrum von alternativen Streitlösungsformeln hat sich eröffnet. Sie alle gründen sich, so scheint es, eher auf Dialog zwischen oder mit den Parteien als auf kodifiziertes Recht. Ob das ein Prozess von *de lege ferenda*, Gesetz im Entstehen, ist oder nicht, bleibt abzuwarten. Die Geschichte bewegt sich in Kreisen vom Gesetz zur Suche, vom Gekochten zum Rohen, *le cuit et le cru*, und wieder zurück.

Das Folgende gründet sich auf Erfahrungen, mit denen der Autor äußerst vertraut ist, der TRANSCEND-Methode, und auf Konflikt-Praxis in 33 Fällen, in denen es um Staaten, Nationen und Territorien ging. Natürlich ist das nur eine Art von Erfahrung unter sehr vielen anderen in der ganzen Welt, aber vielleicht hat sie einigen Menschen und Völkern in ihrer Situation etwas zu sagen. Die Perspektiven auf die Konflikte entstammen alle langen Dialogen im Feld mit vielen Konfliktparteien und –Teilnehmern. Es sind keine Lehrbuch-Übungen.

Das Muster, das unten erklärt wird, war nicht von Anfang an, vor 30 bis 40 Jahren, erkennbar, ja noch nicht einmal die einfache Typologie. Man braucht Zeit und Erfahrung, ehe ein Muster sich abzeichnet. Der Autor erhebt gewiss keinen Anspruch darauf, dass das hier das letzte Wort wäre. Das ist es nie. Aber wenn es um Muster geht, ist es von Vorteil, wenn ihre Grundlage nicht zu schmal ist: 33 Fälle ist eine gute Zahl, nicht sehr hoch, aber doch hoch genug, um ein Muster zu ergeben.

Wir stellen uns Folgendes vor: ein Stück Territorium und auf diesem Territorium ‚einen Staat' oder ‚zwei oder mehr Staaten'; innerhalb eines Staates ‚eine Nation' oder ‚zwei oder mehr Nationen'. Es gibt also vier mögliche Kombinationen.

Tafel 1: Zahl der Staaten/Territorien x Zahl der Nationen

Zahl der Staaten / Zahl der Nationen	Ein Staat/Territorium	Zwei oder mehr Staaten/Territorien
Eine Nation	A. 20 Nationen-Staaten: (fast) homogen (fast) keine Diaspora ideal, nicht real	B. orea die Kurden die Mayas die Samis
Zwei oder mehr Nationen	C. Israel/Palästina Rhodesien-Zimbabwe Hawaii Hindu-Muslim Somalia China Libanon Japan - Russland Ekuador - Peru	D. Zypern Nordirland Kaschmir Pax Pacifica Jugoslawien A Jugoslawien B Sri Lanka Kaukasus Okinawa Die Großen Seen Euskadi Gibraltar/Ceuta-Melilla Afghanistan Ost-West A Ost-West B Golf A Golf B christlich-muslimisch dreigeteiltes Europa christlich-heidnisch

33 Konflikt-Arenen werden mit ihren nationalen und/oder geographischen Namen genannt. In den Konflikten geht es um Kontrolle über das Gebiet und um Nationen, also um Geopolitik. Eine kurze Diagnose-Prognose-Therapie Darstellung der 33 Konflikte finden Sie im 2. Teil dieses Buches (mehr unter www.transcend.org).

Es gibt nur vier Fälle von ‚eine Nation – zwei oder mehr Staaten' und neun von ‚zwei oder mehr Nationen – ein Staat'. Die meisten befinden sich in der komplexen Kategorie D. Die Klassifikation hängt von der Anzahl der Staaten und Nationen in einer Konflikt-Arena ab, und das ergibt einige Mehrdeutigkeit in der Klassifikation, was aber weiter keine Folgen hat.

Wir gebrauchen jetzt dieselbe Typologie, aber dieses Mal konzentrieren wir uns nicht auf die Klassifizierung konkreter Fälle, sondern darauf, was getan werden kann, d.h. auf die möglichen Heilmittel bzw. Therapien:

Tafel 2: Die Staaten/Nationen/Territorien-Dialektik: Therapien

Zahl der Staaten Zahl der Nationen	Eine Staat/Territorium	Zwei oder mehr Staaten/Territorien
Eine Nation	Der klassische Fall, jetzt durch Globalisierung und Migration herausgefordert, und dann 1. B, C oder D oder 2. Nationenabsorption in Supernationen, Absterben der Nationen 3. Staatsabsorption Aufgehen der Staaten in Regionen	1. Vereinigungs-Lösung, Integration mit - Gleichheit, Symmetrie - Menschenrechte -Toleranz innerhalb der Staaten 2. Autonomie innerhalb aller Staaten 3. Konföderation von Autonomien oder Staaten 4. Föderation von Autonomien oder Staaten 5. neuer Einheitsstaat
Zwei oder mehr Nationen	Wachsende funktionale Souveränität: 1. einheitliche Lösung, Integration mit - Gleichheit, Symmetrie - Menschenrechten - Toleranz 2.Autonomie 3. Föderation - territorial - nicht territorial 4. Konföderation - territorial - nicht territorial 5. Unabhängigkeit 6. Kondominium	Einen Zusammenhang mit der wachsenden Regionalisierung schaffen: 1. assoziatives Staatensystem 2. konföderale Staatengemeinschaft 3. föderale Vereinigung von Staaten 4. neuer Einheitsstaat

Tafel 2 zeigt schon viele Möglichkeiten, aber zweifellos gibt es noch mehr. Der allgemeine Ausgangspunkt ist eine einfache Annahme: Je größer die Zahl der Alternativen zu einem Ehrfurcht gebietenden

172

Dichotomie-Status-quo in einem einheitlichen Staat versus Sezession-Unabhängigkeit, desto niedriger, *ceteris paribus*, die Wahrscheinlichkeit von Gewaltanwendung. Da die Anerkennungs-Institution (verständlicherweise) oft den Weg von der Selbstbestimmung zur Unabhängigkeit blockiert, ist es möglich, dass eine Nation, die Eigenstaatlichkeit sucht, Gewaltanwendung für die einzige Alternative hält.

Bedeutet das nicht, dass Selbstbestimmung als Menschenrecht aufgegeben wird? Nicht, wenn das Recht auf Selbstbestimmung mit der Pflicht zur Konflikttransformation verbunden wird. Wenn man sich abspaltet und nichts dazu tut, die dadurch entstehende Unordnung zu beseitigen, ist das, als wenn eine Ehepartnerin aus ihrer Ehe aussteigt ohne Rücksicht auf den Partner oder dritte Parteien (Kinder, angeheiratete Verwandte, Freunde, Nachbarn), ganz gleich ob die Person, die sich trennt, nun eine geprügelte, ausgebeutete Ehefrau oder ein egoistischer, tyrannischer Ehemann (oder irgendeine andere Kombination) ist.

Nach Gewaltanwendungen gibt es mehr Unordnung und weniger Neigung zum Aufräumen, deshalb ist es besser, sich vor einer möglichen Gewaltanwendung mit Konflikttransformation zu befassen (und nicht erst nach einer Gewaltanwendung), in der Hoffnung, Gewaltanwendung zu vermeiden. Auch wenn Selbstbestimmung ein Recht ist, wie z.B. das Recht der Frauen auf Gleichberechtigung, kann die Ausübung dieses Rechts doch zu einem Konflikt führen. Der Konflikt muss im Kontext des Menschenrechts transformiert werden. Der Konflikt hebt das Recht nicht auf. Aber ebenso wenig ist das Recht der einzige Gesichtspunkt im Konflikt.

Bevor wir fortfahren, wollen wir ein Argument ausschließen: dass Sezession zu kleinen und nicht funktionierenden Staaten führen müsse. Europa besitzt eine Anzahl kleiner funktionierender Staaten, sowohl wirtschaftlich (gut verteilter Wohlstand) als auch politisch (Demokratien) wie die Mini-Staaten Liechtenstein und Andorra und die kleinen Staaten Island und Luxemburg. Auf der anderen Seite besitzt die Welt durchaus sehr große Staaten, über deren ökonomisches und politisches Funktionieren man streiten kann, unter anderem weil sie ‚Gefängnisse von Nationen' sind. Ihre Besorgnis über kleine Staaten dient einem Scheinargument. Die Geschichte der Stadt-Staaten lehrt anderes. Sie waren sehr funktionstüchtig, bis sie von heutigen ‚Nationen-Staaten' geschluckt wurden. Problematischer wäre allerdings eine UN mit 2000 Mitgliedern, aber man könnte Konföderationen wie die Nordische Gemeinschaft bilden, die gemeinsame Delegationen entsenden.

Wir wollen die Tafeln 1 und 2 miteinander verbinden, indem wir Perspektiven und Ansätze von Tafel 2 auf die Konfliktfälle in Tafel 1 anwenden.

A: Eine Nation – ein Staat bzw. Territorium. Wir können Herder und Fichte nicht tadeln: Alles, was sie sagten, scheint auf fruchtbaren Boden gefallen zu sein, wie im ersten Abschnitt verdeutlicht wurde. Aber das sind keine ewigen essentiellen Wahrheiten. Andere Bruchlinien wie z.B. Geschlecht und Klasse stechen stärker hervor, behaupten Feministen und Marxisten. Oder vielleicht treten die Bruchlinien zugunsten einer amorphen Masse von Individuen in den Hintergrund, wie Postmodernisten zu denken scheinen. Aber heute zählen Nationen, und das wird noch eine Weile so bleiben, Staaten vielleicht weniger.

Wir haben gezeigt, dass, wie es sich auch verhalten mag, offene Grenzen und eine sich globalisierende Welt Migrationen im Gefolge haben; die Menschen werden halb geschoben, halb gezogen. Jeder Migrant bringt eine fremde Kultur mit und beansprucht eine Nische, zwar keine geographische, aber eine kulturelle. Migranten sind im Ausland keine Nationen oder nur nach einigen Generationen wie die Protestanten in Nordirland. Im Laufe der Zeit kann das zu B-, C- oder D-Problemen führen. Aber dann kann sich etwas anderes ereignen, worin auch die Herkunftsländer verwickelt sind:

– Absorbierung der Nation: Mit der Zeit werden sie alle zu einer Super-Nation, wie es, verbunden mit starken inner-nordischen Migrationen, einige Zeit in den nordischen Ländern war, und wie es in den EU-Ländern ist. Es kann Generationen, wenn nicht Jahrhunderte, dauern, bevor sich die Selbstbezeichnungen ‚Ich bin Nordländerin‘ und ‚Ich bin Europäerin‘ durchsetzen. Die Erfahrung mit ‚*jesam jugoslav*‘ und ‚*sovjetskij tchelovjek*‘ zeigt, dass das nicht erzwungen werden kann.
– Absorbierung des Staates: Dieser Prozess wird (Europäische Union) oder wird nicht (Nordische Gemeinschaft) von der Schaffung eines Superstaates begleitet. Ist das Problem gelöst? Nein, Super-Nationen-Staaten sind Nationen-Staaten ähnlich. Super-Ebenen führen auch zu Super-Konflikten bzw. Kriegen.

B: Eine Nation – zwei oder mehr Staaten bzw. Territorien. Vier Fälle von geteilten Nationen, einander ähnlich und gleichzeitig voneinander verschieden: die Koreaner zwischen Norden, Süden und Japan, die Kurden zwischen fünf Ländern: Türkei, Irak, Iran und (weniger)

Syrien und Armenien, die Mayas zwischen Mexiko (Chiapas), Guatemala (als Mehrheit) und Honduras und die Samen zwischen Norwegen, Schweden, Dänemark und Russland. Ein Unterschied: Im geteilten Korea gibt es nur Koreaner.

Tafel 2 bietet fünf Ergebnisse oder Stadien. Was annehmbar und dauerhaft ist, hängt, wie immer, von den Umständen ab:

Erstens: Die Menschenrechte sind sicherlich weder für die Kurden noch für die Mayas, wo sie auch leben, verwirklicht, eher für die Samen, eher für die Koreaner im Süden als die in Japan und weniger für die in Nordkorea.

Zweitens: Autonomie innerhalb von Staaten, die nicht nur Menschenrechte bedeutet, sondern auch das Recht, von seinesgleichen regiert zu werden, gegründet auf ‚territoriale emotionale Verbundenheit'. Dies ist für die Koreaner in Korea kein Problem, aber für die Koreaner in Japan ist es wahrscheinlich nicht machbar, und es ist sehr bedeutsam für Kurden, Mayas und Samen an den Orten, wo es viele von ihnen gibt.

Drittens: die Autonomien in einer Konföderation verbunden, vielleicht mit eigenem Parlament, das eventuell in einem anderen Land zusammmentreten muss, und eigener Vertretung im Ausland, die die Funktion eines Staates übernimmt, ohne dass sie einer ist. Das ist in allen vier Fällen höchst wichtig.

Viertens: die Autonomien in einer Konföderation verbunden, d.h. Eigenstaatlichkeit mit einiger Autonomie für die Teile, aus denen sie besteht, wie das Entstehen der Vereinigten Staaten von Amerika zwischen 1776 und 1865. Auch das ist in allen vier Fällen sehr wichtig.

Fünftens: eine einheitliche Staatslösung wie die der zwei Deutschlands 1990 (die föderalen Aspekte verlaufen entlang anderer Linien). Wie beim vierten Schritt und vielleicht auch beim dritten werden die Staaten wahrscheinlich heftig widerstehen. Am wichtigsten für die Koreas; tatsächlich hat Präsident Kim Dae-Jung eine Drei-Stadien-Formel (3) – (4) – (5).

C: Zwei oder mehr Nationen – ein Staat/Territorium; das Staatsterritorium ist ein ‚Gefängnis der Nationen'. Fünf Ergebnisse werden angeboten; was annehmbar und dauerhaft ist, hängt von den Umständen ab: Sie können auch als fünf Stadien verstanden werden, diesmal spiegeln sie eher Staats-Desintegration als -Integration wieder:

Erstens: Eine Einheitsstaatslösung, d.h. alle irredentistischen (Anschluss abgetrennter Gebiete an das Mutterland anstrebenden), aufsässigen Nationen bekommen einen besonderen Bürgerstatus: Sie genießen Gleichheit bzw. Symmetrie, Menschenrechte und Toleranz.

Wenn das annehmbar bzw. dauerhaft ist, ist es so weit gut. Das machte aus Rhodesien Zimbabwe und war die Formel für Muslime in Indien, die einen symmetrischen Ansatz zur Lösung des Ayodhya-Konflikts forderten. [1990 stürmten militante Hindus die Moschee Babri Masjid und wollten diese durch einen Ramatempel ersetzen. Am 6. Dezember 1992 wurde die 1528 errichtete dreistöckige Moschee von Extremisten vollständig zerstört. Bei den darauf folgenden Ausschreitungen, die sich über ganz Indien ausbreiteten, wurden über 1 000 Menschen getötet.]

Zweitens: Autonomie innerhalb des Staates, ‚Souveränität', wurde den Palästinensern angeboten und kann in Hawaii für die Hawaiianer entstehen. Da sie asymmetrisch ist, ist sie vielleicht weder für kurze noch für lange Zeit brauchbar. Ruf nach Unabhängigkeit und möglicherweise Konföderation für Israel-Palästina, Föderation wäre zu eng.

Drittens: der Föderalstaat, auf territoriale Verbundenheit oder kulturelle Identität gegründet, territorial oder nicht-territorial mit gemeinsamer Finanz-, Außen- und Sicherheitspolitik wie die Schweiz. Die Formel hat den Vorzug der Symmetrie. Eine nicht-territoriale Version, die sich auf Clans gründet, ist für Somalia interessant. Dieses oder (4) könnte Beijings [Pekings] Problem der gestörten Beziehungen zu Taiwan, Hongkong, Tibet, Xinjiang und der Inneren Mongolei lösen. Ob es im Libanon funktionieren könnte?

Viertens: den Staat zu einer Konföderation machen mit *de facto* Unabhängigkeit für die konstituierenden Teile, die ihre eigene Finanz-, Außen- und Sicherheitspolitik haben. Für Indien möglich?

Fünftens: Sezession und Unabhängigkeit, ein neuer Staat (oder mehrere) werden sowohl *de facto* als auch *de jure* geboren. Unverzichtbar für Palästina und wahrscheinlich eine Lösung für ein bisher von den USA bzw. Japan herumkommandiertes Okinawa. [Von 1945 bis 1972 stand die Insel unter US-amerikanischer Kontrolle, dann wurde sie an Japan zurückgegeben. 1996 wurden nach heftigen japanischen Protesten sechs US-Truppenstützpunkte aufgelöst.]

Welche Alternative gewählt wird, hängt davon ab, wie viel Souveränität eine Nation ‚im Gefängnis' tatsächlich will. Um das herauszubekommen, kann man Fragen stellen wie: ‚Wollen Sie separate Briefmarken?', ‚Möchten Sie eine eigene olympische Mannschaft?', ‚Möchten Sie einen eigenen Sitz in den UN?', ‚Möchten Sie eine eigene Armee?' usw. Die klassische Unabhängigkeitvorstellung des 19. Jahrhunderts mit volltönendem Ja! als Antwort auf solche Fragen verschwindet. Andere Wünsche sind aufgetaucht; gerade das sollten Staatsmänner, Diplomaten und Journalisten wenigstens zur Kenntnis nehmen, auch wenn sie diese Wünsche nicht erfüllen können. Die Menschen sind jetzt vielleicht viel weniger dualistisch als die strenge ‚Gefängnis‘ bzw. Unabhängigkeits-Formulierung vermuten lässt, und doch behalten sie die Formulierung bei. Souveränität ist eine Frage des Ausmaßes dessen, was funktional ist.

Übrig bleiben Ekuador-Peru mit ihrem Konflikt über die *zona inejecutable*, das umstrittene Territorium in den Anden und Japan – Russland mit dem Konflikt über die Nordterritorien bzw. Südkurilen, das umstrittene Territorium jenseits von Hokkaido. Diese Fälle liegen etwas anders als die oben genannten. Es gibt sicherlich zwei Nationen (Ekuadorianer und Peruaner im ersten Fall, Japaner und Russen im zweiten), und es gibt ein Territorium, aber das beherbergt keine Bevölkerung ‚im Gefängnis‘ einer Mehrheit. Es ist nur schwer unter den Unabhängigkeitsbegriff zu bringen, wovon (1) bis (5) im Wesentlichen handeln. Deshalb wurde (6) für diesen Fall hinzugefügt: gemeinsamer Besitz, zwei-national, ein Kondominium mit geteilter bzw. gemeinsamer Souveränität, was auch in Nordirland und im Baskenland möglich wäre und in der entmilitarisierten Zone (DMZ) zwischen den Koreas. Das könnten Zonen des Friedens sein, in denen es eine Anzahl von unbedrohlichen kooperativen Einrichtungen wie Naturparks, gemeinsame Wirtschaftszonen, Campingplätze, Konfliktzentren u.ä. gibt, und die nach und nach Modellcharakter gewinnen könnten.

D: Zwei oder mehr Nationen – zwei oder mehr Staaten bzw. Territorien. Wir wenden uns jetzt der komplexesten und häufigsten Kombination zu, die für die heutige Welt typisch ist, einer Kombination aus B und C. Wir beschäftigen uns mit der schwierigen Kombination von Nationen und Staaten im Kaukasus mit seinen drei Staaten, in denen es 28 Nationen gibt, und vier Staaten, die von außen intervenieren. Wer denkt, Baskenland, Nordirland und Jugoslawien bzw. der Balkan seien schwer zu verstehen, der kennt den Kaukasus nicht. Die schwierigen Gebiete können sich in gebirgigen Gegenden befinden, was allerdings nicht immer der Fall ist. Im Kaukasus, den Pyrenäen, Jugoslawien, dem Himalaya und dem Hindukusch können sich Gruppen Jahrhunderte lang in einem Tal niedergelassen haben, ohne ‚entdeckt‘ zu werden und ohne dass von einem der Zentren in den Ebenen (Moskau, Paris bzw. Madrid, Belgrad bzw. Zagreb, Peking, England bzw. USA) ein (Herrschafts-) Anspruch erhoben wird. Für die Alpen sind die Schweiz und Österreich die Modelle.

Die allgemeine Formel kombiniert offensichtlich die Ansätze B und C. Die intellektuelle Aufgabe, umfassende und einsehbare Formeln zu finden, sollte nicht unterschätzt werden. Aber es gibt noch eine andere leitende Formel: einen Zusammenhang herstellen. Im Prinzip

sollten alle diese Probleme im Zusammenhang wachsender Regio-
nalisierung und Globalisierung, die sich auf Zusammenarbeit zwischen Staaten, Unternehmen und Zivilgesellschaften gründen, leichter zu bearbeiten sein.

Eine neue territoriale Grenze wird weniger dramatisch, wenn sie für
die genannten drei Formen der Zusammenarbeit durchlässig ist, was
sich auf mancherlei Weise zeigen kann. Wenn es irgendwo einen
Konflikt gibt, weil mehr als eine Nation dasselbe Territorium für sich
beansprucht, sollten IGOs, TNCs und NGOs so zusammengesetzt sein,
dass sie Mitarbeiter aus allen betroffenen Nationen umfassen, so dass
es eine Grenzen überschreitende Nähe gibt. Der Schutz durch Zusammenarbeit der Regierungen kann notwendig sein, ganz gleich
ob das nun in der Form eines assoziativen Systems, einer konföderalen Gemeinschaft, einer föderativen Union oder auch eines Einheitsstaates, in diesem Fall des regionalen Superstaates, geschieht.

Hier ist eine Liste von zwischen-staatlichen Zusammenhängen, die
entweder vorhanden sind, verstärkt oder geschaffen werden könnten (Organisationen, die noch zu schaffen sind, stehen in eckigen
Klammern):

Vereinte Nationen (UN, N = 189)
(nicht ausreichend, aber der einzige Zusammenhang)

- für Ost-West b, das NATO-Russland/China/Indien – AMPO, Dreieck
- für Europa; das katholisch/protestantische – orthodoxe – , muslimische Dreieck
- für die Christentum/Islam-, Christentum/'Heiden'-Formation

Organisation für Zusammenarbeit und Sicherheit in Europa
(OSCE, N = 55)

- für Ost-West a, das NATO-WTO/nicht Angegliederte/Neutrale
  Dreieck

Europäische Union (EU, N = 15)
- für Zypern mit beiden Teilen als Mitgliedern, mit Griechenland und
  der Türkei
- für Nordirland mit getrenntem Status als ‚Einheit'
- (und zusätzlich eine [Konföderation für die Britischen Inseln])
- für das Baskenland, dem ein getrennter Status als ‚Einheit' gegeben wird

Assoziation für regionale Zusammenarbeit in Südasien (SAARC, N = 7)
- für das dreigeteilte Kaschmir (Azad Kaschmir, Valley, Lammu-Ladakh)
- für das dreigeteilte Sri Lanka (Singhalesen, Tamilen, Muslime)

[Forum der Pazifischen Hemisphäre]
- für die Pazifischen Inseln, Australien/Neuseeland und Pacifc Rims'
- für Japan – Russland
- für Hawaii (mit dem souveränen Hawaii als möglichem Zentrum?)

[Organisation für Sicherheit und Zusammenarbeit im Nahen Osten]
- für den Golf a über die Beziehung des Iraks zu seinen Nachbarn
- für den Golf b über Überwachung des Irak
- für Kurdistan
- für Israel/Palästina

[Organisation für Sicherheit und Zusammenarbeit im Kaukasus]
- für den Kaukasus

[Zentralasiatische Assoziation für regionale Zusammenarbeit]
- für Afghanistan und seine Nachbarn

[Gemeinschaft der zentralafrikanischen Staaten] (Indischer Ozean bis zum Atlantik)
- für die Großen Seen

[Organisation für Sicherheit und Zusammenarbeit im Mittelmeer]
- für Gibraltar/Ceuta-Melilla
- für Israel/Palästina

[Organisation für Sicherheit und Zusammenarbeit in Asien/Pazifik]
- für die gesamte Region

Alle sind nützlich – und gefährlich, wenn sie Superstaaten werden.

3. Zusammenfassung. Viel Arbeit liegt vor uns

Neben den zwischenstaatlichen regionalen Organisationen, fünf davon gibt es modellhaft in der OSCE, gibt es einige neue Ideen, die untersucht werden müssen:

- nicht-territoriale (Kon-) Föderationen, funktionale Souveränität und
- Kondominium/gemeinsame Souveränität.

Nicht-Territorialität ist diejenige Antwort auf die Mobilität, die die Verbindung zwischen Kultur und Territorium ‚eines Volkes' abschwächt. Ein norwegischer Same wird als Same geführt. Er definiert sich nicht territorial durch seine Adresse, sondern durch territoriale emotionale Verbindung, durch Nation. In einem Land, in dem mehrere Nationen durcheinander leben, könnte für jede einzelne ein Parlament eingerichtet werden, dazu ein Superparlament für föderale Angelegenheiten. Das würde der Mischung die Explosivität nehmen, die umso brisanter und gefährlicher wird, je weniger die Nationen territorial getrennt sind (Jugoslawien, Ruanda).

Funktionale Souveränität schwächt die Dichotomie von Status quo/Unabhängigkeit, indem sie Teile von Souveränität einführt, d.h. Kontrolle. Der Ausgangspunkt wäre eine Liste von Funktionen, die man Ländern im Allgemeinen und Staaten im Besonderen zuschreibt. Man fragt Unabhängigkeits-Anhänger, was sie wirklich wollen, und Status-quo-Anhänger, was sie zugestehen wollen. In dem Prozess werden Grenzen abgesteckt, über die man verhandeln kann. Das Ergebnis wird nach X (wird ausgehandelt) Jahren überprüft.

Kondominium/gemeinsame Souveränität widerspricht der Idee, dass jedes Stück Land einem und nur einem Staat gehören müsse und dass res communis = res nullius sei, d.h. dass das, was allen gehöre, niemandem gehöre. Kondominium überträgt die Vorzüge einer modernen Ehe in die Geopolitik. Bisher wurde es nur in kolonialen Regionen gebraucht (den Neuen Hebriden, im Kamerun) und in der Antarktis. Die Idee bringt ein großes Potential zur Konfliktlösung mit sich, aber es führt auch zu Problemen über den Rechtsstatus der in dem Gebiet lebenden Menschen (ganz zu schweigen von dem der dort Geborenen).

Darum muss die Dialektik zwischen der nationalen Identität und der Staatsintegrität untersucht werden. Keine von beiden gilt absolut. Wenn ein Staat die individuellen Menschenrechte in zivil-politischer und ökonomisch-sozial-kultureller Hinsicht nicht erfüllt, verwirkt er damit seinen Anspruch an die Bürger, den Staat zu ehren, Steuern zu

180

zahlen und ihr Leben für den Staat einzusetzen. Das Recht auf Selbstbestimmung ist das Recht einer Nation, sich von einem solchen Staat zu trennen, und das Recht der Menschen, von ihresgleichen regiert zu werden. Anstelle von Unabhängigkeit können sie gemäß Artikel 28 der Universal Declaration (Universalen Erklärung) eine bedeutende Reorganisation fordern: Jeder hat das Recht auf eine soziale und internationale Ordnung, in der die Rechte und Freiheiten, die in dieser Erklärung genannt werden, völlig verwirklicht werden können.

Keine Nation kann dafür optieren, aus einem Staat heraus einen anderen zu errichten, und dann dasselbe Recht den Völkern verweigern, die sich nun unter seiner Kontrolle befinden. Es gibt Grenzen für die nationale Identität ebenso wie für die Staatsintegrität, unabhängig davon, in welchem Maß sich die Nation für ein auserwähltes Volk hält mit einer rühmlichen Vergangenheit, deren Fortsetzung die Zukunft als Kompensation für unaussprechliche zugefügte und erlittene Traumata bringen soll.

Staaten und Nationen sollten entmystifiziert werden. Aber ebenso Diskurse über Mehrheiten gegen Minderheiten (ein historisches Recht drückt sich nicht in Zahlen aus, es bleibt auch dann bestehen, wenn eine Mehrheit es ablehnt), über multikulturelle Gesellschaften (Kulturen als solche haben keinen territorialen Anspruch), über innere gegen äußere Unterdrückung (Unterdrückung ist Unterdrückung), Salzwasser-Kolonialismus (der Salzgehalt ist nicht materiell). Keine Nation sollte dazu gezwungen werden, zwischen dem Status quo und der völligen Unabhängigkeit zu wählen, nur weil keine Alternativen angeboten werden, und keine Nation sollte dazu gezwungen werden, zwischen Anpassung und Gewalt zu wählen, weil ihr Recht nicht anerkannt wird. Angemessene Konflikttransformation wird zu einem Recht und ist nicht nur eine Pflicht. Und sie wird zur Hauptaufgabe für die internationale Gemeinschaft.

Kapitel 1.6

Über Sicherheit hinaus: Neue Ansätze, neue Perspektiven, neue Akteure

Kai Frithjof Brand-Jacobsen mit Carl G. Jacobsen

Vorbereitung: Sicherheit verstehen

Die neuesten Ereignisse in Südosteuropa, Afghanistan, Kolumbien, Osttimor, Südafrika, New York, Washington und anderswo haben das Versagen der traditionellen Sicherheitsvorkehrungen und Sicherheitsgarantien deutlich gemacht. Die herkömmlichen Vorstellungen von Sicherheit, die sich auf die Sicherheit des ‚Staates' und die Freiheit von der Bedrohung durch und den Gebrauch von Gewalt konzentrieren, haben sich als ungeeignet erwiesen, auf die verschiedenen Herausforderungen zu reagieren, denen die Weltgemeinschaft beim Anbruch des einundzwanzigsten Jahrhunderts gegenüberstand.

Neue Sicherheitsfragen ergeben sich beständig aus der Umweltzerstörung, die sich aus der weit verbreiteten Überflutung, Abholzung und Abnahme der Ozonschicht ergibt, aus den Einschränkungen der Menschenrechte und der Freiheit von Einzelnen und Gemeinschaften, den Akten des individuellen und vom Staat finanzierten Terrorismus und der steigenden Anzahl innerstaatlicher Kriege. Allerdings unterscheiden sich die verschiedenen Ansätze und Perspektiven darin, was gegenwärtig als ‚Sicherheits'-Frage betrachtet wird. Nicht zu leugnen ist, dass die Sicherheitsvorstellung, die während der Zeit des Kalten Krieges und davor herrschte, für die heutige Welt nicht mehr ausreicht. Zwar sind noch viele der Faktoren, die während der 57 Jahre seit dem Ende des Zweiten Weltkriegs wichtig waren, bedeutsam geblieben, aber eine Zahl weiterer Fragen ist aufgetaucht, die jetzt unsere Aufmerksamkeit fordern. Sicherheitskonzepte (und die Instrumente, die dazu geschaffen wurden, Sicherheit zu 'garantieren') können nur dann erfolgreich sein, wenn sie in der Lage sind, auf die Herausforderungen zu reagieren, die durch die steigende Zahl von Ereignissen entstehen, die nicht nur die Sicherheit des Staates, sondern auch die der Gemeinschaften, der Einzelnen und der Umwelt beeinträchtigen. Das Hinzufügen einiger Konzepte und Ansätze (sie haben zum Teil eine lange Geschichte) ist notwendig, um das Verständnis des Sicherheitsbegriffs zu erweitern: Gruppensicherheit, menschliche Sicherheit, Umwelt-Sicherheit und Sicherheit vor Angst und Mangel. Hervorzuheben ist, dass die vielfältigen und verschiedenen Auffassungen von ‚Sicherheit' weder einander ausschließen noch einander widersprechen müssen. Vielleicht war einer der Fehler beim Umgang mit Sicherheit in der Vergangenheit der Versuch, die Welt in Begriffe von ‚entweder – oder', Sicherheit oder Unsicherheit, stark oder schwach, ‚gut' oder ‚böse' zu fassen.

Eine der Aufgaben bei dem Bestreben, unser Sicherheitsverständnis neu zu definieren und den Herausforderungen, denen die Welt heute ausgesetzt ist, zu begegnen, ist es, das Konzept von ‚entweder-oder' in Richtung auf ein Verständnis zu überschreiten, das sich auf ‚sowohl – als auch' gründet. Außerdem muss man anerkennen, dass eine Sicherheit für einen selbst, die die Sicherheit von anderen ausschließt, oft Unsicherheit bewirkt. In den letzten Jahren wurde immer deutlicher erkannt, dass die Aufgabe, Sicherheit zu schaffen, nicht mehr auf das rein Militärische begrenzt werden kann, wie das oft in der Vergangenheit geschah, sondern dass sie auch auf wirtschaftliche, politische, soziale, kulturelle und ökologische Faktoren ausgedehnt werden muss.

Der Bedarf an neuem Denken und neuen Ansätzen für ein Sicherheitskonzept und für eine Entwicklung kreativer und brauchbarer Alternativen, die in der Lage sind, die Sicherheitsbedürfnisse einer großen Vielfalt von Akteuren zu befriedigen, steht jetzt im Mittelpunkt. Wenn die Weltgemeinschaft ebenso wie Gruppen, Staaten und Einzelne nicht lernen, im Umgang mit Sicherheitsbelangen neue Wege zu gehen und die den traditionellen Konzeptionen von Sicherheit und zwischen- und innerstaatlichen Beziehungen innewohnenden Begrenztheiten zu überschreiten, dann werden die Tragödien, die sich kürzlich in New York, Washington, Afghanistan, Jugoslawien (Kosovo/a), Osttimor und Ruanda abspielten, nicht die letzten gewesen sein. Wenn wir die Ziele der Gründer der Vereinten Nationen und das hochgesteckte Ziel, ‚künftige Generationen vor der Geißel des Krieges zu bewahren', verwirklichen wollen, müssen wir neue Ressourcen, neue Ansätze, neue Verpflichtungen und neue Strategien zum Umgang mit der steigenden Zahl der Herausforderungen in der Welt finden. Gleichzeitig müssen wir erkennen, dass, wie dieses Buch gezeigt hat, es nicht nur die ‚Geißel' des Krieges gibt, sondern auch noch andere Geißeln wie die der direkten, strukturellen und kulturellen Gewalt, die die Sicherheit auf verschiedenen Ebene bedrohen.

Sicherheit: ein sich veränderndes Phänomen – neue Akteure, neue Perspektiven

Neben den veränderten Herausforderungen für Sicherheitsvorkehrungen müssen die Rollen und das Potential einer Reihe verschiedener Akteure, die auf diese Herausforderungen reagieren, aufgesucht und anerkannt werden. Dabei sind drei Fragen zu stellen:

1. Sicherheit vor wem oder was?
2. Sicherheit durch wen oder was?
3. Sicherheit für wen oder was?

Je nach Stellung in einer Gesellschaft und in der Welt und je nach der Auffassung von Sicherheit, die man vertritt, sind verschiedene Antworten möglich. Sicherlich unterscheiden sich die Auffassungen von ‚Sicherheit', die ein an Malaria sterbendes Kind, eine allein stehende Mutter, die für ihre Familie sorgt, ein Wall-Street-Banker und ein örtlicher Bandenführer oder Kriegsherr haben, sehr stark voneinander. Wenn man die Weltanschauung vertritt, der ‚Staat' und zwischenstaatliche Beziehungen wären die herrschenden oder gar einzigen Faktoren, die Sicherheit und Welt definieren, dann heißt das, dass man einer einzigen Perspektive unter Vernachlässigung aller anderen anhängt. Hier ein Beispiel: Oft wird der Begriff ‚Entwicklung' als eine Bewegung in Richtung auf eine ‚westliche', auf kapitalistischen Markt und Verbrauch gegründete Wirtschaft verstanden, wobei man die Zehntausende alternativer Formen menschlicher Gemeinschaften, die eine andere oder eventuell gar keine Vorstellung von ‚Entwicklung' haben, vernachlässigt oder ganz und gar ignoriert.[44] Darum muss man auch anerkennen, dass es viele verschiedene Vorstellungen von Sicherheit und Entwicklung gibt. Die Vorstellungen können von Person zu Person und von einer Zeit zur anderen wechseln. Das Aufdrängen von Sichtweisen kann Konflikte provozieren und erzeugen. Ebenso kann das Aufzwingen von Kulturidealen und ‚Sicherheits-' und ‚Entwicklungs'-Standards Konflikt befördern und die Sicherheit auf globaler Ebene bedrohen. Internationale Beziehungs- und Sicherheits-Studien an Universitäten und Institutionen in der ganzen Welt haben sich in den letzten 50 Jahren auf die Bedrohung und die Anwendung physischer Gewalt in Form von Aggressionen oder Aggressions-Androhungen durch einen (oder mehrere) Staat(en) gegen einen (oder mehrere) andere(n) konzentriert. Dabei übersah man andere Formen von Gewalt und Sicherheitsbedrohung, wie z.B. die durch strukturelle Gewalt, die darin liegt, dass große Teile der Weltbevölkerung durch ökonomische und soziale Strukturen, die auf Ungleichheit und Ausbeutung gründen, und durch Gewaltkulturen, die Gewalt als ‚annehmbares' Mittel, auf Konflikte zu reagieren, legitimieren und verstärken, daran gehindert werden, ihre Potentiale zu entwickeln. Aus dieser Perspektive können viele der ‚Sicherheits'-Institutionen, die es in der Vergangenheit gab und von denen auch heute noch einige bestehen wie die NATO und der Warschauer Pakt als direkte Bedrohungen für die Sicherheit angesehen werden. Indem sie die Welt in einander entgegen gesetzte ‚Blöcke' teilten und damit die Konfrontation von schwarz und weiß, gut und böse, gewinnen und verlieren und das Null-Summen-Spiel-Denken förderten und ihre Gesellschaften, und damit die Welt, bis zu einem Punkt militarisierten, wo gegenseitige Auslöschung eine nur zu reale Möglichkeit wurde, dienten sie im Gegensatz zu ihrer eigenen Selbstrechtfertigung, die darin bestand, dass sie die Sicherheit vergrößern würden, in Wirklichkeit dazu, die Unsicherheit zu fördern. Entsprechend sind Staaten, die vor allem in ihr Militär und die Militarisierung ihrer Gesellschaften auf Kosten der Ausgaben für Soziales, Gesundheit und Erziehung investieren, als Bedrohungen der Sicherheit ihrer Bevölkerung anzusehen.

Eine der größten Bedrohungen der Sicherheit heute ist vielleicht, dass die Denkweise und Mentalität, die während des 45 Jahre andauernden Kampfes der ‚Supermächte' die Welt beherrschten, weiterhin herrschen, obwohl die Sowjetunion schon lange implodiert und der Kalte Krieg zusammengebrochen ist.

Wie die Erfahrungen des NATO-Krieges gegen Jugoslawien und die Ereignisse in den 50 ihm vorangegangenen Jahren zeigen, können Versuche, Konflikt-‚Lösungen' und ‚Sicherheit' durch von Militärmacht gestütztes Diktat zu erzwingen, die Konfliktdynamik verstärken und sogar Gewaltanwendungen im großen Maßstab in Gang setzen, indem sie Samen für weitere Gewalt in der Zukunft säen.

Auch die Sicherheits-Industrie kann auf mancherlei Weise wesentlich zur Unsicherheit beitragen. Sicherheit wurde allein als Militärangelegenheit angesehen; sie gründete sich auf die Beziehungen von ‚Macht' und der Fähigkeit, andere zum Erreichen von Zielen zu zwingen oder ihnen die Fähigkeit, andere zu zwingen, zu nehmen. Deshalb konnten Strategen und Planer lange Zeit ihr Streben nach Aufrüstung, intelligenten Bomben, militärischen Allianzen und der Kontrolle durch Eliten über die Entscheidungsträger ganzer Länder und Nationen rechtfertigen.

Wenn etwas als ‚Sicherheits'-Frage definiert wird, bedeutet das, dass es sich um eine Frage handelt, die außergewöhnliche Aufmerksamkeit und Maßnahmen und den Erfahrungsschatz und das Wissen von ,Spezialisten' beansprucht. Dabei wird oft die Tatsache vernachlässigt, dass es sich bei diesen Spezialisten um Menschen handelt, die durch ihre Entscheidungen die Unsicherheit vergrößerten und Länder und ganze Kontinente an den Rand des Krieges brachten. Wenn man Eliten dazu ermächtigt, den Rahmen dessen zu bestimmen, was eine ,Sicherheitsfrage' ist, und dann die dementsprechenden ,notwendigen' Schritte zu unternehmen, bedeutet das, dass man die Entmachtung der Bevölkerung betreibt, was ein undemokratischer und autoritärer Prozess ist.

Außerdem kann man durch die Förderung von Sicherheit auf der einen Ebene die Unsicherheit auf einer anderen fördern. Wenn eins von zwei Ländern seine ,Verteidigungs'-Fähigkeit steigert, so kann das das andere dazu veranlassen, sich bedroht zu fühlen und zu glauben, dass auch es seine ,Verteidigungs'-Anstrengungen vergrößern müsse. Damit ist ein Wettrüsten in Gang gesetzt und eine wachsende Spirale der Unsicherheit, weil die eigene Sicherheit gefördert werden soll, ohne dass man dem Sicherheitsbedürfnis der anderen Seite Rechnung trägt. Auf diese Weise entstehen Konflikt und Unsicherheit zwischen den beiden. Genau das ist zwischen den ,Super'-Mächten geschehen und geschieht heute in der Rivalität und Konfrontation zwischen Indien und Pakistan, in Israel-Palästina und vielen anderen Beziehungen zwischen Kontrahenten. Ein Arbeiter in einer Waffenfabrik, dem die Entlassung droht, weil die Militärausgaben reduziert werden, befindet sich persönlich in großer Unsicherheit, während die Sicherheit seines Landes im ganzen steigt, wenn das eingesparte Geld für Soziales, Gesundheit und Erziehung ausgegeben werden kann.

Ein extremeres Beispiel für die Sicherheit der einen auf Kosten der ,Sicherheit' der anderen findet sich in Gesellschaften, in denen Minderheitenprobleme oder Konflikte mit Nachbarländern und –Völkern durch die Vernichtung und Ausrottung der anderen ,gelöst' werden. Das stellt den mörderischen Versuch dar, die letzte ,Sicherheit' zu erreichen, indem man die Möglichkeit der Bedrohung durch den (vermeintlichen) Gegner ein für allemal beseitigt.

Ein ähnlicher Prozess ist bei der Ausbreitung des ,freien' Marktes und seinen Versuchen zu beobachten, Länder für Investitionen ,sicher' zu machen. Die Kehrseite dieser Sicherheit ist die wachsende Entfremdung und Verarmung großer Teile der Bevölkerung zusammen mit dem Mord an der Kultur, d.h. dem Eliminieren der Unterschiede, so dass die Welt in einen Ort von homogenem Warenaustausch verwandelt wird.

Die Natur wird als Bedrohung, Ressource und Ausguss wahrgenommen, eine Grenze, die ständig erobert und zurückverlegt werden muss, eine Materialquelle, die die Expansion der industriellen Gesellschaft nährt und eine Müllhalde für unseren Abfall. Unsere Fähigkeit, die Natur zu beherrschen, aus den Ressourcen, die wir zum Überleben brauchen, alles herauszupressen, und unsere Art und Weise der ökonomischen Produktion - die in allen Gesellschaften, kommunistischen wie kapitalistischen, die auf ökonomischen Prozessen basieren, die auf die Industrialisierung und die immer steigende und expandierende Menge von Produktion und Verbrauch gegründet sind - wurden zum Mittelpunkt der Beziehung des Menschen, bzw. der Menschheit, zur Welt der Natur.

In diesen Zusammenhang gehört auch, dass einheimische Völker und Kulturen schon immer als ,rückständig' und ,wild' eingestuft wurden, so dass sie durch Kolonialisierung ,gezähmt' und ,zivilisiert' werden mussten. Durch die Einstufung von Völkern und Kulturen als ,Wilde' rechtfertigten die späteren Kolonialherren ihre Anschläge, die Kontrolle über ein Gebiet zu übernehmen, indem sie die dort lebenden ,Eingeborenen' und ihre Umwelt dazu zwangen, der Zivilisationspeitsche des weißen Mannes zu gehorchen. Das Ziel der Kolonialisierung war nicht nur, Territorien zu erobern, sondern Völker und Natur. Das, was ,wild' und ,ungezähmt' war, wurde durch Eisenbahnen (Herrschaft über die Natur) und Gerichte, Gefängnisse und Schulen (Herrschaft über Geist und Körper der Regierten) unterworfen.

Durch die Ausbeutung – eine extreme Bedrohung der Sicherheit - der Kolonie wurde die Sicherheit des Mutterlandes garantiert. Als sich der Kolonialismus weiterentwickelte, erkannte man, dass die Verinnerlichung der Sklavenketten durch Erziehung und Indoktrination der Kolonialisierten zum bzw. mit dem Denken und der Lebensweise des ,zivilisierten' ,christlichen' Europa und Nordamerika effektiver war, um Stabilität und Dauer der kolonialen Herrschaft zu garantieren. Diese Indoktrination gelang, so dass auch nach der formellen Unabhängigkeit viele kolonialisierte Länder ihre früheren Kolonialherren um Hilfe baten, damit sie ihnen auf dem Weg der Entwicklung folgen könnten, den ihnen ihre Kolonisatoren gewiesen hatten.

Die gesamte Geschichte der Kolonisation, die sich in mancherlei Hinsicht bis in unsere Tage hinein fortsetzt, kann weitgehend als ein Prozess gesehen werden, der die Ressourcen und später die Märkte sichern sollte, die für das Wachstum des Kapitalismus in den westeuropäischen Ländern und Nordamerika notwendig waren. Die Tatsache, dass dieser Prozess nicht ohne die Legalität des Kolonialismus hätte stattfinden können, ist einer der Schlüsselfaktoren für das Zu-

187

rückhalten einer ‚schnellen Entwicklung' vieler ehemals kolonialisierter Länder.

Die Beziehung des ‚westlichen' Mannes (‚Mann', weil industrialisierte Gesellschaften damals und heute meist von Männern dominiert wurden) zur Natur entspricht seiner Beziehung zu den Kolonien. Die Natur war dazu da, kolonialisiert, d.h. in Rohmaterial und Erzeugnisse umgeformt zu werden, um die ständige Verbesserung des Lebensstandards derer zu sichern, die in der Lage waren, die Natur zu ‚kontrollieren'.

Erst in den 70er und 80er Jahren wurden die Sorge um die Umwelt und unsere Beziehung zu ihr zu einem Hauptthema, denn nach fast 300 Jahren Ausbeutung tauchte zum ersten Mal die Erkenntnis auf, dass die Umweltzerstörung die Sicherheit der Lebensweise in den industrialisierten Ländern bedrohte. Von da an (mit einem Kulminationspunkt im Brundtland-Report) wurde Sicherheit in Hinsicht auf die Umwelt als die Aufgabe eines Managements angesehen, das die Abnahme der natürlichen Ressourcen und die Umweltschäden durch industriellen Abfall so weit kontrollieren sollte, dass der Lebensstil und die Produktionsweise der industrialisierten Gesellschaften nicht geschädigt würden. (Nicht industrialisierte oder sich noch industrialisierende Gesellschaften müssten sich damit zufrieden geben, auf dem Stand der Industrialisierung zu bleiben, den sie erreichen können, ohne zu einer Bedrohung der Herrschaft und Lebensweise des ‚Westens' zu werden.) Sicherheit wurde also zur Sicherheit *für* die Produktionsweise der Industrialisierung *vor* der Bedrohung durch die natürlichen Begrenzungen und die Umweltzerstörung. Die Umwelt wird also nicht als Wert an sich gesehen, sondern vom homozentrischen Standpunkt aus als etwas, das dem Menschen zu dienen hat.

Dagegen gründet sich die Weltsicht einheimischer Völker in Nord- und Süd-Amerika und in vielen anderen Teilen der Welt auf die gegenseitigen Beziehungen zwischen Mensch und Natur; der Mensch wird als ein interagierender Teil einer Gesamtbeziehung zwischen allen Teilen gesehen. Dieser Weltsicht ist die homozentrische Weltsicht der ‚westlichen Welt' entgegengesetzt. Diese wurde von den Befürwortern der ‚Umweltsicherheit' übernommen: Für sie ist die Natur weiterhin dazu da, vom Menschen ausgebeutet zu werden, wobei aber die Ausbeutung so gehandhabt werden muss, dass ihre nachhaltige Betreibung sichergestellt ist.

Wir fassen Sicherheit als ein Ganzes auf, gleichermaßen im Hinblick auf Natur und Umwelt wie auf soziale, politische, kulturelle, ökonomische und andere Aspekte. Für viele der einheimischen Völker von Nord- und Süd-Amerika entsprang Sicherheit daraus, dass sie mit der natürlichen Welt in Harmonie lebten. Ihre Sicherheit gründete sich auf die Achtung vor der Welt, die sie umgab, und die Anerkennung der Wichtigkeit und Heiligkeit alles Belebten und Unbelebten. Menschen waren Wesen unter anderen; sie waren nur insofern etwas Besonderes, als sie sich selbst als Bewahrer ansahen, deren Rolle es war, das Gleichgewicht der Natur zu sichern und vor Störungen zu schützen.

Sicherheit wird von militärischen und strategischen Planern und in Instituten und Universitäten in aller Welt im ‚traditionellen' Sinn als Sicherheit *gegen* oder Sicherheit *vor* aufgefasst. Unsere Beziehung zu anderen wird nicht als eine der Harmonie, sondern der Konfrontation gesehen im Sinne der Auffassung von Hobbes, der die Welt als Ort des *bellum omnium ad omnes*, des Krieges aller gegen alle, beschrieb. Sicherheit wird dadurch garantiert, dass man sich selbst sichert, oft genug durch die Schmälerung der Sicherheit anderer. Die UN-Palme-Kommission und Gorbatschow unternahmen wichtige Schritte hinsichtlich der Überwindung dieser Auffassung von Sicherheit, die Palme-Kommission, indem sie Konzepte wie gegenseitige und gemeinsame Sicherheit aufgriff, und Gorbatschow, indem er eine Politik einseitiger Abrüstung und Truppenreduzierung betrieb. Dennoch ist der Weg von der egoistischen Sicherheitsauffassung zu einem ganzheitlichen Ansatz noch sehr weit.

Sicherheit wird allgemein immer noch als Zustand gesehen, in dem man vor der Bedrohung durch andere - andere Staaten, Völker, Kulturen, Gesellschaften, die Natur usw. – geschützt ist. Der Versuch, über die Bedrohungen *hinauszugehen*, sie *zu transzendieren*, indem man die ihnen zugrunde liegenden Strukturen und Gründe zur Sprache bringt, bleibt praktisch immer noch unbeachtet.

Einer der Gründe dafür ist, dass Sicherheit selbst und die Weltsicht, die sie billigt, überschritten werden müssen, damit eine wirkliche ‚Sicherheit' entstehen kann. Vielleicht ist hier jedoch ‚Sicherheit' nicht mehr der richtige Begriff, denn der wird meist als Sicherheit *über* und *gegen* etwas oder jemanden aufgefasst und nicht als für jemanden und zusammen mit jemandem oder etwas. Obwohl der Begriff ‚gegenseitige und gemeinsame Sicherheit' den alten Sicherheitsbegriff zu überschreiten scheint, bleibt er doch innerhalb der dominierenden Strukturen und Rahmen des Sicherheits-Paradigmas und der Weltsicht, auf denen er beruht, und verstärkt sie.

Eben diese Strukturen und Rahmen müssen hinterfragt werden, damit man das Sicherheitskonzept überschreiten und vorhandene Alternativen erkennen kann, die konstruktiver und fruchtbarer sein können. Dazu gehören der Begriff ‚Zusammenarbeit', die Vorstellung von

‚Frieden mit friedlichen Mitteln' und die positive Transformation der zugrunde liegenden Strukturen und Gründe, die ‚Unsicherheit' und ‚Bedrohung' bewirken.

An dieser Stelle wird es notwendig, den Begriff ‚Bedrohung' durch den Begriff ‚Herausforderung' zu ersetzen, nicht als Herausforderung im Sinne von Angriff, sondern als Herausforderung im Sinne von Aufgabe für unsere Vorstellungskraft und unsere Kreativität, neue Ansätze und Ideen zu schaffen, die sich oft dann einstellen, wenn wir mit Situationen konfrontiert werden, die konfliktträchtig sind und unüberwindlich zu sein scheinen. Jean Jaques Rousseau sagte: ‚Kriege entstehen, weil es nichts gibt, was sie verhindert.' Demgemäß entstehen ‚Sicherheitsbedrohungen' dadurch, dass uns Kreativität und Vorstellungskraft, Alternativen zu ersinnen, fehlen, ebenso wie uns Verständnis und Weisheit fehlen, um die dem Konflikt zugrunde liegenden Strukturen mit Hilfe von kreativen und konstruktiven Prozessen zu transformieren.

Während der Begriff Sicherheit das Konzept ‚Konflikt als Zerstörer' voraussetzt und mit der Absicht, vor den negative Ergebnissen des Konflikts zu schützen, noch größere Zerstörung anrichtet, gründet sich Zusammenarbeit und friedliche Konflikttransformation auf das Konzept ‚Konflikt als Schöpfer'. Damit werden die positiven und konstruktiven Möglichkeiten erkannt, die Konflikte dazu befähigen, den existierenden Status quo zu überschreiten und in Richtung auf die Erfüllung der Bedürfnisse und Interessen aller Parteien über einen ‚Kompromiss' hinauszugehen. Kompromiss ist das Herz der Theorie von Entspannung und gegenseitiger Sicherheit, während die Erfüllung der Bedürfnisse und Interessen aller Parteien von einigen Praktikern und Theoretikern als die TRANSCEND-Methode beschrieben wird.

Staatszentrierte internationale Beziehungsansätze akzeptieren und verstärken die Herrschaft von Eliten und ihre Kontrolle über Informations- und Entscheidungsmächte. Dagegen folgt die breitere Konzeption, die Zusammenarbeit als Garantin von ‚Sicherheit' für (und nicht gegen) alle Menschen und die Umwelt (belebte und unbelebte) anerkennt, einer horizontalen oder netzartigen und ganzheitlichen Konzeption von Gesellschaft.

Herrschaft über und gegen würde durch Zusammenarbeit für und mit ersetzt.

Der Staat ist nur *ein* Modell menschlicher Gemeinschaft unter anderen und darf nicht allen Völkern als einzige und natürliche Struktur aufgedrängt werden. Das heißt nicht, dass er keine Rolle mehr spielte, aber dass Art und Stellung eines Staates zu hinterfragen sind, damit auch andere Formen menschlicher Gemeinschaft anerkannt werden können. Das erfordert Kreativität und Vorstellungskraft und die Fähigkeit, die herkömmlichen Konzeptionen von Gesellschaft und Sicherheit, die vom Staats zentrierten Modell inspiriert sind, zu überschreiten.

Dazu gehört auch, gegen den neuen Trend in Westeuropa und Nordamerika anzugehen, alles, was nicht Teil von Regierung ist, als ‚Nicht-Regierungs-' zu bezeichnen. Wäre es nicht besser, Organisationen von Bürgern und Völkern außerhalb der Staatsstruktur als Menschenorganisationen zu bezeichnen, wobei man gleichzeitig die Staaten zu Nicht-Menschen-Organisationen erklärte? Diese Gedanken sind nicht ‚radikal' gemeint, sondern betonen die Notwendigkeit, unser Verständnis von Begriffen wie ‚Staat', ‚Sicherheit', ‚Umwelt' und ‚Entwicklung' einer Vielfalt von Sichtweisen zu öffnen, anstatt dass wir uns auf den herrschenden Diskurs und die von ihm gestärkten Gedankengebäude und Muster beschränken. Wenn man allerdings das Wort ‚radikal' in seiner ursprünglichen Bedeutung ‚zu den Wurzeln gehen' versteht, dann bezeichnet es genau das, was wir tun müssen.

Ebenso wie es für Gorbatschow notwendig war, sich von der Logik, oder besser Psycho-Logik des Kalten Krieges zu befreien, um wenigstens ein Minimum an Sicherheit herzustellen, die von allen Konfliktparteien angestrebt wurde, so ist es notwendig, über das Sicherheitskonzept hinauszugehen, um die Begrenzungen durch Kompromiss und Antagonismus zu überschreiten und sich auf die Möglichkeiten einer ganzheitlichen und transformativen Zusammenarbeit und Kreativität zuzubewegen.

Kapitel 1.7

Das Kunstwerk Frieden herstellen: Über die Psychologie des TRANSCEND-Ansatzes

Johan Galtung und Finn Tschudi

Einführung: Einige Grundannahmen

Konflikte sind allgegenwärtig, Gewalt nicht. Daraus ergibt sich die große Frage: Wie können wir uns Konflikten auf gewaltfreie Weise nähern? Hier ist ein Gedankenverlauf, ein Ideen-Pfad, der Vorschlag einer Antwort:

1. In Konflikten geht es um *miteinander unvereinbare Ziele* - die vielleicht gar nicht so unvereinbar sind - innerhalb einer Akteurin (Dilemma), zwischen Akteuren (Disput) oder (für gewöhnlich) beides. Andere Ausdrücke für Konflikt sind: Widerspruch, Zusammenstoß, Problem, Zankapfel.

2. Konflikt erscheint den Parteien als Blockierung: Etwas steht ihnen beim Erreichen ihres Ziels im Weg: ihre übrigen Ziele und/oder die Ziele anderer Parteien. Ein weiterer Ausdruck dafür ist ‚Spannung'.

3. Blockierung des Ziels, das man erreichen will, wird auch Frustration genannt, aber auf Frustrationen kann man außer mit Aggressionen[45] auch anders reagieren:
   A: Mit kognitiven und emotionalen Annahmen/Einstellungen, die von glühendem Hass auf sich selbst oder die andere bis zur Leugnung reichen und vom inneren Kochen bis zum innerlichen Gefrieren.
   B: Mit physischem oder verbalem Verhalten, das von absichtlichen Bemühungen, sich selbst oder die andere zu verletzen und sich oder ihm zu schaden über Abwarten und konstruktive Versuche, die Blockierung zu überwinden, bis zum Rückzug reicht, vom äußerlichen Kochen bis zum äußerlichen Gefrieren.

4. Was tatsächlich geschieht, hängt von den persönlichen, strukturellen und kulturellen Parametern ab: Vielleicht handelt es sich um jemanden mit einem geordneten Konfliktrepertoire. Oder es geht um jemanden, der denkt, eine andere Akteurin blockiere das Ziel, und sie brauche eine Gelegenheit dazu, ihre Aggression durchzusetzen. (Ob das möglich ist, hängt von der relativen Macht in der

Struktur ab.) Oder es herrscht blinde Aggression und die Kultur schreibt Selbstbehauptung vor oder verbietet sie.

5. Die inneren und äußerlichen Reaktionen haben nicht notwendig dieselbe Temperatur (kaltblütiger Mörder, der innerlich kocht).

6. Wir fügen hinzu:
C. Widerspruch, die Grundunvereinbarkeit von Zielen und das Eintreten in das *Konfliktdreieck*: **A**nnahmen/Einstellungen, Verhalten (**b**ehavior) und Widerspruch (**c**ontradiction). Die Kausalflüsse können überall entspringen, meist tun sie das in C, Widerspruch.

7. Konflikt-Annahmen/Einstellungen und -Verhalten werden auf andere projiziert, mit denen es nur kleine oder gar keine Unvereinbarkeiten der Ziele gibt. Aber wenn wir genauer hinsehen, werden wir irgendwo anders blockierte Ziele finden.

8. Ein nicht aufgelöster Widerspruch führt zu einer Ansammlung negativer Energien in A und B: Die Gewalt (bei kollektiven Akteuren ‚Krieg') wird von echtem Hass unterhalten; er führt zur gegenseitigen Isolierung, die von Teilnahmslosigkeit aufrechterhalten wird, er führt zum Selbsthass von Nationen, die ein großes Trauma erlitten haben, zu dem auch Niederlagen gehören: bei Juden, Deutschen, Japanern nach dem Zweiten Weltkrieg (Serben? Irakern?).

9. Vom Grundkonflikt (C) breitet sich der Konflikt nach A und B aus; es ist eine Reaktion von Menschen, deren Bedürfnisse durch Hass und Gewalt beleidigt werden. Die Parteien und die Medien konzentrieren sich nun auf die *Meta-Konflikte*, die sich um das Gehasst- und/oder Verletzt- und Geschädigtwerden aufbauen, weil diese Konflikte viel dramatischer und mediengerechter sind. Dylan Scudder berichtet in einer nicht veröffentlichten Magisterarbeit, dass die *International Herald Tribune* im Juli 1998 ganze 44 Berichte über Gewalt im Kosovo und nur zwei über mögliche Lösungen brachte. Das passt zu der Tendenz, den Konflikt zu psychologisieren, indem man sich auf A, Erkenntnisse und Emotionen der Akteure, und nicht auf C[46] konzentriert.

10. Die Konzentration auf Gewalt bzw. ‚Schwierigkeiten' wird oft von der Unfähigkeit begleitet, etwas zu erkunden, ganz zu schweigen davon, dass die Grundprobleme durch Tabus verschleiert werden. Bemühungen, die Tabus zu brechen, werden sehr übel genommen. Der zugelassene Diskurs bietet keine Möglichkeit, das Problem im Dialog zu lösen (*dia*= durch, *logos*= Wort). Gewalt mit ihrer einfachen Gewinner-Verlierer-Logik wird durch die Konzentration auf Gewalt befördert.

11. Eine Grundannahme ist, dass *Menschen besser dazu in der Lage sind, über ein Grundproblem zu sprechen, wenn sie denken, dass*

es eine Lösung dafür gibt. Ein Lichtschimmer am Ende des Tunnels macht es beträchtlich leichter zuzugeben, dass wir uns in einem Tunnel befinden. Wenn es kein Licht gibt, dann erwähnt man den Tunnel besser nicht, die Wahrheit wäre unerträglich. Die nur allzumenschliche Erfahrung, dass am Ende des Tunnels ein anderer Tunnel liegt, macht diese Wahrheit leichter erträglich, wenn es wenigstens einige Lichtstrahlen gibt.

12. Die zweite Grundannahme ist, dass, wenn wir eine Perspektive auf eine *Transformierung des Grundkonflikts bekommen, die Öffnung nach C negative Energien nach A und B abgeben kann und damit die innere und äußere Beziehung normalisiert wird.*

13. Wir treten dafür ein, dass der Grundkonflikt, der Widerspruch, die Unvereinbarkeit selbst, wieder Vorrang bekommt. Verletzte Egos zu beruhigen und sie nicht-aggressives Verhalten zu lehren ist gut, aber schwierig. Man muss sich Grundproblemen nähern, denn sie liegen in tiefen Emotionen, deren grundlegende der Hass auf die anderen dafür ist, dass sie ‚das Richtige nicht erkennen', d.h. dass sie nicht nachgeben, sondern gewalttätig sind.

14. Drei häufige Grundfehler in der Konfliktpraxis folgen aus dem Versäumnis, das gesamte Dreieck in Betracht zu ziehen:

Der **A-Fehler**, der liberale Irrtum, dass man sich nur auf Annahmen/Einstellungen konzentriert und folglich die Menschen liebevoller (religiös) machen will und bewusster für ihre eigene Belastung (psychologisch). Kein Widerspruch wird aufgelöst.

Der **B-Fehler**, der konservative Irrtum. Man will das Verhalten ändern und deckelt damit nur die Aggressionen. Die Blockierung verschwindet nicht.

Der **C-Fehler**, der marxistische Irrtum, der sich nur auf den Widerspruch zwischen Arbeit und Kapital konzentriert und die Kosten für Geist und Körper nicht beachtet. Wir wissen, was sich ereignete: Die negativen Energien in A und B holten die sowjetischen Leistungen ein und zerstörten sie.

Die TRANSCEND-Dialog-Methode zur Konflikttransformation

Die Methode[47] basiert darauf, dass sich ausgebildete Konfliktarbeiter mit den Konfliktparteien einzeln, nicht zusammen, treffen. Das für diese Art von Gesprächen typische Setting ist eins zu eins. Eine Erfahrung[48] ist, dass Konfliktparteien auf hohem Niveau gewöhnlich intelligent und charmant sind, sich gut ausdrücken und gute Führungsqualitäten haben. Man braucht nicht daran zu zweifeln, dass sie glauben, was sie sagen, sie posieren nicht, jedenfalls nicht, wenn

194

in einem ruhigen Dialog ihre Verteidigungsmechanismen beseitigt wurden. Sie sehnen sich auch nicht unbedingt danach, ohne Rücksicht auf die Situation Gewalt auszuüben. Bereitwilligkeit ist etwas anderes. Sie sind mit Ihren Positionen verheiratet, aber sie sind nicht unbedingt unflexibel, ein Charakteristikum, das sie gerne anderen zuschreiben. Sie sollten weder pathologisiert noch kriminalisiert werden. Sie sind nicht kranker oder krimineller als die meisten anderen.

Der grundlegende Punkt ist, dass sie keinen Ausweg sehen, sie sind blockiert, in Knoten verstrickt, die sie meist selbst geknüpft haben. Sie sind oft irritierbar, unflexibel und so geheimnistuerisch, dass es ans Unartikulierte grenzt. Die TRANSCEND-Methode, die auf Dialogen mit allen Konfliktparteien einzeln basiert, besteht in der Bemühung, ihr Spektrum an annehmbaren Ergebnissen zu erweitern. Die Methode gründet sich nicht darauf, Positionen zu empfehlen, die denen der anderen Parteien näher liegen, d.h. Kompromisse. Das können die Konfliktparteien selbst in Verhandlungen tun. Die Erfahrung zeigt, dass direkter Kontakt der Parteien miteinander aus verschiedenen Gründen den Konflikt verstärken kann: einmal wegen der verbalen Gewalt, die oft in persönlichen Treffen vorkommt, zum anderen weil einen Kompromiss eingehen (scheinbar) heißt, etwas von den anderen zu akzeptieren, und drittens weil die Kreativität ausbleibt, wenn die anderen dabei sind. In Eins-zu-eins-Dialogen zwischen einer Konfliktpartei und einer Konfliktarbeiterin besteht die Aufgabe darin, die Kreativität zu stimulieren und damit neue Perspektiven zu entwickeln. Die Aufgabe dieser Treffen ist es, die Konfliktparteien auf ein gemeinsames Treffen vorzubereiten.

Die erste Runde

Es gibt fünf Prozesse:
Der erste ist die Untersuchung der negativen Ziele (Ängste) und der positiven Ziele (Hoffnungen) über das Posieren in der Öffentlichkeit hinaus. So beziehen sich die Ängste der Protestanten in Nordirland weniger auf die Religion als darauf, sie könnten ‚von der rührseligen irischen Sentimentalität und Emotionalität absorbiert werden', die Ängste der Katholiken beziehen sich auf die ‚kalte, englische, so genannte Rationalität', ganz zu schweigen von den Ängsten der Arbeitslosen (Katholiken) und von der Angst davor, getötet zu werden (beide). Das positive Ziel ist, von seinesgleichen in einem Rahmen wirtschaftlicher und physischer Sicherheit umgeben (und bestätigt!) zu werden.

Der zweite Prozess ist, nicht zu versuchen, die Partei von ihren Zielen abzubringen, sondern das Wesen ihrer Ziele tiefer zu erforschen. Ziele haben viele Dimensionen. So geht es im ,koreanischen Konflikt' nicht nur um politisch-militärische Probleme, sondern auch um kulturell-ökonomische. Je breiter das Ziel, umso wahrscheinlicher ist es, dass eine Perspektive entwickelt werden kann, *ceteris paribus*.

Der dritte und wichtigste Prozess öffnet kognitiven Raum für Ergebnisse, die sich die Parteien (noch) nicht vorgestellt haben. Diese neuen Ergebnisse liegen innerhalb der Reichweite der Ziele, die die Parteien sehen können, verringern die Ängste, befriedigen die Hoffnungen, aber von einem andern Gesichtswinkel aus, als bis dahin angenommen. In diesem Stadium braucht man viel Kreativität. Z.B. im Konflikt in und über Korea (die USA und die Nachbarn eingeschlossen) kann es nützlich sein, die komplexen und nicht miteinander zu unvereinbarenden politisch-militärischen Ziele zunächst beiseite zu lassen und mit dem kulturell-ökonomischen Aspekt fort zu fahren. Es gibt eine reiche gemeinsame koreanische Kultur und Geschichte. Wenn man die Schienen und Straßen öffnete, würde das ein enormes ökonomisches Potential freisetzen, das Nordkorea, China, Vietnam einerseits und Südkorea, Japan und Taiwan andererseits miteinander verbinden würde. Die militärisch-politischen Probleme können später an die Reihe kommen oder besser: sich auflösen.

In Nordirland gibt es die Möglichkeit zu einer Ulster-Identität, die auf dem Reichtum beider Kulturen aufbaut, da sie eine Enklave von Hightech ist, die weder der einen noch der anderen Seite gehört und sowohl mit Irland als auch mit England, Wales und Schottland positiv in einem Prozess der Dezentralisierung verbunden ist, der schließlich zu einer Konföderation der Britischen Inseln führen könnte. Auch hier geht es nicht so sehr darum, für oder gegen irgendeine Formel zu sein, als vielmehr darum zu wissen, dass es eine Straße gibt, die weiterführt, und nicht nur unbekannte Wildnis.

Im vierten Prozess bauen Konfliktpartei und Konfliktarbeiterin zusammen einen neuen kognitiven Raum, in dem die alten Ziele als weniger als optimal gesehen und weiter gefasste Ziele formuliert werden. ,Sei nicht so bescheiden. Verlange etwas Besseres, als du gewöhnlich gefordert hast!'

Im fünften Prozess wird erforscht, ob alle Parteien dieselben Punkte im neuen kognitiven Raum aufgreifen. Wenn sie das in Korea tun, werden die Konflikte bestehen bleiben. NAFTA/EU wird den ostasiatischen Markt mit seinem freien Waren- und Dienstleistungsfluss fürchten. Die Koreas werden den freien Fluss von Menschen und Ideen fürchten. Es wird Streit über Kosten und Gewinne geben. Aber das kann alles ohne Gewalt angegangen werden.

Der Dialog zwischen Konfliktpartei und Konfliktarbeiterin endet, wenn sie die beiden letzten Prozesse erfolgreich abgeschlossen haben: Diskurs/Gestalt-Bereicherung, *größere Komplexität* und eine Veränderung in der Einstellung zu neuen Punkten im kognitiven Raum.

Die Konfliktarbeiterin geht nun zur nächsten Konfliktpartei oder tauscht sich mit Teammitgliedern aus, die Dialoge mit anderen Parteien durchführten. Das letztere mag vorzuziehen sein, wenn die Konfliktpartei Nummer 2 die Konfliktarbeiterin als Gesandte von Konfliktpartei Nummer 1 versteht. In jedem Fall hat der Prozess mit Nummer 2 am Anfang anzufangen und darf nicht vom Ergebnis mit Nummer 1 ausgehen. Der Prozess ist für Nummer 2 neu, auch wenn er das für die Konfliktarbeiterin nicht ist.

Am Ende der ersten Runde müssen die Dialogprozesse miteinander verglichen werden. Das ist einfacher, wenn dieselbe Konfliktarbeiterin die Gespräche führt. Nicht nur die Ergebnisse, sondern auch die Prozesse, die zu diesen Ergebnissen führten, müssen verarbeitet werden, damit eine neue und gemeinsame Perspektive erreicht wird.

Die zweite Runde

Der neue kognitive Raum wird an die Parteien zurückgereicht. Der Raum sollte komplex sein und mehr als nur einen Punkt enthalten, aber die Punkte sollten nicht in zu viele Details aufgegliedert sein. In der zweiten Runde sollte nicht so verfahren werden, wie die Konfliktparteien oft miteinander verfahren: ‚So ist es! Vogel, friss oder stirb.'

Wenn in der ersten Runde gut gearbeitet wurde, wurde in den kognitiven Raum *gegenseitige Annehmbarkeit* unter Berücksichtigung aller möglichen Einwände eingebaut. Die Aufgabe der zweiten Runde ist es, die *Nachhaltigkeit* zu erproben. Was könnte dazu führen, dass diese Ergebnisse halten? Welches sind die Anfälligkeiten, die schwachen Punkte? Die fünf Prozesse sind mehr oder weniger dieselben wie die in der ersten Runde benutzten.

Die dritte Runde

Jetzt treffen sich die Parteien, um die Details eines transzendierenden Ergebnisses auszuhandeln. Es geht nicht um einen Kompromiss. Die

Parteien sollten jetzt dazu bereit sein, sich an den Verhandlungstisch zu setzen, und sie sollten mit einem erweiterten kognitiven Raum ausgestattet sein. Noch besser ist es, wenn eine der Parteien den ersten Schritt macht, die andere wird ihr dann folgen. Vielleicht ist dieser Prozess nicht mehr nötig, weil der Konflikt einfach ‚verdampft' ist. Genau das geschah nach zahllosen Dialogen mit dem Kalten Krieg.

Um den kognitiven Raum zu öffnen, können außer Acht gelassene Parteien und Ziele eingeschlossen werden, damit man eine größere kognitive Komplexität als Arbeitsgrundlage bekommt. Dann kann ein gemeinsames Ziel gefunden werden, das die ursprünglichen Ziele überschreitet. Man kann sie in kurzen, Erinnerungen wachrufenden Formulierungen ausdrücken von am besten nicht mehr als vier Worten, die schwer zurückzuweisen sind.[49] Dann müssen konkrete Schritte für alle Parteien gefunden werden. Das ist offensichtlich eine schwierige Aufgabe. Sie erfordert Erfahrung, Intelligenz, die Fähigkeit, große Mengen emotionalen und kognitiven Materials zu verinnerlichen und mit ausreichender Klarheit einen Quantensprung in eine neue Perspektive zu tun, dazu die Fähigkeit, die richtigen Worte zu finden.

Eine grundlegende Erfordernis für den Dialog ist, dass die Konfliktarbeiterin selbst keinen Konflikt mit den Parteien hat, was oft ‚Objektivität bzw. Neutralität' genannt wird (bedeutungslos bei einem Konflikt über z.B. die Abschaffung der Sklaverei und Entkolonialisierung). Das zwischenstaatliche System steckt voller Konflikte und Allianzen, deshalb ist es höchst unwahrscheinlich, dass Länder bzw. Menschen mit starker Bindung an dieses System als Konfliktarbeiter wirken können (ein Beispiel dafür ist die absurde Annahme, die Vereinigten Staaten wären ein ‚ehrlicher Makler' im ‚Friedensprozess' im Nahen Osten). Ein früherer Präsident, vielleicht Jimmy Carter, könnte dafür geeignet sein, da er Autorität besitzt und sich im Frieden mit den Parteien befindet.

Ein Wort zum Setting: Im Allgemeinen geben die, die im Raum sind, den Ton an. Gemäß der TRANSCEND-Methode wird der Raum leergeräumt: eine Konfliktarbeiterin, eine Konfliktpartei, zwei Stühle, ein Tisch für Getränke und Knabberzeug. Die Konfliktarbeiterin ist eine Person, die weder bedrohlich wirkt noch straft oder belohnt, sie hält weder Zuckerbrot noch Peitsche bereit, sondern nur Wissen und Fertigkeiten. Sie kann zu einer bedeutsamen Anderen werden oder auch eine andere im ganz allgemeinen Sinn sein.

Eine Verhandlung verkommt leicht zu einem allgemeinen Anschreien oder Rededuell, wobei die Mediatorin und das Publikum die Schiedsrichter spielen, wenn man die Konfliktarbeiterin weglässt und die Antagonisten, die Mediatorin und das Publikum zusammenbringt. In dieser Situation ist es höchst unwahrscheinlich, dass Kreativität oder ein Quantensprung auftritt. Dafür macht man oft einen ‚Vertrauensmangel' verantwortlich, aber in Wirklichkeit ist es ein ‚Kreativitätsmangel'. Die Parteien sind zu dem Zeitpunkt noch nicht für den Verhandlungstisch bereit. Die TRANSCEND-Methode ist darauf angelegt, sie dafür bereit zu machen.

Psychologische Prozesse im TRANSCEND-Ansatz

Zwei psychische Prozesse scheinen beteiligt zu sein, ein kognitiver: *kognitive Ausweitung und Umdeutung*, und ein emotionaler: *Veränderung in der Einstellung neuen Ziel-Stadien gegenüber.*

Kognitive Ausweitung und Umdeutung

Kognitive Ausweitung und Umdeutung sind möglich, wenn ein einfacher Zwei-Punkte-Diskurs (z.B. Status quo gegen Unabhängigkeit) mit durchaus nicht miteinander zu vereinbarenden Zielen einem komplexeren Diskurs weicht mit Zielen, die zu der Zeit noch niemand hat, wie z.B. das umstrittene Objekt wegzugeben (*res nullius*) oder es zu teilen (*res communis*). Die ursprünglichen Positionen sind noch auf dem Tisch, aber in einem Kontext neuer Positionen, die auf den ersten Blick vielleicht seltsam erscheinen, die aber eine nähere Betrachtung wert sind. Wenn kognitives Umdeuten auftritt - eine einfache ‚Gestalt', die Bausteine für eine andere, komplexere ‚Gestalt' liefert - können emotionales Leiden und kognitiver Schmerz groß sein. Ein Wechsel in der Perspektive auf den Konflikt ist ein Teil des Prozesses, den man in der Psychotherapie Umdeutung nennt.[50] Die Wörter ‚entwurzeln' oder ‚wieder einwurzeln' rufen jedoch mehr Erinnerungen wach. Der Konflikt und die begleitenden Diskurse waren zum Stillstand gekommen, sie waren ‚eingewurzelt', für gewöhnlich in einen dualistischen Rahmen. Wenn man sie entwurzelt, erscheinen mehr Zieldimensionen mit oder ohne Zusammenstöße(n), mehr Akteuren, mehr Bezugspunkten. Sexuelle Untreue sieht verschieden aus, wenn vier andere Arten der Untreue außerdem in Betracht gezogen werden: Untreue des Gemüts (heimliche Liebe), des Geistes (kein Interesse am Lebensprojekt der anderen), gesellschaftliche (keine gesellschaftliche Unterstützung) und ökonomische (‚für alle Fälle' ein heimliches Bankkonto haben). Die Möglichkeit zur Trennung oder Scheidung sieht anders aus, wenn Kinder, Großeltern, Freunde und

Nachbarn in den kognitiven Raum eintreten, als wenn das Paar sich zum Mittelpunkt des Universums macht, weil es in seinen Kampf über das sexuelle Monopol verstrickt ist.

Das Wort ‚Gestalt' lädt zum Einbeziehen von graphischen Darstellungen in den Dialog ein.

Ebene I. Zeichne zwei Kästen nebeneinander. Schreibe das Wort ‚Status quo' auf den rechten und das Wort ‚Unabhängigkeit' auf den linken. Die Gestalt ist in einen Kasten eingesperrt und für keine Möglichkeiten offen. Sie ist geschlossen und lädt nicht zur Kreativität ein.

Ebene II. Zeichne jetzt eine Linie, so wie es die Menschen vom politischen ‚Spektrum' her gewohnt sind, von links nach rechts. Die extreme rechte Seite - setze einen Punkt fest! - bezeichnet den ‚Status quo', die extreme linke - setze auch hier wieder einen Punkt fest! - bezeichnet ‚Unabhängigkeit'. Zwischenpositionen wie Kompromisse von der Form ‚Unabhängigkeit, aber nicht gleich' können eingefügt werden. Diese Gestalt lädt zu einiger Kreativität ein und verlangt Menschen, die gut hören, sehen und fantasieren können.

Ebene III. Zeichne ein Koordinatensystem [Mathematik: System zum Kennzeichnen von Elementen einer Punktmenge. Diese Elemente werden mit Zahlen markiert, den Koordinaten. Sie geben die Position eines Punktes innerhalb der Menge an. Das kartesische Koordinatensystem ist das gebräuchlichste. Ein zweidimensionales System besteht aus einem Paar von Geraden auf einer Ebene, die sich rechtwinklig schneiden. Jede dieser Geraden heißt Achse, und ihr Schnittpunkt heißt der Ursprung. Die Achsen werden üblicherweise waagerecht und senkrecht gezeichnet und x- bzw. y-Achse genannt.] Setze Partei A auf eine Linie und Partei B auf die andere. Setze ‚Status quo' als ein Extrem (‚alles für A, nichts für B') und ‚Unabhängigkeit' für das andere Extrem (‚alles für B, nichts für A). Wenn man in zwei Dimensionen spielen kann, ist viel Platz für Kreativität. Leicht können drei weitere Punkte hinzugefügt werden: ‚Nichts für A, nichts für B' (das Gebiet wird den Einheimischen zurückgegeben oder wird den UN unterstellt), ‚etwas für A, etwas für B' (der erwähnte Kompromiss) und dann die Überschreitung, das ‚Darüber-hinaus-Gehen': ‚Alles für A und alles für B' (das Gebiet wird Kondominium, binational). Diese Option fehlte, als der Internationale Gerichtshof im Ostgrönlandfall 1933 im legalistischen kognitiven Raum auf Ebene I entschied.

Ebene IV. Man muss an diesem Punkt nicht stehen bleiben. Allerdings wird die Gestalt weniger überzeugend, weil wir uns das weniger leicht vorstellen können, wenn wir über die 2. Dimension hinausgehen und mehr Akteure und/oder mehr Ziele einführen.

Wenige sind sich über die niedrige Ebene ihrer Konfliktphilosophie klar. Die wenigsten Rechtsanwälte denken über den traurigen Umstand nach, dass sie auf der Ebne I operieren, sowohl in Kriminal- (der Staat gegen X) als auch in zivilrechtlichen (A gegen B) Fällen. Gerechtigkeit wird entweder dem einen oder dem andern zuteil. Gerechtigkeit kann nicht in Prozentzahlen ausgedrückt werden, 50 zu 50 oder 25 zu 75, das würde die Justiz relativieren. X wird schuldig befunden und verurteilt oder unschuldig befunden und freigesprochen. Es gibt tatsächlich eine dritte Möglichkeit, den Fall abzuschließen, z.B. weil der Fall nicht in die Ebene-I-Formel passt. Im besonderen Fall können A und B und S und Y eine ,außergerichtliche' Vereinbarung getroffen haben, eine Formulierung, die nicht gerade ein Kompliment für das Gerichtssystem ist.

Gewalt oder Krieg und Gerichte folgen derselben Ebene-I-Logik: ,Entweder du oder ich', ,gewinnen oder besiegt werden'. In seltenen Fällen bleiben Kriege unentschieden. Es gibt kein *experimentum crucis*, die letzte Schlacht, in der der Sieger bestimmt wird. Anders ausgedrückt: Der Krieg als Konfliktentscheidungsmechanismus ,schließt den Fall ab', was dann den Weg zu einer Vereinbarung freimacht (wie im Westfälischen Frieden 1648).

Kognitive Ausweitung auf Ebene II führt den Kompromiss ein und Ebene III fügt zwei weitere mögliche Klassen von Ergebnissen hinzu.[51] Wir brauchen Studien im Stil von Piaget, die die kognitive Komplexität von Konfliktergebnissen dem Alter, Geschlecht und anderen Faktoren zuordnen. Eine Hypothese ist, dass Mädchen früher die Ebene II erreichen als Jungen, die auf der Ebene I bleiben, worin sie durch Wettkampfsportarten bestärkt werden, die nach demselben militärischen bzw. juristischen Dualismusmodell funktionieren. Aber wenn Jungen von der Ebene I aufsteigen, dann springen sie leichter auf die Ebene III als Mädchen, die sich auf der Ebene II mit der Idee, vernünftig und angepasst zu sein, wohl fühlen.

Kognitive Dissonanzen und neue Konsonanzen schaffen

Der Ausgangspunkt ist für gewöhnlich ein Zwei-Punkte-Dualismus-Diskurs, der eine polarisierte Konfliktformation wieder spiegelt. Es herrscht kognitive Konsonanz: Die andere und ihre Position wird negativ gesehen, das Ich und die eigne Position werden glorifiziert, die positive Identifikation aller Parteien mit ihren Positionen wird hervorgehoben. Um jemanden von dieser überstabilen Position wegzubekommen, müssen Dissonanzen eingeführt werden.

Ein Ansatz ist es, den Dialog von der Beschäftigung mit der Gegenwart (Diagnose) zur Zukunft (Prognose) vorwärts zu bewegen. Man frage, wohin die eingenommenen Positionen führen werden. Der Antwort ‚nur wenn wir fest bleiben, können wir eine Lösung finden‘ kann die Frage folgen: ‚Was ist, wenn auch die andere Seite denkt, dass sie fest bleiben muss?‘ Ein Schweigen kann anzeigen, dass erkannt wird, der Rachezyklus kann sich auf diese Weise endlos fortsetzen und zu einer Katastrophe für das Ich führen. ‚Frieden mit friedlichen Mitteln‘ bekommt dadurch einige Anziehungskraft. An dieser Stelle können der ausgeweitete kognitive Raum und neue Blickwinkel ins Spiel kommen: ‚Was würde geschehen, wenn wir entlang den folgenden Linien weitergehen?‘ ‚Wie würde das Leben für Ihre Kinder und Enkel?‘

Der Prozess ist kein ‚sokratischer Dialog‘, in dem die Konfliktarbeiterin im Voraus weiß, was sie sich als Schlussfolgerung wünscht. Der Prozess beruht auf Gegenseitigkeit und findet auch innerhalb der Konfliktarbeiterin statt. Für sie bedeutet das negative Ziel (die Angst) Gewalt und das positive Ziel (die Hoffnung) ein konstruktives Ergebnis für alle Parteien, so dass sich die Geschichte vorwärts bewegt. Wenn die Konfliktarbeiterin unflexibel ist, wenn sie sich weigert nachzugeben, wenn sie sich neuen Tatsachen, Theorien und Werten verschließt, dann muss sie die Arbeit jemand anderem überlassen. Die Aufgabe besteht darin, etwas hervorzurufen, vorzuschlagen, vorzulegen, nicht etwas aufzuerlegen. Die Sätze enden mit einem Fragezeichen, wie es für einen Dialog typisch ist, und nicht mit einem Ausrufezeichen, wie es für eine Debatte typisch ist.[52]

Ein Dialog sollte zwischen Gleichen stattfinden. Sie treffen sich weit weg vom Macht-Brimborium der Konfliktpartei (Siegel, Titel, Fahnen) oder der Konfliktarbeiterin (Bücher, Titel, Auszeichnungen). Die Konfliktarbeiterin weiß mehr über allgemeine Konflikttheorie, die Konfliktpartei mehr über den speziellen Konflikt. Die Konfliktarbeiterin sollte über den speziellen Konflikt nicht zu gut informiert sein, damit sie die Partei nicht mit ihren allgemeinen und speziellen Kenntnissen an die Wand drückt. Wenn man allgemeines Wissen und spezielles Wissen miteinander austauschen kann, ist das keine schlechte Basis für Gleichheit.

Aber es gibt noch eine andere mögliche Ungleichheit. Die Konfliktpartei und die Konfliktarbeiterin erkunden beide neue Ergebnisräume für Auswege. Die Konfliktarbeiterin ist an das Prinzip Hoffnung gebunden: Irgendwo muss es einen Ausweg geben. Die Konfliktpartei

202

teilt diese Hoffnung vielleicht, aber sie ist gleichzeitig im Kopf wie im Bauch davon überzeugt, dass es nicht so ist, womit sie die von ihr angenommene Position rechtfertigt. Gewalt wird negativ legitimiert: Es gibt keine Alternative! Die Hoffnung auf Bestätigung führt zur Blindheit für ein Überschreiten.

Ein Ausweg ist es, wenn man die Diagnose/Prognose/Therapie-Formel kreativ benutzt. Jedes der drei bezeichnet eine Art des Dialogs, einen Diskurs. Diagnose und Prognose sind beide beschreibend, sie beschreiben Vergangenheit bzw. Zukunft (Vergangenheit, weil Tatsachen, die Daten geworden sind, die Vergangenheit widerspiegeln). Therapie ist Verschreibung für die Zukunft. Dabei wird etwas übersehen: die *Therapie der Vergangenheit.*

Die Frage: ‚Was lief wann und wo falsch und was hätte man damals tun können?' soll die Partei dazu veranlassen, so weit nachzudenken, dass sie die Vergangenheit akzeptieren kann, so dass sie die Geschichte beherrscht - statt der Geschichte zu gestatten, sie zu beherrschen - und sich dem Schicksal, der Bestimmung fügt. Geschichte, die den Tatsachen widerspricht, muss – im Konjunktiv, nicht im Indikativ – hervorgelockt werden.

Nach unserer Erfahrung sind die Konfliktparteien nach einigem Widerstreben dazu bereit, sich auf die Vergangenheit einzulassen, so ‚als ob'. Die Geschichte ist weit weg, oder sie kann weit weggeschoben werden, indem man auf Ereignisse hinweist, die vor langer Zeit geschehen sind, weit hinter dem Horizont der gegenwärtigen Verantwortlichkeit. Dann tauchen für gewöhnlich Vorschläge auf, die einen kreativeren Diskurs schaffen, der nicht mehr mit schrecklichen ‚Tatsachen' angefüllt ist, die uns nicht weiterbringen. ‚Vielleicht hätten wir an diesem Punkt der Geschichte das und das tun sollen.'

Die Konfliktarbeiterin wird ein Maximum an Kreativität hervorlocken und sich dann in beiden Richtungen bewegen: von der Vergangenheit in die Zukunft und von der Verschreibung zur Beschreibung: ‚Was, denken Sie, wird jetzt passieren?' Es ist offensichtlich anstrengend, einen positiven Anker in Form von etwas Hoffnung anzubieten, eine Perspektive, die sich aus der ‚Therapie der Vergangenheit' ergibt (mit dem großen Vorteil, dass sie nicht der Erprobung in der Wirklichkeit unterliegt), und einen negativen Anker in Form der Angst, dass die finstere Prognose wahr werden könnte. Aber was wäre, wenn die Konfliktpartei sagte: ‚Wir wollen nichts weiter als gewinnen'? Man erweitere den Zeithorizont und frage: ‚Und wenn sich die andern in zwanzig Jahren rächen?'

Wir wollen ein kognitives Konsonanz-Dissonanz-Modell für das, was geschehen könnte, ausprobieren. Die Ausgangspunkte sind das Ich, die andere und die Positionen (P) beider: P(des Ich) und P(der anderen), so dass sich die wohlbekannte polarisierende ausbalanzierte Dualismus-Konfiguration ergibt:

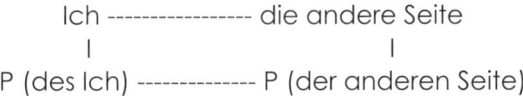

Ich ----------------- die andere Seite
    | |
P (des Ich) -------------- P (der anderen Seite)

Die Gestalt ist symmetrisch, ästhetisch sehr befriedigend, auch wenn sie zum Tod führt, weil beide töten, um ihre Position durchzusetzen. Sie sind beide ihrer Position sehr stark verpflichtet, sie hassen die andere Seite und das, wofür sie (ein)steht. Wie könnte positives und negatives Ankersetzen dieses kognitive-emotionale Gefängnis einreißen?

Der positive Anker, **Pos(Anker)**, wäre eine für beide akzeptable Position, die die Positionen einschließt, denen sie sich als besondere Fälle verpflichtet fühlen. Anders gesagt: Das transzendierende Ergebnis würde sich auf alle vier Punkte des Diagramms positiv beziehen. Ein Beispiel: Kosovo/a als ‚Dritte Republik' in der Jugoslawischen Föderation zusätzlich zu Serbien und Montenegro würde den Albanern einen hohen Grad an Unabhängigkeit zugestehen und den Serben einen hohen Grad an Status quo. Beide Parteien wären wahrscheinlich skeptisch, was die Langzeitwirkung einer solchen Formel angeht. Aber auch wenn sie ambivalent wären, könnte die Beziehung des positiven Ankers zu allen vier Punkten der abgebildeten Figur insgesamt positiv sein.

Der negative Anker, **Neg(Anker)**, ist eine finstere Prognose, die sich positiv auf das P des Ich und das P der anderen Seite bezieht und von der Verordnung der eingenommenen Positionen ausgeht (wir nehmen dann Symmetrie an: dass das Ich und die andere Seite in den Dialogen dieselben Bilder der Konfigurationen entwickelt haben). Neg(Anker) würde auch etwas Negatives für das Ich und die andere Seite bezeichnen, die dunklen Konsequenzen.

Die Anker wurden nun mit Linien zu jedem der vier Originalpunkten und einer Linie zwischen ihnen hinzugefügt. Wie reagieren das Ich und die andere Seite auf diese komplexere Konfiguration?

Vereinfacht ausgedrückt: Die kognitive Überlastung von sechs Elementen mit 15 Beziehungen ist beträchtlich. Dazu kommen die zahlreichen Unausgeglichenheiten. Anders gesagt: Zwei Ansätze werden gefordert, die sich auf die Annahme gründen, dass menschliche Wesen - Diplomaten, Staatsmänner und Konfliktarbeiter eingeschlossen - versuchen werden, ihre kognitiven Felder so zu organisieren, dass sie Überlastung und Dissonanzen so niedrig wie möglich halten. Die Arbeit geht weiter, wenn ein bequemes Gleichgewicht erreicht wurde, das einfach und ausgeglichen ist. In der Zwischenzeit wird es vielleicht sogar von aggressiven Manifestationen begleitete Schmerzen geben.

Der erste Ansatz besteht darin, zu der Originalkonfiguration von zwei feindlichen Lagern zurückzukehren, die gegeneinander stehen:

1. indem sie die Annehmbarkeit bzw. Haltbarkeit des positiven Ankers leugnen,
2. indem sie die finstere Prognose des negativen Ankers leugnen.

Wenn beide Anker beseitigt sind oder nur als entfernte Erinnerungen überleben, ist die alte Konfiguration wieder hergestellt. Wahrscheinlich würde schon eine der beiden Leugnungen bewirken können, dass sich die ursprüngliche Konfiguration durchsetzte und, wieder auferstanden, durch den Angriff auch noch gestärkt worden wäre.

Der zweite Ansatz verlässt die ursprüngliche Dualismusstruktur. Es gibt keinen Ruf nach Entscheidung durch Krieg oder Recht, die einen Sieger und einen Besiegten bestimmen würde. Eine neue Konfiguration taucht auf: Das Dreieck, Ich – die andere – Pos(Anker) besitzt nur positive Linien. Nicht nur dass beide Parteien den positiven Anker ergreifen, sie umarmen sogar einander, wie in den frühen Tagen der Oslo-Verträge zwischen Israel und PLO (bevor die Selbstmordbomben und die Ermordung eines Premierministers klar machten, dass wichtige Parteien beider Seiten von dem Prozess ausgeschlossen worden waren). Das positive Dreieck ist ein großer Sprung. Wie können wir zu einer so positiven Konfiguration gelangen?

Durch die Logik kognitiver Dreiecke: Wenn es zwei positive und eine negative Linie gibt, dann gibt es kognitive Dissonanz. Konsonanz kann dann dadurch erreicht werden, dass man die negative Linie in eine positive verändert oder dass man eine der positiven Linien in eine negative verändert. Wir wollen das aus dem Blickwinkel des Ich ansehen.

Das Ich mag die Konsequenzen der Prognose nicht, aber es mag die Position des Ich. Das Problem besteht darin, dass die Prognose sich erfüllt, wenn die Position beibehalten wird. Es gibt nun drei Möglichkeiten:

1. leugnen, dass die Prognose sich aus der Position notwendig ergibt,
2. die finstere Prognose willkommen heißen und sich ein Trauma wünschen oder

3. die Position aufgeben.
Die zweite Möglichkeit kann das politische Verhalten von I-
rak/Saddam Hussein und Jugoslawien/Slobodan Milosevic erklären.
Ruhm ist das Beste, aber Trauma ist eine gute zweitbeste Lösung. Das
Trauma-Kapital wird in der Welt-Trauma-Bank deponiert und hoch
verzinst, unterstützt von ‚Denkt nur, wie sehr ich gelitten habe!‘ Das
Schlimmste ist die Grauzone dazwischen.

Was beeinflusst die Wahl von 1, 2 oder 3? Vor allem der positive Anker, das überbrückende, überschreitende Ziel. Die eigene Position
scheint damit vereinbar zu sein, auch wenn sie durchaus nicht iden-
tisch damit ist. Wenn die Einstellung auf den positiven Anker übertragen wird, dann wird die Bindung an die ursprüngliche Position geschwächt. Eine Ambivalenz taucht auf: Der positive Anker ist mit den
alten Positionen vereinbar, aber außerdem gibt es etwas Neues. Die
Ambivalenz macht die Übertragung der Einstellung auf die neue
Position möglich. Die Übertragung ist auf dem Weg, und es wird Zeit,
die Verbindung zu der ursprünglichen Position zu lockern, ja zu lösen.
Das ist Alternative 3 (im Gegensatz zu 1 und 2, die alles beim Alten
lassen). Es ist ein sehr guter Anfang, wie es der war, als Ekuador und
Peru im Oktober 1998 die Idee des binationalen Naturparks als Lösung ihres Grenzkonflikts aufgriffen.

Aber was passiert im Ich-die andere-Dreieck? Man stelle sich vor, Ich
und die andere sind beide dazu gelangt, Pos(Anker) zu Gunsten ihrer
alten Positionen anzunehmen. Werden sie auch einander annehe-
men? Präsident Clintons Aufgabe bei seiner väterliche Haltung hinter
den alten Widersachern Yitzak Rabin und Yasser Arafat am 13. September 1993 im Garten des Weißen Hauses bestand weniger darin,
die beiden Männer miteinander zu verbinden, als darin, Arafat daran
zu hindern, Rabin zu umarmen. Das Gegenbeispiel ist die Situation
zwischen Reagan und Gorbatschow, als Reagan verstand, dass bei
Gorbatschow ein wirklicher Wandel in Hinsicht auf die sowjetische
Position zu Osteuropa, zur Bewaffnung und zur Grundideologie stattgefunden hatte. Ein gemeinsamer Anker begründet eine verbesserte
Beziehung.
Der Schlüssel mag im negativen Anker, der finsteren Prognose, liegen. Sie war und ist sehr schlecht für Israel und Palästina: unaufhörli-
che Kämpfe, unsichere Positionen, eine zahlreiche Bevölkerung auf
einem eng begrenzten Gebiet, dazu Palästina ohne den Schutz
durch einen Staat. Im Falle der Parteien des Kalten Krieges war es
der gegenseitige Atom-Holocaust.

206

Wenn beide Parteien einen positiven Anker annähmen, wobei sie das Instrument einer gemeinsamen Erklärung benutzen würden, so hätte das einen integrativen Einfluss oder es könnte wenigstens eine negative Beziehung in eine neutrale umwandeln, d.h. in eine Nicht-Beziehung. Wenn wir jedoch einen negativen Anker einführen, negativ für beide Parteien, dann gibt es mehr Rohmaterial für eine Beziehung zwischen dem Ich und der anderen. Die Feindin ist nicht mehr die andere, sondern die gemeinsame Angst vor einem äußerst abschreckenden Zustand: einem verheerenden Krieg, dem gemeinsamen Feind.

Anders gesagt: die stabile, ausgeglichene, nicht polarisierte und gleichzeitig einfache Konfiguration, die man sich zum Ziel setzt, ist:

$$\text{Ich} \overset{\text{Pos(Anker)}}{\underset{\text{Neg(Anker)}}{\text{---------------------------------}}} \text{die andere}$$

In der Konfiguration wird das als Ergebnis gewünschte positive Dreieck durch die gemeinsamen negativen Beziehungen zu einem negativen Anker befestigt.

Das setzt die universelle Tendenz voraus, ein kognitives Gleichgewicht bzw. Konsonanz vorzuziehen und danach zu streben. Anders gesagt: eine hohe Ebene der Intoleranz gegen Zweideutigkeit bzw. Widerspruch. Vielleicht ist diese der aristotelisch-kartesianischen Logik des Westens im Gegensatz zur Yin-Yang-Logik des Fernen Ostens verbundene Haltung auf den Westen beschränkt (und vielleicht eher auf Männer als auf Frauen?). Empirische Studien über die Beziehung zwischen Tiefenkultur (und anderen Faktoren) und der Geltung der Hypothese vom kognitiven Gleichgewicht könnten klären, in welchem Maß diese Tendenz die Menschen über die Unterschiede hinweg miteinander verbindet.

Noch einmal: Die Konfliktarbeiterin hat zwei Hauptaufgaben:

1. Die positive Aufgabe ist, im Dialog neue Konfliktperspektiven und einen positiven Anker hervorzurufen, indem sie so lange von den Parteien lernt und eigne Ideen beiträgt, bis etwas Kreatives und Solides auftaucht. Die allgemeine Methode ist, den kognitiven Raum zu erweitern, so dass die alten Konfliktpositionen noch erkennbar sind, aber eine neue überschreitende Position auftaucht. Der Konflikt wird aus seiner Verwurzelung herausgenommen und anderswo eingewurzelt.

2. Die negative Aufgabe ist, das volle Spektrum der unsichtbaren Folgen von Gewalt, die ‚Äußerlichkeiten', zu eröffnen.[53] Ebenso wie die Wirtschafts-‚Wissenschaft' die Hauptwirkungen als ‚Nebenwirkungen' oder ‚Äußerlichkeiten' unsichtbar macht und so den Weg freigibt, sich auf ausbeuterische ökonomische Praktiken einzulassen, so macht das militärische Hauptquartier es leichter, sich auf gewalttätige Konfliktpraktiken einzulassen, indem nur die Zahl der Toten, der Verwundeten und der Materialschaden genannt werden, ohne dass solche Nebenwirkungen wie der strukturelle und kulturelle Schaden, die Verherrlichung von Gewalt und Rachedurst genannt werden.

Eine wichtige Frage ist, wo in diesem Ansatz die Konfliktarbeiterin ihren Platz auf der Dialog- bzw. Debatten-Achse findet. Konfliktarbeiter haben ein zweifaches Ziel und das Programm, beim positiven oder negativen Anker anzukommen: Sie beginnen mit der Therapie der Vergangenheit, schreiten dann zur Prognose weiter und wagen eine gemeinsame Erkundung, um bei der Diagnose anzukommen. Dann bemühen sie sich darum, eine Therapie für die Zukunft zu finden. Und dann beginnt derselbe Prozess immer wieder, bis etwas Fruchtbares auftaucht, wenn nötig durch das Austauschen sowohl der Konfliktparteien als auch der Konfliktarbeiter.
Aber auch wenn man ein Programm hat, definiert das den Inhalt der beiden Anker nicht im Voraus, und es mag unterwegs noch wesentliche Überraschungen sogar für die erfahrenste Konfliktarbeiterin geben.
Der Prozess bekommt nur dann Bedeutung, wenn der Dialog ein echter auf Gegenseitigkeit beruhender Brainstorming-Prozess ist, eine Art Kreuzung zwischen einem guten Gespräch und einem lebhaften Universitätsseminar. Wenn die Konfliktarbeiterin eine bestimmte Position durchsetzen will, dann muss sie schnellstens ersetzt werden.
Die Friedens bildende Funktion des positiven Ankers ist durchaus nicht darauf beschränkt, dass er zu einer gemeinsamen Erklärung von Prinzipien oder einer Vereinbarung führt. Schon das Vorhandensein einer Konfliktperspektive, die vernünftigen Männern und Frauen überall auf der Welt vernünftig erscheint, kann den Krieg blockieren. Aber diese Perspektive muss in der Öffentlichkeit bekannt werden, sie muss gut publiziert werden, so dass eine ausreichende Zahl von Führenden und anderen Menschen sagen und nicht nur denken: ‚Aber warum reden die vom Krieg? Wir haben ja schon eine vernünftige Perspektive vor uns. Wir brauchen nur noch einen Prozess, der diese Perspektive in eine Vereinbarung verwandelt. Beeilt euch damit!'

208

Die Krise über die Waffeninspektion im Irak im Februar 1998 kann hierfür als Beispiel dienen. Dass die USA und England den Irak ‚an den Verhandlungstisch' bomben oder ihn für mangelndes Einverständnis bestrafen wollten, war klar. Aber Kofi Annan, der Generalsekretär der Vereinten Nationen, flog nach Bagdad und kam mit einer Perspektive zurück, die ‚vernünftigen Männern und Frauen vernünftig' erschien. Die Grundidee war, jedem Team einen Diplomaten beizugeben, so dass die verbalen Begegnungen sich in etwa dem diplomatischen Protokoll entsprechend abspielen sollten. Der diplomatische Stil sollte dem Unterschied zwischen dem amerikanisch-englischen Gesprächsstil, der keine Umschweife kennt, und dem arabischen, der reich mit Ehrbezeigungen ausgestattet ist, Rechnung tragen. Eine buchstäbliche Übersetzung hätte in arabischen Ohren zusätzlich beleidigend und ‚undiplomatisch' geklungen. Diese Perspektive fand Verbreitung und führte zu einem Konsens, der schließlich auch von den USA und England geteilt wurde. Der positive Anker hatte sich für einige Zeit durchgesetzt, aber das endgültige Ergebnis war in der Zukunft verborgen.

Aber warum sollte man den Prozess nicht den Parteien selbst und einem persönlichen Treffen überlassen? Alles gut und schön, wenn sie es denn schaffen. Aber die Erfahrung zeigt, dass sie es im Fall eines harten Konflikts nicht schaffen. Sie werden emotional überwältigt von gegenseitigem Hass und der Furcht vor dem, was passieren könnte, wenn die andere Seite glaubte, sie gäben in einigen Punkten nach. Außerdem sind sie kognitiv dadurch geblendet, dass sie sich bemühen, unhaltbare Positionen zu verteidigen, so dass sie nicht nach Neuem suchen können. Die Kreativität ist auf ihrem niedrigsten Stand. Wenn die ‚Feindin' nur einen Meter entfernt ist, dient das durchaus nicht dazu, kognitive Räume zu eröffnen oder Dissonanzen zuzulassen, ganz zu schweigen vom Abbau von Verschanzungen.

Wenn die Konfliktparteien zu früh zusammengebracht werden, kann leicht Ärger zum beherrschenden Gefühl werden. Kein Gefühl ist ansteckender. Der Versuch, einen Dialog zu schaffen, wenn der Ärger sich durchsetzt, gleicht dem Versuch, während eines Tornados ein Zelt aufzubauen.[54] Der Sturm muss sich erst legen, ehe das Zelt stehen bleibt. An dieser Stelle betritt die Konfliktspezialistin – falls Konfliktarbeiterin zu bescheiden klingen sollte – die Szene: Sie bringt die Konfliktparteien wieder zur Ruhe, indem sie mit jeder einzeln spricht. Das kann kurz vor dem Ausbruch von Gewalt sein.

Solange die Parteien nur negative Gefühle füreinander haben, ist es wahrscheinlich, dass sie an ihren Positionen festhalten und einander kaum oder gar nicht zuhören. Was sie heraushören, klingt ihnen wie eine bekannte Tonaufnahme und führt nur dazu, Verteidigungen ihrer eigenen Position hervorzurufen. Bestenfalls führt es zu Debatten, die aber schnell in Streit ausarten; in keinem Fall führt es sie zu einem wirklichen Dialog. Wirklicher Dialog verlangt einfühlsames Zuhören, weniger Sorge für die andere als Sorge für das Ganze, das ‚System' inklusive (wie ‚Europa' im weiten Sinn während des Kalten Krieges und der ‚Subkontinent' in jedem indisch-pakistanischen Treffen), und eine Bereitschaft, einen frischen Blick auf die Sache zu werfen, statt in eingefahrenen Gedankenspuren hin und her zu rennen.

Der Zugang zu auffälligen Nischen im öffentlichen Raum ist wesentlich. Dieser Zugang wird wahrscheinlich vom Staat (durch Zensur) oder Kapital (durch eigene Medien) kontrolliert, oder seine Kontrolle wird angestrebt, wenn die Perspektive einem Krieg im Weg steht, der aus irgendeinem Grund von Staat und/oder Kapital gewünscht wird. Je näher ein Krieg bevorzustehen scheint und je höher der Status des Landes in der internationalen Gemeinschaft ist, umso mehr verschließen sich die Hauptmassenmedien allen Perspektiven auf Konflikttransformation mit friedlichen Mitteln. Diese Tendenz muss durchbrochen werden. Das Internet löst das Problem nicht: Es ist zwar öffentlich zugänglich, aber dem öffentlichen Bewusstsein ist das nicht klar. Großmächte ziehen es vor, ihre Perspektiven hinter verschlossenen Türen zu entwickeln, womit sie umfassende Unkenntnis über die Meinung der Mehrheit und eine Haltung des Abwartens in der Öffentlichkeit bewirken.

Hier scheint ein Meta-Skript am Werk zu sein, das nicht nur die Medien, sondern auch die Diplomaten treibt. Eine gute Geschichte fängt langsam an, baut sich zu einem dramatischen Höhepunkt auf, wird schwächer und sinkt zum Schweigen herab: Das ist das Ende. Frühe Gewalt wird zugeben, man lässt sie bis zum Höhepunkt eskalieren, und dann ist die Zeit reif. Die Menschen bitten um ‚Frieden', der dann den Opfern und bösen (gewalttätigen) Jungen durch die Intervention des großen (mächtigen) Jungen, der dem Konflikt ein Ende bereitet, gebracht wird.

Schon der Gedanke, ein Ende zu setzen, bedeutet eine Katastrophe. Die Gewalt mag aufhören, aber ein Konflikt hinterlässt immer seine Verletzungen. Gewalt wird wieder aufflammen, wenn die Wunden zu eitern beginnen und die Gründe nicht ausgerottet wurden. Wurde die Vereinbarung wirklich von allen Parteien angenommen? Hält sie sich von alleine aufrecht, oder muss sie von außen gestützt werden? Unter welchen Bedingungen und für wie lange? Gab es irgendeine Versöhnung? Jeder Fachkundige weiß, dass beim Umgang mit *jedem* Konflikt diese Fragen gestellt und beantwortet werden müssen.

210

Konflikte zwischen Staaten und Nationen werden dagegen wenig fachkundig gehandhabt.

Zur Tiefenpsychologie des TRANSCEND-Ansatzes

Bewusste und kognitive Prozesse stehen bei dem, was oben gesagt wurde, im Vordergrund. Wenn wir die Individual- wie die Kollektivpsychologie in vier Felder teilen, dann haben wir bisher den Quadranten links oben bevorzugt:

	kognitive Prozesse	emotionale Prozesse
bewusste Prozesse	Ideologie; wahr gegen unwahr	Liebe/Hass; gut/richtig gegen schlecht/falsch
unterbewusste Prozesse	Kosmologie; Tiefenerkenntnis	Ruhm/Trauma; Tiefengefühle

Auf der Ebene des Bewusstseins liegen Wahrnehmungen und Inhalte, die leicht zugänglich sind; sie sind daran zu erkennen, dass sie verbalisiert werden können. Auf der Ebene des Unterbewusstseins gibt es keine Wahrnehmung, und die Inhalte sind schwer zugänglich: Ihre Formulierung ist schmerzlich und unter normalen Umständen unmöglich. Die Hilfe von Professionellen kann nötig sein, um aufgrund von äußeren Anzeichen eine Landkarte des Unterbewussten zu entwerfen. Die Psychoanalyse in der Tradition Freuds hatte die Tendenz, sich auf das *Individuelle*, das *Unterbewusste*, das *Emotionale* und das *Traumatische* zu konzentrieren. Das war ein notwendiger, wenn auch enger Ansatz.

Der Quadrant unten rechts wird zur Korrektur des Quadranten oben links benötigt. Dialoge wurden mit dem Ziel untersucht, die kognitiven Strukturen neu zu ordnen. Dabei werden emotional positive und negative Anker benutzt. Aber das ist nur ein Teil der Geschichte. Wir können den Bereich der Tiefenpersönlichkeit von Konfliktparteien und Konfliktarbeitern, also von Einzelnen, betreten, aber wir müssen uns darüber im Klaren sein, dass in politischen und besonders geopolitischen Konflikten die Konfliktpartei nur eine Repräsentantin, eine Diplomatin ist. Für sie gilt die Tafel oben nicht, sondern sie muss als eine Darstellung kollektiver psychischer Prozesse, an denen viele teilhaben, verstanden werden.

Die Termini in der Tafel entsprechen der kollektiven Ebene der Analyse.[55] Die beiden Kategorien des Unterbewussten sind der Tiefenkultur desjenigen Kollektivs zuzurechnen, dem die Repräsentantin bzw. Diplomatin angehört.

Ruhm/Trauma auf der kollektiven Ebene entsprechen Stolz bzw. Scham auf der individuellen Ebene. Diese Tiefengefühle, besonders die Scham, wurden bisher in der Literatur vernachlässigt. Eine Ausnahme bildet Tomkins[56]: ‚Schrecken und Verzweiflung verletzen zwar, aber sie sind doch Wunden, die von außen zugefügt wurden, während Scham als innere Qual empfunden wird, als Seelenkrankheit. Der Gedemütigte, der Scham empfindet, fühlt sich nackt, besiegt und ohne Würde und Wert.' Kein Wunder, dass sowohl im täglichen Leben als auch in der Literatur Scham noch vollständiger ignoriert wurde als sexuelle und aggressive Gefühle. Je stärker eine Gesellschaft auf Ausbeutung und Unterdrückung begründet ist, umso weniger erträglich ist Scham für den Unterdrücker. Scham und Angst sind dem Unterdrückten eingeprägt, während Ärger und Verachtung den Unterdrücker beherrschen.

Scheff[57] hat darauf aufmerksam gemacht, dass nicht (an)erkannte Scham zu Ärger führen kann, dass Spiralen von Scham und Ärger nicht nur in Streitfällen, sondern auch in internationalen Beziehungen eine bedeutende Rolle spielen können und dass ein Krieg eine Möglichkeit sein kann, sich chronische Scham zu erleichtern. Nathanson sieht Scham in größerem Zusammenhang: Eine wirksame Strategie, der Scham zu entkommen, sei es, ‚andere anzugreifen'.

Ein gesunder Stolz, der die Freude an der eigenen Leistung begleitet, kann einen an Kindern erfreuen. Aber die Gefahr, aus stellvertretend ‚verdienten' Taten - wie einem Schlachtsieg in der Vergangenheit oder dem Sieg ‚unserer' Mannschaft - einen Ruhm, der einem nicht gebührt, für sich herauszuziehen, lauert überall. Hybris ist ein wohlbekanntes menschliches Leiden. Wir stellen die Hypothese auf, dass der Stolz umso anfälliger gegen Scham ist, je größer er ist, und dass die Scham ihrerseits zu steigendem Ärger führt. Wenn diese Gefühle von vielen geteilt werden, können sie gefährlich werden.

Einsicht in die kollektive Tiefenkultur zu besitzen ist für die Konfliktarbeiterin von größter Bedeutung. Weniger wichtig ist vielleicht die Einsicht in die tieferen Schichten der Persönlichkeit einer speziellen Konfliktpartei. Repräsentanten kommen und gehen. Die Tiefenstruktur bleibt ungefähr gleich, auch für [Fernand] Braudels *longue durée*, auf die Dauer.

Hier ein Beispiel: Man stelle sich eine Konfliktpartei vor, ein größeres Land, und eine Repräsentantin, eine höher gestellte Persönlichkeit. Diese Persönlichkeit und die Konfliktarbeiterin führen einen Dialog und sind sich schließlich verbal weitgehend über positive und nega-

212

tive Anker einig. Aber dieser Konsens wird nicht in Handeln umgesetzt; es gibt einen unausgesprochenen Widerstand dagegen. Man stelle sich nun vor, dass im kollektiven Unterbewusstsein dieses Landes, in den tieferen Tiefen dieses kollektiven Gemüts, zwei Gedanken lauern:

1. Keine Perspektive auf einen Konflikt ist etwas wert, wenn sie nicht von uns kommt (USA?), dem Zentrum der Geopolitik, und
2. keine Konflikttransformation ist etwas wert, wenn das Militär nicht eine große Rolle dabei spielt.

Unwichtig ist es dabei, ob dieser Glaube der Konfliktpartei bewusst ist und sie nur vorzieht, ihn nicht zu äußern, oder ob er in ihrem Bewusstsein nicht vorhanden und unartikuliert ist. Die Konfliktarbeiterin hat eine große Auswahl von Handlungsmöglichkeiten: Sie kann solche stillschweigenden Annahmen im Dialog thematisieren, oder sie kann die Annahme mit berücksichtigen, ohne sie auszusprechen. Das erstere ist vorzuziehen, aber vielleicht auf indirekte Weise: ‚Es gibt manchmal Länder, die die Tradition haben, der Meinung zu sein, dass ... Was halten Sie davon?' Um diese Frage zu stellen, muss die Konfliktarbeiterin allerdings die Fähigkeit dazu haben, das Unhörbare, das, was nicht gesagt wurde, zu hören und das Unsichtbare zu sehen, die (nur zu) gut kontrollierte Körpersprache.

Dieses Modell wird noch schwieriger, wenn wir an zwei Personen denken, die sich Konflikttransformation zum Ziel gesetzt haben. Es gibt drei mögliche Gesprächskonstellationen:

Zwei Konfliktparteien sprechen miteinander: Sie führen eine *Verhandlung*.

Eine Konfliktpartei und eine Konfliktarbeiterin sprechen miteinander: Sie führen einen *Dialog*.

Zwei Konfliktarbeiter sprechen miteinander: Sie halten ein *Seminar* ab.

Wenn aber zwei Psychen sich treffen, interagieren vier Schichten:
das kollektive Bewusstsein, das bedeutet *Rollenverhalten*,
das personale Bewusstsein, das bedeutet *persönliche Einstellung*,
das personale Unterbewusstsein, das bedeutet *persönliches ‚Gepäck'*,
das kollektive Unterbewusstsein, das bedeutet *Tiefenkultur*.

Beginnen wir mit der Konfliktarbeiterin: Zweifellos kennt sie mehr als nur das Rollenrepertoire aus den Handbüchern. Aus ihren Erfahrungen sollte sie ihre persönliche Art dadurch entwickeln, dass sie wie jede Sozialarbeiterin, Mediatorin und Diplomatin aus dem vorgeschriebenen Repertoire für sich etwas weglässt oder ihm etwas hinzufügt. Sie sollte auch einige Einsicht in die Kräfte haben, die auf tieferen persönlichen und kollektiven Ebenen am Werk sind, und nicht denken, der Mensch wäre eine *tabula rasa*, ein unbeschriebenes Blatt. Jede Konfliktarbeiterin hat wie jeder andere Mensch eine Biografie. Wie jede Psychoanalytikerin eine Lehranalyse durchmachen muss, so kann die Konfliktarbeiterin ihre eigene Konflikttransformation als Training ansehen.

Solche Kenntnisse kann man nicht von jeder Konfliktpartei erwarten. Das einzige, was man erwarten kann, ist, dass die Konfliktarbeiterin sich über diese Faktoren klar ist, wie oben gezeigt.

Aber die Konfliktarbeiterin kann auch gut daran tun, ihre eigene Persönlichkeit zu betrachten, besonders die unterbewusste Ebene der Tiefengefühle. Gibt es dort Scham oder falschen Stolz? Wie steht es mit der Übereinstimmung mit der Konfliktpartei in Hinsicht auf Anekdotengeschmack, Humor, das Bekanntgeben von Wissen usw.?

Wie gehen zwei Konfliktparteien bei einer Verhandlung miteinander um? Ihr Austausch ist eine Debatte, kein Dialog, sondern ein Wortduell. Es gibt einen Gewinner und einen Verlierer, je nachdem, wer die Schlacht besser übersteht. Bewusste und unterbewusste Energien werden mobilisiert, um das Kollektivprogramm zu erfüllen, so dass das Kulturskript unbeschädigt in das Schlussdokument Eingang findet.

Ein kritischer und oft vernachlässigter Punkt ist die Rolle des kollektiven Unterbewussten in dieser Hinsicht. Die folgende Tafel zeigt die vier möglichen Ergebnisse.

	Identisches kollektives Unterbewusstes	Unterschiedliches kollektives Unterbewusstes
Verbale Übereinstimmung	A	B
Verbale Nicht-Übereinstimmung	C	D

In **Fall A** überrascht die Übereinstimmung nicht, wenn man davon ausgeht, dass das kollektive Unbewusste 90 Prozent einer Position bestimmt, so dass die Übereinstimmung programmiert ist. Die Verträge der Europäischen Union?

In **Fall B** ist die Übereinstimmung interessanter, da die Kluft zwischen den zugrunde liegenden Annahmen überbrückt wird. Fraglich ist jedoch die Haltbarkeit der Übereinstimmung. Die USA-Japan-Sicherheits-Verträge?

In **Fall C** ist die Nicht-Übereinstimmung interessant, da sie echte ideologische Nicht-Übereinstimmung widerspiegelt. Fraglich ist, ob die Nicht-Übereinstimmung dem Druck Stand halten würde. Frankreich und die NATO 1965/66?

In **Fall D** ist die Nicht-Übereinstimmung nicht überraschend, wenn wir davon ausgehen, dass das kollektive Unbewusste 90 Prozent der eingenommenen Positionen bestimmt, so dass Nicht-Übereinstimmung programmiert ist. USA-China-Beziehungen?

Eine Übereinstimmung ist vielleicht nur wenig mehr als die Verherrlichung des kollektiven Unterbewussten, das nicht durch realen Dialog gestützt wird. ‚Guter Draht' zwischen Individuen kann die Kluft überbrücken. Aber man sei skeptisch: Solche Übereinstimmungen können auf falschen Annahmen beruhen.

Zusammenfassung: In Richtung einer Konflikttransformations-Kultur

Konflikt setzt menschliche und soziale, individuelle und kollektive Energie frei und baut sie auf. Die Frage ist, wie diese Energie in Richtungen gelenkt werden kann, die zu konstruktiven und nicht zu destruktiven Ergebnissen führen. Man sehe in die Gesichter, man sehe den Menschen in die Augen, wenn sie sich im Konflikt befinden: Einige sehen matt und apathisch aus, die Augen anderer leuchten vor Aktionsbereitschaft. Die Frage ist, aktionsbereit zu welcher Aktion: zum Kampf auf dem Schlachtfeld oder zum Ersteigen der Gipfel menschlicher Kreativität?
Wir haben die Psychologie der Kreativität noch nicht befragt,[58] die sich allerdings auf das (oft einsame) kreative Individuum zentriert und darauf, wie Einsicht blitzartig kommt, eher durch Analogie als durch Logik. Eine Ausnahme nennt Edward DeBono[59] mit seinem ‚lateralen Denken', mit dem man neue Perspektiven gewinnt. Wir jedoch su-

chen einen Weg, wie Menschen gemeinsam kreativ werden können wie z.B. im *shir*[60] in Somalia.

Shir ist eine traditionelle Konfliktlösungsstruktur: Alle reifen Männer der in einen Konflikt verwickelten Klans treffen sich. Frauen, Kinder und junge heißblütige Krieger sind ausgeschlossen. Die Männer lagern sich während des heißen, trockenen Tages unter den Dornenbäumen. Sie schwatzen und trinken Tee. Sie verbringen auch viele Stunden damit, Kat zu kauen, die leicht euphorisierende Droge, die am Horn von Afrika angebaut wird. Sie rauchen, begrüßen einander, freuen sich, alte Freunde – und alte Feinde zu treffen. An irgendeinem Punkt, nehmen die Dinge Gestalt an. Die verschiedenen Teile, die das Hauptproblem bilden, um dessentwillen der *shir* zusammengerufen wurde, zerfallen in Stücke, weil langsam ein Klima entstanden ist, das einer Lösung förderlich ist. Das Ergebnis ist richtiger Frieden, ein Frieden von innen, ein Frieden, der nichts mit den von den UN organisierten eiligen Konferenzen in Hotels mit Klimaanlage in Addis Abeba gemeinsam hat.

Kurz gesagt: ein Konfliktmarkt, bis an die Ränder mit Dialogen gefüllt! Wir nehmen nicht an, dass es einfach wäre, das in diesem Kapitel beschriebene Modell umzusetzen.[61] Wir wollen betonen, dass große intellektuelle Anstrengungen notwendig sind, um fruchtbare Konfliktperspektiven zu entwickeln. Allerdings sollte der intellektuelle Aspekt durch keine Aufmerksamkeit auf das Emotionale und das Unterbewusste, wie man sie auch rechtfertigen mag, geschmälert werden, ganz gleich ob Konflikte eine ausreichende Anzahl von Menschen mit den notwendigen Talenten mobilisieren oder nicht. Das Urteil des 20. Jahrhunderts über den Krieg ist ein schallendes Nein. Wir müssen noch viel lernen und tun, um Konflikte besser zu handhaben.

2. Teil

Die TRANSCEND-Erfahrung: Diagnose, Prognose, Therapie

Kapitel 2.1

TRANSCEND: 45 Jahre, 45 Konflikte

Johan Galtung

Die 45 Jahre

Als Anfang 1959 in Oslo die Friedensforschung, zuerst als akademische Forschungsabteilung und später als Disziplin, eingerichtet wurde, war von Anfang an die Idee, dass sie eine angewandte Sozialwissenschaft sein sollte, die dem Wert verpflichtet ist: *Frieden mit friedlichen Mitteln* zu schaffen. Man zog Parallelen zu Sozialarbeit und Medizin. Als 1964 das *Journal of Peace Research* aus der Taufe gehoben wurde, wurden die Verfasser darum gebeten, ‚einige politische Implikationen' hinzuzufügen. Diese Bitte stieß auf Widerstand, der durch den vorherrschenden Trend in den Sozialwisssenschaften dieser Zeit bedingt war: Man darf Wissenschaft und Politik nicht miteinander vermischen. Außerdem war die Aufgabe nicht leicht zu erfüllen. Natürlich hatten sich die herrschende Politik und die Wissenschaft seit langem auf dem Feld der ‚Sicherheitsstudien' vermischt, die Prämissen und Schlussfolgerungen für militärische Belange lieferten. Wir wollten nichts anderes als dasselbe für friedliche Belange.

Politik und Wissenschaft waren schon seit einiger Zeit in dem Bemühen vermischt worden, eine intellektuell tragfähige Basis für ‚Frieden mit friedlichen Mitteln' zu legen. Politisch wurde das in der Forderung nach einem Friedensdienst für Kriegsdienstverweigerer ausgedrückt, die durch einen Streik gestützt wurde, der damit endete, dass ich 1954/55 zu sechs Monaten Gefängnis verurteilt wurde. Als in den frühen 60er Jahren die Idee eines norwegischen Friedenskorps aus der Taufe gehoben wurde, die später zu einem halb offiziellen Komitee führte, wurden die Möglichkeiten eines Friedenskorps über ein Entwicklungshilfe-Korps hinaus untersucht, da sich Konfliktarbeiter für die Menschen in Konfliktgebieten als nützlich erwiesen hatten. Darüber hinaus musste Entwicklungshilfe zu einem gegenseitigen Prozess werden, damit ein Friedens-Korps Bedeutung erlangen konnte, das im Konfliktfall nützlich werden könnte. Es ging nicht nur darum, dass ‚wir ihnen helfen', sondern auch darum, dass ‚sie uns helfen', mit Rat und konkreter Arbeit wie z.B. Unterrichten und auf dem sozialen Sektor. Zur damaligen Zeit wurde nur das Entwicklungshilfe-Korps akzeptiert, weder Friedens- bzw. Konflikt-Arbeit noch die Idee der Gegenseitigkeit.

Ich hatte 1951 den Kriegsdienst verweigert. 1952 begann ich einen 18-montigen Zivildienst (sechs Monate länger als der Militärdienst), leistete 12 Monate ab und weigerte mich dann, die übrigen sechs abzuleisten mit dem Argument, dass der gesamte Dienst, der vom Justizminister organisiert wurde, reiner Zeitverlust für junge Männer sei, die entschlossen und bereit seien, gewaltfrei für den Frieden zu arbeiten. Wenn allerdings diese sechs Monate als Strafe dienen sollten, dann könne ich nichts dagegen sagen. Das Gericht gab mir Recht: Ich diente sechs Monate Einzelhaft im Osloer Hauptgefängnis ab. Ich war weder der erste noch der letzte. Andere Pazifisten taten aus Verzweiflung und Protest gegen den Zivildienst dasselbe. Die Standardkriterien für Gewaltfreiheit waren erfüllt: Der Beschwerdegrund war klar, die Alternative war klar, der Protest war gewaltfrei. Dafür war ein Preis zu zahlen: Einzelhaft.

Etwa zehn Jahre vergingen und es sah so aus, als hätten wir gegen Windmühlenflügel gekämpft. Aber dann eines schönen Tages, als ich Direktor des Friedensforschungsinstituts in Oslo (PRIO) war, rief mich die Justizministerin, eine Konservative, an und wollte wissen, ob immer noch Kriegsdienstverweigerer für Friedensarbeit gewünscht würden, womit sie Friedensforschungsarbeit meinte, und wenn ja, um was für eine Arbeit es sich handele und wo und wann sie stattfinden solle. Wir einigten uns schnell auf Zahlen und Aufgaben und die Sache war erledigt.

Gewaltfreiheit für die Kriegsdienstverweigerer hatte funktioniert. Man dachte über einen Kriegsdienstverweigerer: ‚Entweder ist er bereit dazu, so viel zu opfern, weil er verrückt ist, oder an der Sache ist etwas dran oder beides'. Dieses Muster verbreitete sich in Europa und darüber hinaus und es existiert im Großen und Ganzen noch heute. Aber der Anfang beruhte doch auf der Tatsache, dass die Mutter der Ministerin und meine Mutter, die derselben sozialen Klasse in Oslo angehörten, sich regelmäßig zum Bridge-Spielen trafen. Gewaltfreiheit braucht ein Netzwerk.

1964 veröffentlichte ich die Broschüre *Norske Fredsinitiativ: 20 Forslag* (Oslo: PAX 1964, ‚Norwegische Friedensinitiativen: 20 Vorschläge'). Die 20 Vorschläge mit 65 konkreten Unter-Vorschlägen und 15 Über-Vorschlägen umfassen Entwicklungshilfe (der erste handelt von Gegenseitigkeit), Ost-West-Zusammenarbeit (Entwicklungshilfe eingeschlossen), Waffenkontrolle und Abrüstung, ausgedehnte Verteidigungskonzepte, Globalisierung der Friedenspolitik (mit UN-Gesandtschaften in allen Ländern) und Friedensplanung (mit einer

Direktion oder einem Ministerium für Frieden). In einigen der Artikel schlug ich eine enge Zusammenarbeit zwischen Norwegen und Polen vor. 1965 wurde ich vom polnischen Außenministerium eingeladen, an einer Diskussion über Einzelheiten teilzunehmen, mit dem Auftrag, dem norwegischen Ministerium zu berichten.

Die wichtigste Hintergrunderfahrung jedoch, die TRANSCEND formte, ereignete sich 1958 in Charlottesville, Virginia. Ich war Assistenz-Professor an der Columbia-Universität und machte mit graduierten Studenten eine empirische Studie über einen Gemeinde-Konflikt. Wir arbeiteten an einer Bevölkerungsstichproben- und einer Experten-Studie von Führern dreier Gruppen: weißer Segregationisten, weißer Nicht-Segregationisten und der Schwarzen. Wir führten etwa 2000 Interviews.

Alles sah viel versprechend aus: Wir bereiteten die Herausgabe eines Buches über eine Gemeinde vor, die in einen Konflikt verstrickt war, der mit ihrem Selbstbild unvereinbar war, das sie als ausschließlich friedlich und als Zentrum des Jeffersonschen Humanismus darstellte. Trotz den ausgezeichneten Daten wurde dieses Buch nie geschrieben. Etwas, das wichtiger war als ein weiterer Titel auf der Liste der Publikationen, kam ans Licht: die Politik von Konfliktarbeit. Damals dachten wir noch, der Ort, von dem eine Fall-Studie handele, könne anonym bleiben. Als die Nachricht von der Konfliktarbeit die nationale Presse erreichte, musste die Konflikt*studie* der Konflikt*arbeit* geopfert werden (aber die Daten gibt es noch).

Einerseits fiel uns die Entscheidung leicht. Wir hatten über das, was allen Bewohnern Anlass zur Sorge bot, mehr Informationen bekommen, als dem Bürgermeister und der Polizei zur Verfügung standen. Es war die Frage: Wird hier in Thomas Jeffersons Heimatstadt, die für das ganze Land eine Ikone ist, Gewalt ausbrechen? Die drei Gruppen wussten sehr wenig voneinander, da sie durch Ideologie und Rasse polarisiert waren. Wir entschieden uns dafür, Dialoge zu führen, in denen die Gruppen einander transparenter werden und die die allgemeine Unwissenheit über Gewalt durchbrechen sollten (tatsächlich gab es keine reale Bedrohung). Damit wollten wir zeigen, dass es Auswege gab, die die meisten Menschen zufrieden stellen würden, und dass auf dem Weg zu einer Lösung noch mehr Auswege zu finden waren.

Es funktionierte. Wir erklärten geduldig vom Standpunkt der allgemeinen Sozialwissenschaft aus die Prozesse, die in und mit ihnen abliefen, was den Konflikt entmystifizierte. Die Belohnung kam am Schluss: Wir bekamen einen Brief, der uns mitteilte, dass die Desegregation friedlich abgelaufen sei, teilweise dank der Konfliktarbeit.

Zu dieser Zeit nahm die Rolle der Konfliktarbeiterin Gestalt an, die viele Facetten hat: Konfliktprozesse sind zu entmystifizieren, die Lebenszyklen eines Konflikt sind zu erklären, für Intervention geeignete Punkte müssen gefunden werden und man muss sich auf Dialoge mit allen Parteien einlassen. Danach lief mein Leben zweigleisig: als Friedens- bzw. Konfliktforscher und als Friedens- bzw. Konfliktarbeiter. Die Gleise verliefen parallel zueinander und das tun sie bis heute.

Das war 1958. 1998, 40 Jahre nach Charlottesville, sind es 40 Konflikte (die Nummern 1 – 40 in eben der Reihenfolge, in der sie bearbeitet wurden, vgl. Teil 2), mit denen ich es aufnahm. Die Nummern 1 und 3 (Friedensdienst und Beziehungen zwischen Rassen in einer Gemeinde) sind die oben erwähnten Konflikte.

Während dieser 40 Jahre ist vieles dazugekommen und 1993 wurde deutlich, dass die Arbeit einige signifikante Wirkungen gehabt hatte. Zur Zeit von Konflikt Nummer 20 fiel die zum großen Teil von meiner Frau Fumiko Nishimura inspirierte Entscheidung, die Organisation TRANSCEND zu gründen, eine Organisation für ‚Konfliktlösung mit friedlichen Mitteln'. Die Idee war, etwa fünf Jahre lang zu experimentieren, zu forschen und pragmatische Arbeit zu leisten. Menschen mit den Fähigkeiten, die ein ‚Gelehrter und Praktiker' braucht, wurden zur Teilnahme eingeladen. Fast alle folgten der Einladung.

1998 hat TRANSCEND in gewissem Maße Form angenommen. Aber vor einem kurzen Bericht darüber, soll die Erzählung von den frühen Experimenten fortgesetzt werden. Konfliktarbeit braucht Zeit. Samen werden ausgesät; es ist nicht vorauszusagen, wie viel Zeit sie brauchen, bis sie Früchte bringen, vielleicht ist das überhaupt nicht voraussagbar: Man mache sich keine Illusionen über die Geschwindigkeit! Wir kehren jetzt in die frühen Jahre zurück. Vielleicht können dort Muster gefunden werden und auch ein Minimum an Erfahrungen, die TRANSCEND seine Form gaben.

Unsere Generation wurde durch den Kalten Krieg geformt. Drei Wochen in der Sowjetunion – als Mitglied einer Studentendelegation – im März 1953 zur Zeit von Stalins Tod führten mich zu der Schlussfolgerung: Der Stalinismus ist so schrecklich, wie man sagt, aber dieses Volk will keinen Krieg. Während mehr als 35 Jahren der Konfliktteilnahme im Ost-West-Konflikt geschah vielerlei: Zweimal wurde ich in der Sowjetunion verhaftet, weil ich Flugblätter über die nichtmilitärische Verteidigung in Prag verteilte, nachdem die Truppen des Warschauer Pakts dort einmarschiert waren, und einmal wurde ich von einer Rednertribüne in Ostberlin gezerrt und in einem schwarzen Wagen zum Flughafen gebracht.[62] Aber den größten Einfluss auf die Formung von TRANSCEND hatte das Projekt für den Europarat 1967, bei dem erforscht werden sollte, wie Länder in Europa – Nord-, Süd-, Ost- und West-Europa - die Zukunft sahen, von Moskau bis Washington, DC, von Oslo bis Athen.

In langen und tiefen Dialogen mit 19 Abteilungsleitern von politischen Sektionen der Außenministerien stellte sich heraus, wie viel kenntnisreicher, charmanter und kreativer sie im persönlichen Gespräch waren als bei öffentlichen Auftritten, besonders wenn bei diesen ‚die andere Seite' anwesend war. Zweifellos trug diese Erfahrung dazu bei, dass ich den Dialog mit den Parteien den Verhandlungen zwischen den Parteien vorzog.

Aus diesen Gesprächen tauchte eine Idee auf, die heute trivial erscheint: Die Parteien des Ost-West-Konflikts könnten sich in einer UN-Sicherheits-Kommission treffen – ähnlich der Wirtschaftskommission der UN für Europa -, in der alle Parteien alle Probleme besprechen könnten und nicht nur ein isoliertes Problem (wie z.B. Waffenkontrolle) auf einmal. Das wäre besser, als nukleare Massenvernichtungswaffen aufeinander zu richten.

Im August 1967 wurde diese Idee in ganz Europa[63] bekannt gemacht, für gewöhnlich in Versammlungen, die von Instituten für Außenpolitik organisiert wurden. Die allgemeine Aufnahme war positiv, besonders in Osteuropa, das sich unabhängiger von Moskau gab als Westeuropa von Washington. Trotzdem urteilte der tschechische Außenminister, ‚die Zeit sei nicht reif' dafür.

In Prag hörte ein junger Mann, der hinten im Raum saß, zu. Er war als Dissident nach der Sowjetinvasion im August 1968 aufs Land geschickt worden und wurde die Nummer 2 im Außenministerium, nachdem der Kommunismus implodiert war. Man wollte, dass sich die Sowjetarmee aus dem Land zurückzog. Die vorgeschlagene Formel war ‚der Galtung-Plan'. Die Zeit schien jetzt ‚reif'.[64] Eduard Schewardnadse[65] reagierte positiv. Auch wenn er den Warschauer Pakt[66] gerne modernisiert gehabt hätte, brauchte er einen Nachfolger für das System des Kalten Krieges. Eine permanentere KSZE (Konferenz für Sicherheit und Zusammenarbeit in Europa) war eine solche Formel.[67] Deshalb unterstützte er nicht nur den Rückzug der Armee, sondern er wollte, dass diese Organisation ein tragender Pfeiler im Rahmenwerk für Frieden in Europa würde. Und genau das geschah im Pariser Vertrag im Herbst 1990.

Daraus mag man dreierlei lernen:

Samen legen. Man soll sich nicht von Menschen ins Bockshorn jagen lassen, die sagen, Ideen seien zu idealistisch oder nicht realistisch genug. Wenn sie ‚realistisch' wären, dann wären sie in den Hauptdiskursen der Eliten verfügbar gewesen. Eliten sind ja nicht blöd. Solche Ideen wären aufgenommen worden. Wenn Konflikte nicht absterben, liegt das daran, dass ‚realistische‘ Ideen oft nicht realistisch sind. Daraus folgt nicht, dass alle Ideen der Eliten verrückt seien und alle guten Ideen gegen den Strich gedacht werden. Aber es ist nicht leicht für Eliten, sich über den Status quo hinwegzusetzen. Im Klima der späten 60er Jahre nach der brutalen Invasion in die Tschechoslowakei war es utopisch vorzuschlagen, Ost und West sollten sich gleichberechtigt zusammensetzen und ihre Sorgen miteinander teilen.

Die Wege des Herrn sind unerforschlich. Wenn man gesät hat, ist es nicht leicht vorauszusagen, wo die Samen aufgehen werden. Zwischen 1981 und 1985 hielt ich überall in Europa etwa 500 Gespräche ab. Es ging um defensive, nicht-provokative Verteidigung als militärische Doktrin, Gewaltfreiheit in Osteuropa gegen den (Post-) Stalinismus, Volksdiplomatie, einseitige Abrüstung wie Charles Osgoods gute ‚graduelle gegenseitige Initiative zur Spannungsreduktion‘ (GRIT). Kleine, demokratische, sogar sozial-demokratische NATO-Länder im nordwestlichen Europa sollten die Empfänger sein. Aber das erwies sich als falsch. Sie ergriffen keine der Initiativen, denn sie waren sowohl Kunden der USA als auch Status-quo-Länder, anders als die unsicheren osteuropäischen Länder, die ein wenig westliche Anerkennung suchten.

Ausdauer braucht Zeit. 1967 wurde der Samen gesät. Ein Assistent, der später stellvertretender Außenminister wurde, trug den Samen weiter und er keimte in den frühen 90er Jahren, was er mir im Februar 1993 bei einer Konferenz in Luxemburg mitteilte, 25 Jahre nachdem der Samen ausgesät worden war. Viele werden nichts hören, das macht nichts. Aber es tat gut!

Jedoch ist damit noch längst nicht all das erschöpfend dargestellt, wofür viele von uns während des Kalten Krieges in verschiedenen Teilen der Friedensbewegung eintraten. Typischerweise nehmen Staatssysteme eher Vorschläge von Institutionen an.

Die Sorgen, die nicht nur unsere waren, können unter zwei Überschriften zusammengefasst werden:

1. *Stalinismus.* Das bedeutet Unterdrückung und allgemeine Verletzung ziviler und politischer Menschenrechte und
2. *Nuklearismus.* Das bedeutet die realistische Bedrohung durch einen Atomkrieg, verbunden mit der Politik staatlicher Heimlichtuerei.

Der Osten im Allgemeinen und die Sowjetunion im Besonderen wurden von beiden Pathologien heimgesucht. Der Westen im Allgemeinen und die Vereinigten Staaten im Besondern von der zweiten und die NN (neutralen, nicht angeschlossenen) von keiner der beiden.

Die empfohlene Reaktion auf Unterdrückung im Osten war gewaltfreier Kampf. Wir verwandten viel Zeit darauf, Informationen über Formen des zivilen Ungehorsams bzw. der Nichtkooperation bzw. konstruktive Aktionen zu verbreiten, besonders in Polen, Ostdeutschland und der Tschechoslowakei. Andere taten dasselbe und gewannen damit einigen Einfluss in allen drei Ländern.[68] Es genügte nicht, Menschenrechte und Demokratie zu predigen.

Die empfohlene Reaktion auf den Nuklearismus war eine alternative Verteidigung: eine Mischung aus defensiver Mitlitärverteidigung, Miliz und nichtmilitärischer Verteidigung.[69] Andere arbeiteten in derselben Richtung, und möglicherweise hatte das einigen Einfluss auf Gorbatschows Gedanken über ausreichende Verteidigung.[70] Es genügte nicht, Abrüstung zu verkünden.

Brückenbauen zwischen Menschen in Ost und West durch Volksdiplomatie war wichtig, Brückenbauen zwischen einer Dissidentenbewegung, die sich weniger Sorgen über einen Atomkrieg machte, und einer Friedensbewegung, die sich weniger Sorgen über Unterdrückung machte. Im Laufe der 80er Jahre einigten sich die Bewegungen ziemlich gut miteinander.

Auf Vorschläge und konkrete Aktionen wird Wert gelegt. Aber um auf die Erfahrung von Charlottesville zurückzukommen: Es sollte nicht unterschätzt werden, welche Rolle die Kommunikation sozialwissenschaftlicher Erkenntnisse spielen kann, vorausgesetzt sie konzentrieren sich auf Frieden mit friedlichen Mitteln. Eine kurze Geschichte über die Kommunikation während des Kalten Krieges, ein kleines Drama in drei Akten, soll dies verdeutlichen.

Akt I: Vom Anfang dessen an, was später das Internationale Friedensforschungsinstitut in Oslo (PRIO) und dann der Lehrstuhl für Konflikt- und Friedensforschung an der Universität Oslo wurde, wurden Forschungspapiere über Friedenspolitik mit friedlichen Mitteln in die ganze Welt verschickt, unter anderem auch an IMEMO in Moskau, einen wichtigen Expertenrat. Es kam keine Reaktion, keine Antwort, kein Kommentar, keine Gegenreaktion. Wir nannten das IMEMO scherzhaft das 'schwarze Loch im Universum'.

Akt II: 1982 wurde eine Konferenz am IMEMO abgehalten, wo ich ein Buch vorstellte, das in Kürze erscheinen sollte.[71] Nach dem Mittagessen organisierte der Bibliothekar einen Besuch im Allerheiligsten der Bibliothek. Und da waren sie, alle Publikationen, die wir jemals

224

geschickt hatten, eine bessere Kollektion als wir selbst hatten, unterstrichen, angemerkt, bekritzelt! Wir hatten das ‚schwarze Loch im Universum' ausfindig gemacht. Es hatte Materie, Energie, Information bekommen und nicht abgegeben. Der Bibliothekar lächelte uns an und umarmte uns.

Akt III: Bei einem Treffen in Oslo 1991 berichtete uns der stellvertretende Außenminister[72], dass eine Studiengruppe junger Assistenten und andere diese Papiere als Grundlage für das benutzt hatten, was später als Gorbatschows ‚neues Denken' bekannt wurde. Er lobte Menschen über den grünen Klee, die weiter Papiere verschicken, auch wenn sie keine Antwort bekommen, allen westlichen ‚Boykott'-Doktrinen gegen die Sowjetunion zum Trotz. Noch eine Umarmung.

Hier noch eine Geschichte, die ich vor kurzem erlebte. Vielleicht wird sie einige Zeit später ganz anders aussehen.

Ekuador und Peru (Konflikt Nr. 28) litten seit 1941 unter einer Reihe von Kriegen. Eine Zone zwischen beiden, ‚la zona inejecutable' war der Hauptzankapfel, weil die beiden Länder wegen gewisser geografischer Umstände nicht in der Lage waren, eine Grenze festzulegen. 1995 gab es wieder einen Krieg. Als mich der Ex-Präsident von Ekuador bei einem Treffen in Guatemala City um einen Vorschlag bat, ging ich von meiner Erfahrung in Lateinamerika im Allgemeinen und einigen Ideen (von 1965) im Zusammenhang mit dem Chile-Bolivien-Peru-Dreieck aus und schlug eine ‚binationale Zone mit einem Naturpark' vor. Der Ex-Präsident fand den Vorschlag gut, aber er sagte, die Idee sei so neu, dass man wohl 30 Jahre brauchen würde, nur um sich daran zu gewöhnen, aber die Angelegenheit sei dringend.

Die Idee wurde bei TRANSCEND-Übungen in Konflikttransformation für UN-Diplomaten in Genf benutzt. Der Gesandte von Ekuador fand die ‚Übung' äußerst interessant und schlug eine Reise nach Quito vor. Am 5. Juni 1998 wurde in der Militärakademie in Quito ein Vortrag gehalten mit vielen Einzelheiten und einer kundigen Diskussion.

Dieser Blick auf die Geschichte endet mit einem Bericht in der *Japan Times* (Oktober 1998), dass Ekuador eine 'binationale Zone mit einem Naturpark' vorgeschlagen habe, so dass damit das gesamte Grenzproblem ausgehandelt sei. Peru stimmte zu, aber es verlangte trotzdem eine feste Grenze. Das löste anscheinend das Problem und der Vertrag wurde sofort danach unterzeichnet. Die Angelegenheit brauchte drei und nicht 30 Jahre und ein wenig Glück und ein fröhliches Zusammentreffen in Guatemala City, das durch einen anderen Gesandten vermittelt worden war.

Es ist wieder dasselbe: Konfliktparteien bleiben leicht stecken und bestärken einander darin, einen Konflikt immer auf dieselbe unproduktive Weise zu betrachten, womit sie das Entstehen neuer Ideen blockieren. Menschen von außen können oder könnten andere oder neue Blickwinkel einführen.

Die 45 Konflikte

Was meinen wir mit ‚Konflikt', wie klassifizieren wir Konflikte, und was meinen wir, wenn wir von ‚Konflikte studieren' und von ‚Konfliktarbeit' sprechen?

Konflikt wird als Synonym für Gewalt gebraucht. Ein Konflikt entsteht, wenn es miteinander nicht zu vereinbarende Ziele gibt, ‚Probleme', Widersprüche. Das ist menschlich, so ist das Leben. Wenn der Konflikt sehr tief sitzt und nicht gelöst oder transformiert wird, dann kann er in eine Phase der Gewalt eintreten. *Konflikten kann man nicht vorbeugen, wohl aber der Gewalt.* Die Konfliktenergie kann in Richtungen gelenkt werden, wo sie positive, gewaltfreie, konstruktive und transformierende Wirkung bekommen kann. Das ist unsere Aufgabe.

TRANSCEND-Programm I:

Konflikt-Transformations-Erfahrungen

Meso-Ebene: Konflikte zwischen den Geschlechtern
[30] ‚Comfort Women'

Meso-Ebene: Konflikt zwischen den Generationen
[40] Konflikt zwischen den Generationen und Nachhaltigkeit

Meso-Ebene: Konflikte zwischen Klassen
[33] Geiselkrise
[34] Albanien
[38] Kolumbien
[39] Konflikt zwischen den Klassen und Globalisierung

Meso-Ebene: Konflikte zwischen Rassen in einer Gemeinschaft
[3] Beziehungen zwischen Rassen in einer Gemeinde

Meso-Ebene: Innerstaatliche Konflikte
[1] Friedensdienst

226

[20] Anomie/Atomie und ‚Sekten'
[24] Versöhnungskonflikte
[42] Bürgerkrieg in Angola

Meso-Ebene: Zwei-oder-mehr-Nationen/Ein-Staat-Konflikt
[6] Israel-Palästina
[8] Rhodesien-Zimbabwe
[13] Hawaii
[19] Hindu-Moslem-Beziehung
[22] Somalia
[25] China
[35] Libanon

Makro-Ebene: Eine-Nation/Zwei-oder-mehr-Staaten-Konflikt
[11] Korea
[15] Die Kurden
[23] Die Mayas
[43] Die Samen

Makro-Ebene: Zwei-oder-mehr-Nationen/Zwei-oder-mehr-Staaten-
                Konflikte
[7]   Zypern
[9]   Nordirland
[10] Kaschmir
[12] Pax Pacifica
[18a] Der jugoslawische Konflikt 1991/95
[18b] Der jugoslawische Konflikt 1998
[21] Sri Lanka
[29] Kaukasus
[31] Okinawa
[32] Die Großen Seen
[36] Euskal Herritarrok (Baskenland)
[37] Gibraltar/Ceuta-Melilla
[41] Afghanistan

Makro-Ebene: Konflikte zwischen Staaten
[4]   Kuba
[14a] Der Golf-Konflikt 1990-91
[14b] Der Golf-Konflikt 1998
[16] Japan-USA
[17] Japan-Russland
[28] Ekuador-Peru

Mega-Ebene: Konflikte zwischen Regionen
[2a] Ost-West-Konflikt. Kalter Krieg I
[2b] Ost-West-Konflikt. Kalter Krieg II
[5] Nord-Süd-Konflikt
[27] Dreigeteiltes Europa
[45] Die USA, der Westen und die übrige Welt

Mega-Ebene: Konflikte zwischen Zivililsationen
[26] Christen und Muslime
{44] Die Christen und die Heiden

Die Leserin wird bemerken, dass viele Konflikte fehlen. Wir erheben keinen Anspruch auf Vollständigkeit, aber darauf, dass viele verschiedene Erfahrungen gemacht wurden, die tief in verschiedene Konflikte hineinreichen, wobei Dialoge mit den Parteien geführt wurden, in denen Auswege, Ergebnisse und Prozesse, die zu Ergebnissen führen, gesucht und erprobt wurden.

Auf jeden der 45 (48) Konflikte bietet der nächste Abschnitt eine in knappe Worte gefasste Perspektive an, für gewöhnlich mit Diagnose, Prognose und Therapie. Die meisten Texte sind eineinhalb Seiten, einige mehr als zwei Seiten lang. Natürlich ist über etwas so Komplexes wie Konflikte viel mehr zu sagen. Die Texte sind für Menschen zusammengestellt, die einen schnellen Überblick und einige Ideen darüber haben möchten, wie es mit dem betreffenden Konflikt weitergehen kann. Einige möchten vielleicht lieber in der Reihenfolge Diagnose, Prognose, Therapie (DPT) lesen, andere bevorzugen vielleicht die Reihenfolge TPD, fangen bei Therapie an und lesen aufwärts weiter, wenn sie etwas für sie Interessantes finden.

Einen noch leichtern Überblick der 45 (48) Konflikte gewinnt man auf den folgenden Seiten: die Konflikte in chronologischer Ordnung, wie wir sie aufgenommen haben, mit je einer Zeile für D, P und T. Auf unserer web-site www.transcend.org finden Sie kurze Texte zum Hintergrund einiger Konflikte mit einigen Argumenten, die der Perspektive zugrunde liegen, und ausführlichere Texte über den Konflikt in und über Jugoslawien.

In 32 der 45 Konflikte geht es auf die eine oder andere Weise um Territorium, die meisten von ihnen (24) handeln von der Nation/Staat-Dialektik. Da wir hiermit die meisten Erfahrungen haben, findet die Leserin in diesem Buch eine spezielle Analyse der Nation/Staat-Dialcktik (in Kapitel 1.5). Danach eine Analyse des zugrunde liegenden Ansatzes, die TRANSCEND-Methode, mit einigen Hinweisen auf die Zukunft (in Kapitel 1,7). Aber nun zurück zur TRANSCEND-Geschichte.

Die neue Publikation: Prevention and Management of Violent Conflicts (Utrecht: European Platform for Conflict Prevention and Transformation, Ausgabe 1998) bietet 'Profile von 475 führenden Organisationen und Institutionen auf diesem Gebiet'. Von fast allen kann man sagen, dass sie für ‚Frieden mit friedlichen Mitteln' arbeiten. Tausende sind daran beteiligt, die meisten nicht von Regierungen, einige von Regierungen beauftragt, fast niemand ist der Unternehmens-Welt verbunden. Sie bringen gemeinsam einen Reichtum an Ideen hervor und engagieren sich bei der Friedenskonsolidierung über komplexe Konfliktgrenzen hinweg. Die meisten wurden in den 90er Jahren ins Leben gerufen, viele haben ihre Wurzeln in den Friedensbewegungen der 80er Jahre. Es ist undenkbar, dass sie nicht einen Einfluss auf unsere Denk- und Handlungsweise in Bezug auf Frieden haben sollten.

TRANSCEND ist eine von ihnen. Hat TRANSCEND einen Einfluss? Haben wir etwas geleistet? Das ist der Fall bei den Nummern 1 und 2, der Nutzen einer Sicherheitskommission für Europa und für die Nummern 3 und 28 (Ekuador-Peru, die Idee der binationalen Zone). Sie erwuchsen aus vielen Dialogen. Zweifellos hätte jemand anderes dasselbe vorgeschlagen, wenn es nicht TRANSCEND getan hätte. Die Kausalketten sind in solchen Angelegenheiten sehr komplex. Es wäre der Inbegriff von Megalomanie, wenn man eine einzelne Person als Ursache der Wirkung ‚Frieden' ansähe. Alles, was wir hoffen können, ist, dass wir dem Fluss der friedlichen Ansätze, der Kulturen und Strukturen von Frieden, ein Rinnsal von Friedenskultur hinzugefügt haben. Schopenhauers Worte sind weise:

Jede Wahrheit durchläuft drei Stadien:
Zuerst ist sie lächerlich,
Zweitens wird ihr gewaltsam Widerstand geleistet,
Drittens wird sie als selbstverständlich angenommen.
[Rückübersetzung]

Vielleicht übersah er das Stadium O: das große Schweigen. Aber Schopenhauer spricht hier über Wahrheit und nicht über Organisationen und Einzelne. Unsere Aufgabe ist es, dazu beizutragen, dass die Wahrheiten über Konflikttransformation mit friedlichen Mitteln zu Selbstverständlichkeiten werden.

45 Jahre, 45 Konflikt-Perspektiven, 1956 bis 2001

D, P, T: Diagnose, Prognose, Therapie: Kürzestformulierungen

[1] Friedensdienst, 1953-64
D: Zeitverlust für eine wachsende Anzahl von jungen Männern, die sich am Frieden orientieren
P: zunehmende Polarisierung und Marginalisierung durch Regierung
T: alternativer, gewaltfreier Dienst für Frieden und Menschenrechte

[2a] Ost-West-Konflikt. Kalter Krieg I , 1953-89
D: Reduktion auf 2Parteien, 1 Konflikt; Stalinismus, Nuklearismus
P: In-die-Länge-Ziehen – Dritter Weltkrieg – Atomkrieg bzw. gegenseitiger Völkermord
T: KSZE, GRIT/ defensive Verteidigung, Volksdiplomatie, Gewaltfreiheit

[2b] Ost-West-Konflikt. Kalter Krieg II , 1996
D: Expansion der NATO und AMPO setzen Russland-China unter Druck
P: russisch-chinesische Zusammenarbeit, vielleicht mit Indien-Pakistan
T: die Pläne fallen lassen oder ausschließlich defensiv machen, UN/OSZE mit Privilegien ausstatten

[3] Beziehungen zwischen Rassen in einer Gemeinde (Charlottesville, VA), 1958-60
D: Mangel an Transparenz zwischen den drei Konfliktparteien
P: übertriebene Wahrnehmung könnte zu Gewalt führen
T: soziologische Erkenntnisse allen mitgeteilt, Deeskalation

[4] Kuba, 1960
D: Sendungsbewusstsein Amerikas steht auf dem Spiel; betroffen durch den Kalten Krieg
P: endlose Bemühungen um Destabilisierung, Krieg eingeschlossen
T: kubanische Selbstverantwortung, politischer Pluralismus nach US-Modell

[5] Nord-Süd-Konflikt, Entwicklungskrise, 1962
D: Imperialismus, Ökonomismus, asymmetrische Bedingungen
P: massives Elend/Gewalt/Wanderungen im Süden; Arbeitslosigkeit im Norden
T: alternative Ökonomie, Selbstverantwortung I, Selbstverantwortung II

[6] Israel-Palästina, 1964-
D: Siedlerkolonialismus, traumatisiertes auserwähltes Volk gegen Einheimische
P: lang anhaltende strukturelle und direkte Gewalt, Eskalation
T: Gewaltfreiheit (*Intifada*), Autonomie - Zwei-Staaten-Konföderation

[7] Zypern, 1964-
D: zwei Nationen auf einer kleinen Insel, die Mutterstaaten alte Feinde
P: periodisch auftretende Gewalt als Teil der orthodoxen/ muslimischen Bruchlinie
T: den türkischen Teil anerkennen, Zypern tritt als (Kon-)Föderation der EU bei

[8] Unabhängigkeitskämpfe (Rhodesien-Zimbabwe), 1965-70
D: Siedlerkolonialismus, *Zivilisations-Missions*-Komplex
P: *Wirtschaftssanktionen werden das Regime nicht entmachten*
T: Unabhängigkeit durch massive Gewaltfreiheit

[9] Nordirland, 1970
D: Institutionalisierung eines länger als 300-jährigen Kampfes
P: gegenseitige Entfremdung, Polarisierung, fortgesetzte Gewalt
T: anglo-irisches Kondominium, starke Ulster-Autonomie bzw. Unabhängigkeit

[10] Kaschmir, 1971-
D: viele Menschen leben gegen ihren Willen in Kaschmir/Indien
P: langwieriger Terrorismus/Folter; zeitweilig indo-pakistanische Kriege
T: Dreiteilung gemäß überwachter örtlicher Volksabstimmungen

[11] Korea, 1972-
D: Teilung einer Nation, Teilung eines Staates durch Außenstehende
P: Korea-Krieg 1950-53, mit Abwandlungen wiederholt
T: Korea in die Ostasiatische Gemeinschaft einfügen, Schiene und Straße öffnen

[12] Pax Pacifica, 1988-
D: Anfälligkeit kleiner Inselstaaten gegen alle Formen von Gewalt
P: strukturelle, kulturelle und Natur-Invasion bzw. -Überschwemmung
T: Verbände, Konföderationen, Ausbau von Friedenszonen

[13] Hawaii, 1989-
D: Siedler/Migranten-Arbeiter-Kolonialismus, Zerstörung/Kultivierung
P: fortgesetzte Behandlung der Einheimischen als Bürger zweiter Klasse, Gewalt
T: Legislative mit zwei Kammern, zunehmend unabhängiges Hawaii

[14] Der Golf-Konflikt (Der Krieg), 1990-91
D: Reduktion auf 2 Parteien, 1 Konflikt, Gott gegen Satan, Armageddon; DMA
P: massiver Völkermord, auch durch ökonomische Sanktionen
T: historisch/kulturelle Komplexifizierung, Verhandlungen; CSCME

[14b] Der Golf-Konflikt (Inspektion), 1998
D: Staat (USA/England) und Beduinen, Kriegerlogik am Werk; c'mon!
P: wieder einmal doppelte Feier von Sieg und Ausweglosigkeit
T: die Probleme nehmen, wie sie kommen, klarer Terminplan; CSCME

[15] Die Kurden, 1990-
D: fünf Länder teilen eine Nation
P: in die Länge gezogene endlose Gewalt, Terrorismus und Folter
T: Menschenrechts-Autonomie-Kurden-Konföderation durch Gewaltfreiheit

[16] Japan-USA, 1990-
D: Inkongruenz im Rang: Japan ökonomisch, USA politisch führend
P: zweiter Öffnung-Nachahmung-Konflikt-Krieg-Zyklus; Spannung, Krieg
T: weniger Handel, Ende von AMPO, dann neu verbinden mit Fairness, Gleichheit

[17] Japan-Russland , 1991-
D: Eigentümerschaft über die Südkurilen/Nordterritorien
P: das Problem vergiftet weiter die Beziehungen zwischen Nachbarn
T: heiliges Territorium, japanische Eigentümerschaft, zusammen verwalten

[18a] Der jugoslawische Konflikt I (Nordwest), 1991/93-
D: Reduktions [2, 1]-Formel, Gott gegen Satan, Armageddon
P: massiver Völkermord, auch durch Sanktionen, große Eskalation
T: gleiches Recht auf Selbstbestimmung, Konföderation; CSCSEE

[18b] Der jugoslawische Konflikt 1998 (Südosten), 1998
D: albanische Unabhängigkeitsbewegung auf dem von vielen Serben bewohnten und ihnen heiligen Land
P: Besetzung und Regierung durch eine dritte Partei; wie Bosnien-Herzegovina
T: Kosovo als dritte FRY-Republik, Süd-Balkan-Konföderation

[19] Hindu-Moslem-Beziehung (Ayodhya), 1992
D: Grenzen der Toleranz; fehlender Respekt für Mutter Indien
P: sporadische Gewaltausbrüche, Trennung der Gemeinschaften
T: Hindu-Muslim-Dialog und konkrete örtliche Zusammenarbeit

[20] Anomie/Atomie und ‚Sekten', 1993-
D: Sekten bzw. Nationalismen als Reaktionen auf postmoderne Regellosigkeit bzw. Zerstückelung
P: neue Gruppenbildung innerhalb von und über Gesellschaften hinaus; Gewalt
T: Verträge, die Gruppenformationen und individuellen Austritt schützen

[21] Sri Lanka, 1993-
D: Auferlegung eines Einheitsstaates auf ein multinationales Volk
P: fortgesetzt durch Institutionalisierung von Gewalt
T: nicht-territorialer Föderalismus, die legislativen Autonomien trennen

[22] Somalia, 1993-
D: Hunger und Krieg folgender ziviler Kampf zwischen Clans
P: ausländische Intervention, die Somalia als Nationenstaat definiert, misslingt
T: duale föderale Struktur, territorial und auf die Clans gegründet

[23] Die Mayas, 1994-
D: Eroberung Amerikas 1492-, Marginalisierung, Freiheitskampf
P: endloser Revolutions-Repressions-Zyklus
T: Menschenrechts-Autonomie-Maya-Konföderation; durch Gewaltfreiheit

[24] Versöhnungskonflikte (Argentinien), 1995-
D: Ambivalenz fördert, Christentum und Legalismus behindern Versöhnung
P: keine wirkliche Versöhnung findet statt
T: das Problem im offenen Dialog austragen

[25] China, 1995-
D: große Autonomie-Bewegungen in dem ältesten Einheitsstaat der Welt
P: Zerstörung Tibets, Entfremdung, langwierige Gewalt
T: China als Konföderation aus fünf Teilen (+ Innere Mongolei?)

[26] Beziehungen zwischen Christen und Muslimen, 1995-
D: 1095 Erklärung des Heiligen Krieges, keine Friedenserklärung
P: langwierige Mikro/Makro-Gewalt, Gott gegen Satan, Armageddon
T: christlich-muslimischer Dialog und konkrete örtliche Zusammenarbeit

[27] Dreigeteiltes Europa, 1995-
D: Europa konfessionell geteilt katholisch-protestantisch/ orthodox/ muslimisch
P: in Jugoslawien eskaliert die europäische Dreiteilung zu einem Konflikt
T: Westfälischer Frieden +: paneuropäische Institutionen bis hin zur Konföderation

[28] Ecuador-Peru, 1995
D: klassischer Territorialstreit; militärisch nach Legitimität suchend
P: ein Muster für zwischenstaatlichen Krieg für Lateinamerika
T: gemeinsame Eigentümerschaft, Gebrauch des strittigen Gebiets als Friedenszone

[29] Kaukasus, 1996-
D: drei Länder/starke Minoritäten; vier ausländische Mächte
P: endlose Gewalt, Einmischung von außen, wirtschaftliche Infiltration
T: gemeinsame Friedenszone, Kaukasisches Parlament, Konföderation

[30] ,Comfort Women' (Japan-Korea), 1996-
D: Patriarchie/Imperialismus/Kriegs-Syndrom
P: wird reproduziert, solange das Syndrom intakt ist
T: Japan übt tiefgehende Selbstkritik, Ausrottung des Syndroms

[31] Okinawa, 1996-
D: USA-Japan-Zusammenarbeit, Okinawa wird als größte Militärbasis benutzt

234

P: polarisierende Beziehungen; totale Zerstörung im Falle eines Krieges

T: Reduzierung der Basen auf japanisches Niveau; Okinawa als die asiatische Schweiz

[32] Region der Großen Seen, 1997

D: Hauptprojektion des deutschen Rassismus, englisch-französische Stammeskultur

P: die Gewalt wird reproduziert werden

T: der Westen trägt Mitverantwortung; Zwei-Meere-Konföderation

[33] Geisel-Krise, 1997-

D: Konflikt über Elend; Metakonflikt über den Einsatz von Gewalt

P: Gewalteskalation erhält sich selbst, durch Elend reproduziert

T: alle Parteien entwaffnen sich und treffen sich in der Arbeit, das Elend zu vermindern

[34] Albanien, 1997-

D: Schneeballsystem, um festes in flüssiges Kapital umzuwandeln

P: tieferes Elend und fortgesetzte Gewalt

T: internationale Untersuchungskommission; Wiedergutmachung

[35] Libanon, 1997-

D: Gewalt in einer tief gespaltenen Gesellschaft, wenn die Ressourcen ausgehen

P: neue Zerstörung, nachdem der Aufbau vollendet war

T: gemeinsamer Wiederaufbau, Lösung, Versöhnung

[36] Euskal Herritarrok, 1997-

D: zwei Länder teilen eine Nation

P: langwierige, endlose Gewalt, Terrorismus und Töten

T: funktionale Unabhängigkeit und französisch-spanisches Kondominium

[37] Gibraltar und Ceuta-Melilla, 1997-

D: die Mehrheit und die historischen Rechte haben verschiedene Implikationen

P: kleinere und dann größere Gewaltanwendungen

T: alle drei internationalisieren, als spanisch-englisch-marokkanisches Kondominium

[38] Kolumbien, 1998-
D: große Regellosigkeit (Entkulturisierung) und Zerstückelung (Destrukturalisierung)
P: wachsende Gewalt und Korruption in allen Gruppierungen
T: intensive Wiederkulturisierung und beispielhafte Friedenszonen

[39] Konflikt zwischen den Klassen und Globalisierung, 1998-
D: schlechte Verteilung, niedrige Kaufkraft, Überproduktion
P: zunehmendes Elend, Arbeitslosigkeit, Kapital für Spekulationen
T: bessere Verteilung, überall den Lebensunterhalt sichern

[40] Konflikt zwischen den Generationen und Nachhaltigkeit, 1998-
D: extremer Egoismus, Kurzzeitperspektive, viel Konkurrenz
P: Lebensgrundlage der nächsten Generationen gefährdet, Massenmigration
T: weniger Menschen, die länger leben, 3-4-Generationen in einem Haus, *oikos*

[41] Afghanistan, 2001-
D: extreme Uneinigkeit und ausländischer Großes-Spiel-Interventionismus
P: das wird so weitergehen, ‚Politik wie gewöhnlich', auch nach dem 11. September 2001
T: Koalitionsregierung, Föderation und Zentralasiatische Gemeinschaft

[42] Angola, 2001-
D: Krieg um Ressourcen mit internationaler Mittäterschaft
P: diplomatische Stagnation und fortgesetzter Krieg
T: geheime informelle Diplomatie, humanitärer Waffenstillstand, örtliche Macht

[43] Die Nation der Samen, 2001-
D: vier Länder beschäftigen eine Nation und beuten sie aus
P: weitere Ausbeutung, gewaltsamer Widerstand möglich
T: Wahrheitskommission; kollektive Rechte, Autonomie, Konföderation

[44] Die Christen und die Heiden, 2000-
D: eine päpstliche Bulle verkehrt 1493 Entdeckung in Beherrschung
P: Theologie wird zum Recht, das Sklaverei und Kolonialismus rechtfertigt
T: Widerruf der päpstlichen Bulle

236

[45] Die USA, der Westen und der Rest der Welt

D: der Angriff vom 11. September 2001 ist Vergeltung für durch die USA angewandte Gewalt

P: die Reaktion wird die Kette der Vergeltung fortsetzen

T: eine massive Nord-Süd-Friedensbewegung, um diese Kette zu zerreißen.

Kapitel 2.2

45 Konflikte, 45 TRANSCEND-Perspektiven

Johan Galtung

1. Friedensdienst: Eine TRANSCEND-Perspektive

Diagnose. Die Pflicht zum Militärdienst, die 1505 von Machiavelli vorgeschlagen worden war, wurde zuerst 1793 von Frankreich als die Kehrseite der Bürgerrechte eingeführt: Die Pflicht, sein Leben zu geben, wenn der Staat dazu aufrief. Als logische Konsequenz des militärischen Herangehens an Konflikte, das tief in der europäischen Tradition verwurzelt ist, war die Wehrpflicht auch eine Konsequenz der wachsenden Demokratisierung (Teilnahme des *demos*) für Männer. Die Wehrpflicht wirft eine Reihe von Fragen auf:

- Gibt es eine ‚militärische Lösung' eines Konflikts?
- Gibt es eine Alternative für die, die aus irgendeinem Grund ‚nein' sagen?
- Könnte die Alternative ein Friedens- oder Entwicklungsdienst sein?
- Was würde ein solcher Dienst genau enthalten?
- Wie ist es mit der weiblichen Hälfte der Bevölkerung?

Die Antwort auf die erste Frage bedingt die Antwort auf die folgenden vier. Sie reflektiert die Trennung zwischen Bellizisten (Kriegsbefürwortern) und Pazifisten:

Bellizisten: Es gibt keine Alternative. Wenn ein Kriegsdienstverweigerer-Status akzeptiert wird, soll er nicht attraktiver als der Militärdienst sein und Risiken enthalten. Die Bellizisten sind geteilter Meinung in der Frage, ob Frauen Posten im Militär bekleiden sollten oder nicht.

Pazifisten: Eine Alternative zur Wehrpflicht zu haben ist Menschenrecht. Es sollte auch einen Friedens- bzw. Entwicklungsdienst geben, der allen offen steht, auch Frauen.

Das Staatsmonopol auf Gewalt macht den Staat nicht nur zum Organisator von Militärmacht, sondern auch zu einer Kraft, diejenigen, die es ablehnen, Militärdienst zu leisten, zu exekutieren (als Deserteure), zu verfolgen und ins Gefängnis zu sperren oder ihnen das Recht auf eine Alternative zuzugestehen. Dadurch wird das Problem vom formalen Standpunkt aus zu einem Problem zwischen Staat und

Bürger und von einem evolutionären Standpunkt aus zu einem Problem, das neue Wege öffnet, dem Friedensprozess ganzflächig neue Energien zuzuführen.

Prognose. Die Prognose ist positiv, weil es absurd ist, jungen Menschen, die dem Frieden dienen wollen, das Recht dazu zu verweigern (Absurdität: Eine tiefe Diskrepanz zwischen erklärten Zielen und der Realität). In manchen Ländern mag es im Wesentlichen eine Frage der genügend großen Zahl von Kriegsdienstverweigerern sein, nicht nur eine Alternative mit allgemeiner Anziehungskraft zu formulieren, sondern auch diesen Ansatz mit zivilem Ungehorsam zu begleiten, den die Alternative darstellt.

Therapie. Seit den späten 50er bzw. den frühen 60er Jahren ist ein ‚Friedenskorps‘, das nicht nur so heißt, von Bedeutung[73]. Es verbindet fünf Aspekte miteinander:

- Das Friedenskorps leistet Entwicklungsdienst für die Bedürftigsten der Weltgemeinschaft,
- sein Dienst soll auf Gegenseitigkeit beruhen, nicht nur in Richtung von den reichen zu den armen Ländern; ein Hin- und Herfließen von menschlichen und sozialen Entwicklungsdiensten im Austausch mit technischen Diensten,
- die Menschen, die diesen Dienst tun, können auch als Konflikt-Lösungs-Korps, bestehend aus Jungen und Alten, Männern und Frauen, dienen; sie sollen sich integer in die Konfliktgebiete begeben, ihre guten Dienste als Zeugen, Helfer bei Konfliktlösung und Versöhnung, beim Aufbau sozialer Netzwerke und der Bestärkung zum Frieden, Errichten von Friedenszonen usw. leisten,
- Internationalisierung des Korps (wie die Freiwilligen der Vereinten Nationen), womit vermieden wird, dass es zu Propagandazwecken für nur ein Land benutzt wird,
- offen halten für alle: Für Junge und Alte, Männer und Frauen.

Das würde nicht nur sicherstellen, dass Kriegsdienstverweigerer ihre Zeit nicht vergeuden und dass sie das Problem ihrer zunehmenden Polarisierung und Marginalisierung durch die Regierung lösen, sondern es würde auch andere Menschen für einen alternativen, gewaltfreien Dienst für den Frieden als Menschenrecht mobilisieren.

(1959, 1964)

2a. Ost-West-Konflikt. Kalter Krieg I : Eine TRANSCEND-Perspektive

Diagnose. Das Zentrum dieses Konflikts ist der zwischenstaatliche Klassenkonflikt gegen die reiche, dominierende nordwestliche Ecke Europas und der Welt, die ‚Erste Welt'. Er ist mit den innerstaatlichen Klassenkonflikten der Arbeiter gegen die obere und die Mittelklasse und denen zwischen Farbigen und Weißen gekoppelt. Zu diesen Volksaufständen können wir auch den Faschismus in Südeuropa, den Nazismus in Zentraleuropa, den Kommunismus in Osteuropa und der Sowjetunion und die Entkolonialisierungskämpfe zählen. Der Zweite Weltkrieg wurde dazu benutzt, Nazismus und Faschismus zu bekämpfen, Neokolonialismus wurde benutzt, um Entkolonialisierung zu bekämpfen, und der Kalte Krieg dazu, die absurde Sowjetunion zu bekämpfen, die schließlich implodierte. In diesem Kampf zwischen Nordwesteuropa und der Sowjetunion über Osteuropa stellte der Nordwesten den Konflikt als den zwischen Demokratie bzw. freier Marktwirtschaft und Diktatur bzw. Planwirtschaft dar statt als Weltkonflikt und Konflikt zwischen sozialen Klassen und reduzierte damit den viel komplexeren Konflikt auf einen zwischen zwei Parteien über ein einziges Problem. Dazu kam, dass ein möglicher verheerender Metakonflikt über die Bedrohung durch und den Gebrauch von Kernwaffen die Aufmerksamkeit zu Ungunsten Osteuropas und der idealen Gesellschaft ausschließlich auf sich zog.

Prognose. Die Prognose war Krieg, aber nicht in dem ost-westlichen Kerngebiet in Europa mit der möglichen Ausnahme, dass die beiden Berlins bzw. Deutschlands als Schlachtfeld hätten dienen können (daher die verbreiteten Friedens- und Dissidentenbewegungen). Wahrscheinlich war es, dass die Kriege auf Gebiete und Vasallenstaaten der Dritten Welt verlagert würden: Korea und Vietnam und der Fast-Krieg um Kuba sind Beispiele dafür. Eskalationen, die in das Kerngebiet reichen würden, Atomkrieg und gegenseitiger Völkermord waren durchaus möglich. Aber es gab auch eine andere Prognose: Den Zusammenbruch der Sowjetunion als einer absurden Gesellschaft mit einer unerträglichen Diskrepanz zwischen Mythos und Realität und das war schließlich genau das, was eintrat.

Therapie. Unter anderem wurden während des Kalten Krieges die folgenden Gegenmittel vorgeschlagen:

- Zur Konflikttransformation eine ständige Organisation für Dialog und Kontrolle der Durchführung unter der Schirmherrschaft der Vereinten Nationen in Genf: Eine Sicherheitskommission für Euro-

240

pa, die nach dem Modell der UN-Wirtschaftskommission für Europa (ECE)[74] geschaffen würde,
- gegen den Rüstungswettkampf bzw. die Kriegsdrohung: GRIT[75] und defensive Verteidigung[76], die auf konventionellen para- und nichtmilitärischen Komponenten beruhen würden,
- Volksdiplomatie, auch zwischen Friedens- und Dissidentenbewegungen.

(1967,1984)

2b. Ost-West-Konflikt. Kalter Krieg II : Eine TRANSCEND-Perspektive

Diagnose. Wie im Zusammenhang mit dem Kalten Krieg I schon erwähnt, gibt es ein tiefer liegendes Programm, das im 19. Jahrhundert wurzelt, und das jetzt - durch die Expansion der NATO nach Osten (Polen, die Tschechische Republik und Ungarn) und durch die AMPO, das japanisch-US-amerikanische Sicherheitssystem, nach Westen - ins 21. Jahrhundert getragen wurde. Vom Zentrum der Welt, dem Nordwesten, den USA, aus gesehen, ist der ‚Eurasische Kontinent' die Quelle geopolitischen Übels. Lateinamerika ist ein leicht zu kontrollierender Hinterhof, Afrika zählt nicht, aber Eurasien ist die Heimat des Populismus, von Krieg und Terrorismus, von Milliarden von Farbigen, von anderen Glaubensbekenntnissen und von Fundamentalismus. Westasien bzw. der Nahe Osten, Südasien mit den beiden Atommächten, Zentralasien mit Öl (und Brückenköpfen der USA), Südostasien mit (bis vor kurzem) boomenden Ökonomien, sie sind alle wichtige Teile des Konzepts. Tatsächlich auch Russland (mit Ukraine und Weißrussland) und China, ganz zu schweigen von den problematischen eurasischen Peripherien: Korea und dem Balkan. ‚Eine globale Nation mit globalen Interessen' hat ihre Gründe dafür, ihre Allianzsysteme an den grundlegenden Bruchlinien anzubringen: Zwischen dem katholischen bzw. protestantischen und dem slavisch-orthodoxen Europa und zwischen Japan und dem übrigen Asien. Ein rein defensives Japan würde Nicht-Bedrohung signalisieren. Aber eine intensive Zusammenarbeit mit der beweglichsten Militärmacht der Welt würde das Gegenteil signalisieren. Worauf es ankommt, ist die Verbindung mit offensiven Kapazitäten, nicht die defensive Haltung der japanischen Streitkräfte.

Die Ausdehnung in beide Richtungen, die ‚Anker' an beiden Enden Eurasiens, dazu die Allianz USA-Türkei-Israel sind eine logische Folge der ‚Basisbibel', der USA JCS 570/2 Direktive unter Roosevelt. Ein Blick auf die Landkarte zeigt uns, dass die Doppelanker-Ausdehnung als Zangenbewegung aufgefasst werden kann und wird.

Prognose. Es wird eine *Reaktion* (ungefähr) derselben Größenordnung in umgekehrter Richtung geben. Russland und China werden ihren Streit begraben (z.B. über den Ussuri), einander militärische Informationen zur Verfügung stellen und eine De-*Facto*-Allianz bilden. China wird seine Vereinbarungen mit Pakistan und Russland seine mit Indien verstärken (wobei der Kaschmirkonflikt gleich mit gelöst wird). Russland wird die Staaten auflesen, die von den USA als Paria-Staaten angesehen werden: Serbien, Libyen, Syrien, Irak, Iran, Nordkorea – und sie unterstützen, auch in den UN. Der ganze Kontinent

242

kann eine Einheit gegen den USA-NATO-AMPO-Komplex bilden. Ein kleiner Zwischenfall an der höchst problematischen Grenze zwischen Polen und der Ukraine oder der Nord- und Südkorea/Japan-Komplex kann leicht große geotektonische Aggregate in Bewegung setzen oder wenigstens geopolitisch stark vergrößert werden.

Therapie. Man kann sich nur schwer eine andere Therapie vorstellen als die Anweisung: ‚Hört auf damit, macht eure Entscheidungen rückgängig, und fördert statt dessen eine überregionale UN-Welt-Sicherheit.' Sicherlich ist es keine Lösung, Russland die vollständige NATO-Mitgliedschaft anzutragen, denn das würde eine Ost-Asien-Sicherheits-Gemeinschaft entlang der Bruchlinie zwischen Weiß und Gelb auslösen. Ebenso wenig sollte China aus demselben Grund AMPO beitreten. Regionale Lösungen müssten die Bruchlinien überbrücken, nicht sie verstärken. Die einzige brauchbare Lösung scheint in Richtung einer Weltabrüstung zu liegen und in der Fähigkeit der UN zu Friedensstiftung, -sicherung und -konsolidierung mit sanften militärischen Mitteln: Sun Tzu und nicht Clausewitz, defensiv und nicht offensiv, gewaltfrei und nicht gewalttätig. Die Mittel dazu sind Vertrauensbildung, neutrale Zonen, systematische Anwendung von Konflikttransformations-Dialogen für örtliche, regionale und globale Konflikte wie diese Konfliktformation.
Die Vereinten Nationen mit ihren universalen Mitgliedern müssten die Hauptträger solcher Initiativen sein, dabei ist das Problem, dass der Hauptakteur, die USA, mit ihrem Veto jede wichtige Aktion blockieren können. Diese Konfrontation kann letzten Endes zu einer anderen doppelten Bewegung führen: ‚Die UN raus aus den USA, die USA raus aus den UN'.

(August 1996)

3. Beziehungen zwischen Rassen in einer Gemeinde : Eine TRANS-CEND-Perspektive

Diagnose. Unter dieser allgemeinen Überschrift wurde 1958-60 ein Forschungsprojekt in Charlottesville, VA, durchgeführt. Das Projekt war eine breit gefächerte Diskussions-Studie von Eliten der Stadt und der größten Organisationen der Segregationisten (Räte der Weißen Bürger), der Desegregationisten (Räte der Menschlichen Beziehungen) und der Schwarzen (NAACP). Darüber hinaus wurden zu verschiedenen Zeiten zwei Gutachten über die Einstellungen einer Zufallsstichprobe der Bevölkerung des Bezirks angefertigt. Das ergab mehr Material als irgendwo sonst.

Die Bevölkerung war nervös. Der Ku Klux Klan hatte ein Kreuz verbrannt. Ein gewaltsamer Metakonflikt lag in der Luft, der dem Grundkonflikt über gleiche, nicht separate Bürgerschaft für Schwarze und Weiße gemäß der Entscheidung des Obersten Gerichtshofs vom 17. Mai 1954 übergestülpt wurde. Der Konflikt war nicht zwei-, sondern dreiseitig. Die beiden weißen Gruppen unterschieden sich nicht nur im Hinblick auf ihre Meinung zum Problem (wobei Schulen stellvertretend für den übrigen öffentlichen Raum standen: Theater, Toiletten, Hotels und anderes), sondern sie hatten auch sehr unterschiedliche Stellungen in der Gemeinde, wo sie die Rollen der ‚Bodenständigen' bzw. der ‚Kosmopoliten' spielten. Die Segregationisten waren tief verwurzelt und mehr nach innen gekehrt, die Desegregationisten (die in einigen Fällen sogar Integrationisten waren, da sie den Wert der Zusammengehörigkeit in ihrem Privatleben praktizierten) waren Migranten, oft Akademiker, nach außen gewendet. Beide Seiten legitimierten deutlich ihre Positionen: ‚Nur die, die hier ihre Wurzeln haben, haben ein Recht auf Meinungsäußerung', sagten die einen. ‚Die Nation bzw. die Welt draußen bewegt sich vorwärts. Ihr bleibt zurück', sagten die anderen. Aber alles ging nur verbal vonstatten und war eine Frage der Macht in der Gemeinde. Niemand fühlte sich zur Gewalt als Ausdruck oder als Konfliktmechanismus gedrängt. Aber die Mitglieder der drei Parteien trafen einander fast nie. Es gab keine Transparenz.

Prognose. Da Frustration und Hass sich zwischen den weißen Segregationisten und der Gemeinschaft der Schwarzen aufbauten, wurde fast automatisch ein Ausbruch von Gewalt erwartet, was dazu führte, dass einige Weiße sich zunehmend nach Möglichkeiten von Selbstverteidigung und vielleicht auch von präventiver Gewalt umsahen. Die Erwartungen konnten zu einer sich selbst erfüllenden Prophezeiung werden, um so mehr als die gewünschten Ergebnisse ein-

244

ander entgegengesetzt waren. Ein Dualismus entstand: Es gab in der Vorstellung der Menschen nur zwei Möglichkeiten: Entweder blieben die öffentlichen Schulen getrennt oder sie wurden gemeinsame.

Therapie. Drei Ansätze wurden vorgeschlagen:

- Den Teilnehmern sollte die Situation durch Medien, Versammlungen und Erklären ihrer Positionen transparent gemacht werden, wobei man alle gleich ernst nahm und an dem Punkt ansetzte, an dem sie stecken geblieben waren. Aber gleichzeitig musste man darauf hinweisen, dass, obwohl es Angst vor Gewalt gab, von keiner Seite tatsächlich zur Gewalt gedrängt wurde. Andererseits waren die Mechanismen der sich selbst erfüllenden Prophezeiung zu erklären und besonders, wie übertreibende Wahrnehmungen zu Gewalt führen können.
- Die Gespräche umfassten auch die Vermittlung elementarer Kenntnisse über Konflikte. Sie wurden als miteinander nicht zu vereinbarende Ziele erklärt und dass sie nicht gleichbedeutend mit Gewalt seien. Erklärt wurde, dass Polarisierung damit verbunden sei, dass man nur zwei mögliche Ergebnisse sehe, und wie das den Extremisten in die Hände spiele und den Konflikt verstärke. Es wurde gesagt, dass es wichtig sei, etwas für beide Seiten Akzeptables zu finden, und dass Menschen, die von außen kommen, manchmal mögliche Lösungen sehen, die den Konfliktparteien verborgen sind. Das alles geschah in Zusammenarbeit mit fähigen örtlichen Journalisten, damit die Konflikt-Alphabetisierung gefördert würde.
- Eine dritte Möglichkeit könnten private Schulen mit ihren Vorteilen (freie Wahl, eine Lösung für weiße Extremisten) und Nachteilen (beträchtliche Kosten, Segregation des privaten Raums) sein.

Das Ergebnis war Deeskalisierung, eine Öffnung für andere Positionen und schließlich Aufhebung der Rassentrennung.

(Juni 1960)

4. Kuba : Eine TRANSCEND-Perspektive

Diagnose. Die Wurzeln des Konflikts liegen historisch sehr tief: Sie reichen bis in den spanischen Kolonialismus. Seit der Wende zum 20. Jahrhundert wurden die Überreste des spanischen Imperiums von der zweiten Welle des Imperialismus der USA überrollt (Kuba, Puerto Rico, Guam, Ostsamoa, die Philippinen; die erste Welle war die Eroberung der kontinentalen USA). Fidel Castro ist auf sehr reale Weise der Nachfolger eines José Marti, der mit einer kleinen, überwiegend weißen Oberklasse ein System von Brückenkopf-Imperialismus bekämpfte und einer imperialen Macht Waren lieferte, mit der zusammen er eine breite, zum großen Teil schwarze Unterklasse unterdrückte, ausbeutete und sich selbst entfremdete. Dazu kommen noch die Traumata und Zerstörungen der revolutionären und konterrevolutionären Gewalt. Wenn eine neue imperiale Macht eine alte ersetzt, werden an sie übertriebene Erwartungen geknüpft, so geschehen, als die USA Spanien ersetzten und als die Sowjetunion die USA ersetzten.

Die USA traten mit ihrem dreistufigen 'von oben bestimmten Notwendigkeits-Programm' in die Situation ein: Zuerst die angrenzenden USA, dann die westliche Hemisphäre (Monroe Doktrin von 1823, die andere ausschloss), und, viel später, die ganze Welt als ‚Globalisierung'.

Die Sowjetunion trat im Zuge der Logik des Kalten Krieges ein. Sie fügte dem von der alten Imperialmacht organisierten Boykott eine Fortsetzung des kubanischen Exports des Rohmaterials (Zucker) hinzu, diesmal sogar gegen das Rohmaterial (Öl) plus ein paar zusätzliche Waren, und unterstütze die ‚Diktatur des Proletariats' durch eine einzige Partei mit örtlichen Komitees – CDR – und allgemeiner Aufsicht.

Das Resultat unterm Strich ist ein Inselland, das trotz unterentwickelter Wirtschaft und bei sehr begrenzter Meinungsfreiheit verzweifelt darum kämpft, die Errungenschaften der Revolution (Nahrung, Kleidung, Unterkunft, Gesundheitsfürsorge und Erziehung für alle) aufrechtzuerhalten. Die weiße Oberklasse lebt in der Diaspora (Florida). Kuba ist hauptsächlich schwarz.

Prognose. Auf diesem unbefriedigenden Niveau gibt es Stabilität. Es wird weder einen Zusammenbruch noch eine Übernahme von innen oder außen noch Fortschritte geben. Ein Grund für die Stabilität ist wahrscheinlich, dass die kubanische Regierung aufgrund ihrer beträchtlichen Erfahrung dazu fähig ist, mit diesen vier Bedrohungen umzugehen.

Therapie. Wie gewöhnlich sind sehr viele Dialoge von oben bis unten innerhalb und außerhalb Kubas notwendig:

- *Zunehmend größere wirtschaftliche Selbständigkeit* Kubas. Es ist eine Schande, dass eine Insel, die so reich an Ressourcen ist und die ausgezeichnete Institutionen zur Alphabetisierung und zu höherer Bildung besitzt, nicht dazu in der Lage ist, ihre Lebensmittel selbst anzubauen und eine kleine Industrie für die Produktion, Verteilung und den Verbrauch der Waren des Grundbedarfs zu schaffen. Man ist immer noch unfähig, das alte Muster zu überwinden, dass man alles im Tausch für Zucker bekommt, anstatt auf vielfache Weise das Zuckerrohr zu verarbeiten. In der jetzigen Situation werden eine große Menge alternativer Energiegewinnung und Land- und Fischwirtschaft gebraucht.

- *Ein zunehmend hohes Niveau an Demokratie*, zu der, wie in den USA, ein Zweiparteiensystem gehört. Kuba könnte dadurch nur gewinnen, dass die unzähligen Debatten aus dem privaten Raum in den öffentlichen Raum gelangten, z.B. könnte es zwei sozialistische Parteien geben. Die Kreativität der Bevölkerung muss ihren legitimen Ausdruck finden. Diskussionen innerhalb einer Partei sind immer unbefriedigend. Aber ein weißes Regime und eine weiße Opposition würden wahrscheinlich in einem Land, das eine überwältigende schwarze Mehrheit besitzt, die Demokratisierung nicht überleben.

- *Eine zunehmende Anzahl von Einzelnen, Organisationen und Ländern, die dem* USA/OAS-Boykott *entgegen handeln.* Es ist höchste Zeit, dass er fallen gelassen wird.

- *Zunehmende Bewunderung für ein Regime, das auf der Erfüllung der Grundbedürfnisse als eines grundsätzlichen Menschenrechts besteht.* Es wird höchste Zeit dafür, dass die Welt die Bedeutung dieser Position anerkennt, auch wenn andere Menschenrechte zu kurz kommen.

(April 1973)

5. Nord-Süd-Konflikt : Eine TRANSCEND-Perspektive

Diagnose. Was diesen riesigen Komplex zu einem Konflikt-Komplex macht, ist nicht der Umstand, dass einige Menschen reich und einige arm sind, dass die Grundbedürfnisse der einen erfüllt werden und die der anderen nicht, sondern dass einige Menschen deshalb arm sind, weil andere reich sind und umgekehrt. Das nennt man Ausbeutung (oder sanfter ausgedrückt: Unfairness) und es ist allgegenwärtig. Dadurch wird weder Armut noch Reichtum erklärt. Viele andere Faktoren sind am Werk: Einer ist harte Arbeit, ein anderer Gier, aber ein dritter Faktor sind sicherlich der Mangel an Rücksicht und die damit verbundene Ausbeutung.

Der Mangel an Rücksicht ist tief in dem Ökonomismus als Ideologie eingewurzelt, die das Wirtschaftswachstum als Risikobereitschaft unter Bedingungen, die nur der Freie Markt bietet, erklärt, wobei man hofft, durch das Schaffen von Arbeitsplätzen die Wirkung bzw. Verteilung nach unten weiterzuleiten.

Unter gewissen Bedingungen geschieht das tatsächlich, besonders in den *Ländern* an der Spitze der Weltwirtschaft. Aber die Nebenwirkungen sind für gewöhnlich negativ für die Armen und positiv für die Reichen, denn z.B. sind die Fähigkeiten von jemandem, der das Rohmaterial für den Export ausgräbt, viel weniger gefordert als die eines Menschen, der mit den Problemen der Verarbeitung von Rohmaterial zu ringen hat. Anforderung, Training im Zusammenarbeiten, Verschmutzung und Abnahme der Ressourcen, all diese asymmetrisch verteilten Nebenwirkungen wirtschaftlicher Aktivität fügen sich zu einem unsymmetrischen Austausch zusammen, der die solide Grundlage bildet, auf der sich die westliche Überlegenheit aufbaut. Da die Wirtschafts-'Wissenschaft' der Grund dafür ist, ist genau sie der Ort, wo die Heilmittel gefunden werden müssen: *In einer alternativen Wirtschaft*; sie zu schaffen ist eine wichtige intellektuelle Herausforderung. Viele Menschen arbeiten daran. Inzwischen geht die westliche wirtschaftliche Globalisierung weiter, nachdem der rote und der grüne Sozialismus auf Kosten einer ständig wachsenden Ungleichheit überall auf der Welt fürs Erste besiegt sind. Der geschaffene Reichtum kann nicht einmal die reichen Gesellschaften gegen Arbeitslosigkeit, Elend und Krise schützen.

Prognose. Es wird in vielen Gesellschaften Wirtschaftswachstum geben, d.h. durchschnittlich eine Aufwärtsbewegung in der Welt und in vielen Gesellschaften, und es wird eine ständig zunehmende Ungleichheit zwischen reichen und armen Ländern und reichen und armen Menschen in den meisten Ländern geben, wenn die Ideolo-

248

gie des Ökonomismus (Neoliberalismus, Neoklassizismus) tiefer in der Praxis verwurzelt sein wird. In vielen Teilen der südlichen bzw. Dritten Welt wird das zu noch massiverem Elend, zu Gewalt und Migration führen. Im Norden wird es zu massiver Arbeitslosigkeit führen.

Therapie. Wenn man die von der Natur gesetzten Grenzen bedenkt, ist klar, dass der Lebensstandard der reichsten Menschen für die meisten unerreichbar und vielleicht auch nicht wünschbar ist. Aber eine anständige Lebensgrundlage für alle ist eine vollkommen realistische Vorstellung. Dafür ist die Einhaltung einiger Richtlinien notwendig:

- *Alternative Wirtschaft*: Das Augenmerk der Wirtschaft vom Wachstum weg und auf die Bedürfniserfüllung aller zu richten, eingeschlossen das offensichtliche 'Verinnerlichen der Äußerlichkeiten' (d.h. das, was bisher aus dem Ausland kam, wird im Inland hergestellt) und Bedenken aller Nebenwirkungen.
- *Selbständigkeit I*: Die örtliche Produktion der Mittel des Grundbedarfs anregen, besonders auf den Gebieten Ernährung, Kleidung, Obdach, Gesundheitsfürsorge und Erziehung, und über die Notwendigkeiten hinaus zu normalen Konsumgütern fortschreiten, wobei Herausforderungen angenommen, Verschmutzung durch Transport reduziert, Ressourcen besser genutzt und die Nachhaltigkeit geschützt werden.
- *Selbständigkei II*: Darüber hinaus Handel mit Partnern auf derselben Ebene, um Abhängigkeiten zu vermeiden. Gemeint ist Süd-Süd-Handel und Süd-Süd-Zusammenarbeit jeder Art.
- *Gegenseitige Entwicklungshilfe*: Aus demselben Grund soll Entwicklungshilfe nur von solchen Partnern (Ländern) angenommen werden, die ihrerseits bereit sind, im Tausch Entwicklungshilfe anzunehmen. Arme Länder können menschliche und soziale Hilfe im Austausch gegen technische und wirtschaftliche Hilfe anbieten, was Fairness aufbaut.

Vieles davon hängt von den sehr ungleichen Fähigkeiten der Zivilgesellschaft ab, d.h. der örtlichen Behörden und der NGOs.

(1964, 1978)

6a. Israel-Palästina : Eine TRANSCEND-Perspektive

Diagnose. Der Konflikt findet zwischen kolonialistischen Śiedlern und Einheimischen statt und wird durch den Anspruch der Siedler, das ‚auserwählte Volk' in dem ihm ‚verheißenen Land' zu sein, kompliziert. Das Land und besondere Stellen in Ort und Zeit sind beiden Gruppen heilig, aber einigen auf jeder der Seiten sind sie heiliger (den Fundamentalisten) als anderen (den Gemäßigten). Es gibt Menschen beider Gruppen in der Diaspora, die die Länder unterstützen, besonders in den USA (die eine ähnliche Geschichte als ein ‚auserwähltes Volk' haben, das im frühen 17. Jahrhundert ein ‚verheißenes Land' eroberte, wobei es sich auf die archetypische Vorstellung der Juden bezog), die folglich weit davon entfernt sind, als neutrale dritte Partei dienen zu können.

Den Oslo/Wye-Prozessen gelang es nicht, zum Friedensprozess zu werden (ebenso wenig wie Camp David, wo die Palästinenser nicht einmal dabei waren):

1. *Die Fundamentalisten waren ausgeschlossen.* Sie brachten sich durch Gewaltakte wieder in den Prozess ein. Auch sie haben Friedenskonzepte.
2. *Die Friedensakteure und -Bewegungen beider Seiten waren ausgeschlossen,* Intifadah, Peace Now wurden nicht anerkannt. Ihre Aktionen waren jedoch unverzichtbar.
3. *Die USA gehörten nicht zu den Unterzeichnern,* obwohl sie ein Haupt-Akteur auf der Seite Israels sind. Aber sie spielten die Rolle einer ‚dritten Partei'.
4. *Unterschätzung der Polarisierung innerhalb von Palästina und Israel;* Überschätzung der Verbindlichkeit der Vereinbarung für die beiden Seiten.
5. *Unnötig viel Geheimnistuerei,* kein Dialog mit der Öffentlichkeit.
6. *Keine Symmetrie:* Die Vereinbarung besteht zwischen einem Staat und einer ‚Autonomie', die geringer ist als die der Bantus in Südafrika während der Apartheid.
7. *Der palästinensische Staat ist nicht definiert.* Welche Beziehungen sollte der Staat in militärischer, politischer, wirtschaftlicher und kultureller Hinsicht zu Israel haben?
8. *Übermäßige Bedeutung von Regierungen und Institutionen.* Die wirtschaftlichen und kulturellen Beziehungen zwischen beiden Seiten wurden nicht deutlich gemacht.
9. *Keine ernsthaften Bemühungen, die beiden Kulturen miteinander zu verweben.*

10. *Unterschätzung der Stärke des Einflusses der Religion* als eines Co-des, der das Verhalten der Menschen steuert, wie beim Mord an einem Ministerpräsidenten, dem Hebronmassaker zu Purim und dem vierten, selbstmörderischen Stadium des *jihad*.
11. *Unterschätzung der Heiligkeit vieler Stellen in dem Gebiet für die Juden* (Jabutinski), im Blickfeld nur das Politische und Militärische.
12. *Unterschätzung der Möglichkeit ökumenischer Arbeit* zwischen Juden, Muslimen und Christen. Dabei sollten die positiven, sanfteren Aspekte ihres Glaubens betont werden und man sollte sich gegen die härteren Aspekte wenden.

Prognose. Die Prognose heute ist dieselbe wie die vor 50 Jahren: Schwanken zwischen der strukturellen Gewalt der Okkupation, Ausbeutung und Entfremdung und der direkten Gewalt von Bomben und Bombardierungen, Terror und Folter. Auch ist die Möglichkeit der Eskalation zu einem Bürgerkrieg in Israel zwischen Gemäßigten und Fundamentalisten groß (ein Fundamentalist tötet einen gemäßigten Premierminister und Selbstmordbombardierung), und nimmt noch dadurch zu, dass sich die ‚Stunde der Wahrheit', die Eigenstaatlichkeit Palästinas, nähert.

Therapie. Vier notwendige Bedingungen sind zu erfüllen:
1. Symmetrie ist wesentlich, das bedeutet die längst überfällige und vollkommene Anerkennung Palästinas und Israels als Staaten durch alle anderen Staaten.
2. Der Konflikt kann innerhalb der engen Grenzen des heutigen Israel nicht transformiert werden, aber vielleicht im Kontext mit der längst überfälligen *Conference for Security and Cooperation in the Middle East* - CSCME unter der Schirmherrschaft der UN, in der Art der KSZE-Schlussakte von Helsinki. Dabei soll die Verbindung zum USA/England-Irak-Konflikt und zum Kurdenproblem einbezogen werden bei vollständiger Anerkennung aller Staaten der Region, ein Gemeinsamer Markt im Nahen Osten, Regelungen über Waffen, Öl und Wasser usw. Benachbarte arabische Staaten sollten überlegen, ob sie etwas Territorium für einen palästinensischen Staat abgeben.
3. Es muss Pläne geben, die über die Autonomie hinausgehen; ein palästinensischer Staat, der mit seinen Nachbarn, Israel eingeschlossen, konföderiert.
4. Es muss auch das Konzept einer palästinensisch-israelischen Konföderation oder sogar eines Föderalstaates geben, in dem die Gemeinschaften lernen, miteinander in Frieden zu leben.

(1964-1971-1993)

Die Oslo-Verträge: Von einem fehlerhaften Prozess zu einem fehlerhaften Ergebnis
I. Prozess

1. *Extremisten wurden ausgeschlossen*: Hamas und Likud/Orthodoxe; die Vereinbarung wurde zwischen PLO und Arbeiterpartei/Säkular-Modernen getroffen. Vielleicht hat das etwas mit den norwegischen Sozialdemokraten zu tun: ‚Die Vernunft ist in der Mitte'. Das funktioniert im gemäßigten Norwegen, aber nicht an einem Ort, wo sich mehr als 50 Prozent ausgeschlossen fühlen. Auch sie haben Friedenskonzepte und sie meldeten sich zu Wort (indem sie den Ministerpräsidenten Rabin töteten und mit Selbstmordbomben).
2. *Die Friedensakteure und -Bewegungen beider Seiten waren ausgeschlossen*, Intifadah und Peace Now wurden nicht anerkannt. Ihre Aktionen waren jedoch unverzichtbar.
3. *Die USA gehörten nicht zu den Unterzeichnern*, obwohl sie ein Haupt-Akteur auf der Seite Israels sind. Aber sie spielten die Rolle einer ‚dritten Partei'. Funktionierte Oslo zu Gunsten der USA?
4. *Eine allgemeine Unterschätzung der Polarisierung innerhalb von Palästina und Israel; Überschätzung der Verbindlichkeit der Vereinbarung für die beiden Seiten.*
5. *Unnötig viel Geheimnistuerei*, kein Dialog mit der Öffentlichkeit.

II. Ergebnis: Struktur

5. *Keine Symmetrie*: Die Vereinbarung besteht zwischen einem Staat und einer ‚Autonomie', die sich auf einer niedrigeren Ebene befindet als die der Bantus in Südafrika während der Apartheid.
6. *Nicht in Beziehung gesetzt*: Die militärischen, politischen, wirtschaftlichen und kulturellen Beziehungen zwischen beiden Seiten wurden nicht deutlich gemacht.
7. *Der palästinensische Staat ist nicht definiert*: Es gibt Andeutungen, aber keine Hinweise darauf, in welcher militärischen, politischen, wirtschaftlichen und kulturellen Beziehung der palästinensische Staat zu Israel stehen soll, z.B. als *Konföderation* (mit Jordanien?).
8. *Übermäßige Bedeutung von Regierungen und Institutionen.* Keine ernsthaften Bemühungen, die beiden Kulturen mileinander zu verweben.

9. *Unterschätzung, vielleicht verwandt mit dem norwegischen Säkularismus, der Stärke des Einflusses der Religion* als eines Codes, der das Verhalten der Menschen steuert, wie beim Mord an einem Ministerpräsidenten, dem Hebronmassaker zu Purim und dem vierten, selbstmörderischen Stadium des *jihad.*

10. *Unterschätzung der Heiligkeit vieler Stellen in dem Gebiet für die Juden* (Jabutinski), im Blickfeld nur das Politische und Militärische.

11. *Unterschätzung der Möglichkeit ökumenischer Arbeit* zwischen Juden, Muslimen und Christen. Dabei sollten die positiven, sanfteren Aspekte ihres Glaubens betont werden und man sollte sich gegen die härteren Aspekte wenden.

Diese Fehler sind im August/September 1993 offensichtlich und die Auswirkungen sind, nachdem das Weiße Haus unterzeichnete, leicht zu erkennen. Das Gegenargument ist, dass die Alternative war: Gar keine Vereinbarung zu treffen. Aber ist denn wirklich eine in so starkem Maße fehlerhafte Vereinbarung besser?

(September 1993, August 1997)

253

6b. Israel-Palästina : Eine TRANSCEND-Perspektive

Diagnose. Der Konflikt findet zwischen kolonialistischen Siedlern und Einheimischen statt und wird durch den Anspruch der Siedlier, das ‚auserwählte Volk' in dem ihnen ‚verheißenen Land' zu sein, kompliziert. Das Land und besondere Stellen in Ort und Zeit sind beiden Gruppen heilig, aber einigen auf jeder der Seiten sind sie heiliger (den Fundamentalisten) als anderen (den Gemäßigten). Es gibt Menschen beider Gruppen in der Diaspora, die die Länder unterstützen.

Prognose. Die Prognose heute ist dieselbe wie die vor 50 Jahren: Schwanken zwischen der strukturellen Gewalt der Okkupation, Ausbeutung und Entfremdung und der direkten Gewalt von Bomben und Bombardierungen, Terror und Folter. Auch ist die Möglichkeit der Eskalation zu einem Bürgerkrieg in Israel zwischen Gemäßigten und Fundamentalisten groß, (ein Fundamentalist tötet einen gemäßigten Premierminister), ein entsprechendes Phänomen gibt es in Palästina.

Therapie. Zwei notwendige Bedingungen sind zu erfüllen:

1. Symmetrie ist wesentlich: Die längst überfällige und vollkommene Anerkennung Palästinas und Israels als Staaten durch alle anderen Staaten.
2. Der Konflikt kann innerhalb der engen Grenzen des heutigen Israel nicht transformiert werden, aber vielleich im Kontext mit der längst überfälligen *Conference for Security and Cooperation in the Middle East* - CSCME unter der Schirmherrschaft der UN, in der Art der KSZE-Schlussakte von Helsinki, offen für die Verbindung zum USA/England-Irak-Konflikt und für das Kurdenproblem, volle Anerkennung aller Staaten der Region, ein Gemeinsamer Markt im Nahen Osten, Regelungen über Waffen, Öl und Wasser usw. Benachbarte arabische Staaten sollten überlegen, ob sie etwas Territorium für einen palästinensischen Staat abgeben.

Der Oslo-Prozess hat das Folgende nicht erreicht:

- *Die Friedensakteure und -Bewegungen beider Seiten waren ausgeschlossen*, Intifadah und Peace Now wurden nicht anerkannt. Ihre Aktionen waren jedoch unverzichtbar.
- *Die Fundamentalisten waren ausgeschlossen.* Sie brachten sich durch Gewaltakte wieder in den Prozess ein. Ihre Friedenskonzep-

254

te müssen in jedem realistischen Friedensprozess berücksichtigt werden
- *Unterschätzung der Polarisierung innerhalb von Palästina und Israel; Überschätzung der Verbindlichkeit der Vereinbarung für die beiden Seiten.*
- *Keine Symmetrie*: Die Vereinbarung besteht zwischen einem Staat und einer ‚Autonomie', die sich auf einer niedrigeren Ebene befindet als die der Bantus in Südafrika während der Apartheid.
- *Der palästinensische Staat wurde nicht definiert*: In welcher militärischen, politischen, wirtschaftlichen und kulturellen Beziehung sollte dieser Staat zu Israel stehen?

Ein Prozess, ausgehend von Autonomie über zwei Staaten und weiter zur Zusammenarbeit?

- *Übermäßige Bedeutung von Regierungen und Institutionen.* Keine ernsthaften Bemühungen, die beiden Kulturen miteinander zu verweben.
- *Unterschätzung der Stärke des Einflusses der Religion* als eines Codes, der das Verhalten der Menschen steuert, wie beim Mord an einem Ministerpräsidenten, dem Hebronmassaker zu Purim und dem allgemeinen vierten Stadium des *jihad.*
- *Unterschätzung der Heiligkeit vieler Stellen in dem Gebiet für Juden und Araber (Westbank, Jerusalem),* im Blickfeld nur das Politische und Militärische.
- *Unterschätzung der Möglichkeit ökumenischer Arbeit* zwischen Juden, Muslimen und Christen. Dabei sollten die positiven, sanfteren Aspekte ihres Glaubens betont werden und Dialoge mit den Vertretern der harten Linie der Religionen geführt werden.

(1992)

6c. Israel-Palästina : Eine TRANSCEND-Perspektive

Diagnose. Unglücklicherweise wurde die Prognose der Perspektive vom Februar 1999 in der zweiten *Intifada* vom Herbst 2000 wahr, und die Diagnose des in so starkem Maß fehlerhaften ‚Oslo-Prozesses' (vom September 1993, diese Version wurde im August 1997 geschrieben) hat sich wenigstens zum Teil bestätigt. Der Oslo-Prozess starb nicht erst im Herbst 2000; er war schon eine Totgeburt. Die US-amerikanischen und norwegischen Prozessmanager, die die Rolle von dritten Parteien ohne eigene Interessen mimten, tragen einen großen Teil der Verantwortung für die Gewalt, die die Palästinenser frustrierte. Es wird Zeit, dass UN, EU und arabische Staaten als Mediatoren auftreten. Das könnte leichter geschehen, als es scheint. Die Zeit, in der die USA die Politik der Reservationen mit Kasinos und Dutyfreeshops für Eingeborene betrieben, ist ebenso vorbei wie die für die ‚von Gott erwählten' Weißen in Südafrika. Palästinenser müssen respektvoll behandelt werden.

Prognose. Ein Grund für den Fehlschlag des Oslo-Prozesses war, dass die dritten Parteien, obwohl sie wussten, dass der Prozess fehlerhaft war, diesen Fehlschlag den Bürgerkriegen vorzogen, die sich in Israel als Fortsetzung des Mordes an Rabin hätten ergeben können. Beide Verhandlungsparteien wissen, dass mehr Parteien mit einbezogen werden müssen, weil eine Vereinbarung zwischen ‚Gemäßigten' die wirklichen Probleme nur überdeckt, und dass diese sich zu den ‚Extremisten' hin ausbreiten. Es dauert eine Weile, bis man das herausfindet. Aber es wird in einiger Zukunft Gespräche und Vereinbarungen geben. Die beiden Völker sind nun einmal zum Zusammenleben verurteilt, folglich sind sie dazu verurteilt, friedlich zu sein, und beide Völker haben viel Zeit dafür, diese Aufgabe zu lösen.
Gebraucht werden Vorstellungen von möglichen Ergebnissen und nicht nur Prozesse.

Therapie. Die folgenden Vorstellungen sind aus Dialogen hervorgegangen:

a. Der einzige Ausgangspunkt für den Frieden ist die Resolution 242 des Sicherheitsrates und die Rückkehr zu den Grenzen vom 4. Juni 1967 mit etwas Austausch von Land.

Israels ‚nicht-tödliche' Kugeln töten, aber sie überzeugen nicht mehr.

b. Wenn Israel Frieden will, kann es den haben, aber nicht dadurch, dass es Sicherheitsstudien, sondern dadurch dass es Friedensstudien als nützliche Führer gebraucht:

Der wichtigste Schlüssel zum Frieden sind *gleiche Rechte*:
Palästinenser haben dasselbe Recht auf einen Staat wie die Israelis.
Palästinenser haben dasselbe Recht zurückzukehren wie die Israelis.
Palästinenser haben dasselbe Recht auf eine Hauptstadt in Jerusalem.

Ein weiterer wichtiger Schlüssel zum Frieden ist *faire Kooperation*:
Gemeinsame Verwaltung von Jerusalem als zwei konföderalen Hauptstädten
Gemeinsame Bemühungen, den Terrorismus und den Staatsterrorismus zu kontrollieren
Gemeinsame Unternehmen, die auf gleichen Einlagen und Erträgen basieren
Gemeinsame Erziehung zu kreativer Konfliktlösung
Gemeinsamer Journalismus mit Schwerpunkt auf der Konfliktlösung
Gemeinsamer ökumenischer Schwerpunkt auf den friedlichen Aspekten der Religionen

Ein weiterer wichtiger Schlüssel zum Frieden ist eine *regionale kooperative Dachorganisation*:
Eine *Middle East Community* aus Israel/ arabischen Staaten/ Türkei/ Kurden
Mit Regelungen für gerechte Verteilung des Wassers, Waffenkontrolle, Rückkehr
Mit freiem Fluss der Waren/ Dienstleistungen, Personen und Ideen und noch

Ein weiterer wichtiger Schlüssel zum Frieden ist Friedenssicherung:
Internationale Überwachung Jerusalems
Internationale Beobachter, die von beiden Seiten ausgesucht wurden, für Inspektionen
Experimente mit gemeinsamer Polizei, gemeinsamer Gewaltfreiheit und gemeinsamen Patrouillen

c. Die Anerkennung eines palästinensischen Staates könnte verbunden werden mit:

Anerkennung vor der endgültigen Vereinbarung über die Grenzen
Palästinensischer Staatsbürgerschaft für Israelis und umgekehrt
Israelischen Kantonen in Palästina und palästinensischen Kantonen in
Israel
Ägypten und Jordanien verpachten Palästina angrenzende Territorien.

d. Über diese Zwei-Staaten-Formel hinaus Vorstellungen einer Konföderation, einer Föderation, eines Einheitsstaates für die Zukunft

e. Früher oder später ist ein Wahrheits- und Versöhnungsprozess von Nöten, in dem Untersuchung der Tatsachen, gemeinsame Geschichtsbücher, Heilung und Abschluss miteinander verbunden werden.

(2000)

6d. Israel/Palästina/Naher Osten : Eine TRANSCEND-Perspektive

Für Israel und Palästina gibt es am Ende dieser Straße der Gewalt keine Sicherheit, sondern nur eine Zunahme an Gewalt und Unsicherheit. Israel befindet sich jetzt in der gefährlichsten Periode seiner Geschichte: Zunehmend militarisiert, nicht zu gewinnende Kriege führend, zunehmend isoliert mit immer mehr Feinden, der Gewalt ausgesetzt, gewaltfreier Widerstand und Boykott von innen und außen, die USA werden früher oder später ihre Unterstützung von Zugeständnissen abhängig machen. Die grundlegende innere und äußere Veränderung in Südafrika kommt einem in den Sinn:

- Israels moralisches Kapital wird schnell abgewertet, wahrscheinlich ist es in den meisten Ländern schon negativ und es ändert sich allmählich in den USA.
- Israel leidet an einem *de facto* Militärputsch. Die Wählerschaft hat die Wahl zwischen Generalen mit eng begrenzten Programmen.
- Gewalt und Unnachgiebigkeit der Israelis mobilisieren Widerstand und Kampf in der arabischen und muslimischen Welt, wenn auch nicht im Sinn eines zwischenstaatlichen Krieges, so doch im postmodernen Sinn von Terrorismus gegen den israelischen Staatsterrorismus. Hoch motivierte Freiwillige, die darauf brennen, sich in den Kampf zu stürzen, stehen in unbegrenzter Zahl zur Verfügung.
- Früher oder später wird das auch die 18 Prozent der israelischen Araber einschließen.
- Früher oder später kann das zu einem massiven gewaltfreien Kampf führen: 100 000 arabische Frauen in Schwarz, die auf Israel marschieren.
- Ein Wirtschaftsboykott könnte Israel auferlegt werden wie gegen Südafrika, der von den NGOs initiiert und von den örtlichen Behörden übernommen wurde, und kann, wie in Südafrika, moralisch bedeutsamer werden als wirtschaftlich.
- Die Politik der USA kann sich, auch wie im Fall Südafrika, ändern:

- *Wirtschaftlich*: Israel wird eine Belastung angesichts der Handels/Öl-Probleme mit den arabischen Ländern, die die USA nicht mehr als dritte Partei anerkennen wollen, verbunden mit nahe bevorstehenden Boykotten und dem Druck, die Investitionen rückgängig zu machen.
- *Militärisch*: Israel kann die USA in einen äußerst zweifelhaften Krieg verwickeln und Militärbasen gibt es auch anderswo (Türkei, Kosova, Mazedonien).

- *Politisch*: Israel ist eine Belastung in den UN. Die EU und die NATO-Verbündeten werden gewaltsame Interventionen nicht legitimieren. Die USA könnten eine vernünftige Vereinbarung der Unterstützung eines Verlierers (des Schahs, Marcos') vorziehen.

Könnte dieses Friedens*paket* für vernünftige Leute anziehender werden, wenn sich der Kontext auf die hier vorgesehene Weise veränderte?

1. Palästina wird nach Res. 242, 338 des Sicherheitsrates als Staat in den Grenzen vom 4. Juni 1967 anerkannt (mit etwas Austausch von Land).
2. Die Hauptstadt von Palästina ist Ostjerusalem.
3. Eine *Middle East Community* mit Israel, Palästina, Ägypten, Jordanien, Libanon und Syrien als Vollmitgliedern für Regelungen über Wasser, Waffen und Handel, die auf multilateralem Konsens beruhen, und eine *Organisation für Sicherheit und Kooperation im Nahen Osten* mit einer breiteren Basis.
4. Die Gemeinschaft wird finanziell und durch Sachwissen beim Aufbau von Instituionen durch die EU, die Nordische Gemeinschaft und ASEAN unterstützt.
5. Ägypten und Jordanien verpachten Land an Palästina.
6. Israel und Palästina werden Föderationen mit zwei israelischen Kantonen in Palästina und zwei palästinensischen Kantonen in Israel.
7. Die beiden benachbarten Hauptstädte werden eine Städte-Konföderation und beherrbergen regionale, UN- und ökumenische Institutionen.
8. Das Recht, nach Israel zurückzukehren, wird grundsätzlich akzeptiert, wobei die Zahlen innerhalb der Kantonformel ausgehandelt werden müssen.
9. Israel und Palästina haben gemeinsame und faire Wirtschaftsunternehmen, gemeinsame Friedenserziehung und gemeinsame Grenzpatrouillen.
10. Massive Stationierung von UN-Beobachtungs-Truppen.
11. Früher oder später ein Wahrheits- und Versöhnungs-Prozess.

Dieses Friedenspaket sollte nicht von einem Land oder einer Ländergruppe mediiert werden, sondern von einer Person oder einer Gruppe von Personen, die allgemein Achtung genießt/genießen.

(August 2001)

7. Zypern : Eine TRANSCEND-Perspektive

Diagnose. Die Tiefe des Konflikts ist offensichtlich und hat eine lange Geschichte. Zuerst einmal die grundlegende Unvereinbarkeit zwischen

- *enosis*, Vereinigung der gesamten Insel mit Griechenland für die Griechen und
- *taksim*, Unabhängigkeit des Nordteils für die Türken.

Das war bei der starken Mischung der Bevölkerung schwierig, bevor die Gewalt eine ‚ethnische Säuberung' brachte. Zweitens,

- der Hintergrund eines Jahrhunderte langen Konflikts zwischen den beiden Staaten.

Nach vielen Dialogen wurde vorgeschlagen, die türkischen Ansprüche auf die Dodekanes im Tausch für *enosis* zu erfüllen. Aber das wird den türkisch-zypriotischen Gefühlen nicht gerecht.

Die Konfrontation 1974, als einem Putsch der griechischen Nationalgarde für *enosis* einen Monat später eine türkische militärische Operation für *taksim* folgte, bewies unnötigerweise, dass die Positionen tief verankert waren. Nur Ankara erkannte Nordzypern an.

1990 bewarb sich die (griechisch) zypriotische Regierung um die Mitgliedschaft in der Europäischen Union. 1995/98 eröffnete die EU die Verhandlungen. Die ursprünglichen Positionen wurden nun wiederholt:

- *enosis*, Mitgliedschaft in der EU für die ganze Insel für die Griechen,
- *taksim,* in diesem Fall eine militärische Befreiung für die Türken, wenn Zypern nicht als Föderation einer griechischen und einer türkischen Hälfte eintritt.

Dazu kommt, dass die EU kein tief geteiltes Land als Mitglied haben möchte. (Wenn es eine allgemeine Einstellung dazu gäbe, wären die englische und die spanische Mitgliedschaft und in gewissem Maß auch die französische ausgesetzt worden, bis sie ihre Angelegenheiten geklärt hätten.)

Außer den beiden Nationen in Zypern gibt es auch noch zwei Mutterländer, die EU und die UN mit der Resolution 789 von 1992, die die Türken für verantwortlich erklärt. Russland trat 1997 auf griechisch-zypriotischer Seite (orthodoxes Bruderland) ein und bot S-300-Raketen für die Luftverteidigung an. Da diese Raketen nicht nur als

gegen die Türkei, sondern auch als gegen Israel gerichtet gesehen werden, stärkt das die Allianz USA-Türkei-Israel im Nahen Osten. Mit ,Türkei' ist die säkulare, gegen den Islam gerichtete militärische Türkei gemeint.
Die EU hat die türkische Mitgliedschaft für unbestimmte Zeit aufgeschoben. Deutschland hat sich dieser Position angeschlossen, vielleicht weil es die wirtschaftlichen Vorteile in der Türkei (oder in Russland) nicht mit anderen EU-Mitgliedern teilen will; jeder aus Deutschland zurückgekehrte Gastarbeiter ist ein wirtschaftlicher Brückenkopf nach Deutschland.

Prognose. Die Möglichkeit eines Krieges darf nicht vernachlässigt werden, er könnte entlang der europäischen orthodox-muslimischen Bruchlinie ausbrechen (wie in Bosnien, Kosovo/a, Mazedonien, Tschechnien). Die Türkei ist 80 km entfernt, Griechenland 400. Der Grundkonflikt bleibt wegen der unflexiblen Einstellungen hartnäckig wie eh und je.

Therapie. Die folgenden politischen Maßnahmen reichen für eine Lösung aus, sie sind wahrscheinlich notwendig:

1. Überwachung des Rüstungswettkampfs.
2. Die EU nimmt die Türkei auf, nachdem oder bevor sich die Türkei mit den Kurden geeinigt hat (die Menschenrechte werden auch in Nordirland verletzt).
3. Die Mitglieder der EU und andere Staaten erkennen die Türkische Republik von Nordzypern an (wie sie Slowenien trotz dem Krieg anerkannten).
4. Zypern wird eine Föderation mit zwei Teilen und gleichen Möglichkeiten für beide Nationalitäten (wie bei Posten in der föderalen Regierung, dem Recht auf Arbeit und Freizügigkeit).
5. UNFICYP wird nach einer Übergangsperiode zurückgezogen. Die Mauer öffnet sich zunehmend für die freie Fluktuation von Menschen und Waren
6. die föderale Republik wird auf symmetrische Weise EU-Mitglied: Beide Mutterländer sind EU-Mitglieder.

Wir vermuten, dass nichts den Frieden bringen kann, was nicht die Symmetrie auf allen Ebenen innerhalb und außerhalb Zyperns garantiert, und dass die Alternative eine Pattsituation mit gelegentlichen Kriegen ist.
(1964-1997)

8. Unabhängigkeitskämpfe: Eine TRANSCEND-Perspektive

Diagnose. Unter dieser allgemeinen Überschrift wurde ein Forschungsprojekt in dem Gebiet, das damals Südrhodesien war, durchgeführt: Teilweise über die Wirkung der Wirtschaftssanktionen gegen die weiße Minderheitsregierung (4 Prozent) nach der einseitigen Unabhängigkeitserklärung (UDI) im November 1965 und teilweise über die allgemeine Strategie eines Kampfes um Unabhängigkeit, in diesem Fall gegen den Kolonialismus der weißen Siedler mit ihrem Anspruch auf Kulturmissionierung, der ihre offensichtlich wirtschaftlichen Interessen krönte. Der Konflikt war dreiseitig; die drei Parteien waren die weißen Siedler, die schwarze Mehrheit (geteilt, aber nicht in dieser Hinsicht) und die sanktionierenden Länder, besonders England. Das Ziel der Siedler war der Status quo durch UDI, das Ziel der schwarzen Mehrheit war eine Mehrheitsregierung und das Ziel Englands war es, den Prozess zu regeln, indem es das aus dem Ruder gelaufene weiße Regime dazu brachte, sich dem ‚Mutterland' zu fügen.

Prognose. Die Prognose war, dass die Wirtschaftssanktionen nicht ausreichen würden, um das Regime aus dem Sattel zu heben, teilweise weil die Republik Südafrika und das weiße Siedler-Regime desjenigen Gebietes, das damals die portugiesischen Kolonien Angola und Mozambique umfasste, zur Hilfe kommen würden, und teilweise weil Wirtschaftssanktionen die Tendenz haben, die Ziele der Sanktionierten zu stärken und Innovationen zu stimulieren. Aber wichtiger war eine andere Prognose: Dass die schwarzen Freiheitskämpfer die Herren werden wollten und durch ihre eigene Befreiung eine andere Art von Beziehung hervorbringen würden, die nicht mehr so war wie die Beziehung zwischen England und dem Weißen Rhodesien. Anders gesagt: Die Freiheitskämpfer würden lieber den Kampf aufnehmen als darauf warten, dass die Wirtschaftssanktionen greifen würden. Der Kampf war ein gewaltsamer Guerillakampf, kein Kampf mit friedlichen Mitteln. Zu dieser Zeit waren Wirtschaftssanktionen zwar wenigstens weniger gewaltsam, aber dafür fast völlig wirkungslos.

Therapie. Der Lösungsvorschlag war ein Freiheitskampf mit völlig gewaltfreien Mitteln. Konflikttransformation und Kreativität kamen nicht in Frage: Kolonialismus kann nicht, ebenso wenig wie Sklaverei, transformiert werden, er muss abgeschafft werden. Es gibt keinen Raum für Kompromisse. Die einzige Frage war, wie und wann man sich über untergeordnete Probleme einigen würde, z.B. darüber, welche Garantien den Siedlern gegeben werden konnten, die als Bürger Zimbabwes im Land bleiben wollten.

Führende weiße Sicherheitsfachleute gaben zu verstehen, dass das, was sie am meisten fürchteten, eben solche massive Gewaltfreiheit war, z.B. in Form eines gewaltfreien Marsches auf Salisbury (jetzt Harare), womöglich von Frauen und Kindern. Sie meinten, sie könnten mit Guerillas umgehen, aber nicht mit massiver Gewaltfreiheit.

Die Reaktion der Freiheitskämpfer brachte einen anderen Aspekt zu Tage: Den *Konflikt über die Eigentümerschaft der Befreiung.* Der Kampf um Unabhängigkeit ist auch ein Kampf der Männlichkeit, der Selbstbestätigung, wenn nötig mit Gewalt, kein ‚weiblicher Kampf wie Gandhis‘. Verhandlungen haben auch deshalb ihre Grenzen, weil sie die andere Seite des Kolonialismus, nämlich die Erniedrigung und das Elend von Generationen unter weißer Herrschaft, nicht berücksichtigen. Dazu kommt noch die Darstellung von Macho-Tapferkeit als Schlüssel zur Macht, wenn der Kampf vorüber ist und die schwarze Mehrheit herrscht.

Dieselbe Reaktion war in der Akhali-Bewegung für den Sikh-Staat Khalistan, der von New Delhi unabhängig sein sollte, zu beobachten: Singh heißt Löwe! Und in der kurdischen Bewegung für kurdische Autonomie: Das Problem war nicht Wirksamkeit oder Effizienz, sondern: Wer übernimmt in einem festen Patriarchat die Macht, wenn der Kampf vorbei ist, Männer oder Frauen?

Das Problem ist allgemein. Traditionelle Gewaltmittel beansprucht die Kriegerkaste für sich allein. Klasse und Geschlecht bleiben bestimmend, auch wenn die Akteure wechseln. Beim üblichen gewaltsamen Kampf überlebt das Patriarchat. Die Herausforderung besteht darin, Unterdrückung, Gewalt *und* Patriarchat gleichzeitig zu überwinden. Wahrlich eine riesige Aufgabe.

(1970-1975)

9a. Ulster : Eine TRANSCEND-Ergebnis-Perspektive

1. Ein anglo-irisches Übergangs-Kondominium ersetzt den gegenwärtigen Status von Nordirland mit Aussicht auf ein sehr hohes Niveau an Autonomie bzw. Unabhängigkeit für Ulster nach X Jahren. Weder ‚England' noch ‚Nordirland' fördert die Autonomie.

2. Die sechs Grafschaften sollen Ulster als eine Einheit konstituieren - das sind tatsächlich 6/9 vom gesamten Ulster – ohne innere Grenzen. Für den Übergang kann es als Territorium Englands *und* Irlands gelten. Jeder Bewohner kann sich für einen englischen *oder* irischen Pass entscheiden. Mit dem Pass ist das Recht zur Wahl und andere Rechte in England oder Irland verbunden, in Ulster kann mit beiden Pässen gewählt werden.

3. Das Recht der Ulsteriten auf Selbstregierung muss endgültig anerkannt werden. Die Definition einer ‚Ulsteritin' könnte sein: Eine, die sich selbst als Ulsteritin betrachtet, ohne Ansehen der Herkunft, der kulturellen Gewohnheiten oder der Dauer des Aufenthaltes. Entscheidend sind die Achtung vor Ulster, seine Einwohner und ein Heimatgefühl.

4. Ein Parlament, das Stormont, gibt es schon für Ulster; die Regierung ist dem Parlament verantwortlich; nicht-sektiererische Parteien sollen immmer mehr Einfluss bekommen.

5. Zwei Versammlungen können für und von den protestantischen und katholischen Gemeinschaften gewählt werden. Es gibt ein Vetorecht in Sachen des kulturellen Erbes und der örtlichen Polizei bzw. Gerichte.

6. Es gibt vielleicht einen Regierungsrat mit fünf Mitgliedern: einem Repräsentanten aus London, einem aus Dublin, einem für die protestantische und einem für die katholische Gemeinschaft und einem vom Ulster-Parlament, die auf immer mehr Autonomie hinarbeiten und zwischen den Gemeinschaften mediieren.

7. Ulster gewinnt Schritt für Schritt internationale Identität:

a. Ein Ulster-Pass wird zuerst auf den Britischen Inseln und in der Europäischen Union und später in der ganzen Welt anerkannt, zusätzlich zum britischen oder irischen (EU) Pass. Jede Ulsteritin hat also Anspruch auf zwei Pässe, aber sie kann auch mit einem vorlieb nehmen.

b. In Ulster wird überall sowohl britisches als auch irisches Geld akzeptiert.

c. Der Euro kann eine örtliche Version mit demselben Wert werden (ein Ulster?). Um die örtliche Wirtschaft anzukurbeln, kann ein Rabatt für Geschäfte in der Region zugestanden werden. Investitionen in hoch entwickelte Industrien und Dienstleistungen könnten gefördert werden.

d. Das Budget für Ulster müsste auf zusätzliche Einkommensquellen (Zölle, Mehrwertsteuer) gegründet werden wie bei einem EU-Land mit EU-Unterstützungen. Die Verteilung an die Gemeinden müsste überwacht werden.

e. Besondere Verträge würden die Beziehungen zu London und Dublin regeln; sie würden vom Regierungsrat geschlossen, und es gäbe eine Klausel, die eine Überprüfung nach Y Jahren (Y = X = 25?) garantiert.

f. Ulster würde entmilitarisiert. Es dürfte keine eigene Armee haben. Seine Sicherheit würde von Britannien und Irland gemeinsam garantiert, in Zusammenarbeit mit OSCE und UN.

g. Die britische Armee würde zurückgezogen, die RUC würde das Sektiererische aufgeben und IRA und UDF würden dazu gebracht, sich beiderseits zu entwaffnen.

h. Ulster hätte in der EU, den anderen europäischen Organisationen und den UN einen Beobachter-Status (wie die Schweiz).

i. Massive Hilfe von der EU, anderen europäischen Organisationen und den UN könnten auf einen friedlichen Forschritt eingestellt werden.

j. Unabhängigkeit sollte nicht von vornherein ausgeschlossen werden, vorausgesetzt, dass es eine klare Mehrheit dafür in beiden Gemeinschaften gäbe.

k. Einige Grenzrevisionen sollten nicht von vornherein ausgeschlossen werden. Bei einer Veränderung würde ein Abstimmungsprozess auf Gemeindeebene ähnlich dem dänisch-deutschen Modell für Schleswig-Holstein 1920 abgehalten werden.

(Juni 1997)

266

9b. Ulster : Eine TRANSCEND-Prozess-Perspektive

1. *Wenn man der Konfliktlösung den Vorrang einräumt, kann das bewirken, dass die Gewalt dahinschwindet; räumt man der Waffen- bzw. Gewaltkontrolle den Vorrang ein, kann das die Gewaltbereitschaft verstärken. Der ungelöste Konflikt verstärkt zusätzlich die Gewaltbereitschaft.* Es gibt in Konflikttheorie und –praxis keine absoluten Wahrheiten, aber dies ist sicherlich eine bessere Faustregel als die meisten anderen. Wenn man der Gewaltkontrolle (‚Stilllegung') Priorität einräumt, dann überlässt man den Gewalt-Parteien die Initiative, da sie jede Vereinbarung mit Hilfe einer Bombe brechen können und Absicherung sehr teuer ist; warum sollten sie auch ihre Gewaltmittel aufgeben, wenn keine Konfliktlösung in Sicht ist? Die Parteien sorgen sich auch um ihre Sicherheit. Sobald man einen Ausweg aus dem stecken gebliebenen Konflikt findet, einen Ausweg, der für alle Parteien annehmbar ist und auf vernünftige Weise ohne Gewalt aufrechterhalten werden kann, werden nur wenige Gewalt-Befürworter übrig bleiben, weit entfernt und leicht durch sanftere Methoden zu kontrollieren. Wenn man aber den Eindruck vermittelt, dass Gewaltkontrolle die Priorität hat, verhärten sich die Fronten, und zwar nicht nur bei denen, die sich mit der Gewalt um ihrer selbst willen einlassen.

2. *1000 Dialoge sollen erblühen!* Dass Konfliktlösungen, die Millionen Menschen auf grundlegende Weise betreffen, zu wichtig sind, als dass man sie einer Handvoll Politikern, Diplomaten oder Staatsmännern überlassen sollte, ist in einer Demokratie eine Binsenweisheit; dem obersten Souverän in Demokratien muss auch eine Chance in einem Referendum gegeben werden. Aber Wählen erschließt nicht die kreative Kraft von Menschen. Besser ist es, überall Dialoge in kleinen Gruppen zu organisieren (keine Debatten): Man nimmt die Ideen zur Kenntnis, lässt sie in einem großen nationalen Ideen-Pool (GNIP) zusammenfließen und gibt sie zum Segen aller in die Entscheidungsprozesse ein.

3. *Der gemäßigten Mehrheit muss im Prozess mehr Raum gegeben werden und den erklärten Republikanern und Unionisten weniger.* Die Gemäßigten schleppen weniger belastendes Gepäck aus der Vergangenheit in die Zukunft.

4. *Die Märsche des Oranierordens hören auf* oder werden durch Märsche eines ‚Grünen Ordens' im Gleichgewicht gehalten. Katholiken müssen lernen, gewaltfrei zu reagieren, und dürfen sich nicht so leicht provozieren lassen.

5. *Heilen, Versöhnung und Abschluss sind notwendig.* Die folgenden Perspektiven könnten nützlich sein:

267

a. Eine Möglichkeit sind Begegnungsgruppen auf hoher oder niedriger Gesellschaftsebene, öffentlich sichtbar oder nicht, wo alle Parteien, die einander Gewalt angetan haben, sich treffen. Die Menschen, die sich dort begegnen, sollten einander ihre Erfahrungen, Gefühle, Sorgen und Ängste mitteilen. Die Gruppen könnten Elemente von Ausgleich und Entschuldigung bzw. Verzeihung enthalten. Aber vor allem könnten sie sehr ertragreich das Folgende leisten:

– *gemeinsamen Wiederaufbau*: Die Parteien reparieren gemeinsam einige materielle Schäden, anstatt alles Baufirmen zu überlassen, die Aufträge suchen (auch sie könnten gebraucht werden); sie helfen Wunden heilen, helfen den physisch und psychisch Verwundeten bei der Wiederherstellung, statt alles den Berufshelfern zu überlassen (auch sie werden gebraucht);

- *gemeinsame Lösung*: Die Parteien arbeiten zusammen die Einzelheiten der Konfliktlösung in ihrem Gebiet aus;

– *gemeinsame Sorgen*: Die Parteien reservieren – örtlich oder überall – Zeiten, zum Gedenken an die Tragödie, die sich ereignet hat: eine Stunde, einen Tag des Gedenkens, wobei auch darüber nachgedacht werden kann, was hätte getan werden können und was noch getan werden muss, um eine Wiederholung zu vermeiden;

b. *persönliche Zeugnisse*: Die Opfer, Angehörige eingeschlossen, sind zahllos. Ihre Geschichten sollten nicht vergessen werde. Ihre Zeugnisse sollten gesammelt und zugänglich gemacht werden, auch um künftige Generationen davon abzuschrecken, dasselbe zu tun;

c. *eine Wahrheits- und Versöhnungs-Kommission*: Modelle der Konfliktlösungs- und Versöhnungskultur Südafrikas und anderer Kulturen (polynesisch *ho'o pono pono, shir* aus Somalia) können für den Prozess fruchtbar gemacht werden.

(Glencree, Dublin, August 1997,
House of Commons Committee, London, März 1998)

10. Kaschmir : Eine TRANSCEND-Perspektive

Prozess. Die Simla-Vereinbarung von 1972 gab Indien und Pakistan den Auftrag zu bilateralen Verhandlungen, die allerdings nicht den Frieden brachten. Wenn der Ansatz nicht falsch, sondern nur unvollständig ist, sollte das Folgende hinzugefügt werden:

1. eine Südasiatische Assoziation für regionale Kooperation (SAARC), die
2. indo-pakistanische Runde Tische, von NGOs für Dialog-Verhandlungen einrichtet,
3. Mediatoren von außen, von den Regierungen eingesetzt,
4. Mediatoren von außen, nicht von den Regierungen eingesetzt, Einzelne,
5. die Vereinten Nationen.

Alles könnte einzeln oder – für einen Synergieeffekt - gleichzeitig ausprobiert werden. Wenn 3 probiert wird, sollten die Großmächte, die offensichtlich Interessen in dem Gebiet verfolgen – wie USA bzw. China (auf der Seite Pakistans) und England bzw. Russland (auf der Seite Indiens, England auch als ehemalige Kolonialmacht) – taktvoll genug sein, die Hände davon zu lassen. Das sollte auch der UN-Sicherheitsrat, denn die Summe der Vorlieben seiner Mitglieder wird sich wahrscheinlich nicht als kreativ und nützlich erweisen.

Ergebnis. Das Folgende ist eine Vorstellung von möglichen Ergebnissen, die eines Tages für die meisten Konfliktparteien akzeptabel sein werden:

A. Unterschiedliche Beziehungen zwischen dem Zentrum und der Peripherie in der Indischen Union

In einem kolonialen bzw. bürokratischen Setting ist es sinnvoll, wenn das Zentrum in New Delhi dieselben Beziehungen zu allen Staaten hat, aber das sorgt für fortgesetzte Gewalt. Diese Gewalt sollte nicht als Forderung nach Sezession bzw. Unabhängigkeit aufgefasst werden, wenn es in einigen Gebieten nur um Autonomie geht. Es geht auch anders: Alle nicht EU-Länder in Westeuropa arbeiten mit der EU zusammen und zwei EU-Mitglieder (Dänemark und England) genießen auf sehr wichtigen Gebieten Autonomie. Indien ist zweimal so groß und komplexer. Kaschmir ist nicht der einzige Teil, der daran interessiert ist, sagen wir, weniger föderale, mehr konföderale Verbindungen auszuhandeln, das sind ebenso Nagaland und einige andere. Der Prozess wird schmerzhaft sein. Aber ‚in der Stärke ist

Schwäche und in der Schwäche Stärke'; Flexibilität wird allen von Nutzen sein.

B. *Unterschiedliche, aber geschlossene Politik den Teilen Kaschmirs gegenüber*
Eine Politik, die keine Unterschiede macht, ist für Kaschmir mit seinen drei bzw. vier Teilen in einem kolonialen bzw. bürokratischen Setting sinnvoll, aber sie sorgt für fortgesetzte Gewalt. Diese Gewalt sollte nicht als Forderung nach Sezession bzw. Unabhängigkeit aufgefasst werden, solange in einigen Gebieten Autonomie die Lösung sein kann. Drei Optionen sollen ausgeschlossen werden:

- volle Integration mit Pakistan (Jamat, Hizbullah Mujaheddin),
- volle Integration mit Indien (das Instrument der Übernahme),
- unabhängiger Staat Kashmir (die Hurriyat-Konferenz).

Eine Politik, die Unterschiede macht, könnte das Folgende enthalten:

- Wenn Jammu und Ladakh die Integration mit Indien wollen, sollen sie die bekommen;
- wenn Azad-Kashmir die Integration mit Pakistan will, soll es die bekommen;
- für das Valley: Wenn Autonomie und Dezentralisierung innerhalb Indiens gemäß dem, was in der Verfassung 1952 und 1974 festgelegt wurde, das ist, was die Bewohner wollen, sollen sie es bekommen (die Nationalkonferenz, Shabbir Shah?).

Für Geschlossenheit mag das Folgende nützlich sein:

- ein indisch-pakistanisches Übergangs-Kondominium für das Valley;
- indisch-pakistanische Zusammenarbeit, um die Kontrolllinie weicher zu gestalten;
- Zusammenarbeit der Zivilgesellschaft über die Grenze bzw. Kontrolllinie hinweg: Vereinigung von Familien, kulturelle Zusammenarbeit, örtliche wirtschaftliche Zusammenarbeit – was überall von Nöten ist, um die Wirkungen der Globalisierung zu überwinden;
- eine größere Kaschmir-Konföderation mit zwischen den Teilen offenen Grenzen, wirtschaftliche Zusammenarbeit, SAARC-Beobachter-Status und Repräsentanten in New Delhi und Islamabad.

C. Zusätzliche Themen

Das löst nicht die ernst zu nehmenden Probleme, die die folgenden Bevölkerungsgruppen aufwerfen: Waffenhändler bzw. Söldner, die Profit wollen, Militär, das Krieg will, und die Jugend, die in entfremdeten Gesellschaften Gewalt und Vergewaltigung nicht nur als ,die beste, sondern auch die einzige Show in der Stadt' ansieht. Aber diese Gruppen würden sich bei einer Lösung des Konflikts auflösen oder könnten einzeln in Angriff genommen werden.

(Januar 1998)

11. Korea : Eine TRANSCEND-Perspektive

Diagnose. Korea liegt in einem Kraftfeld, das durch vier Großmächte gebildet wird: Die USA und Japan auf der einen Seite, beide gut in Südkorea etabliert, wenn auch von einem Teil der Bevölkerung abgelehnt, und China und die Sowjetunion bzw. Russland auf der anderen Seite mit ihren komplexen Beziehungen zu Nordkorea. Es gibt also eine 2 + 4- oder eine 2 + 2-Formel, wenn man nur die USA und China mit ihren erklärten militärischen Allianzen mit je einem Korea zählt. Japan hat die schwierige Beziehung eines völlig illegitimen Kolonisten und die USA das Trauma, den Koreakrieg nicht gewonnen zu haben. Gleichzeitig hat Nordkorea zunehmend eine absurde Gesellschaft entwickelt, in der Propaganda und Realität tief gespalten sind, was sich in einem gewissen Maß in Südkorea widerspiegelt, das zwischen seinem Selbstbild als ‚fortschrittliches, industrialisiertes Land' und einer von Krisen geschüttelten Wirtschaft hin und her schwankt. Ein hoher Grad an allgemeinem koreanischen Ressentiment (*han*), verbunden mit Missionierungskomplexen, macht die Situation noch komplizierter.

Prognose. Standardprognosen sagen den Zusammenbruch des einen oder des anderen Korea voraus, eine Übernahme des einen durch das andere, eine abgewandelte Spielart des Koreakrieges von 1950-53. Eine bessere Prognose: Es bleibt alles, wie es ist. Eine optimistischere Prognose: Es wird eine langsame Bewegung von ersten Schritten der Zusammenarbeit über eine assoziative Beziehung zu einer Konföderation geben, dann eine Föderation und schließlich die Vereinigung. Nach 40 Jahren ist oft eine neue Generation an der Macht, die neue Perspektiven auf die bitteren, traumatisierenden Konflikte (Spanien 1936-76, Deutschland 1949-89) besitzt. Nach dem Krieg von 1950-53 wäre in Korea 1990-93 eine Transformation fällig gewesen. Sie fand nicht statt. Sind die Führer zu alt? Zu konfuzianisch? Mangelt ihnen die Autonomie von den USA bzw. von China, die es beide lieber haben, wenn alles beim Alten bleibt?

Therapie. Vier Prämissen könnten für den Übergang helfen:
1. Man sollte beide Koreas als in Krisen begriffen verstehen, keins der beiden Systeme ist perfekt; vielleicht hängen beide Koreas, nicht nur eins, einseitigen Ideologien an, die im Norden zu zu wenig und im Süden zu zu viel Handel führen, so dass eine Zusammenarbeit beider, den Handel eingeschlossen, beiden nützen könnte.
2. Man sollte nicht weiter über den Zusammenbruch der beiden Länder spekulieren, sondern statt dessen über die Notwendigkeit

einiger sozialer und politischer Veränderungen in beiden Ländern nachdenken.

3. Man sollte nicht weiter von der Vereinigung der Länder, sondern viel mehr über konkrete Zusammenarbeit zwischen beiden sprechen.

4. Man sollte nicht weiter über die großen bzw. harten militärisch-politischen Probleme sprechen, sondern statt dessen über kleine bzw. sanfte Formen wirtschaftlicher, sozialer und kultureller Zusammenarbeit.

Konkrete Beispiele für Zusammenarbeit:
- gesamtkoreanische Zusammenarbeit in alternativer Energieproduktion;
- gesamtkoreanische Zusammenarbeit in ökologischer Landwirtschaft, Aufforstung;
- gesamtkoreanische Zusammenarbeit im Anlegen von Fischkulturen;
- gesamtkoreanische Zusammenarbeit bei der Öffnung für den Transportverkehr auf Schiene und Straße im Zusammenhang mit euro-asiatischer Zusammenarbeit und den ESCAP-Plänen;
- Öffnung für den Verkehr und Verbindungen nach Euro-Asien im Allgemeinen und für eine Friedensuniversität auf Rädern im Besonderen.

Perspektiven der Zusammenarbeit:
- direkte Nord-Süd-Verbindungen zwischen Provinzen, Städten und NGOs;
- Schritte auf gemeinsame Wirtschaftsunternehmen zu;
- Zusammenarbeit mit ostasiatischen Nachbarn (China, Japan, Vietnam);
- dritte Parteien, die mit beiden Seiten Dialoge führen können, sollten Ideen herausfinden, ohne auf direkte Verhandlungen hinzuarbeiten;
- weniger Austausch, statt dessen einseitiges Handeln: Wenn es dem Süden richtig erscheint, dem Norden aus der Hungersnot zu helfen, dann sollte er das tun, ohne Bedingungen zu stellen.
- Keine Ultimaten, kein Wort vom Militär, nicht auf einen Friedensvertrag bestehen: statt dessen viele kleine Schritte aneinanderfügen.

(August 1972 – Mai 1998)

12. Pax Pacifica : Eine TRANSCEND-Perspektive

Diagnose. Es geht um einen bedeutenden Teil der Menschheit:
Zum Gebiet des *Westlichen Pazifik* gehören: Russland (Ostsibierien), Japan, (Han-)China, die ‚Mini-Japans bzw. –Chinas' Taiwan, Hongkong, Singapur, Süd- und Nordkorea und die zehn ASEAN-Länder: Vietnam, Laos, Kambodscha, Philippinen, Indonesien, Brunei, Singapur (noch einmal), Malaysia, Thailand und Myanmar/Burma.
Zum Gebiet des *Zentral-/Südpazifik* gehören: Die Pazifischen Inseln, zusammen als Polynesien bekannt (mit Hawaii und Tahiti), Melanesien und Mikronesien und die großen Inseln Australien und Neuseeland.
Zum Gebiet des *Östlichen Pazifik* gehören: Kanada (Yukon und British Columbia), die Vereinigten Staaten (Alaska, Washington, Oregon und Kalifornien), Mittelamerika (Mexiko, Guatemala, El Salvador {Honduras}, Nicaragua, Costa Rica, Panama) und Südamerika (Kolumbien, Ecuador, Peru {Bolivien}, Chile).

Wenn wir nur die Bevölkerung zählen, die auf dem Küstenstreifen der Randländer lebt, sprechen wir von wenigstens 2, vielleicht 2,5 Milliarden Menschen, das sind 40 bis 50 Prozent der gesamten Menschheit. Davon leben etwa 5 Millionen auf den Pazifischen Inseln, das ist eine Beziehung von 1: 400 oder 1: 500, was die extreme Verletzbarkeit gegen ihre Nachbarn erklärt, von denen vier zu den heutigen Großmächten gehören, die sehr viele Reste von Kolonialismus aufweisen, von denen einige sogar den Kolonialismus überlebten. Auch die westlichen und japanischen Überlegenheitskomplexe haben in der Region überlebt, wie man an den französischen Atomtests und der Südpazifischen Kommission sehen kann.

Prognose. Die dynamische Vielfalt der pazifischen Hemisphäre kann leicht in massive Gewalt ausbrechen gegen die ehemaligen oder gegenwärtigen Kolonialmächte und untereinander um ‚Kontrolle' oder, um Kontrolle durch die anderen zu verhindern (der Pazifische Krieg zwischen Japan und China von 1931 und zwischen Japan und den USA vom Dezember 1941 sind noch jedem im Gedächtnis, ganz zu schweigen von den USA-Kriegen gegen Korea und Vietnam). Das Fünfgespann USA, EU, Japan, China und Russland beherrscht leicht die Inseln, wenn es nicht durch eine faire Symbiose gezügelt wird.

Therapie. Die Form des Friedens, der *fa'a pasifika*, müsste starke kulturelle Komponenten aufweisen: Die Einheit der Menschheit wird hervorgehoben, der traditionelle pazifische Glaube und andere friedliche Religionen wie der Buddhismus, Quäkertum, Bahai und andere bedenkenswerte Traditionen dialogischer und gewaltfreier Muster der Konfliktlösung würden mit einbezogen.

Aber auch die Probleme direkten und strukturellen Friedens kämen zur Sprache, und nicht nur die Probleme von heute, sondern auch die der Vergangenheit und der Zukunft. Es besteht die Notwendigkeit zur Versöhnung wegen der Schrecken des Kolonialismus im Pazifischen Krieg. Der *karma*-Ansatz bei der Behandlung von Traumata: ‚Wir leiden gemeinsam daran', ein nie endender Prozess von Heilung, Wiedergutmachung und Entschuldigungen kann mit vollständiger Entkolonialisierung verbunden werden, um die Souveränität mit Hilfe von Formeln wie Zweikammersystem und Zweisprachigkeit in den umkämpften Gebieten wieder herzustellen.

Das Gebiet hätte große Vorteile davon, wenn die offensiven Stationierungen aufgehoben würden (der USA, Russlands, Chinas, Japans in AMPO, Nordkoreas) und – was die USA angeht – die Aufhebung von JCS 570/2. Entfernen aller Atomwaffen aus dem gesamten Gebiet, nicht nur von einigen kleinen Inseln, wäre ein großer Schritt vorwärts in Richtung auf ein pazifiziertes Pazifikgebiet. Was den wirtschaftlichen Aspekt angeht: Sowohl *Selbstverantwortung I* (so viel, wie man kann, alleine tun) als auch *Selbstverantwortung II* (mit anderen, die sich auf demselben Niveau befinden, zusammenarbeiten, so dass keine Abhängigkeiten entstehen) wären hilfreich zusammen mit dichten Kommunikations- und Transport-Netzwerken.

Für die Zukunft: Es soll viel mehr Staaten ohne Armeen geben, Umwandlung in UNPKF zum Einsatz in nicht militarisierten Gegenden, Umwandlung des Rests in ausschließlich nicht offensive Verteidigungsmittel, massiver Gebrauch von kreativer Konfliktlösung und ein regionales Forum für das ganze Gebiet, das von keiner Großmacht beherrscht wird – ein Forum der Pazifischen Hemisphäre.

(April 1989)

13. Hawaii : Eine TRANSCEND-Perspektive

Diagnose. Das klassische Problem: Siedlerkolonialismus, Sturz der hawaiischen Monarchie 1893, Annektierung 1898 (Präsident McKinley) und Einverleibung in die USA als 50. Staat 1959: alles illegitim von oben auf Kosten des hawaiianischen Volkes. Wenn die Hawaiianer mehr als 50 Prozent der Bevölkerung ausmachten, wäre Hawaii heute entkolonialisiert. Aber die Entfremdung von ihrer Kultur durch die Missionierung, Krankheiten (,Handlungen Gottes') und der Landraub reduzierten sie von 800 000 im Jahr 1778 auf 8000 heute. Sie stellen heute 20 Prozent der Bevölkerung, die weißen Siedler etwas mehr, etwa 25 Prozent. Die meisten übrigen sind Ostasiaten, die als Arbeiter auf die Insel gebracht wurden, auch sie wurden ausgebeutet. Der Archipel wurde von den Siedlern für Plantagen, Tourismus und Militärbasen benutzt, die einen bedeutenden japanischen Angriff veranlassten. Alle drei Industrien stecken heute in wirtschaftlichen Schwierigkeiten, die zu großen Einschränkungen führen.

Prognose. Die am meisten einleuchtende Prognose ist eine Verlängerung des gegenwärtigen Zustands: Die Einheimischen sind Bürger zweiter Klasse in ihrem eigenen Land, die Rechte der Siedler setzen sich gegen die historischen Rechte durch. Allerdings machte Präsident Clinton einen interessanten Anfang, indem er sich im November 1993 ,für den Sturz des Königtums von Hawaii durch die Vereinigten Staaten bei den eingeborenen Hawaiianern entschuldigte' (Public Law 103-150). Es besteht die Gefahr, dass dem ein USA-Konzept von ,Nation-in-der Nation' folgen könnte wie die Einrichtung von Reservationen für die einheimischen Amerikaner. Dieses System riecht nach südafrikanischer Apartheid, wie sie bis vor einiger Zeit bestand. Entschuldigungen, die Rückgabe von etwas Land und Reparationen an die einheimischen Hawaiianer reichen nicht mehr aus (es besteht auch die Gefahr, dass nach Clinton ein neuer McKinley auftaucht, der brutale Washington-Macht ausüben könnte). Wirkliche Souveränität bedeutet Kontrolle über alle acht Inseln des Archipels, nicht nur über eine (Kaho'olawe). Und das wirft das Problem auf: Was wird aus den Nicht-Hawaiianern, der Mehrheit?

Therapie. Eine mögliche Lösung für ein unabhängigeres Hawaii könnte eine Zweikammerregierung sein: Eine normale Kammer für alle Bürger, gleich, woher sie stammen, und eine nur für die Hawaiianer mit Vetorecht in so grundlegenden Dingen wie Kontrolle über heilige Zeit und heiligen Raum, die Dyade von Trauma und Ruhm, Zuteilung von Land, Kontrolle über das Recht, dort zu wohnen, Beziehungen zum Ausland, Sprache (zwei Verwaltungssprachen), und ein Polizei- und Gerichtssystem für die Hawaiianer, das sie selbst verwalten. All das soll durch gewaltfreie Mittel erreicht werden und sich auf einen langen komplexen Erziehungsprozess gründen.

Ein Modell wäre es, wenn man das Konzept von ‚heiliger Zeit, heiligem Raum' benutzte, um Raum und Zeit in einem Archipel heiliger Räume (z.B. Begräbnisplätze) zurückzuerobern. Der Kalender könnte durch heilige Zeiten der Hawaiianer akzentuiert werden, durch ihre Tage von Ruhm und Trauma, etwa durch das Herausstellen des ha'ole (weißen) 4. Juli, 7. Dezember usw.

Hawaii könnte auch wieder als Sich-nicht-selbst-regierendes-Territorium eingeschrieben werden und den durch die Vereinten Nationen festgelegten Prozess durchlaufen (ein ähnlicher Fall, ‚Kanaky', von den Franzosen Neukaledonien genannt, wurde im Dezember 1986 von der Generalversammlung auf die Liste gesetzt). Die Entwicklung zur Souveränität ist nicht mehr aufzuhalten, denn das Bewusstsein ist schon zu fortgeschritten, auch wenn es auf dem Weg dahin noch manchen Aufenthalt geben wird.

Ein unabhängigeres Hawaii würde Nicht-Hawaiianer nicht etwa aus-, sondern einschließen, wenn sie die Grundaspekte der hawaiianischen Kultur respektieren, wie das Ganzheitsbewusstsein und die Achtung vor der Natur. Ein unabhängigeres Hawaii, das immer autonomer von Washington würde, hätte sowohl eine starke Finanzwirtschaft als auch eine an den Grundbedürfnissen orientierte selbstverantwortliche Wirtschaft. Es hätte durch die Diasporai in Hawaii Beziehungen zu den anderen Inseln im polynesischen Dreieck, zum pazifischen Rand, es würde seine Sicherheit auf gute Beziehungen zu allen Nachbarn und nicht auf eine Armee gründen und vielleicht die Militärbasen zur Stationierung für UN-Friedenstruppen benutzen.

(1993)

14a. Der Golf-Konflikt 1990-91 : Eine TRANSCEND-Perspektive

Diagnose. Man musste schon sehr unwissend sein, um sich vom Golf-krieg überraschen zu lassen. Kuwait war das Ergebnis des westlichen politischen und wirtschaftlichen Kolonialismus. Die Grenze war künst-lich und umstritten und viele andere Probleme (Zugang zum Golf, Ölfelder unterhalb der Grenze, Währungsprobleme nach dem ira-kisch-iranischen Krieg) und Akteure waren in dem überaus komple-xen Konflikt aneinander gekoppelt. Es war klar, dass die USA/Bush-Regierung hart zuschlagen und den Krieg dazu benutzen würde, ,dem Vietnam-Syndrom einen Tritt zu versetzen', so dass Krieg in der öffentlichen Meinung der USA wieder legitim würde. In der Hitze des Gefechts reduzierten alle Parteien die Komplexität auf die ,Zwei Par-teien, ein Problem'-Formel. Sie agierten die Ideen des auserwählten Volkes von Ruhm und Trauma der USA und des Nahen Ostens aus. Die Schlüsselerinnerung waren *die Kreuzzüge* und das Massaker in Bagdad 1258. Der Krieg wurde zur Armageddon-Schlacht zwischen Gott und Satan. Man war geteilter Meinung über die Äußerung des Botschafters der USA, man solle nicht in einen Konflikt zwischen be-freundeten Ländern eingreifen.

Prognose. Wenn man von dem jahrtausendalten Kreuzzugsyndrom ausging, konnte man Völkermordversuche erwarten, die die verfüg-baren Mittel gebrauchten: Dieses Mal waren es Bombardements und wirtschaftliche Sanktionen. Wenn man von den Beduinenwerten Würde, Mut und Ehre ausging und der Meinung war, je mehr jemand davon besitze, umso eher würde er den Feind überwinden, kann der Irak den Sieg für sich beanspruchen.

Therapie. Die historische und kulturelle Komplexität des Konflikts muss berücksichtigt und viel mehr Parteien, Ziele und Probleme müssen folglich mit einbezogen werden. Wenn man den Konflikt als bilateral, also als Konflikt nur zwischen dem Irak und den USA sieht (von alten englischen Kolonialmacht-Traumata gestützt, einschließlich der briti-schen chemischen Kriegsführung im Irak 1920), ist keine akzeptable und nachhaltige Konflikttransformation zu erwarten. Aber eine *Kon-ferenz für Sicherheit und Zusammenarbeit im Nahen Osten* (CSCME) kann vielleicht eines Tages in etwa das Folgende erreichen:

1. Der Irak zieht sich aus Kuwait zurück, aber Kuwait tritt in Verhandlungen mit dem Irak über Veränderungen der nördlichen Grenze Kuwaits ein.
2. Der Irak nimmt Verhandlungen mit den Kurden über Menschenrechte und Autonomie auf mit Aussicht auf deren Souveränität und regt andere Staaten mit kurdischer Bevölkerung in der Region dazu an, dasselbe zu tun.
3. Israel ermutigt, hilft und anerkennt einen palästinensischen Staat wie in der PNC-Resolution vom 15. November 1988 niedergelegt. Palästina erkennt Israel völlig an.
4. Die Golanhöhen werden an Syrien zurückgegeben. Syrien erkennt Israel an.
5. Alle arabischen Staaten erkennen Israel an und schließen Nicht-Angriffs-Verträge ab.
6. Die UN organisieren in Zusammenarbeit mit der Arabischen Liga eine umfassende UN-Friedens-Sicherungs-Operation mit einigen hunderttausend Polizisten, die auf beiden Seiten von Grenzen im Gebiet stationiert werden.
7. Alle ausländischen Soldaten werden nicht nur aus Kuwait, sondern auch aus Palästina, dem Libanon, Saudi-Arabien, der Türkei usw. abgezogen.
8. Ein *Waffen-Kontroll-System* nach dem Modell des europäischen Prozesses wird eingeführt; die Priorität haben die Vernichtung von Massenvernichtungswaffen in der Region, Vertrauens bildende Maßnahmen und Inspektionen nach Bedarf unter UN-Satelliten-Überwachung.
9. Ein *System der Wasserverteilung* in der Region wird ausgearbeitet und verhandelt.
10. Ein *Öl-System* wird im ständigen Dialog zwischen den Öl importierenden und den Öl exportierenden Ländern, vielleicht unter der Schirmherrschaft der UN, ausgearbeitet und verhandelt.
11. Ein *System der Menschenrechte* wird eingeführt, das den Ländern in der Region die Achtung der Menschenrechte, Demokratie und die Herrschaft des Rechts näherbringen soll.
12. Der Plan für einen *Gemeinsamen Markt des Nahen Ostens* mit Israel als vollwertigem Mitglied wird ausgearbeitet und verhandelt.

(Oktober 1990)

14b. Der Golf-Konflikt 1998 : Eine TRANSCEND-Perspektive

Diagnose.

Motivationen der Iraker:

- Mangel an Waffen, also ein Element der Verheimlichung
- sehr aggressiv, Gas in Halabja 1988 (England im Sommer 1920), Kuwait
- beduinische Kriegerlogik: Waffen als Zeichen von Würde, Mut und Ehre
- die Zukunft der Region und ihre historische Mission stehen auf dem Spiel

Motivationen der USA bzw. Englands:

- Hussein als ‚Volksfeind' (Orwell 1984)
- sehr aggressiv, 310 000 wurden 1991 getötet (Internationale Ärzte für die Verhinderung eines Atomkrieges), zwei Millionen durch das Embargo (UNICEF 1 210 000 Kinder, 960 000 Erwachsene)
- USA-englische Kriegerlogik: Kriege gewinnen, um den Führerstatus zu gewinnen
- den Nahen Osten als Interessensphäre von USA und England zu kennzeichnen

Konfliktformation: Ein großer Krieg aus Gründen der Waffeninspektion findet zur Zeit nicht die Zustimmung des UN-Sicherheitsrat. USA und England haben ihre Bereitschaft signalisiert, allein gegen den Irak anzugehen, gegen 2 (4) der UN-Charta. Die USA werden von den neuen NATO-Mitgliedern Tschechische Republik, Ungarn und Polen unterstützt, England von seinen ehemaligen Kolonien Kanada, Neuseeland und Australien. Außerdem haben sich Argentinien, Spanien und Portugal, Norwegen und Deutschland angeschlossen. Kuwait und Oman werden zur Werbung benutzt. Weniger als die Hälfte der Unterstützung als beim letzten Mal und hauptsächlich von weit entfernten Ländern.

Prognose.

- Durch Bombardements wird die Zerstörung versteckter Waffen nicht erreicht, da dafür nur sehr kleine Areale gebraucht werden, z.B. in den Bergen. Eine Besetzung könnte das erreichen, aber nach traditioneller Berechnung wäre dazu wenigstens ein Zehntel der Bevölkerungszahl an Soldaten nötig.

- Nach der Bombardierung wird die Inspektion wahrscheinlich unmöglich sein.
- Das Anwachsen des Fundamentalismus in der Türkei, in Saudi-Arabien, Syrien, im Libanon und in Jordanien kann zu Regimewechseln in diesen Ländern führen.
- Die Konferenz der Islamischen Länder kann zu einem Block werden.
- Die durch die NATO/AMPO-Expansion hervorgerufene russisch-chinesische Zusammenarbeit bzw. militärische Allianz vertieft sich und kann *de facto* Irak/Iran einbeziehen.

Therapie. Ein Sieben-Punkte-Plan:

1. Russland, China, Frankreich und dem UN-Sicherheitsrat soll mehr Zeit gelassen werden, um akzeptable Kompromisse auszuhandeln; weniger grobe Sprache der Inspektoren.
2. Man soll auf die seit 1990 vom Irak erhobene Forderung nach einem Dialog eingehen und dabei den Irak seine Sorgen, einschließlich die um Souveränität, aussprechen lassen. Nur sehr schwache Menschen sind nicht dazu bereit, sich die andere Seite anzuhören.
3. Einen Kompromiss erreichen, bei dem für unbeschränkte repräsentative UNSCOM-Arbeit im Gegenzug das Eingehen auf wertvolle Punkte der irakischen Position angeboten wird.
4. Aber ein breiteres Programm wird benötigt, deshalb soll man Schritte unternehmen, um eine UN-*Konferenz für Sicherheit und Zusammenarbeit im Nahen Osten* (CSCME) nach dem Modell von Helsinki (1973-75) zu organisieren; in dieses Programm sollen auch die israelisch-palästinensischen und kurdischen Probleme aufgenommen und die Möglichkeiten eines Palästinenserstaates und der kurdischen Autonomie bzw. eines Kurdenstaates nicht ausgeschlossen werden. Den Vorsitz in dieser Konferenz sollte keine Großmacht führen, sondern ein Land der Region, z.B. Jordanien.
5. Die UN organisieren in Zusammenarbeit mit der Arabischen Liga eine umfassende UN-Friedens-Sicherungs-Operation in der Region mit einigen hunderttausend Polizisten, die auf beiden Seiten von kritischen Grenzen stationiert werden.
6. Systeme für Waffenkontrolle, Wasserverteilung, Öl und Menschenrechte für das ganze Gebiet werden erforscht.

7. Der Plan für einen *Gemeinsamen Markt des Nahen Ostens* mit Israel als vollwertigem Mitglied wird ausgearbeitet und verhandelt.

Wichtig ist, dass das Problem der Waffenkontrolle/Inspektion/ Fügsamkeit des Irak nicht von den übrigen Problemen isoliert behandelt wird. Es gibt keinen Ausweg aus dem gegenwärtigen Durcheinander, wenn man diese engstirnige Logik beibehält. Wenn man das Programm nicht für alle in der Region vorhandenen Probleme öffnet, wird sich die Situation nur noch weiter verschlechtern.

(Februar 1998)

15. Die Kurden : Eine TRANSCEND-Perspektive

Diagnose. Die Kurden sind eine Nation ohne Staat. Etwa 25 Millionen Kurden verteilen sich auf fünf Staaten (Türkei, Irak, Iran, Syrien und Armenien) und haben eine beträchtliche Diaspora in Europa. Wie jede andere staatenlose geteilte Nation sehnen sie sich nicht nur danach zusammenzukommen, sondern auch danach, von ihresgleichen regiert zu werden, was grundlegend für das demokratische Projekt ist. Sie tragen zu einem großen Teil zu dem ausgebreiteten und komplexen Nahost-Konflikt-Syndrom bei, nicht nur, weil Konflikte über die Beziehung zwischen Staat und Nation in allen fünf Ländern leicht in Gewalt übergehen kann, sondern auch weil ein Kurdenstaat einen Präzedenzfall für eine andere staatenlose Nation in der Region schaffen kann, die Palästinenser. Außerdem gibt es offensichtlich Öl- und Wasser-Probleme, die den Nahen Osten überschreiten. Das kann die Kurden in Gegensatz zu der *de facto*-Allianz von USA, der Türkei und Israel bringen, auch wenn der Irak der gemeinsame Feind ist.

Prognose. Sich hinziehende endlose Gewalt, Terrorismus und Folter, dazu der Export von Gewalt nach Europa und darüber hinaus.

Therapie. Die Kurden haben ein Drei-Stadien-Programm:

1. *Menschenrechte* für Kurden in den Ländern, die die kurdische Nation teilen,
2. *Autonomie* innerhalb der Länder, in denen Kurdisch eine der Sprachen ist, und
3. *ein Kurdistan*, vielleicht als eine (Kon-)Föderation der Autonomien, womit der kurdischen Nation das gegeben würde, was sie für ihr Recht erachten: ein Staat.

An diesem Programm ist nichts Extremistisches, wenn man nicht Nationalismus an sich für extremistisch hält. Wenn dieser Nationalismus jemals zu einem kurdischen Einheitsstaat führte, würde sich die Landkarte des Nahen Ostens beträchtlich verändern. Bis vor kurzem waren die Kurden im Grunde eine Nomadennation, und Nomaden beanspruchen viel Platz. Extremistisch dagegen ist die Gewalt auf allen Seiten, die durch Macho- und Gewalt-Kulturen aller Teile der Konfliktformation legitimiert wird. Im Juli 1994 bei der Rambouillet-Konferenz argumentierte TRANSCEND (vergeblich) für einen gewaltfreien Ansatz und mehr Frauen in politischen Führungspositionen im kurdischen Kampf, wobei wir uns auf die Tatsache bezogen, dass kurdische Frauen, die demonstriert und gewaltfrei argumentiert hatten, die beiden kurdischen Fraktionen im Nordirak dazu gebracht hatten, ihren Kampf gegeneinander zu beenden. Eines Tages könnte sich das in großem Maßstab wiederholen. Aber die Gewalt ist tief verwurzelt; sie wird durch Racheforderungen und die Vorstellungen von Ehre und männlicher Mobilität verstärkt, die sich in männlichen Akten mutiger Gewalt beweisen. Das hält Frauen aus der Politik heraus. Die Kurden sind außerdem ihre eigenen Feinde. Aber damit stehen sie nicht allein, dasselbe trifft auch auf viele der anderen Parteien zu.

Kreative Lösungen, bei denen der Nordirak zur Übung in der Staatenbildung und komplexer Konfliktpolitik benutzt würde, enthielten das Folgende:

- Ein innerhalb der Länder demokratisch und geheim gewähltes *kurdisches Parlament im Ausland.* Ein Grundproblem ist, dass Kurden naive, ja sogar gewaltsame politische Kämpfe zu bevorzugen scheinen und sich bereitwillig von denen benutzen lassen, die vorgeben, ihnen etwas als Gegenleistung zu bieten wie die Türken (als Gegenleistung für das Töten der Armenier) und die USA (als Gegenleistung dafür, dass sie sich gegen Iran und Irak wenden).
- *eine kurdische Regierung im Exil,* die Exekutive des Parlaments mit dem Auftrag, ein Muster zu organisieren von
- einer *doppelten Staatsbürgerschaft.* Die Kurden bekommen einen zusätzlichen Pass zu dem, den ihnen das Land, in dem sie wohnen, gibt. Sie werden dadurch gleichzeitig eher als Nation anerkennbar und anerkannt, was eines Tages in der Zukunft die virtuelle Realität in reale Realität transformieren kann, z.B. als eine Konföderation von Autonomien.

Allerdings gibt es eine Bedingung dafür, dass dies alles eintreten kann, und damit wenden wir uns auch an die Kurden: Auch sie müssen die Gewalt abbauen. Für alle, die das nicht aus ethischen Gründen bedenken wollen, gibt es militärische Gründe: Gewalt wird die Kurden gegen dermaßen überlegene Feinde nirgendwo hinführen!

(Dezember 1990)

16. Japan-USA : Eine TRANSCEND-Perspektive

Diagnose. Die Situation zwischen Japan und den USA ist ernst, wenn man die vier Phasen von der frühen Meiji-Reformzeit (1868) bis zum Pazifischen Krieg (1931-45) als Modell nimmt: Erste Phase: ‚Öffnung', 2. Phase: ‚Die Japaner lernen begeistert', 3. Phase: ‚Japan praktiziert, was es selbst und für sich selbst gelernt hat mit wachsender Spannung', 4. Phase: ‚Krieg oder kriegsähnliche Aktivitäten'. Die Okkupation war die erste Phase des Zyklus nach 1945, danach kam gleich die zweite Phase, die dritte Phase begann etwa 1970 und hält bis heute an. Wird es eine vierte Phase geben? Die krasse Inkongruenz verschärft die Situation: Die USA besitzen mehr politische und militärische Macht (*de facto* okkupieren sie Japan), und Japan reagierte lange Zeit über mit größerer wirtschaftlicher Macht (es verkaufte dringend benötigte Produkte, als der Yen nicht so stark war, und kaufte USA-Besitz, als der Yen stark war; es unterschrieb Verschuldungen der USA, indem es USA-Wertpapiere kaufte). Beide nutzten ihren vergleichsweisen Vorteil auf Kosten der anderen Seite, damit stieg die Spannung. Die USA brachen zweifellos den Pazifischen Krieg vom Zaun, um Japan gefügiger zu machen; Japan benutzt seine politisch-militärische Fügsamkeit, um wirtschaftlich mehr Zugang zu bekommen; die USA starten Gegenaggressionen auf wirtschaftlichem Gebiet, manipulieren den Wechselkurs und stellen die japanische Formel von der lebenslangen Beschäftigung und der Beförderung nach dem Senioritätsprinzip in Frage. Die Beziehung ist sehr unstabil und hält gleich unter der Oberfläche Erinnerungen an Pearl Harbor und Hiroshima/Nagasaki bereit.

Prognose. Der zweite ‚Öffnung-Nachahmung-Konflikt-Krieg'-Zyklus ist seit langem in seiner dritten Phase (wenn man das, was geschieht, so nennen kann). Ein Krieg ist nicht in Sicht, aber kriegsähnliche Aktionen umfassen Maßnahmen wie die Vertiefung und Verbreiterung der *de facto*-Okkupation Japans durch die USA, und zwar durch neue, ausgeweitete Richtlinien für den japanisch-US-amerikanischen Sicherheitsvertrag (AMPO), und wie die Tatsache, dass Japan den Menschen von Okinawa den Kampf um eine Reduzierung der Belastung durch die Militärbasen überlässt.

Therapie. Ein Weg aus diesen verdrießlichen Beziehungen könnte es sein, wenn die beiden weniger miteinander interagierten, wenn sie sich auseinander dividierten. Die USA könnten sich militärisch herausziehen, die AMPO könnte außer Kraft gesetzt oder abgeschwächt und sollte nicht etwa vertieft werden, und beide könnten sich auf andere Handelspartner konzentrieren, die USA mehr auf die NAFTA, Japan mehr auf Interaktionen mit ostasiatischen Partnern. Japan sollte weniger auf dem Handel mit Waren von großer Differenz im Grad der Verarbeitung bestehen und sich für den Import von weiter verarbeiteten Produkten aller Länder öffnen. Die USA produzieren jetzt konkurrenzfähige Produkte. Japan sollte sich nach neuen Märkten umsehen. Und wenn sie miteinander interagieren, sollten sie sorgfältig auf die Feinheiten achten, damit Japan die USA nicht e-benso erschreckt wie die USA Lateinamerika. Dann sollten sie sich wieder zusammentun, aber auf der Basis von Gleichheit und Fairness.

Die USA haben in den Amerikas die sich ausdehnende NAFTA, die auf der Macht der USA beruht, während Japan in Ostasien nichts dergleichen hat. Das liegt nicht daran, dass die USA in Lateinamerika besonders beliebt wären und Japan wegen des Pazifischen Krieges in Ostasien gehasst und gefürchtet würde, sondern daran, dass die USA so viel besser mit den von ihnen geschaffenen Traumata umgehen können und Lateinamerika so unfähig dazu ist, konkurrenzfähige Waren zu produzieren. Darüber hinaus ist Japan als örtliches Anhängsel an die USA gebunden. Kulturell, historisch und geografisch nähere Partner wären die ostasiatischen Länder, d.h. die Koreas und China (und Vietnam, wenn man Kriterien wie Konfuzianismus bzw. Mahayana-Buddhismus und chinesische Kultur bedenkt). Eine Ostasiatische Freihandelszone, EAFTA, die später eine Ostasiatische Gemeinschaft werden kann, wäre eine gute Alternative zu der Bindung an die USA. Sie könnte auch den NAFTA-Ländern offenstehen, wie die NAFTA (in gewissem Maß) anderen offensteht. Die Alternative ist, dass Japan zwischen Ostasien und den USA verloren geht, unfähig dazu, sich mit dem ersteren zu versöhnen und zunehmend fallen gelassen von den letzteren. Das würde Krieg und kriegsähnliche Reaktionen noch wahrscheinlicher machen.

(September 1992)

17. Japan-Russland : Eine TRANSCEND-Perspektive

Diagnose. Das Problem der Nördlichen Territorien bzw. der Südkurilen ergibt sich aus Geschichte und Geografie und weist in verschiedene Richtungen. Die vier Inseln, eine davon ein Archipel, wurden 1634 von den Russen entdeckt und von ihnen besiedelt. 1875 gingen die Inseln an Japan im Tausch gegen Sachalin. In Yalta versprach Roosevelt der Sowjetunion die vier Inseln, wenn sie in den Pazifischen Krieg einträte, vielleicht als Ersatz dafür, dass er ihnen sonst Hokkaido hätte versprechen müssen. 1972 stimmte die Sowjetunion der Rückgabe von Habomai und Shikotan zu, aber die Eigentümerschaft der größeren und am weitesten südlich gelegenen Inseln Etorofu und Kunashiri ist noch umstritten.

Die Teilung Koreas hatte einen ähnlichen Hintergrund. Beide können als typische Beispiele dafür gelten, wie Großmächte gemäß ihren Neigungen und Interessen und ohne Rücksicht auf Menschen, Kultur, Geschichte und Geografie zerschneiden, teilen und zusammenfügen.

Prognose. Die gegenwärtige Situation hält seit mehr als 50 Jahren an und kommt jetzt wahrscheinlich zu einem Ende. Es gibt keine negative Prognose, wenn alles bleibt, wie es ist, es wird z.B. keinen Krieg geben, aber es gibt eine positive Prognose: Stark verbesserte Beziehungen zwischen Japan und Russland, wenn das Problem auf für beide Seiten akzeptable und nachhaltige Weise gelöst würde. Japan und Russland könnten dann in einen immer stärker werdenden Kooperations-Wettkampf eintreten, von dem alle profitieren könnten, wenn Russland die distributive Ökonomie einführte.

Therapie. Wenn man eine Lösung sucht, findet man sie nicht einfach dadurch, dass man fragt, wer von den Anwärtern auf ein Land sich wo und wann niederließ. Um eine Lösung zu finden, geht man vielleicht besser von der Bedeutung der Eigentümerschaft für die Beteiligten aus: Der wirtschaftliche und militärische Wert der Inseln als solchen scheint für die Sowjetunion bzw. Russland gering zu sein. Eine ganz andere Sache ist der Preis, den Russland für die Rückgabe der Inseln erwarten kann, wenn sie als Pfand für Investitionen gebraucht werden: Geld, Waren und/oder Dienstleistungen.

Zweifellos kann dieser Ansatz benutzt werden, wenn Immobilien den Besitzer wechseln. Aber darum geht es nicht, wenn an Stelle der militärischen und wirtschaftlichen Werte der kulturelle Wert tritt. Japan kann nicht behaupten, eine lang andauernde Beziehung zu den Inseln zu haben, aber es kann behaupten, dass die Inseln wegen ihrer Nähe ‚natürlich' zu Japan gehörten (wie es die Türkei für den Besitz der Dodekanes in der Ägäis ins Feld führt, die von der Türkei an Italien und dann an Griechenland gingen).

Wenn man Japan als das von der Sonnengöttin *Amaterasu o-mikami* auserwählte Land sieht, bekommen die Inseln einen höheren Wert. Sie bekommen einen unschätzbaren Wert, weil sie heiliges Land sind, nicht weil dort vielleicht Mineralerze lagern usw., wie eine materialistische Kultur betont. Derlei Orten sollte man sich mit mehr Ehrfurcht und weniger Geld im Sinn nähern. Die Japaner waren drauf und dran, diese Regel zu verletzen, indem sie Eigentum in den USA erwarben, und die Russen könnten dasselbe mit den Kurilen bzw. den Nördlichen Territorien tun. Also:

- Wenn eine Sache für die andere Seite einen unbegrenzten Wert hat und für einen selbst nur einen begrenzten, dann sollte man sie zurückgeben, weil das das einzig Richtige ist. Man sollte nicht schachern, sondern großzügig sein, dann kann daraus auch auf der anderen Seite Großzügigkeit entstehen.
- Je weniger man davon redet oder auch nur daran denkt, dass man etwas dafür haben möchte, umso reichlicher kann man dafür belohnt werden. Je mehr man schachert, umso weniger bekommt man. Dem Heiligen kommt man mit Profanität nicht näher.

Das könnte mit dem Zwischenschritt *gemeinsame Souveränität* für die beiden umstrittenen Inseln für eine Zeit von X Jahren verbunden werden, nach denen sie entweder Japan zugesprochen werden oder ein Kondominium bleiben (X ist auszuhandeln). Das letztere würde einen brauchbaren Präzedenzfall für die Lösung derjenigen territorialen Konflikte bilden, die nicht durch Selbstbestimmung entschieden werden können. Gegenseitige Großzügigkeit wird dabei nicht ausgeschlossen. Das ist eine großartige Gelegenheit für die ganze Welt!

(Juni 1991)

18. Der Konfllikt in und über Jugoslawien : Eine TRANSCEND-Perspektive

Diagnose. Eine Standard-Konflikt-Analyse verlangt eine Auflistung der wichtigsten Akteure und ihrer Ziele und der Standard-Bruchlinien:

1. *Natur:* die Zerstörung der Natur durch das Militär
2. *Geschlecht:* allgemeine Macho-Haltung, ein Rückschlag für die Gleichheit
3. *Generation:* Wer Hass sät, erntet Revanchismus in der kommenden Generation.
4. *Rasse:* vielleicht irrelevant außer bei einigen UN-Truppen
5. *Klasse:* die Revolte der Unterklasse gegen jugoslawische Technokraten und die Revolte der Ärmeren gegen die Reicheren
6. *Nation:* Die katholisch-orthodoxe Teilung (395, 1054) und die christlich-muslimische Teilung (1096) überschneiden sich in Sarajevo.
7. *Land:* Grenzen von der Nazi-Besetzung und Tito/Djilas gezogen
8. *Staat/Kapital:* die Sozialismus/Kapitalismus-Kontroverse
9. *Kapital/Zivilgesellschaft:* Ausbeutung von Nationen und Klassen
10. *Staat/Zivilgesellschaft:* Verbrechen gegen die Menschenrechte, Organisationen für Tote und Verwundete und für die Zwangsvertriebenen in und außerhalb Jugoslawiens

Alle Punkte sind wichtig, aber besonders die Trennungen der Nationen (vgl. Tafel unten).

Intersektion Sarajewo	Katholiken: Kroaten	Orthodoxe: Serben	Muslime: Bosnier
Innerer Kreis Bosnien-Herzegowina	Bosnische Kroaten	Bosnische Serben	Bosnier
Mittlerer Kreis Jugoslawien	Slovenien Kroatien	Serbien Montenegro Mazedonien	in Bosnien-Herzegowina; im Kosovo; in Mazedonien
Äußerer Kreis Europa	Der Vatikan Deutschland-Österreich Europäische Union Katholiken	Russland + Griechenland Orthodoxe	Türkei + Iran/Saudi Muslime
USA	USA		USA (?)

Es gibt drei Standardhypothesen über die Rolle der Nation:

1. uralte unverarbeitete Gewalt und Hass zwischen Nationen,
2. Instrumentalisierung des Hasses durch zynische Führer und
3. Instrumentalisierung der Instrumentalisierung durch zynische Mächte des äußeren Kreises, die die zu ihnen gehörenden Menschen des inneren bzw. mittleren Kreises unterstützen.

Titos Jugoslawien konnte diese enormen Spannungen, zu denen noch die zwischen Geschlechtern und Klassen kamen, nicht mehr ausgleichen. Titos Tod 1980 war zwar ein Faktor, aber der Tod des Kalten Krieges 1990 war entscheidender, da Orientierungslosigkeit ein Hauptgrund für die jugoslawische Konstruktion geworden und eine Partei, der Osten und später die Sowjetunion, zusammengebrochen waren. Das Übrige ist Geschichte.

Voraussagbar war, dass der Vatikan die katholische Kirche durch Staatenbildung (Slowenien, Kroatien) bestärken würde und dass Österreich sich für den Ersten und Deutschland für den Zweiten Weltkrieg mit denselben Verbündeten und denselben Feinden rächen würden. Dass die USA die Nicht-Orthodoxen unterstützen würden, war auch vorhersagbar, aber nicht die starke Unterstützung der Albaner in Bosnien-Herzegowina, Kosovo/a und Montenegro über die ,Was-kommt-für-mich-dabei-heraus'-Perspektive hinaus (Militärbasen, Öl-Pipelines im Austausch gegen militärisch-politische Unterstützung).

Prognose. Massive Allianzen in der Vertikale der Tabelle, massive, manchmal dreiseitige Kriege auf der Horizontalen.

Therapie. Völlige Selbstbestimmung bei der Definition von Staaten für Slowenen, Kroaten, Bosnier, Serben, Montenegriner und Mazedonier, aber wenigstens Autonomie für die Serben in Kroatien, die Serben und Kroaten in Bosnien-Herzegowina und die Albaner in Serbien und Mazedonien.

(Mai 1996)

18a. Der jugoslawische Konflikt 1991/95 : Eine TRANSCEND-Perspektive

1. **Eine Konferenz über Sicherheit und Kooperation in Südosteuropa**, CSCSEE, sollte einberufen werden, von UN und OSCE finanziert, da der UN-Sicherheitsrat zu weit weg und die EU zu parteiisch ist – zusätzlich zum London/Genf-Konferenz-Prozess. Alle betroffenen Parteien (auch Unter-Staaten, Super-Staaten und Nicht-Staaten) sollten eingeladen werden und alle relevanten Themen sollten auf die Tagesordnung gesetzt werden. Das könnte möglicherweise drei bis fünf Jahre dauern. *Da auch einige nicht beteiligte Staaten Interesse an der Region haben,* sollten diese als Beobachter bei der Konferenz anwesend sein und das Recht haben, dort zu sprechen. Ein mögliches Langzeit-Ziel ist eine *Südosteuropäische Konföderation.*

2. **CSCSEE-Arbeitsgruppen für die Gebiete mit höchster Dringlichkeit sollten in Erwägung ziehen:**

   - *Bosnien-Herzegowina* als dreiteilige Konföderation
   - *Kosovo/a* als Republik mit demselben Status wie für die Serben in der Krajina (nicht Knin) und mit Achtung vor der serbischen Geschichte
   - *Mazedonien*: Eine mazedonische Konföderation sollte nicht ausgeschlossen werden, aber sie kann nur in breiterem Rahmen (s. 1 oben) entstehen.
   - *Ex-Jugoslawien*: als Langzeitziel diesmal eine Konföderation.

3. **UNPROFOR auf das Zehnfache erhöhen mit 50 Prozent Frauen**, die einen dichten blauen Teppich bilden, um die Waffenruhe zu überwachen und die Situation zu stabilisieren. Die Soldaten müssen durch Übungen in Praktiken der Polizei, Gewaltfreiheit und Konfliktbearbeitung angemessen ausgebildet werden und mit zivilen Friedenssicherern zusammenarbeiten. Vermieden werden muss die Beteiligung der Großmächte und von Staaten, die ihre Geschichte mit der Region haben.

4. **Ein dichtes Netzwerk von Gemeindesolidarität zwischen allen Teilen von Ex-Jugoslawien** für Flüchtlingsarbeit, Hilfeleistungen, Wiederaufbau: *Gemeinde gemeinsam* [im Original deutsch], *Cause commune,* Europarat.

5. **1000 örtliche Friedenskonferenzen sollen blühen**, örtliche Gruppen werden mit Kommunikations-Hardware ausgestattet und das *Verona Forum für Frieden und Versöhnung findet auf dem Territorium des ehemaligen Jugoslawien statt.*

6. **Internationale Friedensbrigaden als Gastgeber für den Frieden:** Sie beherbergen unbewaffnete Ausländer, Fachleute wie Ärzte (WHO/IPPNW/MSF), die in bedrohten Gebieten arbeiten, mit den Menschen sprechen und die Gewalt dämpfen bzw. sie ersticken.

7. **Die ökumenische Friedensarbeit intensivieren,** indem man auf die gewaltfreien und Friedens-Traditionen des katholischen und orthodoxen Christentums und des Islams setzt. Fundamentalistische religiöse Institutionen in der Region sollen zum Dialog aufgefordert werden.

8. **Dauernder Kontakt zwischen Einzelnen, Gruppen und Staaten, die innerhalb des Staatssystems (1-3), des Gemeindesystems (4) und des Systems der Zivilgesellschaft (5-7) zusammenarbeiten. Die Ideen sollen frei fließen.** Es soll im Palais der Nationen parallel zur London/Genf-Konferenz der Kriegsherren eine ‚Friedens-Frauen-Konferenz' geben.

9. **Von den Medien muss Professionalität verlangt werden,** weniger Gewalt, Elitismus und Parteilichkeit, mehr Konzentration auf normale Menschen und Friedensbemühungen.

10. **Im Geiste einer künftigen Versöhnung:**

- *die Sanktionen absetzen:* sie treffen die Unschuldigen und verhärten den Konflikt

- *das Kriegsverbrecher-Tribunal absetzen, außerhalb von individueller moralischer Beurteilung:* Es gibt keinen Weg in die Zukunft über Rache und Strafe; das verschlimmert die Traumata und schafft neue Märtyrer.

- Spezialisten aus dem In- und Ausland sollen nach *Verständnis dafür suchen, was falsch gelaufen ist, und nach positiven Erfahrungen in Vergangenheit und Gegenwart, die Anregungen für eine gemeinsame Zukunft geben können, selbst wenn dann die Parteien stärker voneinander getrennt sind.*

- nichtsdestoweniger auf die Sehnsucht nach einem Zusammenkommen der jugoslawischen Völker setzen, auf *bratstvo* (Bruderschaft), selbst wenn mit weniger *jedinstvo* (Einheit).

(1992)

18b. Der jugoslawische Konflikt 1998 : Eine TRANSCEND-Perspektive

1. Alte historische Prozesse, in denen die orthodoxen Serben bzw. Mazedonier den muslimischen Albanern gegenüberstanden, gewinnen neue Energien, während die Region gleichzeitig nicht in der Lage zu sein scheint, ihre eigenen Lösungen zu finden.

2. Die ‚internationale Gemeinschaft' wird wahrscheinlich eine Intervention wieder so lange aufschieben, bis die Situation ‚reif' ist, d.h. bis die Gewalt so stark geworden ist, dass fast jedes Ergebnis, das nicht Krieg ist, vorzuziehen ist, was heißt, dass ausländische Mächte den'Frieden' diktieren können.

3. Es scheint fünf mögliche Ergebnisse für den Kosovo/a zu geben:

   a. Kosovo/a bleibt innerhalb Serbiens, was für die Albaner inakzeptabel ist
   b. Autonomie (‚wie 1974 in höherem Grad')
   c. eine Dritte Republik innerhalb der Föderalen Republik Jugoslawien
   d. es wird Teil einer jugoslawischen Konföderation
   e. Unabhängigkeit, inakzeptabel für die Serben

4. Eine vernünftige Prognose ist, dass a zu b führt, b zu c, c zu d und d zu e, wobei vielleicht ein paar Stufen übersprungen werden (gleich nach e mit Hilfe für die UCK durch ausländisches Militär). Wenn das geschieht, kann als nächstes die Vereinigung mit Albanien und das Hinzufügen von Westmazedonien (‚grüner Gürtel') vorhergesagt werden. Darauf würde ein großer Balkankrieg zwischen orthodoxen und muslimischen Streitkräften stattfinden, der Rumänien, Bulgarien, Griechenland und die Türkei einbeziehen würde. Die Folge wäre eine große ausländische Intervention und eine halb-durchlässige Okkupation von Kosovo/a-Mazedonien (wie gegenwärtig von Bosnien).

5. Eine Alternative zu diesem Szenarium könnte folgendermaßen aussehen:

   Der Kosovo/a bekommt den Status einer Dritten Republik innerhalb von FRJ oder einen höheren Grad an Autonomie. Der Vertrag wird für X Jahre (X=20?) abgeschlossen, wonach er überprüft wird (dann könnte eine Konföderation, die Montenegro-Wojwodina einschließt, möglich sein?).
   Der Schutz der serbischen Minderheitsrechte wird auch durch eine Serbische Versammlung gesichert. Die Versammlung hat ein

Vetorecht in Sachen des kulturellen Erbes (Unterricht der und in der eigenen Sprache, Zugang zu heiligen Orten usw.).
Präventive Friedenssicherung und internationale Garantien sind notwendig.

6. Für Mazedonien könnte eine produktive Friedenspolitik das Folgende umfassen:

   Einen Wechsel von der gegenwärtigen passiven Neutralität (oder ‚gleichen Distanz') zu aktiver Neutralität in dem Sinn, dass das Land als Veranstaltungsort großer Konferenzen über die Probleme der Region dient.

   Wie in der Schweiz könnte durch einen höheren Grad an Dezentralisierung und örtlicher Regierung (‚Kantonisierung') die Rolle der Nationalität entschärft werden.

   Die Bemühungen um Zusammenarbeit auf allen Ebenen über die Teilung zwischen Mazedoniern und Albanern hinweg sollten fortgesetzt und verstärkt werden.

   Wenn das nicht funktioniert, sollte die Möglichkeit einer Föderation nicht ausgeschlossen werden.

7. Eine Balkan-Gemeinschaft, die Albanien, FRJ, Rumänien, Mazedonien, Bulgarien, Griechenland und die Türkei (den ‚europäischen Teil'?) umfasst, könnte einige der Spannungen lockern, indem auf Modelle hingearbeitet wird, wie man sie in den 80er Jahren in der Nordischen und Europäischen Gemeinschaft findet: ein gemeinsamer Markt, freier Fluss von Waren und Dienstleistungen, von Kapital und Arbeit und Koordinierung der Außenpolitik.

Nichts von dem oben Genannten ist durch die neuesten Ereignisse überholt. Aber die mangelnde Vorsorge während der 90er Jahre und die Nichtbeachtung der Warnungen der 80er waren in hohem Maß unverantwortlich, da sie zu dem gegenwärtigen Teufelskreis von gewaltsamen Aktionen und Reaktionen führten.

(Juni 1998)

18c. Die Krise in und um Kosovo/a : Eine TRANSCEND-Perspektive

Der illegale NATO-Krieg gegen Serbien war einer dauerhaften Lösung durchaus nicht förderlich. *Der einzige Weg zum Frieden führt über Verhandlungen*, nicht über *Diktat*, und bis dahin muss es ein sofortiges Aufhören der Feindseligkeiten und Grausamkeiten und eine Vereinbarung über eine *massive UN-Friedenssicherung* geben.

Für eine politische Lösung finden sich Hinweise in dem Brief des ehemaligen UN-Generalsekretärs Pérez de Cuéllar an den ehemaligen deutschen Außenminister Dietrich Genscher vom Dezember 1991, in dem er schreibt: Man darf keine Partei vorziehen, sondern man muss einen Plan für das ganze Ex-Jugoslawien entwickeln und sich vergewissern, dass die Pläne für die Minderheiten annehmbar sind.

In diesem Geist schlägt TRANSCEND das Folgende vor:

1. **Die Vereinten Nationen**, die aus ihren Fehlern lernen müssen, **sollten die NATO ersetzen** und die Friedenssicherung im ehemaligen Jugoslawien, den Kosovo/a eingeschlossen, übernehmen. Die Friedens-Kontingente sollten aus Nicht-NATO-Ländern stammen. Die Vereinten Nationen werden *alle ihre Abteilungen in Gang setzen müssen*: UNHCR, UNHCHR, UNICEF, WHO usw., um den *Kosovo/a wieder aufzubauen* und davor, um die Menschen mit dem Notwendigsten zu versorgen und für die *sichere Rückkehr der Flüchtlinge* zu sorgen.

2. Wenn der Sicherheitsrat durch ein US-amerikanisches oder russisches Veto lahmgelegt wird, gibt das der **Generalversammlung und dem UN-Generalsekretär** die Berechtigung dazu, bei Verhandlungen über ein Ende der Feindseligkeiten aktiv zu werden. Der Generalsekretär sollte dabei durch eine Gruppe bekannter Führer der Welt unterstützt werden, wie z.B. Nelson Mandela, dem ehemaligen deutschen Bundespräsidenten Richard von Weizsäcker und Jimmy Carter. Der Druck der Weltöffentlichkeit ist notwendig.

3. **Eine Konferenz über Sicherheit und Kooperation in Südosteuropa (CSCSEE)** sollte einberufen werden, die von den Vereinten Nationen und der Organisation für Sicherheit und Kooperation in Europa finanziert wird. Der UN-Sicherheitsrat ist zu weit weg und EU und NATO sind zu parteiisch. Alle betroffenen Parteien (auch Unter-Staaten, Super-Staaten und Nicht-Staaten) sollten eingeladen werden, und alle relevanten Themen sollten auf die Tagesordnung gesetzt werden. Das könnte möglicherweise drei bis fünf Jahre dauern.

4. Die Verhandlungen sollten auf das Ziel gerichtet sein, eine **Koso-vo/a-Zone des Friedensschutzes (KZOPP)** unter direkter Treuhänderschaft der UN einzurichten oder, wenn politische Umstände das nicht gestatten, unter einem OSCE-Mandat. In der Zone würden die folgenden Institutionen arbeiten: ein *Verwaltungsbüro*, eine *Verhandlungs-Expertenkommisssion*, die in der Hauptsache aus Ruheständlern besteht, die Erfahrungen in Diplomatie, in gewaltloser Konfliktlösung und in internationalen Verhandlungen besitzen, eine *Rechtsauskunftsabteilung*, deren Mitglieder mit ihren Rechtskenntnissen über die verschiedensten Themen den Verhandlungen beiwohnen können, ein *Versöhnungs-Team*, das aus verschiedenen NGOs und religiösen Organisationen besteht und in der ganzen Region eingesetzt wird, um Versöhnung zwischen den Konfliktparteien, Menschenrechte und Friedenserziehung zu fördern, und eine *Sicherheitsgruppe* aus Polizei- und Friedenssicherungs-Truppen, die die örtlichen Polizeitruppen trainieren und die Sicherheit erhalten. Ein erster Schritt in einem viele Jahre dauernden Prozess sollte auch die Entwicklung von Prinzipien und Zielen umfassen, auf die die Parteien sich einigen können, die Förderung *vertrauens- und sicherheitsbildender Maßnahmen*, die Maßstäbe setzen in Hinblick auf Selbstbestimmung in der Zone, in der Friedenserziehung und dem Training örtlicher Polizeitruppen in menschlicher Sicherheit und im Entwickeln von Versöhnungsteams. In einer späteren Phase werden dann dauerhafte Institutionen errichtet.

5. **Für eine dauerhaftere Lösung kann die Ähnlichkeit zwischen der Lage der Serben in Krajina/Slawonien und der der Kosovaren im Kosovo/a genutzt werden.** Beide Volksgruppen bilden deutlich Mehrheiten in diesen Gebieten, aber Minderheiten in Kroatien und Serbien als ganzen und haben ihre ‚Mutterländer' in der Nähe. Flüchtlinge, von denen die meisten vertrieben worden waren, werden zurück gebracht, und den Kosovaren wird derselbe Status in Serbien zuerkannt, den die Serben in Krajina/Slawonien haben. Wenn die Grenzen gezogen werden, könnte jede Gemeinde auf die Seite kommen, die ihre Wähler bevorzugen, womit man dem dänisch-deutschen Beispiel von 1920 folgen würde. Die Möglichkeit, dass der Kosovo/a zu einer dritten Republik in Serbien wird, womit die Garantie verbunden ist, dass es während einer Zeit von etwa 20 Jahren auf seine Unabhängigkeitsbemühungen verzichtet, und dasselbe für Krajina/Slawonien in Kroatien sollte nicht ausgeschlossen werden (auch nicht Wojwodina als

vierte Republik). Es gibt keine Parallele zu Bosnien-Herzegowina, da es niemals Teil Serbiens war.

6. **Für den Südbalkan sollte eine Balkan-Gemeinschaft in Erwägung gezogen werden**, die Albanien, FRJ, Rumänien, Mazedonien, Bulgarien, Griechenland und die Türkei (den ‚europäischen Teil'?) umfasst. Das würde den Völkern des Südbalkans erlauben, ihr Schicksal wirtschaftlich und politisch selbst in die Hand zu nehmen, wobei es von der Europäischen Union wirtschaftlich unterstützt würde. Großmächte dürften sich nicht einmischen. Das könnte einige der Spannungen zwischen Orthodoxen und Muslimen lockern, indem auf Modelle hingearbeitet würde, wie man sie in den 80er Jahren in der Nordischen und Europäischen Gemeinschaft findet: ein gemeinsamer Markt, freier Fluss von Waren und Dienstleistungen, von Kapital und Arbeit und Koordinierung der Außenpolitik. Es könnten auch originelle und bessere Lösungen als in der Europäischen Union gefunden werden.

7. **Ein dichtes Netzwerk von Gemeindesolidarität zwischen allen Teilen von Ex-Jugoslawien** für Flüchtlingsarbeit, Hilfeleistungen und Wiederaufbau kann entwickelt werden. Ähnliche Gruppen in Deutschland (‚*Gemeinde gemeinsam*' [im Original deutsch]) und in Frankreich (‚*Cause commune*') waren sehr erfolgreich. Der Europarat könnte mit Rat und Hilfe dabei mitwirken.

8. **1000 örtliche Friedenskonferenzen sollen blühen**, örtliche Gruppen werden mit Kommunikations-Hardware ausgestattet, die Menschen werden zum Hervorbringen von Ideen angeregt. Die Ideen werden gesammelt und den Regierungen vorgestellt.

9. **Die ökumenische Friedensarbeit intensivieren,** indem man auf die gewaltfreien und Friedens-Traditionen des katholischen und orthodoxen Christentums und des Islams setzt. Fundamentalistische, sektiererische religiöse Institutionen in der gesamten Region, nicht nur in Jugoslawien, sollen zum Dialog aufgefordert werden.

10. **Im Geiste einer künftigen Versöhnung:** *Die Sanktionen werden aufgehoben* und Spezialisten aus dem In- und Ausland bemühen sich um *Verständnis für das, was falsch gelaufen ist, und suchen nach positiven Erfahrungen in Vergangenheit und Gegenwart, die Anregungen für eine gemeinsame Zukunft geben können* wie z.B. eine jugoslawische Konföderation von mehr und kleineren Teilen (ähnlich wie die Schweizer Kantone, die einen hohen Grad an innerer Autonomie besitzen, was seit langem dazu beiträgt, dass ein sprachlich und religiös gespaltenes Volk in Frieden mit-

einander leben kann). Anstatt Gerichtshöfe einzurichten, sollte man massive Versöhnungsprozesse in Gang bringen.

(April 1999)

19. Hindu-Moslem-Beziehung : Eine TRANSCEND-Perspektive

Diagnose. Das Auftreten von Konflikten zwischen den Gemeinschaften der Hindus und der Muslime ist weniger erklärungsbedürftig als der Umstand, dass sie so selten auftreten, besonders wenn man davon ausgeht, dass die Briten (der letzte Vizekönig Lord Mountbatten) Muslim-Land an Indien gab, um den Zugang nach Kaschmir zu sichern. Nach dem Blutvergießen, das die Teilung begleitete, war der Frieden zwischen Hindus und Muslimen in Indien die Regel und Gewalt die Ausnahme (aber nicht der Frieden zwischen Indien und Pakistan). Bei jeder Erklärung muss die Toleranz des ökumenischen, einschließenden (weichen) Hinduismus genannt werden, die sich auswirkt, solange andere ebenfalls tolerant und respektvoll mit dem Hinduismus umgehen. Der islamische Einmarsch in Nordindien seit dem Jahr 1000 war weit davon entfernt, tolerant und respektvoll zu sein. Er schuf Wunden, die nicht vergessen wurden.

Dass tatsächlich die Ayodhya ‚Babri Moschee über dem Ramatempel errichtet' wurde, hat weniger Bedeutung als die Mobilisierung der Hindumassen, die mit der Zerstörung der Mosche am 6. Dezember 1992 und der Ausbreitung der Gewalt zwischen Hindus und Muslimen in Teilen Indiens endete und einer fundamentalistischen Partei, der BJP, 1998 den Weg bereitete. Der Konflikt wurde von zynischen Führern instrumentalisiert, aber er war schon zuvor fest verwurzelt.

Prognose. Was folgen wird, ist nicht leicht vorherzusagen. Es könnte sich etwas ereignen, das mit der üblichen indischen Verzögerung einen Bürgerkrieg auslösen würde, aber es könnte ebenso gut ein auslösendes Ereignis ohne nachfolgenden Bürgerkrieg eintreten. Mit dem Risiko des Letzteren sollte man nicht spielen, es wäre besser, wenn ein solches Ereignis nicht einträte. Angesichts der Zahlen und der Nähe der Beteiligten könnten eine Trennung der Gemeinschaften und auch ein nur sporadischer Ausbruch von Gewalt ernste Auswirkungen haben. Die Vorhersage ist schlecht, wenn man an das Massaker und an die Ermordung der Premierministerin Indira Gandhi 1984 denkt, die der Besetzung des Goldenen Tempels der Sikhs folgten.

Therapie. Kurz vor der Konfrontation am 6. Dezember 1992 trafen sich vier Männer in Ladnun in Rajasthan: ein Hindu, ein tibetanischer Buddhist (der Dalai Lama) ein Jain (Acharya Tulsi) und ein westlicher Friedensarbeiter (Johan Galtung) zu einem Dialog, in dem es um eine Lösung gehen sollte. Die verschiedenen Ansätze sagen wahrscheinlich mehr über ihre Konfliktphilosophie aus als darüber, was zu einem annehmbaren und dauerhaften Ergebnis führen könnte:

Eine hinduistische Ansicht: Die Parteien davon überzeugen, dass sie alles Handeln aufschieben sollen.

Eine buddhistische Ansicht: Mitleid aller und für alle, um die Positionen zu besänftigen.

Eine jainistische Ansicht: Was auch immer geschieht, es soll gewaltfrei geschehen.

Die Ansicht eines westlichen Friedensarbeiters: Ein technischer Ansatz: die Moschee 100 Meter von der Stelle bewegen, einen Hindutempel an der Stelle bauen, wo der Ramatempel vermutet wird, einen Korridor zwischen den beiden bauen, der in der Mitte einen Raum für Dialoge zwischen den Gemeinschaften bietet.

Anders gesagt: Hier steht das westliche ‚Man muss etwas tun!' gegen die östliche Art, ‚Langsam, mit der Ruhe!', die sich auf das Innere und das Wie konzentriert und nicht auf das Was. Die vier Perspektiven schließen einander nicht aus. Ebenso wenig schließen sie die üblichen Ansätze aus wie Dialoge zwischen Hindus und Muslimen und Versammlungen zur örtlichen Zusammenarbeit, in denen Konflikte im Vorfeld gelöst werden können.

Aber die tiefer gehende Frage ist, ob das überhaupt ein Konflikt war. Spielte der Tempel tatsächlich für die Parteien eine Rolle oder war das Ganze ein vorher geplantes gewalttätiges Treffen, das die Mehrheit gewählt hatte, z.B. um zu zeigen, wer in Indien das Sagen hat? War der Tempel ein nur zu konkreter Fokus, der für viel tiefer liegende Probleme stand? Wenn es nicht um den Tempel ging, worum ging es sonst? Könnte es in diesem Fall nicht ebenso sein, wie es so oft geschieht: Man diskutiert über technische Ressourcen-Probleme (Öl, Wasser), während es in Wirklichkeit um die Dialektik zwischen Klassen oder Nationen bzw. Staaten geht? Das heißt, dass man an die Stelle eines tiefen, gefährlichen Konflikts einen handhabbaren Streit setzt? *Un train peut en cacher un autre ?*

(Dezember 1992)

300

20. Anomie/Atomie und ‚Sekten' : Eine TRANSCEND-Perspektive

Diagnose. Nicht nur westliche fortgeschrittene Industriegesellschaften treten jetzt in eine postmoderne Sozialform ein, die durch hochgradige Auflösung verbindlicher Normen und Werte (Anomie) und der Sozialgefüge (Atomie) gekennzeichnet ist. Eine Gesellschaft wird zu einer Ansammlung isolierter Individuen, die von der egozentrischen Kosten-Nutzen-Rechnung des *Marktes* gesteuert werden. Der Computer ist eine Ikone, die auf einen Altar erhoben und vor der ein Gottesdienst abgehalten wird. Die menschliche Suche nach Sinn (durch verbindliche Normen und Werte) und Gemeinsamkeit (durch verbindliche soziale Beziehungen) wird in dieser Gesellschaft starke und manchmal unerwartete Ausdrucksformen finden. Typische Beispiele dafür sind Korruption, kriminelle Vereinigungen auf allen Ebenen der Gesellschaft, Gewaltanwendungen aller Art und Sektenbildungen, Bildung von Organisationen - innerhalb der Grenzen und die Grenzen der Staaten überschreitend -, deren Mitglieder durch starke gemeinsame Normen und Werte und ein starkes Sozialgefüge miteinander verbunden sind. Für gewöhnlich ist es leichter, in eine ‚Sekte' ein- als wieder aus ihr auszutreten. Eine ‚Sekte' ist in gewisser Weise eine Gesellschaft in der Gesellschaft, ja sogar ein Staat im Staat. Deshalb werden die Sekten von den Staatsmächten abgelehnt, die nicht nur die Übernahme und Absorption der menschlichen und sozialen Energie durch die Sekten fürchten. Nationalismus erfüllt alle diese Kriterien und ist eine Hauptquelle von Sinn und Gemeinsamkeit.

Prognose. Innerhalb von Gesellschaften und über ihre Grenzen hinaus werden sich Gruppen formen, wenn der Staat durch Anomie und Atomie, durch Gewalt und Korruption und, weil er sich dem Markt unterwirft, zu einem ‚abwesenden Staat' wird. Der Nationalismus wird zunehmen, da er sowohl verbindliche Normen als auch ein Sozialgefüge bietet. Die Staaten, die sich vom fürsorgenden Staat zum Polizeistaat *(l'ètat provident, l'état gendarme)* entwickeln, werden viel Energie darauf verwenden, diese Formationen zu bekämpfen; dazu werden sie teilweise sehr gewaltsame Mittel gebrauchen. Die Sekten werden zunehmend Untergrund- und Geheimgruppen, die im eigenen Staat wie unter Bedingungen einer fremden Besatzung agieren. Gehorsam gegen die Sektenführung wird die herrschende Norm sein. Staaten beherbergen oft sehr verschiedenartige Menschen, während Sekten sehr viel homogener sind.

Therapie. Die Menschenrechtstradition wird die Freiheit von Denken und Ausdruck der Sektierer schützen. Das ist darum wichtig, weil ihre Kritik an der zeitgenössischen Gesellschaft zum großen Teil berechtigt ist. Dieselbe Tradition wird auch ihr Versammlungsrecht schützen. Aber wir brauchen einen Sozialkontrakt, in dem ‚Freiheit des Ausdrucks' und ‚Versammlungsfreiheit' durch ‚Freiheit des Nicht-Ausdrucks' und der ‚Nicht-Versammlung', der Freiheit, nicht dazuzugehören, ergänzt wird. Hier gibt es eine Lücke in der Menschenrechtstradition. Wir denken an ein SOS-System ähnlich dem bewundernswerten Apparat, der an einigen Orten verprügelten Ehefrauen und Kindern, die von denen, die für sie sorgen sollen, missbraucht werden, zur Verfügung steht.

Darüber hinaus muss die Therapie sich noch in einer ganz anderen Richtung bewegen: Sie muss gegen Anomie und Atomie vorgehen und darf nicht die Zwangsmaßnahmen des Staates verstärken.

Sicherlich ist es bedeutungslos und bewirkt genau das Gegenteil, wenn man gegen die Abwesenheit verbindlicher Werte und Normen dadurch vorzugehen versucht, dass man die alten Werte und Normen predigt. Sie sind die Werte absterbender sozialer Formen und könnten nur dadurch wieder verbindlich werden, dass man zu diesen Formen zurückkehrt. Die Suche nach neuen Werten verspricht mehr Erfolg. Ein Ort, den man bei dieser Suche nicht übersehen sollte, sind die ‚Sekten'; oft haben sie etwas zu bieten. Wir wollen sie lieber ‚Bewegungen' als ‚Sekten' nennen. Zu Beginn sieht alles Neue sektiererisch aus, aber es enthält mitunter wertvolle Wahrheiten.

Wenn man gegen die Abwesenheit eines Sozialgefüges vorgehen will, dann braucht man Werte wie Solidarität und Gegenseitigkeit. Die gibt es in den Bewegungen in Hülle und Fülle, aber nicht in den gigantischen Formationen ‚Gesellschaft' und ‚Markt'. Der Staat kann die Bewegungen regulieren, aber er sollte auch von ihnen lernen.

(August 1993)

21a. Sri Lanka : Eine TRANSCEND-Perspektive

Diagnose. Eine Minderheit kann einer multinationalen Bevölkerung einen Einheitsstaat aufzwingen wie auf Hawaii. Dasselbe kann auch eine Mehrheit, wenn sie Demokratie mit dem verbindet, was sie für historische Rechte hält. Das Ergebnis war eine Katastrophe für die Singhalesen, Tamilen und Muslime in Sri Lanka. Der Konflikt in Sri Lanka, der viele Opfer forderte: Tote, Hinterbliebene, Verwundete und Verschleppte, und materiellen Schaden anrichtete, verdankt sich im Wesentlichen einer falschen Entscheidung im Jahr 1956. Dieser Fehler ist verständlich, wenn man von der Definition des britischen Kolonialismus als Hauptwiderspruch ausgeht, aber er ist nicht zu entschuldigen. Noch weniger ist der Fehler der singhalesischen Regierung zu entschuldigen, den Tamilen nicht nur örtliche Autonomie, sondern Unabhängigkeit verweigert zu haben - wobei eine Konföderation als zweitbeste Möglichkeit hätte angeboten werden können, wenn man die begrenzte Größe der Insel bedenkt -, selbst wenn man die Heftigkeit des gewaltsamen Meta-Konflikts mit einbezieht, der die meisten Familien in den drei Gemeinschaften berührt. Die singhalesische Regierung warb sogar indische Soldaten der unglückseligen indischen Friedenssicherungs-Streitkräfte von 1987-90 an und verfolgte eine ,militärische Lösung'. Das geschah auch, um die Tamilen davon abzuhalten, sich mit ihrem Mutterland Tamil Nadu zu vereinigen.

Prognose. Die Prognose ist eine Fortsetzung des gegenwärtigen Zustandes, d.h. die Gewalt zieht sich weiter hin und wird institutionalisiert. Beide Parteien haben sich so sehr an Militärangriffe und Terroristenanschläge, an Rache für Rache für Rache gewöhnt, dass die gesamte Gesellschaft deformiert wurde. Wie in Nordirland und im Baskenland gilt das allgemeine und das Interesse der Medien nur der Gewalt, was verständlich ist, da jeder ins Kreuzfeuer geraten kann. Aber jede Konzentration auf Gewalt und ihre furchtbaren Folgen steht Dialogen zur Konflikttransformation im Weg. Eines Tages wird sich der Zustand bessern, aber bis zu diesem Tag kann es noch lange dauern.

Therapie. Eine Formulierung – neben der Sezession der Tamilen oder einer territorialen (Kon-)Föderation - ist hier der *nicht-territoriale Föderalismus*. Die Angehörigen von drei Nationen leben in der Nähe voneinander und sind stark gemischt. Sie geraten in Kämpfe miteinander. Die klassische Lösungsidee ist Sezession, oder man zieht irgendwo Grenzen und trennt die Gruppen voneinander. Das Problem solcher Grenzen ist, dass sie dazu einladen können, ,ethnische Säuberungen' vorzunehmen. Deshalb wird eine kreativere Idee als das Ziehen von Grenzen gebraucht.

Ein Vorschlag ist, dass jede Nation ihr eigenes Parlament mit Autonomie für ihre Grundbelange bekommt: Religion und Sprache, Trauma und Ruhm, die heiligen Orte und Zeiten, Polizei und Gerichte und etwas Wirtschaft. Daneben gibt es ein Super-Parlament für Infrastruktur, Außenpolitik, allgemeine Sicherheit und Finanzen.

Das mag sich kompliziert anhören. Aber diese Komplikation ist ein niedriger Preis, um bittere, sich in die Länge ziehende Kriegshandlungen zu vermeiden mitsamt ihren Kosten nicht nur an Toten und Verwundeten und materiellem Schaden, sondern oft auch an irreparablen psychischen Schäden in Form von individuellen und Familientraumata, Traumata für die Nationen und das gesamte Land, was im Allgemeinen die Bevölkerung auch beim Angehen der folgenden Konflikte beeinträchtigt. Und niemand muss umziehen: Alle leben nebeneinander wie die Demokraten und Republikaner, die in den Vorwahlen in den USA abstimmen, oder die Samen in nordischen Ländern, die ihr samisches Parlament wählen. Man muss sich nur registrieren lassen und mitmachen: aktiv, kreativ und gewaltfrei.

Die drei Gemeinschaften in Sri Lanka wohnen auf engstem Raum beisammen. Vielleicht ist es auch schon zu spät für kreative Lösungen: Vielleicht sind die Wunden ja zu tief. Für diesen Fall kann man nur hoffen, dass die Singhalesen eine Führung hervorbringen werden, die das Undenkbare denkt, einen Tamilenstaat, und die das Nichtmachbare macht, und dass die Tamilen sich an einer riesigen Wiederaufbau- und Versöhnungsoperation beteiligen.

(August 1993)

21b. Sri Lanka : Eine TRANSCEND-Perspektive

Hier folgen einige Punkte, die ich der Perspektive von 1993 hinzufüge: Um aus dem Gefängnis der ausschließlichen ‚Singhalesen gegen Tamilen'–Konflikt-Beziehung auszubrechen, stelle man sich die Arbeit mit einer Konfliktformation von sechs Parteien vor. Die Parteien sind:

1. die ‚harten' Singhalesen, darunter viele buddhistische Kleriker,
2. die ‚sanften' Singhalesen, darunter viele Ariyaratne *sarvodaya*,
3. Muslime (10 Prozent der 18,6 Millionen, davon 14 Prozent Tamilen, 76 Prozent Singhalesen),
4. Sri-Lanka-Tamilen mit 15 000 ‚Tigern', die 150 000 Soldaten gegenüberstehen, und einer beträchtlichen Diaspora mit Einfluss auf die Weltmeinung,
5. indische Tamilen in Tamil Nadu (50 Millionen) und
6. Neu Delhi, Hindu-Indien (mit großer muslimischer Minderheit).

Der elementarste Fehler wäre es, sich nur auf 1 + 2 gegen 4 zu konzentrieren und 3 und 5 + 6 draußen zu lassen, es sind 10 Prozent der Menschen und größere Parteien im Ausland. Es geschieht noch mehr außerhalb dieser Markierung.

4 + 5 gegen 1 + 2 + 6, tamilische Sezession bzw. Vereinigung, wobei sie den großen Nachbarn außer Acht lassen.

Colombo/New Delhi; 1 + 2 + 3 + 4 gegen 5 + 6, Sri Lanka gegen Indien, die Größe des Nachbarn wird nicht beachtet. Es gibt eine doppelte Asymmetrie: Die Singhalesen übertreffen an Zahl die Tamilen und die Muslime, aber Tamilen und Muslime in Indien übertreffen an Zahl bei weitem die Singhalesen, die kein Mutterland haben, an das sie sich wenden könnten.

Außerdem gibt es natürlich die alte Kolonialmacht England, die USA und die ‚Internationale Gemeinschaft', die den Diskurs vom Thema Inter-Nationen bzw. Selbstbestimmung zum Thema Terrorismus gegen Status quo verschoben haben und die wahrscheinlich ein Tribunal abhalten wollen, wenn die Tiger ‚unvernünftig' sind.

Weniger als 1 Prozent beteiligten sich an den Gewalttaten, aber seit 1983 wurden 63 000 getötet, so dass wir von mehr als einer halben Million Hinterbliebenen ausgehen müssen, die mit tiefen persönlichen Traumata und mit Hass den Konflikt anheizen. Die Überwachung einer Gruppe, die entschlossen ist, bei der Verfolgung ihrer nationalistischen Ziele Gewalt einzusetzen, ist schlimmstenfalls unmöglich und bestenfalls unbezahlbar. Regierungen werden militärische Lösungen mit groß angelegten Offensiven unternehmen, während Gegenangriffe und lang andauernde Rache ihnen den Erfolg streitig machen

werden. Solche Programme führen dazu, dass Verhandlung und Mediation oberflächlich und hohl werden.
Das Folgende gründet sich auf Dialoge mit allen sechs Parteien:

A. Dreigeteilter nicht-territorialer Föderalismus für Tamilen, Muslime und Singhalesen
Die Landkarte legt es nicht nahe, Grenzen zu ziehen und Führer einzusetzen, denn die Tamilen sind außerhalb ihrer Konzentration im Norden und Osten über die ganze Insel verstreut. Sinnvoller als ‚Autonomie' oder territorialer Föderalismus wäre Folgendes: drei verschiedene Parlamente, die sich auf drei Wahlbezirke gründen und die Autonomie in kulturellen Fragen, in der örtlichen Wirtschaft und Rechtsangelegenheiten besitzen, und ein Super-Parlament für Außen-, Sicherheits- und Finanzpolitik. Wenn es drei Parteien gibt, kann das die gegenwärtige Polarisierung beruhigen. Der Staat würde die Einhaltung der Menschenrechte auf eigene Sprache und Religion garantieren und für gemeinsame Währung und allgemeine Außenpolitik sorgen. Es würde vielleicht keine Armee geben, sondern eine föderale und nationale Polizei bzw. Miliz in einer nationalen statt in einer territorialen EELAM.

B. Funktionale Unabhängigkeit
für sowohl die Tamilen als auch für die Muslime, die das Recht bekommen, sich mit Tamilen und Muslimen in Indien zu verbinden, mit freiem Verkehr von Menschen, Waren und Dienstleistungen und Ideen – wie die Französisch- und Italienischsprechenden in der Schweiz mit Frankreich und Italien verbunden sind –; das wäre einer von vielen nichtmilitärischen Sicherheitsansätzen.

C. SAARC wird die Schirmherrschaft übernehmen müssen
Es gibt einige Parallelen zu Kaschmir. Hindus und Muslime haben Mutterländer, aber die Ladakh-Buddhisten nicht. Einige mögen der Meinung sein, es sei besser zusammenzubleiben (‚das Valley'), als sich dem einen oder anderen Mutterland anzuschließen. Sie wollen jedoch einen freien Verkehr von Menschen, Waren und Dienstleistungen und Ideen. Es könnte interessant sein, die beiden Konflikte miteinander zu verbinden, da die Implikationen dieselben sind: Auflockerung und mehr Flexibilität.

(Dezember 2000)

306

22. Somalia : Eine TRANSCEND-Perspektive

Diagnose. Niemand leugnet die mit der nachkolonialen Zeit und dem Kalten Krieg verbundenen Zerstörungen Somalias und die durch den Hunger bedingte Gewalt. Dazu kommt der Sekundärkonflikt, dass Somalia als Versuchsgelände für ‚humanitäre Hilfe' gebraucht wurde und für die Freigabe der deutschen Finanzierung der UN-Friedenssicherung (wie Kambodscha für Japan benutzt wurde). Aber das Hauptproblem ist ein intellektuelles: Somalia entspricht nicht den westlichen Nationalstaaten-Modellen von Bundes- oder Einheitsstaat, wobei im ersten Fall eine Anzahl von Provinzen, die einige Autonomie besitzen, von einer Hauptstadt aus verwaltet werden, während sie in einem Einheitsstaat sehr wenig oder gar keine Autonomie besitzen. Die westliche Demokratie gründet sich auf territoriale Wahlbezirke und das Prinzip Ein-Mensch-eine-Stimme, wobei die Mehrheit alles bekommt oder es eine proportionale Vertretung in einer Nationalversammlung gibt. Somalia mit (etwa) einer Religion und einer Sprache sah wie ein Nationalstaat aus. Mogadischu schien wie jede Hauptstadt eines Nationalstaates zu funktionieren und wenn das Modell nicht passte, gebrauchte man Gewalt, indem man die Landwirtschaftshilfe kürzte.

Das war eine virtuelle Realität. In der realen Realität kann Somalia nur verstanden werden, wenn man begreift, dass die Clans die Regierungsform bestimmen. Das kam im Diskurs zu Anfang gar nicht vor, und als es dann in den Diskurs eingeführt wurde, geschah das auf sehr unglückliche Weise. Die Super-Clans sind die *Darood* (*Dulbahante, Majerteen, Ogaden, Marehan*), *Irir* (die *Issak, Hawiye, Isa und Godabiirsay*) und *Saab (Ahanwayn)*. Das ist eine andere Art als die westliche, eine Gesellschaft zu organisieren, teils ist sie territorial, teils verwandtschaftlich. ‚Moderne' Westler mögen der Meinung sein, das sei der falsche Weg und er solle verschwinden, aber Verwandtschaftsbande sind fest. In der Praxis bedeutet das, dass es weniger Solidarität dort gibt, wo es nach westlicher Auffassung mehr geben sollte, d.h. innerhalb des Nationalstaates Somalia als solchem, und mehr Solidarität, wo es sie nicht geben sollte, den Verwandtschafts-Grenzen entlang und in den Territorien unter ihrem Kommando. Deshalb kracht es in der Gesellschaft an vom Westen unerwarteten Stellen. Die Clan-Führer werden in einem unangemessenen Diskurs als ‚Kriegsherren' bezeichnet, anstatt dass man sie anerkennt. Die USA bzw. die UN nahmen enorme Kosten an Zeit, Personal und Geld auf sich, um 13 – 14 Führer von Superclans, Clans und Unterclans zu jagen, statt mit diesen Mitteln sinnvolle Arbeit zu leisten.

Prognose. Die Konzentration auf die ‚Kriegsherren' entspricht dem Vorgehen der USA in Panama mit Noriega. Natürlich misslang die Mission.

Therapie. Wenn das Problem die Hungersnot ist, müssen ‚Saat und Werkzeuge' geliefert werden, verbunden mit medizinischer Hilfe, beides von Landwirtschafts- und Medizinexperten verwaltet. Die Hilfsleistungen müssen an Mogadischu vorbei durch Hubschrauber gebracht werden und mit Hilfe von kompetenten Zivilisten unter polizeilichem Schutz verteilt werden. Die Polizei muss die Menge kontrollieren und für Ordnung zu sorgen. Ein UN-Experte, der im August 1992 dorthin geschickt wurde, um die Situation zu beobachten, berichtete im UN-Hauptquartier in diesem Sinn und bekam zu hören: ‚Das passt nicht in unser Konzept'. Dieses Konzept forderte wahrscheinlich eine Lieferung durch das Militär, um die Position der UN-Streitkräfte aufzubessern, so dass Platz für die Teilnahme der deutschen Armee geschaffen wurde, wie Kambodscha für und durch Japan benutzt worden war.

Wenn wir jetzt davon ausgehen, dass das Folgende den Primärstrukturen in Somalia entspricht:

- eine Gruppe von Clans und nicht von Territorien, und dass
- die Methode, zu Entscheidungen zu kommen, der Dialog
- bis zum Konsens ist, und nicht Debatten, die zu Abstimmungen bzw. Wahlen führen,

– dann ist wahrscheinlich die Clan-Struktur für Somalia geeigneter als territorialer Föderalismus, da die Clans zusammenleben. Um Zentralismus zu vermeiden, könnte der Vorsitz des Rates der Clan-Anführer (die vom Westen als ‚Kriegsherren' beschimpft werden) rotieren wie in der Schweiz, vielleicht im Halbjahres-Rhythmus (wie in der EU), so dass jeder Clan sichtbar wird, wobei man das sehr innovative somalische *shir* als Konfliktlösungsmechanismus benutzen kann.

(September 1992)

308

23. Die Maya : Eine TRANSCEND-Perspektive

Diagnose. Für Uninformierte war der Aufstand der Zapatistas in Chiapas im Januar 1994, zur Zeit des NAFTA-Vertrages, der den USA wirtschaftliche Macht über Mexiko einräumte, nur wenig als ein Jahr nach dem Gedenken an die Invasion des Kolumbus, eine große Überraschung. Beschäftigen sich diese Leute gar nicht mit Geschichte? Wie könnten sie sonst annehmen, dass die Träume des Mayavolkes, das in Südmexiko, Nordguatemala und Honduras lebt, ganz und gar hätten unterdrückt werden können, auch wenn seit dem Niedergang und der spanischen *conquista* fünf Jahrhunderte vergangen sind? Die Spanier selbst kämpften 800 Jahre lang gegen das *khalifat* von Cordoba, warum gestehen sie einem Volk, das sie so brutal unterdrückten, nicht dasselbe Durchhaltevermögen und dieselben Träume zu? Weil ‚primitive Völker nicht träumen'?

Was dort geschieht ist ein weiteres Beispiel in den Amerikas für etwas, das man *Kolumbus verkehrt* nennen könnte. In den mehr als 500 Jahren seit Kolumbus gab es viele Aufstände. Können wir uns der Hoffnung hingeben, dass das Weltbewusstsein sich so weit entwickelt, dass es solche Probleme nicht mehr nur als Forderung nach einer dringend notwendigen Landreform, nach Gesundheitsfürsorge und Elementarschulen versteht? Oder ist die westliche Auffassung einer linearen unumkehrbaren Geschichte zu stark?

Prognose. Vielleicht nicht. Der Diskurs wechselte zwischen brutaler Unterdrückung des Aufstandes und einigen kleinen Zugeständnissen, die, wenn sie umgesetzt worden wären, zwar bedeutungsvoll hätten werden können, die aber den zentralen Punkt der Sache nicht berühren: die Selbstbestimmung. Die wahrscheinlichste Prognose ist unglücklicherweise die Fortsetzung des Revolution-Repression-Zyklus der letzten fünf Jahrhunderte, wogegen die Welt, ein paar bewusste, mitfühlende Bürgerorganisationen ausgenommen, nichts unternimmt.

Therapie. Wenn es sich um eine Nation handelt, die auf drei Länder verteilt ist, dann kann die Zukunft einige Ähnlichkeiten mit der der Kurden enthalten: drei Stadien: Menschenrechte – Autonomie innerhalb der Länder – (möglicherweise) Unabhängigkeit. Diese setzt eine Maya-Nation nicht nur innerhalb, sondern auch über die Grenzen hinweg voraus, möglicherweise als eine (Kon-)Föderation von Autonomien auf Staatsniveau, von denen Chiapas eine wäre. Und wieder gibt es dieselbe Tragödie, wie heroisch sie auch sein mag, dass Gewalt gebraucht wird, während aktiv ausgeführte Gewaltfreiheit, vielleicht eher von Frauen als von Männern, viel schneller bessere Ergebnisse bringen würde.

Es ist auch eine Frage der Kreativität. Die Maya haben ein Recht auf ihren Staat. Es könnte eine Übergangsperiode mit doppelter Staatsbürgerschaft und gemeinsamer Verwaltung von Mexiko, Guatemala und Honduras mit den Vereinten Nationen geben in Zusammenarbeit mit der Organisation Amerikanischer Staaten als zusätzlicher Partnerin. Später könnten ähnliche Maßnahmen ergriffen werden, wie wir sie für die kurdische Situation vorschlugen: Wahlen zu einem Mayaparlament im Exil, eine Behörde der Maya, die die doppelte Staatsbürgerschaft garantiert, alles in etwas weiterer Zukunft, wenn die Maya nicht dasselbe Maß an Nationalbewusstseins haben wie die Kurden. Eins ist jedenfalls sicher, das Problem wird sich nicht in Luft auflösen.

Damit wollen wir nicht behaupten, dass die Länder wie Guatemala nicht ihre eigene Art hätten. Die Grenze zwischen den 19 Maya-Gemeinden und den *ladinos* wird als grundlegend anerkannt. Aber die Konstruktion eines Bürgerkrieges, der 1961 anfing und 35 Jahre andauerte, führt in die Irre. Wichtiger waren die *conquista* und das Bombardement der USA 1954, das sich gegen das Arbenz-Regime richtete. Aber Spanien und die USA brachten es fertig, als ‚dritte Parteien' aufzutreten, womit sie den Diskurs beeinträchtigten, indem sie den Konflikt als innerstaatlich behandelten und die Verbundenheit der Maya miteinander ignorierten. Das Letztere ist leicht, wenn man den allgemeinen Mangel an Zugang der Maya zu den Welt-Medien oder auch nur zu den nationalen Medien bedenkt. Das beweist wieder einmal, wie interessant das Leben wird, wenn die Medien schlecht informiert sind: Es wird immer Überraschungen wie die von Chiapas geben.

(August 1995)

24. Versöhnungskonflikte : Eine TRANSCEND-Perspektive

Diagnose. Dass während der Herrschaft der Gewalt in Argentinien 30000 und mehr Menschen nicht nur vom Militär, sondern auch von revolutionären Streitkräften getötet wurden, hinterließ tiefe Wunden in der gesamten Gesellschaft. Die Wunden aus den 70er Jahren sind noch nicht verheilt. Die Wahrheit ist ungefähr bekannt; aber die Menschen sind noch weit von einer Versöhnung entfernt; das liegt zum Teil an einer tief verwurzelten Ambivalenz.

Einerseits ist das Militär in der Position, die Gerichtsprozesse zu blockieren, indem es argumentiert, auch die Revolutionstruppen müssten angeklagt werden. Mit dieser Haltung können juristische Prozesse blockiert werden und sie bereitet gleichzeitig nicht-juristischen Prozessen den Weg. Das Land hat eine sehr starke christlich-juridische Tradition mit klaren Definitionen von ‚Sünder' und ‚Schuldigem', eine Tradition, die verlangt, dass dem Sünder Busse und dem Schuldigen Strafe auferlegt wird. Deshalb erkennt die Kultur keinen Prozess an, der diese Elemente nicht enthält, weil er hinter ihrem Ideal zurückbleibt. Versöhnung wiederum kann nicht durch deutliche Verdikte und Verurteilungen allein ereicht werden. Auch wenn die Opfer einige Befriedigung durch das den Tätern vom Gericht auferlegte Leid gewinnen, wird es das Zusammenleben der beiden Gruppen in derselben Gesellschaft in Gegenwart und Zukunft nicht erleichtern, ebenso wenig wie die Konfrontation beider mit ihrer Vergangenheit. Aber auch wenn Gerichtsprozesse keine ausreichende Bedingung für Versöhnung sind, so sind sie doch in einer solchen Kultur eine notwendige Bedingung.

Dazu kommt das Problem der Ambivalenz. Einige von denen, die wollen, dass das Militär vor Gericht gestellt wird, haben vielleicht früher gewollt, dass das Militär gegen revolutionäre Gewalt einschreitet. Einige Militärs haben vielleicht Opfern geholfen und sie beschützt. Einige Argentinier waren vielleicht auf beiden Seiten, die meisten auf keiner. Diese Ambivalenz kann auch den Weg für einen nicht-juristischen Prozess bereiten. Aber vielleicht behält doch die Kultur die Oberhand und blockiert wirksam die Versöhnung.

Prognose. Es wird keine Versöhnung geben außer vielleicht für einige Täter mit sich selbst (und ihrem Gott), indem sie ein Gerichtsverfahren in Spanien fordern, dem alten Mutterland (das dies vielleicht dazu benutzt, um in dem Wettkampf mit den USA in Lateinamerika etwas aufzuholen).

Therapie. Der einzige Lösungsansatz scheint der offene Dialog über diese Themen zu sein. In der argentinischen Gesellschaft findet dieser Dialog teilweise schon statt, nicht nur zum Vorteil Argentiniens, sondern auch zum Vorteil der westlichen Welt im Allgemeinen und als Vorbild für Länder, in denen diese Vorgehensweisen kulturell problematisch sind. Der Dialog muss jedoch durch die vielen Alternativen zum christlichen und rechtlichen Paradigma bereichert werden und ihm müssen Elemente von Entschuldigung und Wiedergutmachung hinzugefügt werden. Das Problem der Alternativen ist, dass sie aus anderen Kulturen kommen und daher für eine Kultur, die meint, sie müsse nichts mehr lernen, unannehmbar sind. Das wird eher auf die westliche Peripherie als auf das westliche Zentrum zutreffen, das es für sein Recht und seine Pflicht hält, sich nach neuen Ansätzen umzusehen. Das polynesische *ho'o pono pono* muss nicht unter diesem Namen einher kommen, sondern kann sich als Konflikt-Zirkel, als runder Tisch, als *mesa redonda* präsentieren. Die Parteien könnten eingeladen werden, um ihre Geschichten zu erzählen, und als Ausgangspunkt ihre eigenen Wahrheiten vortragen, bis sie zu einem Verständnis gelangen, das eine Möglichkeit für gemeinsame Verantwortung eröffnet. Dann könnten sie darüber sprechen, was jede der Parteien zur Versöhnung tun kann, d.h. (a) zum Heilen der Wunden und (b) um zu einem Abschluss zu kommen. Am Ende können sie ihr gemeinsames Bedauern über das, was geschah, äußern und über weitere Ansätze zur Versöhnung sprechen. Das alles kann auf örtlicher, provinzieller und nationaler Ebenen geschehen.

(Dezember 1995)

25. China : Eine TRANSCEND-Perspektive

Diagnose. Es überrascht nicht, dass es im volkreichsten und gleichzeitig ältesten autonomen Land der Erde (seit 221 AC) fünf Autonomiebewegungen gibt. Diese Autonomiebewegungen gibt es an der Peripherie, sie sind bezeichnend für *Han*-China, das sich zu einem Zeitpunkt der Geschichte anderen ergab (in Hongkong bzw. Macao ergaben sich andere der Han-Mehrheit). Außer im Fall von Taiwan bauen sich die Autonomiebewegungen um *Nicht-Han*-Sprachen, -Glauben und –Mythen und auf Sesshaftigkeit auf. Es sind also alle klassischen Bedingungen für Sezession und für den Anspruch auf Unabhängigkeit vorhanden.

Prognose. Die offensichtlichste Prognose ist der Status quo: Die chinesische Zentralregierung kontrolliert ebenso *Han*- wie *Nicht-Han*-Gebiete mit Zuckerbrot (Klientelismus, Privilegien, um örtliche Führer in Hongkong anzuziehen), Peitsche (Unterdrückung in Tibet, Xinjiang und der Inneren Mongolei) und normativer (Taiwan) Politik. China funktioniert als Supernation und versucht andere - wie die Sowjetunion - mit Hilfe von Nationalitäten-Politik zu beherbergen. Der schwache Punkt dieser Politik besteht darin, dass die Nationen Selbstbestimmung wollen. Die Machtprofile in den fünf Fällen unterscheiden sich voneinander und verändern sich im Laufe der Zeit. Ein Krieg mit England über Hongkong wurde vermieden, ein Krieg mit den USA über Taiwan kann vermieden werden oder auch nicht. Die Brutalität des Militärs in Tibet, der Inneren Mongolei und Xinjiang kann noch wachsen, aber das chinesische Militär geht auch in den *Han*-Gebieten brutal vor. Je mehr sich ausländische, barbarische Kräfte mit einer Bewegung verbinden, desto widerspenstiger werden die Chinesen. Die Lage der tibetanischen Exil-Regierung im Atomwaffen besitzenden Indien und die sich vertiefende Verbindung ziwschen Taiwan und dem USA-Japan-Sicherheitssystem behindern die Entstehung vernünftiger Ergebnisse. Kleine und große Teufelskreise geringfügiger Gewalttaten sind wahrscheinlich.

Therapie. Eine annehmbare und nachhaltige Lösung wird über die extremen Positionen eines chinesischen Einheitsstaates (in den bestehenden Grenzen + Taiwan als ,davongelaufene' Provinz) und der Sezession von diesem Einheitsstaat hinausgehen müssen. Dazwischen liegen die Klassiker: Föderation und eine lockerere Konföderation. Diese Lösungen finden sich nicht in der chinesischen Vergangenheit, aber sie werden oft in Dialogen mit den Parteien genannt. Autonomie für Innere Angelegenheiten würde garantiert. In Föderationen sind Außen-, Sicherheits- und Finanzpolitik gemeinsam; in Konföderationen werden sie koordiniert, aber unter Wahrung der Autonomie. Ein Szenario könnte zuerst eine Föderation und später eine Konföderation sein. Die fünf gehen gemeinsam oder einzeln vor. Die zugrunde liegende Philosophie aus der chinesischen Kultur wäre daoistisch: *In der Stärke Schwäche, in der Schwäche Stärke*: Machtanwendung zeigt die Schwäche der Konstruktion, eine starke Konstruktion kann ohne Machtanwendung auskommen.

Die zu überwindenden Hürden sind beträchtlich. Zuerst einmal: Das *Han*-Denken herrscht unbestritten zwischen den Himalayas, der Wüste, der Tundra und dem Meer. Wird man die Chinesen davon überzeugen können, dass eine lockerere Konfiguration von *Sechs Chinas* auch in ihrem Interesse sein könnte? Zweitens, werden die, die unabhängig sein wollen, in einer Konfiguration, die ein enormes wirtschaftliches Ausmaß und einen gemeinsamen kulturellen Hintergrund besitzt, ihre Ziele eher befriedigt finden als in einer Konföderation, die ihnen militärisch-politische Unabhängigkeit bietet? Drittens, werden die Parteien einsehen, dass die Zeit gekommen ist, diese alten chinesischen Probleme gemeinsam und nicht einzeln zu lösen? Viertens, wie können die *Han*-Chinesen in den neuen Republiken geschützt werden? Durch getrennte Vertretungen?

Die Tibetaner werden zugeben müssen, dass der Lamaismus brutal war und dass auch China positive Seiten hat. Das wird für Taiwan leichter sein, weil es selbst so chinesisch ist. Beijing und Taipei werden beide die Idee aufgeben müssen, dass jedes von ihnen das Zentrum des anderen sei, und zu konföderaler Gleichheit finden, in der Beijing ein bisschen gleicher ist als die anderen.

(Februar 1997)

314

26. Christen und Muslime : Eine TRANSCEND-Perspektive

Diagnose. Am 27. November 1095 rief der Papst Urban II. in der französischen Stadt Clermont zu dem auf, was später als Erster Kreuzzug bekannt wurde. 1291 kamen die Kreuzzüge zu einem Ende. Aber es gab niemals einen Friedensschluss.

Prognose. Die Kreuzzüge ragen in der Geschichte als Beispiel dafür hervor, wie Religion zur Rechtfertigung von Krieg benutzt wird. Auch heute gibt es noch kollektive Erinnerungen und es existiert immer noch eine Kreuzzugsmentalität, aus der ein ‚Golf-Syndrom' erklärbar wird, wobei katholische und protestantische Länder mit hervorragender Kreuzzugserfahrung gegen ein muslimisches Land stehen (Bagdad 1258).

Therapie. Am 26. und 27. November 1995 wurde am Schweizer Institut für Entwicklung in Biel/Bienne ein Dialog abgehalten, zu dem sich leitende Repräsentanten des christlichen und des islamischen Glaubens trafen: Ayatollah Professor Mohammad Taghi Jafari, Theran; Scheich Ahmad Kuftarou, Großmufti von Syrien, Damaskus; Nuncius Erzbischof K.J. Rauber, Bern; der Metropolit Damaskinos, Bischof der Orthodoxen Kirche, Genf und andere Gelehrte und Geistliche.
Papst Johannes Paul II. sandte dem Symposium durch Kardinal Angelo Sodano, den Staatssekretär des Heiligen Stuhls, seinen Segen und eine Botschaft: ‚Es ist heilsam, über diese Ereignisse nachzudenken, um eine gründliche Lehre für heute daraus zu ziehen. Seine Heiligkeit erneuert den Ruf des Zweiten Vatikanischen Konzils, das darauf drängte, dass ernsthafte Anstrengungen unternommen würden, um gegenseitiges Verständnis zu erreichen, so dass, zum Vorteil aller, Christen und Muslime gemeinsam Frieden, Freiheit, soziale Gerechtigkeit und moralische Werte bewahren und befördern ...'

Kommuniqué:

Die Anhänger des Islam und des Christentums unterbreiteten den Mitgliedern ihrer Glaubensgemeinschaften und allen anderen Menschen die folgenden Vorschläge:

-   Als Bedingung für einen wahren Dialog müssen alle Gläubigen die anderen Religionen so verstehen, wie die Anhänger selbst sie verstehen;

- Schulmaterialien, die für alle Parteien annehmbar sind, in Geschichte, Gemeinschaftskunde und Religion, besonders Materialien über die beiden Religionen, müssen entwickelt werden;
- die Meinungsfreiheit darf beim Sprechen und Schreiben über andere Religionen nicht missbraucht werden;
- die Religionen wollen gemeinsam eine inspirierende Ethik für Frieden, Freiheit, soziale Gerechtigkeit, Familienwerte, Menschenrechte und –würde erarbeiten, weiterentwickeln und in die Praxis umsetzen und sie wollen an gewaltfreien Formen der Konfliktlösung zusammenarbeiten;
- ein ständiger interreligiöser Rat wird eingerichtet, um gegenseitige Achtung und gegenseitiges Verständnis zu fördern;
- in Bosnien soll über die religiösen Grenzen hinaus beim Wiederaufbau des Landes zusammengearbeitet werden;
- mit Vertretern der Medien soll über verantwortlichere, Frieden fördernde Formen von Journalismus gesprochen werden.

An diesem Tag der neunhundertsten Wiederkehr des Aufrufs zu den Kreuzzügen rufen wir alle Christen, Muslime und alle anderen dazu auf, über bloße Toleranz hinauszugehen. Wir müssen Herz und Geist füreinander öffnen. Anstatt dass wir Angst empfinden, wenn eine anders ist als wir, soll uns die Begegnung mit der anderen, die Gelegenheit, etwas zu lernen, der anderen etwas zu geben und selbst zu empfangen, in Frieden zu leben und Frieden zu schaffen mit Freude erfüllen. Wie alles in der Welt entwickeln sich auch die beiden größten Religionen weiter. Wir wollen die Grundbotschaft der Frömmigkeit behalten und neue Wege, Handlungsweisen und Worte finden, sie auszudrücken. Es liegt im Geist der Freiheit der Auslegung der eigenen Religion, dass sich echter Respekt für andere Religionen entwickeln kann. Die nächsten 900 Jahre und darüber hinaus sollen eine Ära des aktiven Friedens werden, der in Herz und Geist errichtet wurde und der sich in unseren Taten ausdrückt.

(November 1995)

27. Dreigeteiltes Europa : Eine TRANSCEND-Perspektive

Diagnose. Zwei Bruchlinien zerschneiden Europa in drei Teile: protestantisch/katholisch (auch das ist ein Bruchlinie, die seit 1648 aber außer in Irland nicht mehr tätig ist), slawisch-orthodox und türkisch-muslimisch. Da sich die Bruchlinien (katholisch/orthodox seit 1054, christlich/muslimisch seit 1095) in Sarajewo – umgeben von Bosnien und Herzegowina, umgeben von Jugoslawien, umgeben vom Balkan – überschneiden, ist dies ein Hauptkonfliktgebiet mit im Großen und Ganzen voraussagbaren Allianzen: eine Washington/ London/ Paris/Berlin/Wien/Rom/Zagreb-Achse, eine Moskau/Belgrad/ Skopje/ Athen-Axe und eine ,grüne Diagonale' Sarajewo/Tirana/ Pristina/ Tetova/Ankara und darüber hinaus.

Ein weiteres dreigeteiltes Gebiet ist die Kaukasusregion, wo es gewaltsame Auseinandersetzungen zwischen slawisch-orthodoxen und türkisch-muslimischen Kräften gibt. Die dritte Partei bilden die georgischen/armenischen Christen.

Heute sind die meisten protestantischen/katholischen Länder in der Europäischen Union, die größten slawisch-orthodoxen in der CIS und die türkisch-muslimischen Länder haben auch eine Organisation (ECO): die Türkei, sechs ehemalige Sowjetrepubliken und Iran, Pakistan und Afghanistan. Sollten sich die Konflikte verhärten, könnte sich leicht eine weitere wirtschaftlich-militärisch-politische Kristallisierung bilden. Das Öl gibt dem Konflikt Nahrung.

Prognose. Die Ordnung ist dreigeteilt und Konflikte, bei denen alle drei ihre Streitäxte mit denen der jeweils anderen zwei kreuzen könnten, sind durchaus möglich. Aber Kriege spielen sich zwischen zwei Parteien ab, die beide Allianzen oder das Zurückziehen als Unbeteiligte oder erklärte Neutrale fordern. Die jugoslawische Katastrophe zog eine Intervention der USA nach sich, die eine höchst unstabile kroatisch-bosnische Föderation in Bosnien-Herzegowina mit sich brachte und ein Dayton-Abkommen, das das Recht auf Selbstbestimmung der drei Nationen nicht respektiert und Bosnien-Herzegowina zum ersten NATO-Protektorat macht. Der Kosovo/a-Debakel kann schließlich zu einem Dreifrontenkrieg mit sowohl serbischen als auch kosovarisch-albanischen Guerrillas führen, die dagegen kämpfen, zum zweiten NATO-Protektorat zu werden, das gegen internationales Recht (keine Selbstverteidigung, keine kollektive Selbstverteidigung, nicht durch den Sicherheitsrat autorisiert) errichtet wurde. Wen trifft es als nächste?

Eine Eskalation durch Nachahmung in ähnlichen europäischen Regionen (und eine Ausweitung dorthin) ist wahrscheinlich. Die Bildung eines slawisch-orthodoxen und eines türkisch-muslimischen Blocks wird folgen. Die Gewaltkultur kehrt zu brutalen, heißblütigen mittelalterlichen Mustern zurück wie an der blutigen irisch-englisch-schottischen Schnittstelle in Nordirland.

Therapie. Ein Westfälischer Friede II im Jahr 1998, 350 Jahre nach dem 1. 1648, der die Bruchlinien überbrückt oder der wenigstens eine Art von Auseinanderrücken erklärt, wäre von Nutzen. Das geschah nicht. Eine folgerichtige Therapie wäre es, die Organisation zu stärken, die alle drei Teile zusammenbringt, die OSCE. Das sollte folgende Maßnahmen einschließen:

- *militärisch*: Die OSCE sollte zur Friedenssicherung benutzt werden, ohne Ostasien zu erschrecken, keine Ausdehnung der NATO bis zu den beiden Bruchlinien, oder, wenn es doch geschieht, eine 500km-Zone ohne Militär.
- *wirtschaftlich*: Die OECD sollte für fairen Handel und Wachstum in (ganz) Europa genutzt werden.
- *politisch*: Die OSCE sollte eine Art regionale Vereinte Nationen für Europa werden, ohne Vetorecht der Großmächte und mit einem wirklichen, öfter tagenden Parlament.
- *kulturell*: Dialoge und Zusammenarbeit über die Konfessionsgrenzen; dazu den CE (Council für [fast] Europa) für Kultur, Sport und Jugend.

Kurz gesagt: paneuropäische Institutionen, nicht überregionale wie die EU, NATO oder WEU. Die NATO wurde ausgedehnt, um zwei katholische und ein gemischtes zentraleuropäisches Land aufzunehmen. Die Truppen beobachten einander über die Bruchlinien hinweg. Wenn Jugoslawien ein Klein-Kosmos von Europa ist, dann kann das, was in Jugoslawien funktioniert hat, vielleicht auch in Europa funktionieren: kleinere, homogenere Einheiten, die (kon-)föderal miteinander verwoben sind. Das Problem ist: Bisher hat sich nichts dergleichen ereignet.

(Oktober 1996)

28. Ekuador-Peru : Eine TRANSCEND-Perspektive

Gemäß der klassischen Staatssystemlogik, die jetzt ihren 350. Geburtstag nach dem Westfälischen Frieden feiert, wird jedes Stück Land deutlich gekennzeichnet und gehört zu einem und nur zu einem Staat. Aber was ist zu tun, wenn zwei oder mehr Staaten Anspruch auf dasselbe Stück Land erheben, z.B. weil dort nicht nur eine Wasserscheide ist, sondern zwei, oder weil sich das Ufer eines Flusses verändert? Die klassische Antwort ist Krieg, um zu einer ‚militärischen Lösung' zu kommen, und genau das taten Ekuador und Peru 1942, 1981 und 1995 infolge des Krieges von 1941. Eine andere Antwort ist es, wenn ein starker großer Staat oder eine Staatengemeinschaft die Herrschaft als ‚Mandat' übernimmt.

Eine Antwort, die sehr viel besser zu der zunehmend grenzenlosen Erde passt, wäre es, wenn die Staaten das umstrittene Gebiet gemeinsam als *Kondominium* verwalteten. Wenn beide Parteien gut begründete Ansprüche haben, dann ist es besser, das umstrittene Gebiet als gemeinsames Gebiet anzusehen, das die streitenden Parteien miteinander teilen, statt es in zwei Teile zu teilen. Statt dass man darum kämpft, kann man das gemeinsame Gebiet für kooperative Unternehmen nutzen. Aber was heißt das genau?

1. Die zwei Staaten können eine ‚*zona inejecutable'* an der Stelle einrichten, wo das Rio de Janeiro Protokoll vom Januar 1942 keine genaue Grenze bestimmte, so dass der Vertrag nicht ausgeführt werden konnte, eine binationale Zone, ein Kondominium mit beiden Fahnen.
2. Sie könnten mit der Hilfe der IUCN (International Union for the Conservation of Nature) einen Naturschutzpark einrichten. Dadurch würde die Zone unantastbar, was sowohl im Interesse des Friedens als auch der Umwelt wäre. Der Park würde gemeinsam verwaltet, ganz gleich, ob nun eine Grenze zwischen den beiden Staaten deutlich markiert wäre oder nicht.
3. Ein Campingplatz für Jung und Alt aus beiden Ländern würde ebenso gut wie anderswo in einen Naturpark passen.
4. Sie könnten Wirtschaftszonen einrichten für Gemeinschaftsunternehmen und Firmen von beiden Seiten dazu einladen. Fabriken gehören nicht in eine ökologische Zone, aber Verwaltungseinrichtungen schon. Das wäre in unserer heutigen elektronischen Welt nicht das große Problem.
5. Soldaten beider Länder würden dort nicht stationiert, aber Institutionen zur gemeinsamen Sicherheit würden eingerichtet: Patrouillen, ein militärisches Frühwarnsystem usw.

6. Man kann daran arbeiten, die Rechtssysteme aneinander anzupassen, um Verbrechen zu verurteilen und die Zusammenarbeit zu erleichtern.

Zwei Länder mit einer langen Geschichte der Feindseligkeit könnten den Konflikt kreativ dazu nutzen, in dem umstrittenen Gebiet einander näher zu kommen, und zwar in einem Tempo, das den nationalen Gefühlen gerecht wird.

7. Aber sie können noch weitergehen, indem sie die Zone internationalisieren, wobei sie sich binationale Verwaltung und Souveränität für alle Fälle vorbehalten würden. Zu den nationalen Fahnen könnten noch zwei weitere hinzukommen: die der UN und die der OAS.
8. Eine Stätte für Verhandlungen über Grenz- (und andere) Streitfälle für streitende Parteien aus der ganzen Welt würde errichtet.
9. Die UN bzw. OAS Friedenssicherungstruppen würden die Sicherheit internationalisieren, indem sie Kontingente aus beiden und anderen Ländern dazu gebrauchten.
10. Das Gebiet kann eine internationale Friedenszone werden. Solche Zonen würden bei den Vereinten Nationen registriert, wo ein Verhaltenskodex entwickelt werden könnte. Regionale Organisationen an anderen Orten (OAU, OSCE) sind vielleicht an ebenso einem konstruktiven Ansatz zur Lösung von Grenzstreitigkeiten interessiert. In der Folge könnten solche Zonen für die Errichtung von Begegnungsstätten für Friedensstiftung und Friedenskonsolidierung genutzt werden.

Wenn Regierungsorganisationen miteinander kooperieren können, dann können das internationale Bürgerorganisationen aus Lateinamerika erst recht, womit sie der internationalen Zivilgesellschaft zu mehr Substanz verhelfen würden.

(August 1995 und Juni 1998)

29a. Kaukasus : Eine TRANSCEND-Perspektive

Diagnose. Im Gegensatz zu dem, was viele behaupten, ist die Situation im Kaukasus durchaus nicht einmalig. In einer Welt mit etwa 200 Ländern und 2000 Nationen, aber nur 20 Nationalstaaten, ist der Kaukasus nicht der einzige Ort, wo die Nationen nicht innerhalb eines Staates säuberlich getrennt Seite an Seite, jede an ihrem geografischen Platz wohnen, sondern wo sie innerhalb von Nationen leben, die innerhalb von Nationen leben wie die Puppen in der Puppe. Dieses Muster ist besonders häufig in Gebirgsregionen mit ihrer komplexen Topografie anzutreffen, vom Himalaya bis zu den Pyrenäen, während Bosnien-Herzegowina ein anderer Fall ist. Aus diesem Grund kommen *Prozesse der Forderung nach Selbstbestimmung nicht nur parallel zueinander, sondern gleich in Serie daher*: (Georgien) Abspaltungen von einem Superstaat (UDSSR) sehen sich mit Nationen in ihrer Mitte konfrontiert (Abchasien und Ossetien), die ihrerseits mit Sub-Sub-Nationen in Wartestellung konfrontiert sein können. Selbst wenn ‚internationales Recht‘, das für gewöhnlich ein Instrument zur Durchsetzung von Großmachtinteressen ist, eine Selbstbestimmung erster, aber nicht höherer Ordnung akzeptiert, geht der Kampf weiter. Ebenso wenig ist eine Intervention Russlands in seiner ‚Interessensphäre‘ einmalig: Großmächte sehen so etwas als ihr Recht und ihre Pflicht an. Einige Länder heben ihren Wert als Anreiz für die USA gerne durch Öl und Investitionen an. Die Geschichte Lateinamerikas mag zur Warnung gegen das Letztere dienen und die Geschichte des Nahen Ostens gegen die erstere Strategie, die sich auf Öl und Pipelines gründet. Dem müssen wir noch einen wirtschaftlichen Hauptkomplex hinzufügen: Wenn ein Reich wie die UDSSR zerfällt und sich privatisiert, stehen viele Vermögenswerte zur Disposition: Gehören sie nun Russland, Georgien oder Abchasien? Die Folgerung: ‚Lasst die Waffen entscheiden‘ führt zu einem weiteren Krieg usw. Zu diesen strukturellen Bedingungen kommen kulturelle Faktoren einer ‚*kaukasischen Mentalität*‘ mit *Kriegermentalität, Anführermentalität* und *Opfermentalität*, aber natürlich auch mit den klassischen fünf Eigenschaften traditioneller bzw. feudaler Gesellschaften: Gastfreiheit, Großzügigkeit, Ehre, Mut und Würde. Die *Kriegermentalität* führt dazu, dass die *Schwelle zur Gewaltanwendung* niedrig ist und dass die Idee herrscht, es gehe in *Konflikten ums Gewinnen und nicht um Lösungen*. Infolgedessen geht es auch in *Verhandlungen ums Gewinnen und nicht um Lösungen*. Die *Anführer- bzw. Scheich-Mentalität* setzt die Entscheidungen über Krieg, Frieden und Außenpolitik hoch in der Hierarchie an; das Volk kann oder sollte keinen Einfluss darauf haben. Die *Opfermentalität* gründet sich auf enorme

Leiden, sogar Völkermord; sie führt zu einer Forderung nach ungeteilter Aufmerksamkeit und Konzentration auf das zugrunde liegende Trauma, wozu auch der Umgang mit dem Übeltäter gehört. Jeder vernünftige Gedanke wird beiseite geschoben oder nicht beantwortet, nicht etwa, weil der Gedanke schlecht wäre, sondern weil Vorschläge nicht den Kernpunkt treffen. Dieser Kernpunkt ist der Schutz der kognitiven und emotionalen Landkarte im Kopf.

Die drei Mentalitäten vereinigen sich in der Suche nach dem großen Mann und nach der Großmacht, während Russland im Norden, die Türkei im Westen, der Iran im Süden und die USA überall begierig auf der Lauer liegen. *Im Allgemeinen sind Frauen weniger anfällig für dieses Syndrom als Männer.* Frauen waren sicherlich Opfer, aber sie sind weniger von der Krieger- und Anführer-Mentalität durchdrungen. Das zeigt sich besonders in Vorschlägen, die von drei Frauen gemacht wurden: Naira Gelashwili (aus Tbilisi in Georgien) schlug ein Gemeinsames Kaukasisches Haus für alle Kaukasischen Völker und eine kaukasische Zivilgesellschaft vor, Ludmila Haroutunian (aus Jerewan in Armenien) schlug eine Kaukasische Konföderation mit Georgien, Armenien, Aserbaidschan, Abchasien, Ossetien und Nagorno-Karabakh vor und Arzu Abdullayeva (aus Baku in Aserbaidschan) schlug die doppelte Staatsbürgerschaft vor.

Prognose. Große Männer mit großen Clans werden mit großen Mächten große Geschäfte machen. Öl und Geld werden fließen und eine Klasse korrupter Neureicher wird sich bilden. Das Volk wird nicht gefragt, Nationen werden nicht respektiert, nur die Macht von Waffen und Geld zählt.

Therapie. *Der Schlüssel zur Konflikttransformation mit friedlichen Mitteln liegt im Kaukasus in einer kaukasischen Kooperation, die sich auf Demokratie und Menschenrechte gründet.* Drei Staaten mit 28 Nationen sind jeder für sich zu schwach, um sich gegen den Druck der vier größeren Mächte um sie herum zu behaupten. Aber sie ergänzen einander wirtschaftlich und kulturell und könnten gemeinsam politisch dem Druck von außen standhalten.

Georgien und Armenien-Aserbaidschan müssen jedoch umgestaltet werden: Georgien muss seine multinationale Realität annehmen. Jeder Versuch, die georgische Sprache und Geschichte den Abchasiern, Ajaris, Ossetiern und anderen aufzuerlegen, wird ebenso übel genommen wie jeder russische Versuch, dasselbe mit Georgien zu machen. Abchasien, Ajara, (Süd-)Ossetien und anderen hätte schon vor Jahren sprachliche und bildungspolitische Autonomie zugestanden werden müssen, ohne dass es erst zu Nationalitätenkriegen hätte kommen müssen. Georgien und anderen mögen zwei Kriege erspart geblieben sein, die durch Nationalismus angeheizt wurden, aber nicht Georgiens eigener Bürgerkrieg.

Wenn ein Land multinational ist, gibt es keine Alternative zur Symmetrie; die Schweiz mag als Vorbild dienen. Vielleicht muss Georgien eines Tages vom Multinationalismus zum Föderalismus übergehen. Das könnte vielleicht auch auf Aserbaidschan als Föderation mit Armenien Nagorno-Karabakh als einem Teil und auf Armenien mit Azeri Nakitchiwan als einem anderen Teil angewandt werden. Ob vielleicht doppelte Pässe in allen vier Teilen helfen könnten?

Dann gibt es noch Vorschläge auf multilateraler kaukasischer Ebene:

1. *Eine Konferenz bzw. Organisation für Sicherheit und Kooperation im Kaukasus* (C/OSCC) könnte nützlich sein mit einer ständigen Sicherheitskommission unter der Schirmherrschaft der OSCE mit guten Verbindungen zu den UN, möglicherweise auf pan-kaukasischer Basis. Das grundlegende Ziel ist Konfliktautonomie und dass die Kaukasier auch sonst Herren im eigenen Haus sind.

2. *Ein kaukasisches Parlament* müsste früher oder später folgen, in dem solche Fragen behandelt würden wie die, ob die Mitglieder von ihren Staatsparlamenten ernannt oder vom Volk gewählt werden sollten (entsprechend den zwei Stadien in der Geschichte des Europäischen Parlaments).

3. *Der Nordische Rat ist ein nützliches Modell*, weil es darin Mitglieder auf verschiedenen Ebenen gibt: fünf unabhängige Länder (Dänemark, Norwegen, Schweden, Finnland und Island mit vollen Rechten), ein halb-unabhängiges Land (Grönland), zwei Inselgruppen, die zu Dänemark gehören (Faroer-Inseln), Finnland (Aland-Inseln, neutral) und eine Nation, die sich auf Norwegen, Schweden und Finnland verteilt (die Samen). Dies Beispiel ist weit von der Komplexität des Kaukasus entfernt, aber doch ähnlich, und die Formel ist unkonventionell. Aber wenn man eine Stimme hat, hat man noch lange kein Votum.

4. *Ein Modell für das kaukasische Parlament wäre: drei Staaten mit vollen Rechten und die Vertretung ihrer konstituierenden Teile.*

5. *Ein weiteres Modell eines kaukasischen Parlaments umfasst zwei Häuser, eins für die drei Staaten und eins für die (28?) Nationen*, wo Sorgen geäußert und Entscheidungen getroffen werden. Dazu gehören Funktionen, wie sie der US-Kongress ausübt, wenn Meinungsverschiedenheiten zwischen den Häusern auftreten.

6. Vom nordischen Modell könnte man Folgendes übernehmen: Abschaffung der Visa, später der Pässe innerhalb des Kaukasus, einen kaukasischen Arbeitsmarkt, Erleichterungen für die Aktivitäten von NGOs, Ermutigung zu gemeinsamen wirtschaftlichen Unternehmen und Versöhnung der Konfliktparteien.

7. Minoritäten, die *Beschwerden* haben, sollten dazu aufgefordert werden, *diese auf kaukasischer Ebene zu äußern;* im Bedarfsfall sollten Kaukasier mediieren.

8. Ein kaukasisches Parlament sollte seine besondere Aufmerksamkeit auf die *Möglichkeit einer doppelten Staatsbürgerschaft* lenken, wie schon erwähnt: eine für den Staat, in dem die Person lebt, und eine für den Staat der Nation, mit der sie sich identifiziert. Besondere Aufmerksamkeit würde auf die Probleme doppelte Stimmabgabe, Militärdienst und Besteuerung gerichtet.

9. Diese Zusammenarbeit könnte beginnen, *ohne dass man das spätere Ergebnis vorwegnimmt.* Dieses könnte sein: ein Rat zur Zusammenarbeit, der zu einem gemeinsamen Markt führt, eine Gemeinschaft, eine Konföderation oder sogar eine Föderation.

(Juni 1997)

324

29b. Kaukasus : Eine TRANSCEND-Perspektive
Eine Friedenszone mitten im Kaukasus

1. Die drei größten kaukasischen Länder Armenien, Aserbaidschan und Georgien haben das Glück, *in ihrer Mitte den Dreiländerpunkt Krasni' Most'* zu besitzen. Er ist spärlich besiedelt, es gibt weder Seen noch Berge. Andere Regionen wie die nordischen Länder hätten sicherlich auch gerne solch einen Punkt (Dänemark und Schweden sind nahe daran, der Dreiländerpunkt Norwegen-Schweden-Finnland ist problematischer).

2. Wenn jedes Land ein paar Quadratkilometer, deren Eigentümer es bliebe, um diesen Punkt herum für *eine Zone des Friedens, der Zusammenarbeit und der Entwicklung* zur Verfügung stellte, dann könnte die kaukasische Zusammenarbeit schnell aus bloßen Absichtserklärungen zur Realität werden.

3. *Kulturell:* Es könnte ein guter Anfang sein, wenn die Zone *kulturell* ein Ort für große Kulturveranstaltungen würde, nicht nur für die Jugend. Musik und Gesang könnten mit Dialogen (vielleicht in Zehnergruppen) verbunden werden. Dort würden konkrete Ideen für Frieden, Zusammenarbeit und Entwicklung geboren, die besten Ideen würden prämiert und das Volk würde sie seinen Politikern als Geschenk überreichen. All das geschähe in der Verfolgung des Ziels der UNESCO, eine Friedenskultur zu schaffen. Ständige Ausstellungen und ökumenische Dialoge könnten dort auch stattfinden.

4. *Wirtschaftlich*: Die Zone, die eine angemessene Größe besitzen müsste, könnte einen regionalen Flughafen beherbergen, der gute Autobahnverbindungen zu den drei Hauptstädten hätte, die auf diese Weise auch miteinander verbunden würden. Internationale Fluglinien, die die drei Länder einzeln nicht anfliegen, könnten durch den regionalen Flugplatz angezogen werden. In der Zukunft könnte man sich auch eine gemeinsame kaukasische Fluglinie vorstellen. Auch eine Wirtschaftszone für gemeinsame Unternehmen, besonders auf dem Exportsektor, könnte nach japanischem Vorbild eingerichtet werden.

5. *Militärisch*: Die Zone würde entmilitarisiert, oder sie bliebe jedenfalls ohne Angriffswaffen. Man könnte über ein Training für Friedensmissionen der kaukasischen Friedenssicherungstruppen nachdenken.

6. *Politisch*: Die Zone könnte ein neutraler Ort sein, wo kaukasische Institutionen für funktionale Zusammenarbeit auf Gebieten wie Umwelt und Sicherheit angesiedelt würden (z.B. C/OSCC als Toch-

ter der OSCE oder eine kaukasische Sicherheitskommission im Allgemeinen). Sollte die Region sich zu einer Gemeinschaft oder gar
einer Konföderation erklären, dann wäre die Zone ein einleuch-
tender Ort für eine Kaukasische Versammlung, ob nun mit einem
Haus (für die Länder) oder mit zwei Häusern (einem zusätzlichen
Haus für die Nationalitäten).

7. *Das Ausland würde zur Beobachtung eingeladen,* die vier großen
Mächte, damit sie sehen, dass sich dieses Konzept nicht gegen sie
richtet. Der Dreiländerpunkt hat für den Nordkaukasus keinen
symbolischen Wert. Es ist deshalb durchaus möglich, dass es für
die Zusammenarbeit innerhalb einer pan-kaukasischen Formel in
dieser Region geeignetere Treffpunkte gibt.

8. Die Friedenszone kann als ein erster Ort dienen, an dem einige
wichtige Ideen in die Tat umgesetzt werden. Allerdings besteht
die Gefahr, dass er der einzige bleibt.

(Galtung und Jacobsen, Juni 1997)

30. ‚Comfort Women' : Eine TRANSCEND-Perspektive

1. Japanische Verantwortlichkeit

- *Die Möglichkeit, Zuflucht zum internationalen Recht zu nehmen, ist sehr begrenzt,* wenn man vom Kriegsverbrecherprozess 1946-48 (Tokyo Tribunal), dem Friedensvertrag von 1952 und anderen Verträgen ausgeht. Dieses Thema wurde nicht behandelt, während andere Ansprüche erfüllt wurden. Die Krieger-Macho-Logik der Regierungen zeigt sich deutlich darin, dass das Leiden von Frauen außerhalb des Diskurses über Verantwortlichkeit liegt. Die Einzelnen müssen ihre Zuflucht zum alten und neuen Recht ihres Landes nehmen.
- *Unterstützung durch allgemeine moralische Prinzipien bleibt eine Möglichkeit,* aber auch ihre Grenzen sind eng gezogen (es ist schwer, Fälle aus dem Zweiten Weltkrieg zu verhandeln; das zugrunde liegende Prinzip ist wahrscheinlich, ob die Opfer von Verbrechen, die nicht mit dem Tod endeten, heute noch leben).
- *Schluss daraus: Wenn Japan zur Verantwortung gezogen wird, dann muss das dem alten und neuen Landesrecht und den moralischen Prinzipien entsprechend geschehen.*

2. *Versöhnung* (ZIEL: Friedliche Beziehungen in der Region)
2.1 *Der Reparationen- bzw. Wiedergutmachungs-Ansatz*
An die Opfer (Familien als Folgeopfer?)
Vom japanischen Volk (als Nachfolge-Volk); ASIAN WOMAN'S FUND
Die japanische Regierung soll den Prozess unterstützen.

2.2 *Der Entschuldigungs- bzw. Vergebens-Ansatz*
An die Opfer
Vom japanischen Volk (als Nachfolge-Volk)
Die japanische Regierung (als moralische Nachfolge-Regierung) und Täter

2.3 *Der Ansatz vom interdependenten Ursprung* bzw. Karma
Frage: Was ist wann falsch gelaufen? Gibt es irgendeine Verantwortlichkeit der Opfer?
Ziel: das Hinzufügen der Verantwortlichkeit der Opfer zu der japanischen Verantwortlichkeit
Methode: Tiefen-Begegnungen, einige öffentlich im nationalen Fernsehen
Finanziert von der japanischen Regierung und aus anderen Quellen

2.4 Der Ansatz einer historischen bzw. Wahrheitskommission
Methode: Öffnen aller Archive für die Tiefengeschichte (nicht nur ‚Tatsachen').
Ziel: Aus der Geschichte lernen, damit sich die Geschichte nicht wiederholt.
Finanziert von der japanischen Regierung und aus anderen Quellen

2.5 Der Gemeinsames-Leid- bzw. Heilungs-Ansatz
Methode: Einen Gedenktag ausweisen, gemeinsames öffentliches Klagen.
Ziel: Opfer und Täter teilen ihr Leid miteinander.
Organisiert von der japanischen Regierung zusammen mit den UN (am 8. März?).

3. Lösung bzw. Transformation (Ziel: Vorbeugung, für die Zukunft)
3.1 Im internationalen Recht als ausdrückliches Verbrechen gegen die Menschlichkeit
3.2 In Geschichtsbüchern der Schulen nicht nur die Tatsachen, sondern Vorbeugung
3.3 Kritisieren der Krieger-Macho-Mythen und ihrer Wurzeln
3.4 Kritisieren der allgemeinen Kriegslogik als eines Teils davon
3.5 Alternativen zum Krieg, auch zum Pazifischen Krieg 1931-45

4. Rehabilitation (Ziel: therapeutische und unsichtbare Wirkungen)
4.1 Rehabilitation (Psychotherapie) für Opfer anbieten
4.2 Rehabilitation für Familien anbieten
4.3 Über Rehabilitation für diejenigen nachdenken, die ablehnen und sich verteidigen
4.4 Die Beziehungen zwischen den Völkern in Ostasien verbessern.
Finanziert durch die japanische Regierung.

(Juli 1996)

328

31. Okinawa: Eine TRANSCEND-Perspektive

1. Okinawa ist ein Anhängsel an zwei Mächte, Japan und die USA, Japan marschierte ein, besiedelte es und annektierte es 1879, die USA im Zuge des Pazifischen Krieges (1945, nach 1972 als Militärbasis).

2. Die Okinawaner haben zwei Mutterländer: Japan ist das Mutterland für viele japanische Siedler und viele der ,Eingeborenen', und Okinawa selbst, die Ryukyu Inseln. Die Okinawaner haben zwei Möglichkeiten: eine Art Status quo mit Japan oder eine Art Autonomie.

3. Okinawa, Ulster, Hawaii, die Eifel, Tahiti, Sizilien, North Dakota, Semipalatinsk und Ul Nor haben eine Gemeinsamkeit: Ihre Lage an der Peripherie und dass sie alle als Test- und/oder Stationierungs- bzw. Ersterprobungs-Gebiete für große strategische Waffen benutzt wurden und werden, womit sie die militärische Aufmerksamkeit vom Zentrum ablenken.

4. Wir können Okinawa und andere auch Vorposten zweiter und dritter Ordnung nennen: Die USA weisen weit von ihnen entfernt liegenden Inselländern wie Japan und England wichtige strategische Rollen zu. Diese geben ihrerseits die Rolle an periphere Orte wie Okinawa und Ulster weiter.

5. Die Menschen in diesen peripheren Orten werden benutzt, und zwar bis zu dem Punkt, dass sie zu Opfern gemacht werden. Diese Benutzung wird unter Schleiern des Patriotismus verborgen und dient der gemeinsamen Sache von Zentrum *und* Peripherie.

6. Auf diese Weise fallen die Interessen von Tokio und Washington zusammen, und das Ergebnis davon ist, dass 0.6 Prozent des japanischen Territoriums 75 Prozent des USA-Militärbasen-Gebietes beherbergen, was etwa 20 Prozent des Landes in Okinawa ausmacht. Wenigstens 10 Prozent dieses Landes ist davon betroffen, dass die 3000 von 32000 Landbesitzern, die ihr Land dem Militär der USA verpachtet haben, die Verträge nicht erneuern wollen. Tokio wird bei dem Versuch, die Zustimmung der Behörden und/oder der Landbesitzer von Okinawa zu erhalten, für die USA zum willigen Werkzeug.

7. Es gibt im Fall von Okinawa für die USA noch zwei weitere Gründe, warum sie so an ihren Militärbasen hängen. Einmal gibt es einen historischen Grund, der vielleicht weniger Bedeutung hat: Commodore Perry, der den Ruhm genießt, ,Japan geöffnet' zu haben, kam auch zu den Ryukyu Inseln und krönte sich selbst zum König. Zweitens und bedeutsamer: Okinawa ist der einzige Ort von Vorkriegsjapan, wo die USA einen Bodenkrieg führten (mit enormen

Opfern auf allen drei Seiten, zusammen mehr als 200 000, darunter 14 000 Amerikaner). Dieser Sieg braucht ein Symbol: Okinawa.

8. Ein Argument für Autonomie ist, dass es in keines Menschen Interesse liegt, das Anhängsel eines anderen zu sein, um so weniger, wenn es um militärische Zwecke geht. Dieses Argument würde mit einem vollständig gewaltfreien Ansatz zur Autonomie, friedlichen, kooperativen Beziehungen nach Erreichen der Autonomie und mit genau bestimmten Rollen in der Weltgemeinschaft als Bastionen des Friedens verbunden werden.

9. Der Weg aus diesem Dilemma, das mit Gewaltpotential geladen ist, ist der, für den sich Okinawa bereits entschieden hat: der Weg der Gewaltfreiheit.

10. Das Sicherheitsproblem ist für Okinawa vielleicht am besten durch das folgende Vierpunkteprogramm gelöst:

- Neutral sein, sich keiner Partei anschließen (wie die Aland Inseln, Finnland), niemandes Stationierungs- bzw. Ersterprobungs- bzw. Trainings-Zentrum werden;
- eine starke nicht militärische Verteidigungsfähigkeit entwickeln, durch die Napoleons Frage: ‚Aber wie kämpfen sie denn sonst?' (August 1817) an Basil Hall gegenstandslos wird, der berichtete, dass sie keine Waffen hätten;
- gute Beziehungen in alle Richtungen entwickeln, so dass alle anderen Parteien am Überleben und nicht am Sieg über Okinawa interessiert sind; Fähigkeiten für Friedens- und Konflikt-Arbeit entwickeln;
- wirtschaftlich und ökologisch so unabhängig wie möglich sein und die Fähigkeit haben, auch in einer Krise die eigenen Grundbedürfnisse zu befriedigen.

Für Japan böte ein entmilitarisiertes Okinawa, das dem Frieden dient, mehr Sicherheit als ein herausforderndes offensives Okinawa.

(Oktober 1996)

32. Ruanda/Die Großen Seen : Eine TRANSCEND-Perspektive

Diagnose. Wenn man den Genozid von 1994 in Ruanda auf ‚Ruanda' einschränkt, dann schränkt man das Verständnis des Konflikts und die Suche nach möglichen Heilmitteln ein. Der Rassismus, der diesem Genozid mit deutlicher Klassen-Konnotation zugrunde liegt, hat seine Wurzeln im deutschen Kolonialismus und seiner ‚*Rassenkunde*' [im Original deutsch], durch die die Tutsis über die Hutus (und ‚Pygmäen') gestellt wurden, weil sie größer sind. Die belgischen Nachfolger der deutschen Kononialisten nach dem Ersten Weltkrieg bevorzugten die Hutu-Mehrheit (‚Zahlen vor Zentimetern'). Demokratie war Mode. Die wirtschaftlichen Investitionen des Westens (Frankreichs, Belgiens) stiegen beträchtlich und Ruanda-Burundi wurde als symptomatisch für das wichtigere Zaire/Kongo angesehen.

Ein anderer Aspekt ist die Übertragung der europäischen (englisch-französischen) Stammesfehden auf sprachlichen, kulturellen und wirtschaftlichen Einfluss in Afrika. Die Anglophilen in Uganda bzw. die Tutsi, Bunyamelenge und Kabila stehen den frankophilen Hutu bzw. Mobutu gegenüber, wobei die westlichen Medien traditionellerweise von den französischen ‚Gebiets-Spezialisten' beherrscht wurden. Aber Katastrophen haben die Neigung, die Verbreitung des Englischen zu fördern, da die meisten Katastrophen in Englisch vor sich gehen. Das französisch-römische Recht verliert an Boden, so scheint es, und das englische Gewohnheitsrecht drängt mächtig nach Westen.

Ein dritter Aspekt ist die Rolle, die die Entwicklungshilfe spielt, besonders die Schweizer Entwicklungshilfe. Entwicklungs-Agenturen möchten Erfolgsgeschichten erzählen können und neigen dazu, auf die herrschenden Gruppen in einer Gesellschaft zu setzen, womit sie die Klassenbeziehungen, die mitunter explosiv sind, verfestigen. Die Unterprivilegierten sehen keinen anderen Ausweg als Gewalt durch Revolution oder Migration und dann Invasion, während die Überprivilegierten keinen anderen Ausweg als präventive Gewalt gegen die Unterdrückten und Gemäßigten sehen: den Völkermord.

Prognose. Wenn die Bedingungen, die den Völkermord hervorbringen, nicht ausgerottet werden, wird der Völkermord sich wiederholen. Wenn sie in der Struktur der Gesellschaft von Ruanda und einer Gewaltkultur liegen, die dazu noch durch einen massiven Völkermord verstärkt wird, der Opfer und Täter traumatisiert, dann hängt die Prognose davon ab, wieviel für die Beseitigung der Bedingungen getan wird. Gerichte rechnen die Bedingungen den Übeltätern zu. Aber deren Beseitung durch Hinrichtung oder Gefängnishaft berührt

331

die tieferen Ursachen keineswegs, ebenso wenig wie sie Opfer und Täter und die beiden Seiten miteinander versöhnt.

Therapie. Ein Ausgangspunkt kann das Infragestellen der Möglichkeit einer dauerhaften Lösung innerhalb der engen Grenzen von Ruanda sein. So kann ein verheiratetes Paar, das durch die Außenwelt und durch sich selbst deformiert wurde, gut daran tun, Lösungen außerhalb der engen Grenzen seiner vier Wände zu suchen. Ebenso gut kann die Lösung für Ruanda außerhalb von Ruanda liegen.

Ein möglicher Ansatz könnte eine bi-ozeanische Konföderation vom Indischen bis zum Atlantischen Ozean sein, die Uganda und Tanzania, Ruanda und Burundi und die beiden Kongos und vielleicht noch mehr Länder einschließt, die ebenso ost-westlich mit Asien und Amerika wie nord-südlich Handel treiben. Es gäbe eine große Mobilität von Menschen und Ideen, Waren und Dienstleistungen, und ein Volk mit seiner traditionellen Feindschaft würde nicht auf sein sehr begrenztes Gebiet beschränkt bleiben. Japan, das ausgedehnte Programme für Afrika entwickelt hat, könnte mit Ost-West-Eisenbahnen und –Straßen etwas zur Infrastruktur beitragen. Neue Energie würde dadurch freigesetzt, dass dasselbe getan würde, was die Republik Südafrika schon getan hat: die bi-ozeanischen Möglichkeiten weiter nach Süden ausdehnen.

Es wäre auch nützlich, wenn Deutschland, Belgien, Frankreich und die Schweiz, die USA und die UN einen Teil der Verantwortung übernehmen würden. Damit würden sie zur Versöhnung beitragen und den örtlichen Akteuren etwas von der kolossalen Last von den Schultern nehmen. Diese Last ist zu groß für ein kleines Land. Es ist besser, andere Länder mit einzubeziehen, Ursachen zu finden, massive Programme der Friedenskultur vorzulegen und eine neue geopolitische Realität zu schaffen, zu versöhnen und alle Kräfte für den Frieden zu mobilisieren.

(Oktober 1997)

33. Geisel-Krise : Eine TRANSCEND-Perspektive

Die Besetzung der japanischen Botschaft in Lima am 17. Dezember 1996 war ein Konflikt zwischen sechs Parteien, die die im Folgenden genannten Ziele hatten:

1. *Túpac Amaru Revolutionsbewegung (Movimiento Revolucionario Túpac Amaru, MRTA)*
- die Freilassung von bis zu 400 MRTA-Gefangenen
- den Kampf fortsetzen

2. *Die übrig gebliebenen (etwa 70) Geiseln*
- unverletzt freigelassen werden

3. *Die peruanischeRegierung*
- dem Terrorismus nicht nachgeben, die Gefangenen nicht freilassen
- dass die Geiseln unverletzt freigelassen werden

4. *Die MRTA-Gefangenen*
- freigelassen werden
- den Kampf fortsetzen

5. *Die Position der Regierung der USA*
- dass niemand dem Terrorismus nachgibt
- dass die Geiseln unverletzt freigelassen werden

6. *Die Position der japanischen Regierung*
- dass die Geiseln unverletzt freigelassen werden
- Achtung vor den japanischen exterritorialen Prämissen

Außerdem gibt es noch die ‚peruanische Gesellschaft', die Wege sucht, das Elend abzuschaffen, und die ‚Weltmeinung' zu Gunsten alles oben Gesagten.

Wenn alle Parteien ein wenig nachgäben und die ‚Abschaffung des Elends' als übergreifendes Ziel ansähen, könnte dieses eine goldene Gelegenheit dazu sein:

1. MRTúpac Amaru entwaffnet sich und nimmt am politischen Prozess in einer demokratischen Gesellschaft teil, in der es Zugang zu Massenmedien und Wahlen hat.
2. Die Geiseln werden freigelassen. Wege werden gefunden, auf denen sie zur Abschaffung des Elends beitragen können.

3. Die peruanische Regierung verbessert die Haftbedingungen und verkürzt die Haftzeiten, akzeptiert das MRTA als gewaltfreie demokratische Bewegung und verstärkt ihre Bemühungen um die Abschaffung der Armut.
4. Die MRTA-Gefangenen lassen sich in den Gefängnissen zu Dorfarbeitern bzw. Sozialarbeitern ausbilden und versprechen, sich nicht neu zu bewaffnen.
5. Die Regierung der USA stellt Finanzen und Fachwissen für Projekte zur Abschaffung des Elends zur Verfügung.
6. Die japanische Regierung stellt Finanzen und Fachwissen für Projekte zur Abschaffung des Elends zur Verfügung und hält künftig Empfänge zum Geburtstag des Kaisers in Hotels ab, die viele Ausgänge haben.

Um das zu erreichen, wären auch bilaterale Gespräche nützlich:

1. direkte Verhandlungen zwischen dem MRTA und der peruanischen Regierung,
2. direkte Verhandlungen zwischen den Gefangenen und der Regierung,
3. Geiseln und Gefangene treffen sich und bilden gemeinsam Pressuregroups,
4. das MRTA und Gefangene führen Gespräche über die peruanische Gesellschaft.

(Februar 1997)

34. Albanien : Eine TRANSCEND-Perspektive

Die folgenden wirtschaftlichen, politischen und militärischen Faktoren sind in Betracht zu ziehen:

Eine *Marktwirtschaft* braucht Märkte und Märkte brauchen flüssiges Kapital. Das albanische Kapital war weit gehend in Großfamilien- oder Familienhäusern angelegt. Um dieses Kapital flüssig zu machen, wurden sehr hohe Zinssätze versprochen, wenn die Häuser verkauft oder Hypotheken aufgenommen würden und das Geld im Schnee- ballsystem angelegt würde. Zwar hatte es einzelne Kämpfe gege- ben, aber die albanische Arena explodierte, als die Familienerspar- nisse in Schneeballsystem-Bankgeschäften verschwanden. Gut in- formierte Quellen schätzen, dass von österreichischen, deutschen, Schweizer und US-amerikanischen Banken 2 bis 4 Milliarden $ aus Albanien herausgezogen wurden.

Eine *Demokratie* braucht nicht nur Wahlen, sondern auch eine Zivil- gesellschaft und einen fortgesetzten offenen Dialog. Jede Wahl wird wahrscheinlich – und nicht grundlos – als ein Kampf zwischen Machtgruppen gesehen, die für ihre eigene Macht und nicht für das Volk kämpfen. Die Wahlbeteiligung kann sehr gering sein, weil die Wähler nicht verdächtige Politiker unterstützen wollen. Anders ge- sagt: Die Juni-Wahlen können leicht ebenso ausgehen wie die Wahlen in Haiti.

Es ist zu vermuten, dass Italien Druck ausübt. Es kann politische Unter- stützung als Ausgleich dafür fordern, dass es Deutschland in Jugos- lawien, Frankreich in Algerien und Spanien in Marokko unterstützt hat. Der italienischen Armee muss dieselbe Möglichkeit gegeben wer- den, als ‚Friedenssicherer bzw. –Verstärker' aufzutreten.

Auf diesem Hintergrund ist der folgende Fünf-Punkte-Friedensplan *für* (nicht nur *in*) Albanien zu betrachten:

1. Eine *internationale Untersuchung der Bankgeschäfte in Albanien* seit dem Ende des kommunistischen Regimes. Die Kommission muss international sein und über internationales Bank-Fachwissen verfügen; auch die Weltbank und die mit ihr verbundenen Institu- tionen gehören dazu. Das Ziel wäre nicht vor allem Schuld und Haftung festzustellen, sondern zu verstehen, was geschehen ist und wer national und international darin verwickelt ist.
2. Die *Frage der Wiedergutmachung für die Opfer* sollte gestellt wer- den. Wenn Menschen gutgläubig in das System hineinschlidder- ten und sich auf der anderen Seite Betrüger befinden, könnte Haf- tung gefordert werden. Wenn nicht, wird sich das Geld für die Wiedergutmachung woanders finden. Man wird in Erwägung zie-

hen, rechtliche Barrieren zu errichten, oder wenigstens sehr deutliche Warnungen vor ähnlichen Systemen in der Zukunft aussprechen.

3. Die Wahlen sollten aufgeschoben werden, so dass vorher *Gespräche am* Runden Tisch über die Zukunft Albaniens geführt werden können. Eines dieser Gespräche muss natürlich auf hoher Ebene in Tirana stattfinden, aber ebenso wichtig oder sogar noch wichtiger sind Gespräche am Runden Tisch in jedem einzelnen Dorf. Ideen und Argumente, die an diesen Runden Tischen (vielleicht von der OSCE organisiert und überwacht) auftauchen, sollten der gesamten Gesellschaft zugänglich gemacht werden. Durch diese Übung bekommen die Wahlen größere Bedeutung. Auch ein Referendum über König Leks Vorschlag einer Monarchie ist dann möglich.

4. Es besteht großer Bedarf an *humanitärer Hilfe* für Altenheime, Krankenhäuser, Kinderheime und andere Institutionen der direkten Hilfe. Am besten könnte diese Hilfe von einer Zivilgesellschaft zur anderen organisiert werden, wobei z.B. große Gruppen in Italien und Albanien aktiv werden könnten. Wenn Schutz dabei notwendig ist, könnte man den Einsatz einer internationalen Polizeitruppe in Erwägung ziehen.

5. Die ‚*Operation Alba' muss abgeblasen werden*. Sie ist von Anfang an schlecht konzipiert. Ein Soldat voller Kampfbereitschaft ist kein Symbol humanitärer Hilfe, sondern einer Invasion. Die Leitung Italiens ist ein unglücklicher Einfall, da er an die Invasion Mussolinis vor 58 Jahren im April 1939 erinnert. Da taucht der Verdacht auf verborgene Motive auf, die von denen Mussolinis nicht allzu verschieden sind, Motive, die auch türkischen, ex-jugoslawischen und griechischen Truppen zugeschrieben werden könnten.

(April 1997)

336

35. Libanon : Eine TRANSCEND-Perspektive

Die drei Aufgaben, nachdem die Gewalt geendet hat, sind Lösung, Wiederaufbau und Versöhnung. Alle drei müssen gleichzeitig ange- gangen werden.

Teil I: Lösung

1. Der Libanon leidet unter einem doppelten Konflikt: dem der in- neren Teilung und dem der Intervention von außen. Die ausländi- schen Mächte nutzen die Schwäche des Libanon aus. Die Lösung ist die Vereinigung, die Überwindung der Teilung.

2. Für die Einigkeit in einem multinationalen Land, das sich in zwei Weltreligionen mit Unterabteilungen teilt, werden vereinigende Themen gebraucht:

-   Ein Thema ist *die Botschaft vom geselligen Zusammenleben*, *Ko- existenz zwischen den Religionen*. Damit das geschieht, müssen beide Glaubensbekenntnisse ihre sanften Seiten einander zu- wenden und auf alten Traditionen aufbauen und die Scham des Kriegs überwinden.
-   Ein anderes Thema (auch das von der Schweiz inspiriert) ist, dass der Libanon ein Ort ist, wo die *Peripherien der Weltreligionen ein- ander finden und nicht von ihren Zentren beherrscht werden*.
-   Ein drittes Thema ist der *Libanon als ein Weg, Geld zu verdienen, indem man den Mammon über Gott und Allah stellt*. Aber es ist gefährlich, dem Gott Mammon zu dienen, denn er straft mit Ar- mut, Ungleichheit und Ungerechtigkeit: Einige bleiben oder wer- den arm, Ungleichheit ergibt Konflikt und Ungerechtigkeit – wenn eine Gemeinschaft mehr Geld verdient als die andere –, auch das ergibt Konflikt. Das Ergebnis kann leicht Gewalt sein, wenn die beiden Glaubensbekenntnisse einander ihre (sehr) harten Sei- ten zuwenden.
-   Als viertes Thema ist *gemeinsames Leiden und gemeinsame Scham* zu nennen und das Gefühl, dass man sich mit dem Krieg um die drei anderen Themen betrogen hat.

3. Eine dauerhaftere Transformation muss sich auf ein *steigendes Niveau von geselligem Zusammenleben* gründen. Die Erklärung von Biel (27. November 1995, zur Erinnerung an die neunhunderts- te Wiederkehr des Beginns der Kreuzzüge) enthält acht Richtlinien, die alle auf den Libanon angewendet werden können:

- Man soll die Religion anderer Menschen auf die Weise zu verstehen versuchen, wie sie sie selbst verstehen.
- Man soll Schulmaterial entwickeln, das für alle Seiten annehmbar ist.
- Man soll die Redefreiheit weder mündlich noch schriftlich missbrauchen.
- Man soll inspirierende Friedens-, Freiheits- und Gerechtigkeits-Ethik in die Praxis umsetzen.
- Man soll Wege suchen, auf denen gewaltfreie Formen von Konfliktlösung befördert werden.
- Man soll interreligiöse Räte für Frieden und Menschenrechte einrichten.
- Man soll mit Menschen, die für die Medien arbeiten, friedensfördernde Formen des Journalismus besprechen.
- Man soll über die religiösen Grenzen hinweg zusammenarbeiten, um beim Wiederaufbau Bosniens zu helfen.

4. Dem Problem des Unterschiedes zwischen den Klassen und der Ungleichheit könnte durch *Wirtschaftsprogramme für die Unterprivilegierten* begegnet werden wie *grameen* (Klein-)Banken (Bangladesh-Modell), mit alternativen Technologien, Kooperativen usw., mit deren Hilfe für den eigenen Verbrauch produziert wird. Damit könnte man den Marktmechanismus durch Muster örtlicher Selbstversorgung ergänzen. Dem könnte künstlerische Arbeit hinzugefügt werden, die im Libanon so gut gedeiht. Dem Problem der Ungerechtigkeit kann durch Regeln der Parität begegnet werden, die eine *Zeit lang die Unterprivilegierten privilegieren* (malaysisches Modell).

5. Dem Problem der Intervention von außen kann der Libanon durch die Entwicklung *starker Muster von Konflikt-Autonomie* begegnen, so dass das Land immer weniger vom Ausland abhängt. Das würde sicherlich eine Zusammenarbeit zwischen Universitäten voraussetzen, bei der ein Studien- und Trainings-Zentrum für friedliche Konflikttransformation entwickelt würde.

Teil II: Wiederaufbau

6. Das Ministerium der Vertriebenen und die Aidoun haben eine mit Versöhnung verbundene Arbeit geleistet, die die Aufmerksamkeit anderer Länder in ähnlicher Situation verdient und die Modellcharakter haben könnte. *Studienreisen, Sommerlager für Menschen in anderen Ländern in ähnlichen Situationen werden*

338

empfohlen, von Nikaragua bis Mosambik. Reisegesellschaften sollten Rabatte anbieten.

7. *Es muss davor gewarnt werden, dass der Wiederaufbau ein neuer Weg werden könnte, auf dem Libanesen zu Geld kommen*, indem sie nicht nur wie während der Kämpfe aus der Kriegswirtschaft, sondern auch aus der Wiederaufbau-Wirtschaft persönlichen Nutzen ziehen. Was geschieht, wenn der Libanon wiederaufgebaut ist und der Boom vorüber ist? Offensichtlich besteht die Gefahr, dass sich das Karussell noch einmal neu zu drehen beginnt: neuer Krieg, neue Zerstörung, neuer Wiederaufbau; darüber verschuldet sich der Libanon immer mehr, und die Unternehmer werden dabei immer reicher.

8. Ein anderer Ansatz würde die Erfahrung aus Nikaragua aufnehmen, wo *frühere Kämpfer beim Wiederaufbau dessen, was sie zerstörten, zusammenarbeiten*. Solche Bemühungen könnten vom Ministerium durch Anreize belohnt werden und von Unternehmern dadurch, dass sie ihnen die Maschinerie nach einiger Einübung zur Verfügung stellen. Die These ist, dass gemeinsamer Aufbau durch Zusammenarbeit und gemeinsames Nachdenken zur Versöhnung beitragen können. Der Umstand, dass es im Libanon nicht nur zwei, sondern etwa 17 Kriegsparteien gibt, ist kein ernsthafter Einwand: Dadurch werden die Aufbau-Teams nur größer.

Teil III: Versöhnung

9. Es wird immer einen harten Kern Unversöhnlicher geben. Ein Ansatz ist, dass man *intensiv mit Frauen und Jugendlichen arbeitet*, die weniger direkt in die Gewalt verstrickt sind. Dadurch umgibt man die Unversöhnlichen mit einem Meer von Versöhnung. Vor allem sollen Jugendliche und Frauen dadurch, dass sie in allen vom Krieg zerrissenen Dörfern Jugend- und Frauen-Komitees bilden, gestärkt werden.

10. Von grundlegender Bedeutung ist es, *Versöhnung sichtbar zu machen*. Das geschieht dadurch, dass Medien Beispiele von früheren Kampfgegnern bringen, die nun zusammenarbeiten. Im Allgemeinen muss die Presse mehr Aufmerksamkeit auf die Versöhnungsprozesse lenken und Menschen müssen bereitwilliger mitmachen können, weil man sie nicht dazu zwingt, sich zu entschuldigen.

11. *Ein Lesebuch für Grundschulen* sollte herausgebracht werden. Es enthielte etwa 50 gute Geschichten darüber, wie man Konflikte

ohne Gewalt löst, so dass die jüngere Generation ein Reservoire hat, aus dem sie schöpfen kann.

12. Auf örtlicher, regionaler und nationaler Ebene sollte man *Tage des Nachdenkens einführen*, an denen man die Bevölkerung zu Gesprächen am Runden Tisch einlädt. Jeweils vier oder fünf Menschen, die zusammen fünf Ideen für ‚Lösung, Wiederaufbau, Versöhnung' haben, tragen zu einem Großen Nationalen Pool der Ideen (GNPI) bei. Die besten Ideen könnten prämiert werden; die Medien könnten sie bekannt machen.

13. *Man sollte auf die Zukunft gerichtete Diskurse einführen.* Man spricht weniger von der Vergangenheit, mehr über die Zukunft und deren Möglichkeiten, mit einem Konflikt gewaltfrei und kreativ umzugehen.

14. *Gemeinsames Klagen* als Manifestation gemeinsamen Leidens unter dem, was geschah, und versprechen, Anreize zur Gewalt durch die Führer zurückzuweisen, die die Situation für ihre Zwecke benutzen könnten.

15. *Die Entstehung einer kleinen, lebendigen, sich ausweitenden Zivilgesellschaft im Libanon ist zu begrüßen.* Sie kann zum Zweck der Stärkung ihres Landes so frei mit Staat und Kapital zusammenarbeiten, dass sie das Potential des Staates und des Kapitals für den Frieden anerkennen und nutzen kann.

(Mai 1997)

36. Euskadi : Eine TRANSCEND-Perspektive

1. *Das Recht der Basken auf Selbstbestimmung wird anerkannt.* ‚Baskin' ist, wer sich selbst als Baskin bezeichnet. Das ist nicht an Blut und Sprache gebunden, sondern an die kulturelle Identifikation (traditionelle baskische Gesetze, *fueros* in Spanien, *fors* in Frankreich) und ein Heimatgefühl.

2. Die drei *provincias* und die vier *provinces* werden als Baskenland bezeichnet, *Euskadi*. In der EU haben sie keine innere Grenze, während sie zur Zeit weiterhin Teile von Spanien und von Frankreich sind. Navarra kann sich, wenn es will, anschließen.

3. *Euskadi* wäre mit *Euskara* als offizieller Sprache dreisprachig. Spanisch und Französisch wären die Verwaltungssprachen.

4. Die gegenwärtigen Regierungsorgane auf der Ebene der *autonomía* und des *département* (basque) würden bestehen bleiben.

5. Ein Parlament für ganz *Euskadi* würde gewählt mit einer Regierung, die den Versammlungen verantwortlich wäre.

6. Es gäbe Versammlungen für die Spanier und für die Franzosen, die in Euskadi leben. Sie bekämen ein Vetorecht in Angelegenheiten, die sie direkt angehen, möglicherweise auch örtliche Gerichte und örtliche Polizei.

7. Euskadi kann nach und nach einen stärker internationalen Charakter annehmen:

   – Ein eigener Pass könnte schrittweise, zuerst in Frankreich bzw. Spanien, dann in der EU und schließlich in der ganzen Welt anerkannt werden. Jede Bürgerin hätte wie bisher das Recht auf einen französischen oder spanischen (EU-) Pass.
   – Dem Pass entsprechend wird gewählt: Für den Übergang könnte jede Bürgerin eine Stimme in *Euskadi* und eine in Spanien oder Frankreich haben.
   – Der *Euro* könnte eine *Euskadi*-Version mit demselben Wert bekommen (ein *Euskadi*?). Um die örtliche Wirtschaft anzukurbeln, könnte für alle Handelsgeschäfte, die in *Euskadi* abgewickelt werden, ein Rabatt in Betracht gezogen werden.
   – Das Budget für *Euskadi* könnte sich auf einem gemeinsamen Budget für die *autonomía* und das *département* gründen. Es könnte einige zusätzliche Einnahmequellen (Steuern, Mehrwertsteuer) wie für jedes EU-Land und dasselbe Ausgabenschema geben.
   – Besondere Verträge würden die Beziehungen zu Paris und Madrid regeln. Sie enthielten auch Überprüfungs-Klauseln bzw.

die Festlegung einer Revision alle N Jahre (N=25?) oder dann, wenn das unerschöpfliche Recht auf Selbstbestimmung ausgeübt wird.

- *Euskadi* wäre entmilitarisiert und würde auf das Recht auf eine eigene Armee verzichten. Spanien und Frankreich würden in Zusammenarbeit mit der OSCE und den UN die Garantie für seine äußere Sicherheit übernehmen.
- *Euskadi* hätte Beobachterstatus in der EU, in anderen europäischen Organisationen und in den UN (wie die Schweiz).
- *Euskadi* entwickelt Schritt für Schritt seine eigene Außenpolitik.
- Doppelte Staatsbürgerschaft *de facto* bzw. *de jure* kann in Betracht gezogen werden.
- Das Recht auf Selbstbestimmung schließt die Möglichkeit zu Unabhängigkeit, Föderation, Konföderation, Assoziation o.a. ein.
- Man mag eine Verschiebung der Grenzen erwägen, für deren Festsetzung man Abstimmungen auf örtlicher Ebene durchführen könnte, entsprechend dem dänisch-deutschen Modell von 1920.

8. Während des Prozesses würde jederzeit das Ergebnis offen gehalten.
9. Ein Versöhnungsprozess muss in Gang gesetzt werden.
10. Der Prozess bedarf ebenso der Teilnahme der Elite als der des Volkes. Ein Modell für den Prozess bietet Andorra, das jetzt ein unabhängiges Mitglied der UN ist.

(Mai 1997)

37. Gibraltar und Ceuta-Melilla : Eine TRANSCEND-Perspektive

1. Während Geschichte und Geografie auf eine Integration in Spanien und Marokko weisen, weist die Selbstbestimmung auf den Status quo als spanische Provinzen und englische Kolonie. Madrid argumentiert auf der einen Seite des Mittelmeers anders als auf der anderen.

2. Der klassische Ansatz wäre eine Übertragung durch *Eroberung*, wenn der Status quo weder annehmbar noch aufrechtzuerhalten ist, oder Annahme der *Entscheidung*. Weder das eine noch das andere löst das Problem.

3. Wenn es auf beiden Seiten gute Argumente gibt, dann werden Handeln, Zurückziehen, Kompromiss oder Überschreiten erforderlich.

4. *Handeln* ist möglich, wenn Rabat London ein X als Gegenleistung dafür anbieten würde, dass London Gibraltar an Spanien und Madrid Ceuta-Melilla an Rabat zurückgibt. Es wird nicht leicht sein, ein gutes X zu finden.

5. *Zurückziehen*, warten, ‚die Zeit ist noch nicht reif', ist eine Möglichkeit mit zeitlicher Begrenzung: Die Geduld könnte verloren gehen. Es wäre schwierig, mit gewaltfreien Märschen von einigem Umfang in den drei Gebieten fertig zu werden.

6. *Kompromiss* von der Art, dass man die Gebiete teilt, ist unmöglich: Sie sind zu klein.

7. *Überschreiten* ist geforderd. Hier werden einige Formeln genannt, die sich gegenseitig nicht ausschließen. Sie werden in der Reihenfolge der zunehmenden Entfernung vom Status quo angeführt (A bedeutet Umkehr, B könnte zu C, dann zu D, dann zu E führen):

A. *Übertragung der Souveränität*: Die neue Hongkong-Formel, alles andere bleibt X Jahre lang (X muss ausgehandelt werden) unverändert, etwa während der Lebenszeit der gegenwärtigen Bewohner. Sie könnten sowohl neue Pässe als auch Gebiets-Pässe bekommen, aber keine eigene internationale Identität.

B. *Gemeinsame Souveränität bzw. Kondominium*: die alte Andorra-Formel. London und Madrid würden sich die Verwaltung von Gibraltar teilen, Madrid und Rabat die von Ceuta-Melilla. Die Bewohner könnten zwischen zwei Pässen und Stimmrechten wählen und außerdem einen Pass und die Rechte des Gebietes bekommen, aber keine eigene internationale Identität.

C. *Eine getrennte Einheit in der Europäischen Union*: die EU-Formel. Diese Formel ist für Gibraltar eher erreichbar als für Ceuta und Melilla, da Marokko nicht Mitglied der EU ist. Der Status ist unklar.

D. *Internationalisierung der Gebiete:* die Tanger-Formel im Einklang mit dem gegenwärtigen Globalisierungstrend. Alle drei werden freie Häfen und exklusive Wirtschaftszonen in enger Zusammenarbeit mit ihren Nachbarn, vielleicht als gemeinsames Kondominium. Der Status ist unklar.

E. *Unabhängigkeit in einer Konföderation:* die nordische Formel. Die Territorien bieten gute Transportmöglichkeiten zum Vorteil der Region westliches Mittelmeer. Die Bewohner hätten Pässe, die anzeigen, wo sie leben. Sie hätten bei Wahlen eine örtliche und eine konföderale Stimme. Die drei Stadtstaaten bildeten eine internationale Einheit und wären Mitglied der UN. Investitionen aus aller Welt wären willkommen. Die Territorien könnten entmilitarisiert sein und ihre Sicherheit würde durch die UN und/oder England, Spanien und Marokko garantiert. Als eine *Zone oder ein Archipel des Friedens* könnte das Gebiet ein großes Zusammenkunft- bzw. Konferenz-Zentrum werden.

(Juli 1997)

344

38. Kolumbien : Eine TRANSCEND-Perspektive

Diagnose I. Einige einander nicht ausschließende Perspektiven:

1. Ein extremer Fall von *poderes fácticos (cleros, latifundistas, militares)* sind an der Macht, hoch hierarchisiert und ausbeuterisch, deshalb gibt es Gewalt von unten (Guerillas, FARC bzw. ELN) und Gegengewalt von oben (*para-militares*), was die Fronten des Bürgerkrieges verschiebt.

2. Ein Zwei-Parteien-System, das das Programm des 19. Jahrhunderts bewahrt und unfähig dazu ist, Sozialdemokratie, Grüne, Kommunisten (Guerillas) und Faschisten (*para-militares*) in den öffentlichen Raum und die öffentliche Debatte einzugliedern.

3. Nach dem Mord an Gaitán am 9. April 1948 gab es einen Bürgerkrieg (,la violencia'), in dem die Wähler der anderen Partei getötet wurden, ohne dass die Mörder bestraft wurden.

4. Ein extremer Fall von Drogen-Verkehr mit Kolumbien als Lieferant, Profite für die wichtigsten Machtinhaber zusammen mit Gewalt ausübenden Wirtschaftskreisen.

5. Der öffentliche Raum degeneriert zu einem anarchischen Schlachtfeld mit Korruption zwischen den privaten Räumen, die in 1-4 genannt wurden.

6. Invasion der USA, die sich schrittweise aufbaut, um 4 zu benutzen, um 1 aufzuhalten, sofern die kolumbianische Regierung das nicht für sie tut.

Diagnose II. Die letzten Punkte können vertieft werden:

- Ein extremer Fall von Auflösung der sozialen Normen, Werte und Kultur im Verhalten der Öffentlichkeit mit Straffreiheit für Mord: *Anomie*.
- Ein extremer Fall von Auflösung der Sozialstruktur und des öffentlichen Raumes mit Fragmentierung bzw. Atomisierung: *Atomie*.

Diese Bedingungen bringen Gewalt, Korruption, Drogenketten (als Hersteller bzw. Verteiler, Konsumenten in den USA), Sektenbildung mit Gewalt ausübenden Gruppen als Sekten, wo Menschen Führung und Sozialstruktur finden. *Kurz gesagt. eine totale soziale Krise.*

Prognose. Die Dialektik zwischen extremer Vertikalität und extremer Auflösung des öffentlichen Raumes, der Kultur und der Struktur sorgen dafür, dass sich Gewalt endemisch ausbreitet. Die Prognose führt noch einen Schritt weiter zur sich seuchenartig ausbreitenden Gewalt. Das Militär bzw. die Polizei, die ein Teil des öffentlichen Raumes sind, tragen zum Problem und nicht zur Lösung bei. Sie erleichtern die Gewaltanwendungen der Paramilitärs im Kontext von 1 – 6, statt sie zu verhindern. Der nächste Schritt ist vielleicht eine Intervention von außen (die USA in Zusammenarbeit mit einigen lateinamerikanischen Ländern, z.B. könnten sie die Militärbasen des benachbarten Ecuador nutzen), gegen linke Guerillas und *narcotráfico*. Das Ergebnis könnte ein manifestes (Vietnam) oder ein latentes (heutiges Bosnien) Schlamassel sein.

Therapie. Die Heilmittel hängen von der gewählten Diagnose ab. Jedes Heilmittel, das sich nur auf einen Faktor gründet, ist zur Unwirksamkeit verurteilt:

1. Das *Pakt-Paradigma* zwischen Regierung und Guerillas setzt zusammenhängende Kulturen (ein Versprechen halten) und Strukturen (für andere verbindlich sein) voraus. Unter Bedingungen von Anomie und Atomie ist das nicht der Fall. Dazu kommt die Verführung, einen Pakt als Ziel und nicht als Mittel anzusehen. *Allgemeiner Punkt*: **mehr Tatsachen, weniger Pakte,** weniger Glauben an Pakte.
2. Dem *politischen Viel-Parteien-Paradigma* kann dadurch entgegengewirkt werden, dass man die Wahlen stärker ritualisiert und die Relevanz der Regierung vermindert.
3. Das *Rechts-Paradigma* (mehr Staat, Polizei, mehr Bestrafung) setzt zusammenhängende Strukturen und Kulturen im öffentlichen Raum voraus.
4. Das *Krieg-gegen-Drogen-Paradigma* kann nur dann Bedeutung erlangen, wenn der gesamte Wirtschaftszyklus mit der Grundursache der Nachfrage (Anomie und Atomie in Konsumenten-Ländern wie den USA) effektiv in Angriff genommen wird (Chemikalien und Lufttransport eingeschlossen). Das Problem besteht darin, wirtschaftlich einen Ersatz zu finden, damit Frieden profitabel wird. Vielleicht könnte die Sicherstellung, dass die USA sich darum bemühen, die Nachfrage nach Drogen in ihrem Innern zu verringern, eine Lösung sein?
5. Das *institutionelle Paradigma* beabsichtigte, den öffentlichen Raum mit effizient und ehrlich operierenden Institutionen zu versorgen. Dem wirkt Anomie und Atomie in Kolumbien entgegen mitsamt seinen zweifelhaften Institutionen Polizei und Militär.
6. Das *Plan-Kolumbien-Paradigma*, das die Aufgabe zunehmend den USA bzw. der OAS überlässt, kann eine lang anhaltende Abhängigkeit und Kolonisierung schaffen.

Aber wegen des Anomie- und Atomie-Komplexes ist es wahrscheinlich Flickwerk, wenn man einen Staat aufbauen will, während die eigentliche Aufgabe darin besteht, eine Gesellschaft aufzubauen:

- *Gegen Anomie*: Erschaffen bzw. Wiederbelebung des Sinnes für überzeugende Normen und Werte, eine sehr anspruchsvolle Aufgabe für Kirche (jüngere Priester?), Schule und Familie als Haupt-Sozialisations-Agenturen einer Gesellschaft. Es ist eine Frage der Erschaffung bzw. Wiederbelebung der Umgangsregeln im öffentlichen Raum. Z.B. könnte man mit den Normen: ,Du sollst nicht töten' und ,Du sollst nicht stehlen' und Werten der Solidarität mit den Armen gegen die egoistische Kosten-Nutzen-Rechnung und den materialistischen Individualismus des Ökonomismus anfangen. Eine moralische soziale und Welt-Führerschaft wird dringend benötigt.
- *Gegen Atomie*: Erschaffung bzw. Wiederbelebung eines sozialen Gewebes im öffentlichen Raum, in dem ein dichtes, kreuz und quer gespanntes Netz von NGOs vielfältiger Art mit vielfacher Mitgliedschaft besteht, nicht zu vergessen Verwandtschaft, Freunde, Werkstätten und Glaubensgemeinschaften, die als Bindeglieder für Normen der Solidarität dienen. *Dann*:

1. Die *Fähigkeit, mit Konflikten umzugehen*, auf allen sozialen Ebenen verbessern. Konflikt-Repertoires werden ausgeweitet, indem Kirchen, Schulen und Fernsehserien jahrelang (einmal wöchentlich) dazu gebraucht werden, den Konflikt-Analphabetismus zu bekämpfen.
2. *Frauen und Jugendliche als Konflikt- bzw. Friedensarbeiter bestärken*, indem man sie zu MediatorInnen ausbildet (durch eine *Escuela de Alto Gobierno?*).
3. In den Schulen *Friedens- und Konflikt-Erziehung* einführen, indem man Bücher mit 50 bis 100 Geschichten über erfolgreichen und kreativen Umgang mit Konflikten zur Verfügung stellt, auf die sich die Leser ihr ganzes Leben lang beziehen können.
4. In den Medien *Friedensjournalismus* einführen. Der Journalismus soll sich weniger auf gewaltsame Meta-Konflikte und darauf, wer gewinnt, konzentrieren, sondern statt dessen mehr auf die Gründe der Konflikte und mögliche Prozesse bzw. Ergebnisse, mehr auf gewöhnliche Menschen und weniger auf Eliten.
5. Waffenfreie *Friedenszonen* einrichten, die sich auf Konföderationen von Gemeinden und den oben genannten Punkten aufbau-

en. Die Zonen werden noch durch das Hinzufügen weiterer Punkte verbessert. Sie werden international geschützt.

6. Um mit den benachbarten Ländern *international den Frieden zu sichern*, muss die Militärdoktrin von Sun Tzu der von Clausewitz vorgezogen werden; Polizeimethoden, Gewaltfreiheit und Mediation benutzen. Viele Frauen sollen daran mitarbeiten.

7. *‚Wahrheit und Versöhnung'* wie in Südafrika, dazu Gerichte, Kirchen, Psychologie und Fernsehen nutzen.

8. Geschäfte gemäß modernen Erkenntnissen führen (wie Kaffee-Geschäft) mit *höherem Anteil für die Arbeiter bzw. Produzenten*, indem man Vermittler ausschaltet.

9. *Nachhaltige Wirtschaft* einrichten (Mikro-Kredite, angemessene Technologie, Kooperativen usw.) neben der Wachstumswirtschaft.

10. *Die Pathologien in der kolumbianischen Kultur bekämpfen* wie z.B. Machismus und den unüberlegten Gewaltkult wird Teil des Anti-Anomie-Kampfes.

11. Ein höheres Maß an innnerer Sicherheit schaffen, indem man Polizei und Militär neu trainiert, damit sie die oben genannten Aufgaben erfüllen können.

12. Die Menschenrechte, wirtschaftliche, soziale und kulturelle Rechte eingeschlossen, als moralische Richtlinien für eine lebendige Demokratie benutzen.

All das muss parallel bzw. gleichzeitig getan werden, nicht eins nach dem anderen.

(Juni 1998)

39. Konflikt zwischen den Klassen/Globalisierung :

Diagnose. In einer Welt, in der 358 Milliardäre mehr Vermögen besitzen als die halbe Menschheit (UNDP), sollte die Metapher ‚Markt' in Frage gestellt werden. Die Milliardäre und andere kaufen und verkaufen nicht nur, sondern sie entscheiden auch über die Produkte und die Produktionsweisen, womit sie das Leben von Milliarden Menschen verändern (z.B. durch Stellenabbau bei der Automatisierung).

Globalisierung bedeutet die globale Teilhabe an den positiven und negativen Konsequenzen des Wirtschaftswachstums, wobei die nationalen Märkte immer mehr verschwinden, die Ungleichheit weltweit wächst und über all das hinaus die Zahl der Menschen, die als ökologische, wirtschaftspolitische, militärische und kulturelle Flüchtlinge ihre Heimat verlassen, ebenfalls wächst. (Werden bis zum Jahr 2030 eine Milliarde auf der Walz sein? Und das bei undurchlässigeren Grenzen um die reichen Länder.) Mit der Mobilität (Verlagerung) ganzer Firmen auf der Suche nach billigen Arbeitskräften und niedrigeren oder negativen Steuern (Anreizen), werden in vielen Ländern die Einnahmen des Staates zurückgehen.

Durch die Privatisierung wird der Prozess beschleunigt, indem dem Staat auch die Einkommen schaffenden Firmen genommen werden. Ständig wachsende Produktivität führt zu Stellenabbau (Arbeitslosigkeit) oder zu Reduktion der Arbeitszeit (Schrumpfung). Wenn 1,7 Milliarden weniger als einen Dollar am Tag verdienen und drei Milliarden weniger als zwei Dollars, bekommen wir in Relation zur Nachfrage bzw. zum Verbrauch eine Überversorgung bzw. Überproduktion (80 Millionen Autos wetteifern um 60 Millionen Käufer). Die weiter zunehmende Ungleichheit zwischen Spitze und Bodensatz führt an der Spitze zu kürzerfristigen Investitionen auf der Suche nach Profit und beim Bodensatz zu mehr Grundbedürfnissen auf der Suche nach Befriedigung, was zu einem zu niedrigen Verbrauch von Gebrauchsgütern und schließlich zu zunehmendem Elend führt.

Der IMF verhält sich wie ein Arzt, der nur über eine einzige Medizin verfügt: Die Autonomie der Firmen vergrößern auf Kosten des Staates (Privatisierung, niedrigere Steuern, Geldentwertung), auf Kosten der Arbeiter (Arbeitsflexibilität, Kontraktarbeit), auf Kosten des Landes (der Profit wird aus dem Land geschafft) und auf Kosten der Öffentlichkeit (keine Subvention der Grundbedürfnisse, keine Steuern auf Luxusgüter). Solchen verantwortungslosen Firmen werden Kredite ermöglicht, die zu noch mehr Ungleichheit, Elend, freier Kapitalspekulation und Abhängigkeit führen. Das Endresultat ist: Die Menschen am Boden der Gesellschaft werden geopfert.

Prognose. Das Ergebnis von alledem ist, dass die Krisen sich selbst erhalten; das System bewegt sich von einer Krise zur nächsten. Die Krise tritt dort auf, wo das System am schwächsten ist, und lenkt die Aufmerksamkeit auf die Therapie der Symptome: Börsenkrachs werden verhindert, indem man Verzögerungen einbaut, um die Panik zu verhindern, indem man ausländischen Firmen aus der Patsche hilft. Ein großer Krach, Rezession und Depression sind höchst wahrscheinlich.

Therapie. Massive Konflikte verlangen massive Heilmittel:
- *Die Wiedererfindung örtlicher Behörden*: Eine der Hauptaufgaben einer örtlichen Behörde sollte es sein, die Produktion zur Deckung der Grundbedürfnisse auf örtlicher Basis (oder in einer Konföderation von Gemeinden) zu koordinieren, um zu garantieren, dass sie gedeckt werden und dass das, was bis dahin von außen kam, nun im Inneren hergestellt wird, um die Umweltverschmutzung durch Transport und andere Faktoren zu reduzieren.
- *Die Wiedererfindung des Staates*: Eine der Hauptaufgaben des Staates ist es, die Aufgabe der Produktion normaler bzw. von Luxusgütern auf Staatsbasis (oder in einer Konföderation von Staaten) zu koordinieren und das, was von außen kam, im Inneren herzustellen, um die Umweltverschmutzung zu reduzieren und als Verteilungsagent zu wirken.
- *Die Wiedererfindung von Unternehmen*: Unternehmen müssen soziale Verantwortung übernehmen und je nach deren Erfüllung oder Nichterfüllung belohnt oder bestraft werden.
- *Die Wiedererfindung einer Zivilgesellschaft*: Das Gewissen der Verbraucher muss dazu führen, dass sie weiße und schwarze Listen von Herstellern führen und, diesen Listen entsprechend, Waren bevorzugen oder boykottieren.
- *Die Wiedererfindung der Medien*: Die Medien sollten von den Geschäftsinteressen, Staatsinteressen und von der Zensur befreit werden.
- *Die Wiedererfindung globaler Kontrolle*: Das würde eine massive Besteuerung von Spekulationsgewinnen bedeuten und die Garantie für die Erfüllung der Grundbedürfnisse der gesamten Menschheit als *globales Menschenrecht für Weltbürger* umfassen.

(Mai 1998)

40. Konflikt zwischen den Generationen und Nachhaltigkeit : Eine TRANSCEND-Perspektive

Diagnose. Der Konflikt zwischen den Generationen ist diachron, überzeitlich. Die meisten Konflikte sind synchron und deshalb sind Konflikttheorie und -Praxis auf synchrone Konflikte ausgelegt. Das Ziel jeder Generation ist ihr Lebensunterhalt. Jede Generation will ihre eigenen Grundbedürfnisse befriedigen. Der Konflikt ist offensichtlich. Jede Generation (oder auch Kohorte) kann den Lebensunterhalt folgender Generationen durch ihre Forderung bzw. ihre Gier gefährden. Konkret gesprochen:

- *wirtschaftlich* durch Umweltverschmutzung und Erschöpfen der Ressourcen,
- *militärisch* durch Fortsetzung der Gewalt: Trauma und Ruhm,
- *politisch* durch nicht transformierte Konflikte und nicht umkehrbares Handeln,
- *kulturell* durch das Akzeptieren von Kulturen, die die genannten Konsequenzen in Kauf nehmen.

Das Konzept der Nachhaltigkeit führt über den engen wirtschaftlichen und ökologischen Diskurs hinaus zu einem allgemeinen Diskurs über die Übergabe einer Welt, die gut in Form ist, eine intakte Umwelt besitzt (vielfältig, symbiotisch), in der Menschen leben, die weniger durch Gewalt traumatisiert und durch solche Wünsche deformiert sind, deren Erfüllung nur mit Gewalt durchzusetzen ist. In dieser Welt werden die Konflikte so transformiert, dass man sie gewaltfrei und kreativ handhaben kann, denn sie sind nicht durch unumkehrbare Entscheidungen blockiert. Die Kultur dieser Welt umfasst alle diese Werte. In dem Zusammenhang sind Versöhnungsprozesse von Bedeutung.

Prognose. Jedoch wachsen Umweltverschmutzung und Erschöpfung der Ressourcen in der Welt, die Gewalt nimmt zu, die Klugheit, mit der Konflikte gehandhabt werden, nimmt ab und Kulturen in der Welt, die dem entgegenwirken, werden an den Rand gedrängt. Die Last der unbearbeiteten Probleme, die von einer Generation an die nächste weitergegeben werden, nehmen mit einer Ausnahme ab: Die materiellen Lebensbedingungen des ‚oberen' Teils der Menschheit haben sich verbessert. Die Prognose ist ein Ansteigen der Gewalt und Massenmigrationen in unsicheren Gebieten. Es sind die vier apokalyptischen Reiter: Krieg, Pest, Hungersnot und Eroberung [Tod].

Therapie. Welche Therapie gibt es bei extremem Generationen-egoismus und dem Mangel an Solidarität zwischen den Generationen, bei Kurzsichtigkeit und Gefährdung des Lebensunterhalts der nächsten Generationen?

Das indianische Sprichwort: ‚Denk über die Folgen deines Handelns für die kommenden sieben Generationen nach' ist ausgezeichnet. Es weist auf das, was heute als Zukunftsstudien bekannt ist. Aber diese Studien müssen den zu engen Zeithorizont, den die meisten von ihnen haben, weit überschreiten. Darüber hinaus könnten sie auch als Ausrede für Rücksichtslosigkeit dienen, wenn sie auf Möglichkeiten hinweisen, die den Gedanken nahe legen, dass die Welt für eine außerordentliche Belastung robust genug sei. Damit man sicher geht, muss die Einsicht in das Morgen an die Ethik einer diachronen Solidarität gebunden sein, die im Heute gilt.

Eine Trainingsmöglichkeit für den Anfang wären Haushalte (*oikos*), in denen 3 bis 4 Generationen eng beieinander leben. Dann hätten die Menschen künftige Generationen so nahe bei sich, dass die Solidarität eine Notwendigkeit des täglichen Lebens würde. Die Solidarität würde sich auch rückwärts auf die Eltern, Großeltern usw. ausweiten, was bei einer einseitigen Konzentration auf künftige Solidarität leicht vergessen wird. Die ältere Generation in Altersghettos abzuladen ist mit zurückblickender Solidarität nicht zu vereinbaren.

Ein weiterer Ansatz wäre es, das Gleichgewicht der Macht in der (Welt-)Gesellschaft in Richtung von Kategorien zu kippen, von denen man weiß, dass sie klüger sind, da sie holistischer, globaler, mehr an den Grundbedürfnissen orientiert und mit größerer Zeitperspektive ausgestattet sind. Das würde auf die ältere Generation und auf Frauen verweisen. Frauen gelangen heute an die Macht und die ältere Generation verliert die Macht. Der letztere Trend sollte umgekehrt werden. Über dies alles hinaus denken wir an massive Erziehungs-Kampagnen, die formelle und informelle Erziehung in Gang setzen, und an religiöse Organisationen, die Solidarität zwischen den Generationen propagieren.

(März 1999)

41. Afghanistan : Eine TRANSCEND-Perspektive

Diagnose. Die Gebirge, die Afghanistan gegen Fremde wie Engländer und Russen, die um die Kontrolle kämpften, schützen (englische Soldaten wurden 1842 in Kabul massakriert und nur einen einzigen ließ man überleben, damit er die Geschichte erzählt), teilen darüber hinaus das Land in autonome Teile. Der König wurde 1972 gestürzt, dem folgte 1978 ein kommunistischer Staatsstreich, dem folgte im Dezember 1979 die sowjetische Invasion, die zum Vietnam der Sowjetunion wurde. Gorbatschow leitete 1986 den Rückzug der Truppen ein, was wesentlich zur Beendigung des Kalten Krieges beitrug. Dann kamen die *Mujahedin* (teilweise eine Konstruktion der USA) und ihr Machtkampf, ihnen folgten die *Taliban* (teilweise eine pakistanische Konstruktion) und ihr Machtkampf. Dreiundzwanzig Kriegsjahre ließen Afghanistan verarmen und zerstörten teilweise die Infrastruktur. Die von Pakistan, Saudi Arabien und den Emiraten unterstützten Taliban und die Nordallianz einiger Nationalitäten, unterstützt von den USA, Russland, China, dem Iran (und Indien? und der EU?), führten Krieg gegeneinander. Die Allianz von Shanghai zwischen China, Russland und vier zentralasiatischen Republiken richtete sich gegen die islamische Militanz, aber sie zielte auch auf Handel, Investitionen und strengere Sicherheitsbindungen im Allgemeinen (gegen die USA?). Afghanistan steckt in einer komplexen Konfliktformationen:

- Die Zangenbewegung der USA, die die NATO nach Osten ausweiten und die AMPO nach Westen, schafft eine starke Bindung zwischen Russland und China mit Verbindungen zu Indien, Iran und Irak,
- der anhaltende Konflikt zwischen Indien und China,
- der anhaltende Konflikt zwischen Indien und Pakistan, teilweise über Kaschmir,
- der Kampf um die Kontrolle über das zentralasiatische Öl und die Pipelines,
- der Konflikt mit der Wiederbelebung des Islam bzw. der Militanz bzw. dem Fundamentalismus,
- die UN-Sanktionen wegen der Probleme eines Mitglieds mit einer Person.

Prognose. Afghanistan wird weiterhin ein Schlachtfeld für ausländische Mächte und deren Verbündete unter den afghanischen Fraktionen auf Kosten des afghanischen Volkes sein. Die ‚humanitäre Intervention für Militärbasen der USA' ist wahrscheinlich. Das ist so, weil Afghanistan schwach ist, zwar nicht militärisch, aber es ist geteilt und von Hilfe aus dem Ausland abhängig, es leidet unter Uneinigkeit schaffenden Identitäten und Streitfällen zwischen Nachbarn.

Therapie. Eine Vier-Stufen-Politik für Afghanistan umfasst:

- *Ein starkes afghanisches Volk,* dessen Grundbedürfnisse fürs Überleben, für Wohlfahrt, Freiheit und Identität durch ein Ende des Krieges erfüllt werden; Nahrung, Wohnung, Kleidung, Gesundheitsfürsorge und Bildung für alle; die Freiheit, zwischen miteinander konkurrierenden politischen Akteuren zu wählen, und die religiöse und sprachliche Identität, die wirklich dem afghanischen Volk entspricht.
- Ein an der Erfüllung der Grundbedürfnisse orientiertes Afghanistan muss eine *Zentralregierung haben, die auf einer breiten Basis ruht* und die – nach einem Waffenstillstand, bei dem es im gegenwärtigen Krieg keinen Sieger gab – z.B. für föderale Möglichkeiten offen ist. Ein gut geplantes *Loya Jirga* kann die Legitimität für eine breite Basis bieten.
- Eine zentral-südliche asiatische Gemeinschaft, die dazu in der Lage ist, Druck aus dem Ausland Widerstand zu leisten, muss kulturell, wirtschaftlich und politisch stark sein. Kulturelle Stärke könnte von einem Islam kommen, der über die Sunni-Shia-Teilung hinausgeht. Wirtschaftliche Stärke kann auf regionaler Selbstversorgung beruhen. Politische Stärke kann von einer Organisation für Sicherheit und Zusammenarbeit in Zentral-Süd-Asien (OSCCSA) beruhen, die aus den fünf zentralasiatischen Republiken, Iran und Pakistan besteht (was nicht weniger möglich zu sein scheint, als in den späten 40ern die Europäische Union zu sein schien).
- Der UN-Sicherheitsrat, der keine einzige muslimische Veto-Macht, aber vier christliche und eine kunfuzianische Veto-Mächte besitzt, sollte sich gemeinsam mit einer afghanischen Regierung, die auf einem breiten Fundament ruht, um Zusammenarbeit mit der Organisation der Islamischen Konferenz (OIC) bei Programmen dieser Art bemühen.

(Februar 2001)

354

42. Bürgerkrieg in Angola : Eine TRANSCEND-Perspektive

Diagnose. Im gegenwärtigen Krieg geht es vor allem um Ressourcen. Er hat seinen Ursprung in ethnischen, kolonialen und Konflikten aus dem Kalten Krieg. Patronatsstrukturen oder Autokratien, die von kleinen Oligarchien betrieben werden und an denen das Volk nur wenig teilhat, bilden die zentralen Organisationen auf den beiden Hauptseiten. Die ‚internationale Gemeinschaft' konzentriert ihre Unterstützung auf die Regierungsseite und verbietet den Kontakt mit der Oppositions-Partei UNITA. Allerdings gibt es Hinweise darauf, dass der CIA beide Seiten unterstützt. Gewisse kontrollierende Interessengruppen innerhalb der großen Parteien im Inneren des Landes und im Ausland profitieren von der gegenwärtigen Kriegswirtschaft. Der Mangel an Führung, Regulierung und Besteuerung führt zu Korruption, hoher Kriminalität (auch auf Seiten der Polizei), Armut, leeren Schulen und der Ausbreitung infektiöser Krankheiten.

UNICEF nennt Angola *das* Land in der Welt, in dem es am schlimmsten ist, Kind zu sein.

Das Wahlsystem ist nach dem Zwei-Parteien-System der USA gebildet und entspricht den Komplexitäten der angolanischen Gesellschaft überhaupt nicht. Dazu kommen noch die UN-Sanktionen, die zum Teil effektiv sind, zum Teil auch nicht, und die Situation mit den Landminen, die in Angola stärker als überall sonst in der Welt konzentriert sind.

Prognose. Wenn es keinen Ausweg aus der politischen Sackgasse gibt, ist es wahrscheinlich, dass die Kriegswirtschaft die Gewalt in unterschiedlichen Intensitätsgraden jahrzehntelang aufrechterhält. Die militärischen Ressourcen werden die Militärausgaben bestreiten und damit die Eliten in Angola und in der internationalen Gemeinschaft bereichern. Die Verarmung wird sich fortsetzen. Ernährung, Gesundheitsfürsorge und Erziehung werden weiterhin weit unter dem Standard liegen. In 10 bis 15 Jahren wird die Mehrheit der Lehrer gestorben oder zu alt zum Unterrichten sein, was dazu führen wird, dass die Grunderziehung bei Null anfangen muss. Die ‚internationale Gemeinschaft' wird wahrscheinlich den Aktionen, die wesentlich dazu notwendig wären, die Situation zu verändern, widerstreben, indem sie auf den Mangel an politischem Willen der angolanischen Parteien hinweist, und sie wird feststellen, dass der Konflikt für einen Friedensprozess noch nicht ‚reif' sei. Auch wenn der Präsidentschaftskandidat von Regierungsseite wechselt, wird jeder Ausgang einer Wahl nach dem Motto ‚der Sieger nimmt alles' nur dazu dienen, die gegenwärtige Konfliktsituation aufrechtzuerhalten.

Therapie. Einem komplexen Konflikt muss mit einer komplexen strategischen Friedenskonfrontation begegnet werden. Aus der politischen Sackgasse könnte es einen Ausweg geben, der sich aus dreierlei zusammensetzt: 1. geheime, informelle Diplomatie, 2. humanitärer Waffenstillstand zur Ausrottung von Polio und 3. Information der Öffentlichkeit über die Ansammlung des Reichtums in den angolanischen und internationalen Eliten, die die Gelegenheiten der Kriegswirtschaft ausnutzen. Eine Wiedereinführung der Öffentlichkeit sollte auch einen wesentlichen Dialog über ein neues Wahlsystem mit sich bringen mit einer Machtaufteilung, die besser in die angolanische sozio-politische Landschaft passt. Der Gebrauch der natürlichen Ressourcen sollte so strukturiert werden, dass er sich in Übereinstimmung mit Angolas Verpflichtung als Unterzeichner der Internationalen Übereinkunft für wirtschaftliche, soziale und kulturelle Rechte mit speziellem Bezug auf Artikel 2 befindet. Kriegs-Diamanten und Kriegs-Öl sollten überwacht und, soweit wie möglich, ausfindig gemacht werden. Die Diamanten sollten dem Markt und das Öl dem Aktienhandel zugeführt werden. Die Zivilgesellschaft kann durch die Schaffung von Friedenszonen gestärkt werden, in denen sich die örtlichen Gemeinden die Ressourcen teilen. Die katholische Kirche, der man in Angola vertraut, sollte bei der Friedensstiftung und beim Versöhnungsprozess eine Schlüsselrolle spielen.

(September 2001)

43. Die Nation der Samen : Eine TRANSCEND-Perspektive

Diagnose. Das traditionelle Samen-Gebiet besteht aus den nördlichen Teilen Finnlands, Schwedens, Norwegens und dem nordwestlichen Teil Russlands. Schon vor dem illegalen Einschluss ihrer Gebiete durch Könige und Zaren in die vier Länder war die Kultur des samischen Volkes systematisch zerstört worden. Überaus gewaltsame Mittel wurden gebraucht, um ihre Religion auszurotten, ihre traditionellen Gemeinwesen zu zerstören, die natürlichen Ressourcen auszubeuten, ihnen den christlichen Glauben aufzuzwingen, ihre Identität zu diskreditieren, die Bevölkerung als Arbeitskräfte zu benutzen und jeden organisierten Widerstand zu verhindern. Als 1854 der Aufstand in Kautokeino stattfand, wurden zwei Führer vom norwegischen Obersten Gerichtshof zum Tode verurteilt. Ihr Verbrechen bestand darin, dass sie ,mit Gewalt und Macht daran arbeiteten, die natürlichen Grenzen zwischen sich und ihren Herren niederzureißen, wodurch sie eine Gleichheit erzwingen wollten, die die Zivilisation zerstört hätte.'

Ihre Schädel wurden für die ,wissenschaftliche Untersuchung niedrigerer Rassen' an die Universität Oslo gebracht und erst 150 Jahre später für ein anständiges Begräbnis zurückgegeben.

Die Ausbeutung der natürlichen Ressourcen wird in allen vier Ländern ohne Gegenleistungen fortgesetzt. Das samische Volk wird nicht gehört, wenn es seine Rechte auf Territorium, Jagd und natürliche Ressourcen reklamiert, die ihm nach der ILO-Konvention 169 zustehen.

Prognose. Kultur, Territorium und Ressourcen werden weiter von den vier Besatzungs-Staaten, den Militärs und den internationalen Unternehmen ausgebeutet. Ihre Kultur wird weiterhin zerstört und Zeugnisse davon enden als exotische Stücke in Museen und Ausstellungen. Eine wachsende Zahl von bewussten und entschlossenen jungen Samen wird gewaltsame Mittel benutzen, um dafür zu sorgen, dass ihr Fall auf die politische Tagesordnung der vier Staaten gesetzt wird. Geheimgruppen, die spektakuläre Aktionen unternehmen, könnten von den Menschen attraktiv gefunden werden und leicht stärkeren Zulauf bekommen.

Therapie. Eine Komission von Forschern aus verschiedenen Disziplinen sollte von der UNESCO und der Organisation der nicht repräsentierten Nationen und Völker (UNPO) beauftragt werden, alle Grausamkeiten, die, seit die vier Staaten die Kontrolle über samische Territorien übernahmen, gegen die samischen Völker begangen wurden, zu dokumentieren. Die Ergebnisse sollen in verschiedenen Medien veröffentlicht und die Zusammenfassungen davon zu einem Teil des Lehrplans der Schulen werden.

Wiedergutmachung für die Verletzung der Menschenrechte und die Ausbeutung der natürlichen Ressourcen soll in eine Stiftung für die Stärkung der samischen Kulturen und die Arbeit für Konflikttransformation zwischen Samen und anderen Völkern, die in den traditionellen Samen-Gebieten leben, investiert werden.

In allen vier Staaten sollte ein samisches Parlament mit Vetorecht gegen die Ausbeutung der natürlichen Ressourcen innerhalb des traditionellen Samen-Territoriums eingerichtet werden. Das sollte die Wasserfälle, Bergwerke, das Fischen, Öl- und Gas-Ressourcen auf dem Land, in den Flüssen und auch in der Barentssee und die entsprechenden Sektoren im Nordatlantik einschließen. Eine Repräsentantengruppe aus Mitgliedern des samischen Parlaments, des Nordischen Rats und der OSCE sollte zusammengestellt werden, um die Einführung des Vetorechts zu überwachen und Konflikte über die Interpretation zu regeln. Alle militärischen Einrichtungen und Übungsplätze müssen aus dem samischen Territorium entfernt werden und Samen dürfen nicht einberufen werden.

Alle Menschenrechte müssen in den Ländern, in denen die Samen heute leben, für die Samen verwirklicht werden. Ihre Autonomie muss wachsen, so dass die Schaffung einer Konföderation der samischen Autonomien möglich wird, die die Samen in den vier Ländern, in denen sie heute leben, miteinander verbindet.

[Kein Zeitpunkt angegeben]

44. Die Christen und die Heiden : Eine TRANSCEND-Perspektive

Diagnose. Ein Großteil der Legitimation, die den Hauptgrausamkeiten der christlichen (später ‚westlich' genannten) Eroberungen (unter der Bezeichnung ‚Entdeckung'), dem Kolonialismus und dem Imperialismus zugrunde liegt, sind in der päpstlichen Bulle *Inter Caetera* vom 4. Mai 1493 und verwandten Dokumenten zu finden. Die Bulle beginnt: ‚Alexander, Bischof, Diener der Diener Gottes, den erlauchten Herrschern, Unserem teuersten Sohne in Christo' und ‚Unserer teuersten Tochter in Christo', *los reyes católicos* Ferdinand und Isabella. Zunächst preist Papst Alexander, der Spanier war, sie dafür, dass sie die christliche Religion so verbreiten, ‚dass die barbarischen Völker unterworfen und zum wahren Glauben bekehrt werden':
‚Wir erkennen weiterhin, dass Ihr seit langem Eure ganze Seele und alle Eure Bemühungen diesem Zwecke gewidmet habt – wie es in unserer Zeit durch die Befreiung des Königreichs Granada vom Joche der Sarazenen zur Ehre des Namens Gottes bezeugt ist. [...] Von dem Wunsche beseelt, Euer Ziel zu erreichen, habt ihr Unsren geliebten Sohn Christoph Kolumbus [...] bestimmt, eifrig nach diesen entfernten und unbekannten Festländern und Inseln auf den Meeren zu suchen [...], die bisher noch niemand sonst entdeckt hatte und auf welchen sehr viele Völker, in Frieden lebend, wohnen, die [...] unbekleidet gehen und kein Fleisch essen. Eure [...] Boten sind [...] der Ansicht, [...] dass sie die erforderlichen Anlagen besitzen, um den katholischen Glauben zu erfassen und zu guten Sitten erzogen zu werden.
[...] [Kolumbus hat veranlasst, dass] eine gut gerüstete Festung errichtet und ausgebaut wird, in die er als Besatzung eine Anzahl Christen aus dem Kreise seiner Gefährten gelegt hat, die nach anderen entfernten und unbekannten Inseln und Festländern forschen sollen.
In den bereits entdeckten Inseln und Ländern sind Gold, Gewürze und viele andere kostbare Dinge [...] gefunden worden. Aus diesen Gründen habt Ihr Euch [...] das Ziel gesetzt, mit der Hilfe der göttlichen Barmherzigkeit die besagten Festländer und Inseln mitsamt ihrer Bevölkerung zu unterwerfen und sie zum katholischen Glauben zu bekehren. [...]'

Woraufhin er, Alexander VI, *los reyes católicos* zuerkennt:
‚Damit Ihr ein so großes Unternehmen [...] anzugreifen vermöget, schenken, gewähren und übertragen Wir hiermit [...] aus der Fülle Unserer apostolischen Machtbefugnis, die durch den allmächtigen Gott durch die Vermittlung St. Petri auf Uns übertragen worden ist, sowie auf Grund der Stellvertreterschaft Jesu Christi auf Erden – an Euch und Eure Erben und Nachfolger, die Könige von Kastilien und

Leon, für alle Zeiten [...] alle entdeckten und zu entdeckenden Inseln und Festländer mitsamt allen Herrschaften, Städten, Lagern, Plätzen und Dörfern und allen Rechten, Gerechtsamen und zugehörigen Berechtigungen. [...] Wir bestellen und beauftragen Euch und Eure besagten Erben und Nachfolger als Herren über sie mit voller und unumschränkter Gewalt, Autorität und Oberhoheit jeglicher Art. [...] Niemand möge daher diese Unsere Empfehlung, Ermahnung, Forderung, Begebung, Gewährung, Übertragung, Konstitution, Dekretierung, Betrauung, Beauftragung, dieses Unser Verbot und Unseren Willen übertreten. [...] Sollte irgend jemand die Absicht haben, dieses zu versuchen, so sei ihm kund getan, dass er den Zorn des Allmächtigen Gottes und der Heiligen Apostel Peter und Paul auf sich laden wird.'[77]

Kurz gesagt: Die Erde gehört Gott, der Papst verwaltet Gottes Willen und überträgt den Königen von Spanien die gesamte Rechtsprechung. Das Ergebnis: Eine Legitimation der scheußlichsten Realisierung von Kolonialismus.

Prognose. Wie von Steven T. Newcomb in ‚The Evidence of Christian Nationalism in Federal Indian Law: The Doctrine of Discovery' in *Review of Law & Social Change*, No 2 (1993), pp. 303-41 dargestellt, wird *Theologie* (Jahweh sagt durch den Mund König Davids in Psalm 2.8 seinem auserwählten Volk: ‚Ich werde dir die Heiden als dein Erbe geben, und den äußersten Teil der Welt als deinen Besitz')[78] zum Recht über Land erhoben(‚das Prinzip, das im 15. Jahrhundert zum Gesetz des Christentums erklärt wurde, dass Entdeckung dazu berechtige, Souveränität auszuüben und die nicht christlichen Eingeborenen von Afrika, Asien und Nord- und Süd-Amerika zu regieren', so der Oberste Gerichtshof von Tennessee 1835 ‚über das Recht, Gehorsam zu erzwingen').

Therapie. Wenn Gewalt und Konflikt durch ein Dokument geschaffen und legitimiert werden, dann können Frieden und Konflikttransformation auf einem Widerruf dieses Dokuments aufbauen. Die päpstliche Bulle muss ebenso bekannt gemacht werden, wie es viele ihrer fatalen Folgen sind. Dieser Widerruf sollte von der höchsten Stelle des Vatikans in Form von Erklärungen kommen, die die Bulle *Inter Caetera* ausdrücklich annullieren und die das Ausmerzen dieser Denkungsart zu einer christlichen Pflicht erheben.

(September 2000)

45. Die USA, der Westen und die übrige Welt : Eine TRANSCEND-Perspektive

Diagnose. Die Welt wird nach dem schrecklichen Angriff am 11. September 2001 auf die wirtschaftlichen USA, die militärischen USA und auf alle menschlichen Wesen wie du und ich niemals wieder dieselbe sein. Wir umarmen die Opfer der Gewalt wie nach jeder Gewaltanwendung in tiefem Kummer und geben der Hoffnung Ausdruck, dass die Verantwortlichen vor Gericht gestellt werden. Gewalt auf einer solchen Ebene kann nur damit erklärt werden, dass die Opfer in den Augen der Aggressoren vollkommen entmenschlicht wurden, was oft die Folge ungelöster Basiskonflikte ist. Das Wort ‚Terrorismus' nennt die Taktik, aber es bezeichnet ebenso wie das Wort ‚Staatsterrorismus' nur den Täter als böse und satanisch, ohne an die Wurzeln des Konflikts zu gehen.

Die Symbolik der Ziele (das World Trade Center, das Pentagon) und der Nicht-Ziele (das Kapitol oder das Weiße Haus) sieht nach Vergeltung dafür aus, dass die USA ihre wirtschaftliche Macht gegen arme Völker und arme Länder einsetzten und ihre militärische Macht gegen wehrlose Völker. Das erinnert uns an die etwa 230 militärischen Interventionen der USA im Ausland, die fast gelungene Ausrottung der einheimischen Amerikaner, die Sklaverei, die gemäß Berichten von CIA-Dissidenten sechs Millionen Toten zwischen 1947 und 1987, für deren Tötung die CIA verantwortlich war, und die 100 000, die täglich am untersten Ende eines Wirtschaftssystems sterben, das von vielen mit der wirtschaftlichen, militärischen und politischen Macht der USA gleichgesetzt wird. Wenn wir von Millionen von Opfern, nicht etwa nur von Tausenden, ausgehen, muss man erwarten, dass das eines Tages an irgendeinem Ort den Wunsch nach Vergeltung weckt.

Die grundlegende Trennungslinie in diesem Konflikt ist die Klasse – von Ländern und von Menschen. Es ist nicht die Kultur, auch wenn der Missionsgeist der USA, ihr Sendungsbewusstsein, und der islamische Sinn für Rechtschaffenheit Teile ihrer Kulturen sind, die einander bekämpfen. Zur Zeit scheint die Konfrontation zwischen den USA bzw. dem Westen und den Arabern bzw. den Muslimen stattzufinden. Aber das kann durchaus daran liegen, dass die Araber bzw. Muslime eher die Absicht und die Möglichkeit haben, sich zu wehren, als andere Opfer der Gewalt – Opfer von direkter, struktureller und kultureller Gewalt – der enormen Gewalt der USA bzw. des Westens seit dem Zweiten Weltkrieg. Wir sollten weder das Ausmaß der Solidarität in der übrigen Welt unterschätzen noch die Solidarität des Westens (dazu Japans), der Oberklasse der Welt. Wegen der Stärke dieser beiden Lager ist es von großer Bedeutung, noch stärkere Solidarität mit den Opfern in der ganzen Welt aufzubauen.

Wenn wir den furchtbaren Angriff auf die USA im Zusammenhang mit Vergeltung für Aggressionen der USA sehen, die zur Vergeltung der USA für die Vergeltung und so immer weiter zu einem Vergeltungszyklus führt, bedeutet das durchaus nicht, dass wir den Angriff rechtfertigen, entschuldigen und jemandem die Schuld zuschreiben wollen. Wir bedauern nur aus tiefem Herzen, dass solche Ketten von Gewalt und Vergeltung zur menschlichen Realität gehören. Und es weckt in uns den Wunsch, diesen Teufelskreis zu durchbrechen. Aber die Bombardierung von Basen der Terroristen und der Länder, die Terroristen beherbergen, wird wahrscheinlich noch mehr Vergeltung provozieren, Rache für die Gewaltanwendung, und viele Menschen werden wohl noch zu ‚Märtyrern'.

Prognose. Die USA sprechen von Kreuzzügen und die islamischen Führer vom vierten Stadium des *jihad*, des heiligen Krieges: Diese Auffassungen können die Welt in den größten Gewaltzusammenstoß stürzen, der jemals stattgefunden hat. Der erste *jihad*, der gegen die Kreuzzüge von 1095 – 1291, dauerte 196 Jahre; die Muslime gewannen. Der zweite *jihad* gegen Israel ist bisher unentschieden. Der dritte *jihad* gegen den Kommunismus in Afghanistan endete mit einem muslimischen Sieg, dem Rückzug der Sowjets und schließlich dem Zusammenbruch der Sowjetunion. Viele der 1,2 Milliarden Muslime in der Welt, von denen etwa 3 Millionen in den USA leben, sind bereit, für ihren Glauben zu sterben, denn sie idealisieren das Märtyrertum und erwarten, dass sie sich damit einen Platz im Paradies erwerben.

Therapie. Weder die USA noch sonst irgend jemand sollte sich in Aktionen stürzen, wenn sie nicht in einen großen Krieg mit enormem, weit verbreitetem Leiden hineinschliddern wollen. Wir brauchen tiefe Selbstreflexion, wir müssen die Konflikte, die Streitpunkte, identifizieren, wir brauchen Versöhnung: Dialog und weltweite Erziehung zum Verständnis davon, wie andere denken, und dazu, andere Kulturen zu achten. Es geht nicht darum, Debatten zu führen und die anderen mit starken Argumenten zu schlagen. Nur Dialog und Friedenserziehung können uns den Weg zur Heilung und zum Abschließen des Konflikts zeigen.

Die enorme Ungleichheit in der Welt, durch die Milliarden von Menschen die Erfüllung der Grundbedürfnisse verwehrt wird, während sie zusehen müssen, wie die privilegierten Wenigen in Luxus und Abfall ertrinken, muss durch ein friedliches, kooperatives Wirtschaftssystem überwunden werden. Auch dann werden wohl die Terroristenführer ihren Sinn kaum ändern, aber sie werden des fruchtbaren Bodens beraubt, den frustrierte und ärgerliche junge Männer bilden, die wissen, dass sie nichts zu verlieren haben, eines Bodens, von dem die Führer leicht willige Gefolgsleute ernten können.

Alle Geistlichen, Christen wie Muslime, müssen darauf bestehen, dass es falsch und blasphemisch ist, unschuldige Zivilisten zu töten.

Die Unterstützung autokratischer Regime und die Waffenlieferungen an sie müssen aufhören. Menschen, die in einer demokratischen Kultur aufwachsen – dort, wo sie nicht nur wählen, sondern auch häufig ihre Ideen und Sorgen ausdrücken können und gehört werden, wo die Regierungen wirklich die Ziele ihrer Bevölkerung repräsentieren – solche Menschen nehmen nur selten ihre Zuflucht zur Gewalt. Aber wenn alle Möglichkeiten zu einer Veränderung mit friedlichen Mitteln verweigert werden, dann fühlen sich einige in Versuchung, ihre Zuflucht zur Gewalt zu nehmen.

Der sich hinziehende Krieg im Nahen Osten und in vielen anderen Regionen der Dritten Welt hat eine Kultur der Gewalt herangezüchtet. Ein wesentlicher Beitrag zu einer Erfolg versprechenden Strategie gegen den Terrorismus ist es, wenn man diese Konflikte transzendiert und Lösungen findet, die allen Parteien Gerechtigkeit widerfahren lassen.

Um aus dem Vergeltungs-Zyklus herauszukommen, sollten die USA bzw. der Westen:

1. Alle Truppen der USA aus Arabien, dem heiligen Land des Islam, abziehen.
2. Die Sanktionen für den Irak aufheben, die vor allem die Kinder treffen.
3. Die Einladung Präsident Khatamis zu einem offenen Dialog annehmen.
4. In Afghanistan eine Treuhandschaft der UN einrichten, nicht Militärbasen der USA.
5. Globalisierungs-freie Zonen einrichten in Gebieten, wo Menschen an der Globalisierung sterben, weil sie nicht auf dem Markt kaufen können – entsprechend der Marktfreiheit für die Dritte Welt des Kyoto-Protokolls –, und eine Art Marshallplan für die ärmsten Gebiete der Welt, der die örtliche, informelle Wirtschaft mit dem Ziel der Befriedigung der Grundbedürfnisse aller stärkt.
6. Versöhnung: Lernen vom deutschen Ansatz den 18 eroberten Ländern und den zwei Nationen gegenüber, die sie zu vernichten versuchten, den Juden und den Sinti bzw. Roma. Heute hat

Deutschland vernünftige Beziehungen zu allen. Über Entschuldigungen und Wiedergutmachung hinaus trug dazu das Umschreiben der Geschichtsbücher wesentlich bei.

Diejenigen, die sich der Hegemonie der USA widersetzen, sollten auf alle Gewaltanwendungen verzichten und massive, vollständig gewaltfreie Demonstrationen abhalten, die Tatsachen darlegen und Dialoge zwischen Bevölkerungen und Regierungen fordern. Washington ist empfänglich für die Stimmung im eigenen Volk und auch für die der verbündeten Regierungen. Wie im Fall von Sklaverei und Kolonialismus ist die massive globale Ungerechtigkeit kein Problem der Macht, sondern ein moralisches Problem. Dabei haben die Benachteiligten die Oberhand. Je stärker das so ist, umso gewaltfreier werden sie ihren Kampf führen.
Wir brauchen auch Mediation durch kluge und anständige Menschen – wie Jimmy Carter, Fredrik de Klerk, Nelson Mandela oder den Papst. Die Welt braucht gerade jetzt alle anständigen guten Männer und Frauen.
Man kann von den Regierungen im Westen und auch im Süden nicht erwarten, dass sie das alles leisten, denn sie sind zu sehr an die USA gebunden und fürchten deren Zorn. Aber die Bevölkerungen können das, die globale Zivilgesellschaft. Wir brauchen so bald wie möglich eine massive humanitäre Friedensbewegung, dieses Mal eine nordsüdliche. Die ost-westliche funktionierte jedenfalls. Die Zukunft der Welt liegt stärker denn je in den Händen der einzigen Quelle der Legitimation: der Menschen in der ganzen Welt.

[Kein Zeitpunkt angegeben]

Literaturverzeichnis

wurde aus den Anmerkungen der englischsprachigen Ausgabe zusammengestellt. Die Artikel und Aufsätze aus Periodika wurden nicht
aufgenommen. Soweit sie erreichbar waren, werden die **deutschen
Titel** genannt: Stand Juni 2003.

Adams, James L., *Conceptual Blockbusting*, Toronto: McLeod 1974.
Ich hab's!: Wie man Denkblockaden mit Phantasie überwindet.
Braunschweig: Vieweg 1984.

Anderson , Mary B., *Do No Harm: Supporting Local Capacities for
Peace through Aid*, Cambridge: The Collaborative for Development
Action, Inc.1996.

Bello, Walden, Bullard, Nicola and Malhotra, Kamal, Hg. *Global Finance: New Thinking on Regulating Speculative Capital Markets*,
London and New York: Zed Books 2000.

Berkowitz, L., 'Frustration and Aggression', *Psychological Bulletin*
1989.

Blum, William, *Rogue State: A Guide to the World's Only Superpower*,
Monroe, MA: Common Courage Press 2000.

Brand-Jacobsen, Kai Frithjof, *The Dynamics of War and Peace, an
ICL Report*, Ottawa, 1997.

Brand-Jacobsen, Kai Frithjof, *Israel-Palestine: The Need for a Just
Peace*, 18. Oktober 2000, www.transcend.org .

Brisard, Jean-Charles et Dasquie, Guillaume, *Bin Laden, la verité
interdite*, Paris 2001.
***Die verbotene Wahrheit. Die Verstrickungen der USA mit Osama bin
Laden***. Reinbek bei Hamburg, Rowohlt-Taschenbuch-Verlag 2002.

Chomsky, Noam, *Manufacturing Consent.*
***Noam Chomsky – Wege zur intellektuellen Selbstverteidigung. Me-
dien, Demokratie und die Fabrikation von Konsens***. Hg. Mark Achbar.
Grafenau: Trotzdem-Verlag 2001.

Chomsky, Noam, *World Orders Old and New*, New York: Columbia University Press 1994, aktualisiert 1996.

Chomsky, Noam, *Necessary Illusions*, London: Pluto Press 1993.
Media Control: Wie die Medien uns manipulieren. Dt. Erstausgabe Hamburg: Europa-Verlag 2003.

Chomsky, Noam, The Middle East Settlement, in: *Perspective on Power: Reflections on Human Nature and the Social Order*, Montreal, New York and London: Black Rose Books, 1997.

Coping is not Enough: The International Debt Crisis and the Role of the World Bank and IMF, Chicago: Dow Jones Irwin (damals Wall Street Journal Druck) 1986.

Cordovez , D., and Harrison, S., *Out of Afghanistan: The Inside Story of the Soviet Withdrawel*. Oxford: Oxford University Press 1995.

DeBono, Edward, *Serious Creativity*, London: HarperCollins Business 1998.
Serious creativity: die Entwicklung neuer Ideen durch die Kraft lateralen Denkens. Stuttgart: Schäffer-Poeschel Verlag 1996.

Dollard and Miller, *Frustration and Aggression*, New York: Yale University Press 1939.
Frustration und Aggression. Dt. Bearbeitung von Wolfgang Dammschneider. Weinheim: Beltz 5. Aufl. 1973.

Finkelstein, Norman G., *Securing Occupation: The Real Meaning of the Wye River*

Fitzduff, Mari, *Community Conflict Skills*, 3. Aufl. 1998.

Galtung, Johan, *Forsvar uten militaervesen* (Verteidigung ohne Militär), Oslo 1959.

Galtung, Johan, *Norske Fredsinitiativ: 20 Forslag* (Norwegische Friedensinitiativen: 20 Vorschläge), Oslo: Pax 1964.

Galtung, Johan and Lodgaard, Sverre, Hg. *Co-operation in Europe*, Oslo: Norwegian Universities Press 1970.

Galtung, Johan, *Environment, Development und Military Activity: Towards Alternative Security Doctrines*, Oslo: Norwegian Universities Press 1982.

Galtung, Johan, *There Are Alternatives*, Nottingham: Spokesman 1984.
Es gibt Alternativen!: vier Wege zu Frieden und Sicherheit. Opladen: Westdeutscher Verlag 1984.

Galtung, Johan, *Nach dem kalten Kriege, Gespräche mit Erwin Koller*, Zürich: Pendo-Verlag 1993.

Galtung, Johan, *Global Projections of Deep-Rooted U.S. Pathologies*, Fairfax: ICAR, George Mason University 1996.

Galtung, Johan, *Conflict Transformation by Peaceful Means* (The Transcend Method) New York: UN Disaster Mangement Training Programme, 1998 (auch in Französisch, Spanisch, Russisch, Arabisch und Chinesisch).

Galtung, Johan, ***Frieden mit friedlichen Mitteln. Friede und Konflikt, Entwicklung und Kultur***. Deutsch von Hajo Schmidt, Opladen 1998 (englisch 1996).

Glasl, Friedrich, ***Konflikt-Management. Ein Handbuch für Führungskräfte, Beraterinnen und Berater.*** Bern: Paul Haupt 1997.

Hitchens, Christopher, *The Trial of Henry Kissinger*.
Die Akte Kissinger. Stuttgart und München: Dt. Verlagsanstalt 2001.

Jacobsen, Carl G., Hg., *Soviet Foreign Policy: New Dynamics, New Themes*, London: Macmillan 1989.

Jacobsen, Hg., *Strategic Power: USA/USSR*, London: Macmillan 1990.

Jacobsen, C.G. et al. Hg. Canadian Pugwash Group, *World Security: The New Challenge*, Toronto: Science for Peace/Dundurn Press 1994.

Jacobsen, Carl G., *The New World Order's Defining Crises: The Clash of Promise and Essence*, Aldershot: Dartmouth 1996.

Jacobsen, Carl G., *Russia-China: The New ‚Strategic Partnership' In:* European Security, Herbst 1998.

Johnson, Chalmers, *Blowback.*
Ein Imperium verfällt: Ist die Weltmacht USA am Ende? München: Goldmann 2001.

Judah, Tim, *The Serbs: History, Myth and the Destruction of Yugoslavia,* New Haven: Yale Univ. Press 1997.

Judah, Tim, *Kosovo: War and Revenge,* New Haven: Yale Univ. Press 2000.

Kreativität: von Adams zitierte Literatur zum Thema Kreativität vgl. Anm. 14 zu Kapitel 1.7.

Kriesberg, Louis, *Constructive Conflicts: From Escalation to Resolution,* Maryland und Oxford: Rowman & Littlefield 1998.

Küntzel, Matthias, **Der Weg in den Krieg**. (Kosovo) Berlin: Espresso 2000.

Lederach, John Paul, *Preparing for Peace: Conflict Transformation Across Cultures,* Syracuse, NY: Syracuse University Press 1995.

Lederach, John Paul, *Building Peace: Sustainable Reconciliation in Diveded Societies,* Washinton, D. C. United States Institute of Peace Press 1997.

Lindqvist, Sven, *A History of Bombing,* London: Granata 2001.

Loest, Erich, **Nikolaikirche**, Leipzig: Lindenverlag 1995.

Lummis, Richard, *Radical Democracy*, Ithaca and London: Cornell University Press, 1996.

Mackenzie, Lewis, *Peacekeeper: The Road to Sarajevo*, Vancouver: Douglas 1993.

Martin, Hans-Peter and Schuman, Harald, *The Global Trap: Globalisation & The Assault on Democracy and Prosperity*, London and New York: Zed Books 1997.

368

Die Globalisierungsfalle: der Angriff auf Demokratie und Wohlstand. Reinbek bei Hamburg: Rowohlt 7. Auflage 2002. 1. bis 6. Auflage 1996 (Original in Deutsch).

Nathanson, Donald L., *Shame and Pride*, New York: Norton 1992.

Osgood, Charles, *An Alternative to War and Surrender*, Urbana, University of Illinois Press 1967.

Palme, Olof, *Common Security: A Blueprint for Survival*, New York: Simon und Schuster 1982.
Der Palme-Bericht: Bericht der Unabhängigen Kommission für Abrüstung und Sicherheit. Berlin: Severin u. Siedler 1982.

Rapoport, Anatol, *Origins of Violence*, New York: Paragon 1989.
Ursprünge der Gewalt: Ansätze zur Konfliktforschung. Darmstadt: Verlag Darmstädter Blätter 1990.

Rubin, Cf Barnet, *The Search for Peace in Afghanistan: From Buffer State to Failed State*, New Haven: Yale University Press 1995.

Rupesinghe, K. ed., *Conflict Transformation*, New York: St. Martin's Press 1995.

Sachs, Wolfgang, *The Development Dictionary: A Guide to Knowledge as Power*, London, 1992 (London und New Jersey: Zed Books 1996).
Wie im Westen so auf Erden: ein politisches Handbuch zur Entwicklungspolitik. Hg. Wolfgang Sachs. Reinbek bei Hamburg: Rowohlt 1993.

Scheff, Thomas J., *Bloody Revenge: Emotions, Nationalism, and War*, Boulder, Colorado: Westview 1994.

Scott, James, *Seeing Like a State: How Certain Schemes to Improve the Human Condition Have Failed,* New Haven: Yale University Press 1998.

Suliman, Mohamed, Hg., *Ecology, Politics and Violent Conflict*, London und New York: Zed Books 1999.

Tannen, Deborah, *The Argument Culture: Moving From Debate to Dialogue*, New York: Random House 1998.
Lass uns richtig streiten. Vom kreativen Umgang mit zusätzlichen Widersprüchen. München: Goldmann 2001.

Tomkins, Silvan S., *Affect, Imagery, Consciousness*, Band 2, New York: Springer 1963.

Vasquez, John A., *The War Puzzle*, Cambridge: Cambridge University Press Cambridge Sudies in International Relations 1993.

Watzlawick, Paul, Weakland, John H., Fisch, Richard, **Lösungen. Zur Theorie und Praxis menschlichen Wandels**. Bern, Göttingen, Toronto, Seattle: Hans Huber 6. Aufl. 2001 (engl. *Change*, zuerst 1978).

Verzeichnis der Abkürzungen

AMPO	Japanisches Akronym für den Sicherheitsvertrag zwischen den USA und Japan
ASEAN	Association of Southeast Asian Nations (Verband südostasiatischer Staaten zum Zwecke der wirtschaftlichen, sozialen und kulturellen Zusammenarbeit)
ATTAC	Association for the Taxation of Financial Transactions for the Aid of Citizens
CDR	(Partei in Kuba?)
CE	Council of (almost) Europe
CGT	Confederación General dal Trabajo (Allgemeiner Gewerkschaftsbund)
CIA	Central Intelligence Agency (USA)
CIS	Commonwealth of Independent States
COME	Conscientization, Organization, Mobilization, Empowerment
C/OCSS	(Conference/Organization for Security and Cooperation for the Caucasus)
CSCME	Conference on Security and Cooperation in Middle East
CSCSEE	Conference on Security and Cooperation in Southeast Europe (nicht real)
DMA	Dualismus-Manechäismus-Armageddon
DPT	Diagnose – Prognose - Therapie
D-S-C	Direct, Structural and Cultural
EAFTA	(vorgeschlagen) East Asia Free Trade Agreement (nach dem Modell NAFTA)
ECA	Economic Commission of Africa
ECE	Economic Commission for Europe
ECLA	Economic Commission of Latin America
ECO	Economic Cooperation Organization (Islamische Wirtschaftsgemeinschaft)

EELAM	Separatistenbewegung der so genannten Befreiungstiger von Tamil (LTTE) in Tamil Nadu; Liberation Tigers of Tamil Eelam in Sri Lanka
ELN	Ejército de Liberación Nacional (Nationale Befreiungsarmee)
EMU	Eastern Mennonite Institute
ESCAP	Economic and Social Commission for Asia and the Pacific = CESAP (UN-Wirtschafts- und Sozialkommission für Asien und den Pazifik[raum])
FARC	Fuerzas Armadas Revolucionarias Colombianas
GNIP	Großer nationaler Ideen-Pool
GRIT	graduelle gegenseitige Initiative zur Spannungsreduktion (Osgood)
GUS	Gemeinschaft unabhängiger Staaten (ehemalige Sowjetrepubliken)
ICC	International Criminal Court (Internationaler Kriminalgerichtshof)
ICJ	International Court of Justice (Internationaler Gerichtshof für Gerechtigkeit (existiert noch nicht)
ICL	International Correspondance League
IGO	Inspector General's Office
ILO	International Labour Office/ Organization (Internationals Arbeitsamt)
IMEMO	Institute of World Economy and International Relations
IMF	International Monetary Fund
IPPNW	International Physicians for the Prevention of Nuclear War (Internationale Ärzte für die Verhütung des Atomkrieges)
IRA	Irish Republican Army
ISI	Information Sciense Institute
IUCN	International Union for the Conservation of Nature
KLA	Kosovo Liberation Army (Befreiungsarmee des Kosovo)
KSZE	Konferenz für Sicherheit und Zusammenarbeit in Europa

372

LDK	League for a Democratic Kosova (Liga des Kosovo, politische Partei)
MAI	Multilateral Agreement for Investments (OECD, Multilaterales Abkommen für Investitionen)
MRTA	Movimiento Revolucionario Túpac Amaru
MSF	Médecins Sans Frontières (Ärzte ohne Grenzen)
NAFTA	North American Free Trade Agreement (Nordamerikanische Freihandelszone)
NAACP	National Association for the Advancement of Colored People (afroamerikanische Protestbewegung)
NATO	North Atlantic Treaty Organization
NGO	Non Governmental Organization (NRO: Nicht-Regierungs-Organisation)
OAS	Organization of American States
OAU	Organization for African Unity
OECD	Organization for Economic Cooperation and Development
OIC	Organization of the Islamic Conference
OSCCSA	Organization for Security and Cooperation in Central South-Asia
OSCE	Organization for Security and Cooperation in Europe
OSZE	Organisation für Sicherheit und Zusammenarbeit in Europa
PATRIR	Peace Action, Training and Research Institute of Romania
PDPA	People's Democratic Party of Afghanistan
PLO	Palestine Liberation Organization (palästinensische Befreiungsbewegung)
PNC	(Konferenz, Golfregion)
PRIO	(International) Peace Research Institute Oslo (Friedensforschungsinstitut)
RUC	Royal Ulster Constabulary (nordirische Polizeibehörde)
SAARC	South Asian Association for Regional Cooperation

TCS	TRANSCEND Conflict Service
TFF	Transnational Foundation for Peace and Future Research
TIAP	Trattato Interamericano della Pace
TMS	TRANSCEND Media Service
TNC	Transnational Corporations
TPU	TRANSCEND Peace University
TRANSCEND	Friedens- und Entwicklungsorganisation für Konflikttransformation mit friedlichen Mitteln
TRI	TRANSCEND Research Institute
UDF	Ulster Defence Force
UDI	Unilateral Declaration of Independence
UNDP	United Nations Development Programme
UNESCO	United Nations Educational, Scientific and Cultural Organisation
UNFICYP	United Nations Peace-Keeping Force in Cyprus
UNHCHR	United Nations High Commissioner for Refugees (Hoher Kommissar der UNO für Flüchtlinge)
UNHCR	United Nations High Commission for Refugees (Flüchtlingshilfswerk der UN)
UNICEF	United Nations International Children's Emergency Fund (Weltkinderhilfswerk der UN)
UNITA	Uniao Nacional para a Independencia Total de Angola
UNOCAL-Corporation	US-amerikanische Ölgesellschaft
UNPKF	United Nations Peacekeeping Force in East Timor
UNPO	Unrepresented Nations und Peoples' organization
UNPREDEP	United Nations Preventive Deployment Force (Schutz der Grenzen Mazedoniens)
UNPROFOR	United Nations Prtotection Force (UN-Schutztruppe in Bosnien-Herzegowina)
UNSCOM	UN Special Commission: Sonderkommission der UN zur Überwachung chemischer, biolgischer und waffentechnischer Anlagen im Irak
UNSG	United Nations Secretary General

WEU	Western Euraopean Union
WHO	World Health Organisation (Weltgesundheitsorgani-sation)
WTO	World Trade Organization (Welthandelsorganisa-tion)

Anmerkungen

Kapitel 1.1.

[1] Dieses Kapitel ist eine Ausarbeitung der Präsentation auf der 47. Pugwash-Konferenz über Naturwissenschaft und Weltangelegenheiten in Lillehammer, Norwegen, im August 1997

[2] John A. Vasquez, The War Puzzle, Cambridge: Cambridge University Press Cambridge Sudies in International Relations 1993.

[3] Ähnliche Charakteristika findet man in anderen Kulturen. Bemerkenswert ist der europäisch-nordamerikanische Fall und seine kulturdefnierende Dominanz und das Ausmaß, in dem dieser Prioritätsanspruch durch den Kolonialismus, Imperialismus und die industrielle und technische Revolution des 19. und 20. Jahrhunderts verbreitet wurde.

[4] Der vielleicht bemerkenswerteste Pionier auf diesem Gebiet war der europäisch-nordamerikanische Professor Anatol Rapoport. Vgl. z.b. seine'Limits of Individual Rationality' in A. Rapoport, Origins of Violence, New York: Paragon, 1989. Cf. Auch den BBC-Film Nice Guys Finish First, London 1986.

[5] Olof Palme, Independent Commission on Disarmament and Security Issues (Unabhängige Kommission für Abrüstung- und Sicherheitsfragen), *Common Security: A Blueprint for Survival*, New York: Simon und Schuster 1982.

[6] Für eine tiefer gehende Erklärung vgl. C.G. Jacobsen, Russia-China: the New 'Strategic Partnership' in: *European Security*, Herbst 1998 und hier Kapitel 2.2.

[7] So auch C.G. Jacobsen, *The New World Order's Defining Crises: The Clash of Promise and Essence*, Aldershot: Dartmouth 1996 und Noam Chomsky, *World Orders Old and New*, New York: Columbia University Press 1996.

[8] Mary B. Anderson, *Do No Harm: Supporting Local Capacities for Peace through Aid* Cambridge: The Collaborative for Development Action, Inc.1996.

[9] Louis Kriesbergs *Constructive Conflicts: From Escalation to Resolution,* Maryland und Oxford: Rowman & Littlefield 1998; John Paul Lederachs *Building Peace: Sustainable Reconciliation in Diveded Societies,* Washinton, D. C. United States Institute of Peace Press 1997.

[10] Vgl. ihre TFF PressInfo-Berichte, im Internet unter TFF@transnational.org oder www.transnational.org.

[11] Ein Netzwerk von Friedensforschern und –Arbeitern (satyagrahi) aus Konfliktgebieten in der ganzen Welt arbeitet daran, die lokalen Möglichkeiten für aktive Friedensarbeit in Bewegung zu setzen und zu bestärken; vgl. www.globalsolidarity.org.

[12] Galtung, Johan, Conflict Transformation by Peaceful Means (The Transcend Method) New York: UN Disaster Mangement Training Programme, 1998 (auch in Französisch, Spanisch, Russisch, Arabisch und Chinesisch). Das ist die kleine Version. Die große Version wurde 1999 veröffentlicht. Weitere Informationen vgl. die Website von TRANSCEND www.transcend.org. Johan Galtung, Frieden mit

friedlichen Mitteln. Friede und Konflikt, Entwicklung und Kultur. Deutsch von Hajo Schmidt, Opladen 1998

[13] Vgl. z.B. *Responding to Conflict, Annual Review,* http://www.respong.org/annual_review.html.

[14] Vgl. *The Peace Journalism Option*, Taplow Court Conflict &Peace Courses, Januar 1988.

[15] General Lewis Mackenzie, *Peacekeeper: The Road to Sarajevo*, Vancouver: Douglas 1993

[16] Vgl. u.a. den Artikel ‚Massive Vote-rigging Taints Bosnia Election'(‚Massive Wahlmanipulation verdirbt die Wahl in Bosnien') im *Guardian Weekly* vom 29. September 1996.

[17] Genaueres bei C.G. Jacobsen ‚Yoguslavia's Successor Wars Reviewed: The Real Lessons for a Not-So-New World Order', *South Slav Journal,* London Sommer 1997; *Review of International Affairs,* Belgrade, Juli/August 1997 und *The New World Order's Defining Crises.*

[18] Noam Chomsky, *Necessary Illusions*, London: Pluto Press, 1993 und *World Orders Old and New*, New York: Columbia University Press 1994, aktualisiert 1996.

[20] Chomsky, ‚Epilogue: Middle East Diplomacy' *in World Orders Old and New*, S. 272-98. Vgl. auch Norman G. Finkelstein, ‚Whither the Peace Process?', *New Left Review* Nr. 218, 1996.

[21] Vgl. Literaturangabe in Anm. 17, S. 36-57 .

[22] Ironischer- und vielleicht vielsagenderweise haben die, die selektiv extremistische Schwarz-Weiß-Urteile fällen und entsprechende Beinamen vergeben, einige der schlimmsten Schrecken in der Weltgeschichte angerichtet: durch Kolonialismus, Imperialismus, Genozid (die Politik der USA sorgte für den Tod von mehr als dreimal soviel amerikanischen Ureinwohnern wie die Todeslager der Nazis. Die ‚neuen' und ‚heidnischen' Weltschrecken Spaniens und anderer Nationen waren nicht weniger bestialisch), tief sitzenden Rassismus (dazu gehört auch die offizielle und herrschende öffentliche Haltung den Palästinensern gegenüber), Sexismus und den Anspruch auf globale kulturelle, ökonomische und militärische Herrschaft. (Seit 1991 starben 1,8 Millionen Iraker.)

[23] Vgl. z.B. Berichterstattung in *The Economist* vom 19. April 1997. S.54.

[24] Vgl. M.B. Fielden, 'The Geopolitics of Aids: The Provision and Termination of Aid to Afghan Refugees In North Westfrontier Province, Pakistan', *Political Geography*, Vol. 17, No 4 (n.d.), pp 459-87.

[25] Vgl. A.Mitic, ‚The Impact of the Media on Preventive Diplomacy: Three Cases from the Yugoslav Conflict', MA research essay Norman Paterson School of International Affairs, Carleton University, Ottawa, August 1997; J.Radosavljevic, ‚Reflecting Humanitarian Emergencies: Case Studies of UNHCR and Oxfam in the Former Yugoslavia', MA research essay. NPSIA, Carlton University, Ottawa Oktober 1997.

[26] Diese Forderung wird zunehmend akzeptiert. Z.B. ist sie das zentrale Prinzip der oben erwähnten Correspondence League, ICL/Praxis for Peace, des neuen globalen

Netzwerks für Friedensforscher und –Praktiker, gegründet von Kai Frithjof Brand-Jacobsen und Johan Galtung (1996), das die aktive Friedensarbeit stärken und Gruppen und Einzelne darin unterstützen soll, durch die Entwicklung kreativer und gewaltfreier Alternativen zum Krieg den Frieden zu fördern.

[27]Die Vorschläge wurden in Vorlesungen und Seminaren präsentiert und entwickelt an der Staats-Universität von Tbilisi (3. und 4. Juni 1997), Staats-Universität Yerevan (7. Juni 1997) und der privaten Khazar-Universität in Baku (9. Juni 11997) in einem geschlossenen von VERTIC finanzierten Workshop am kaukasischen Institut für Frieden, Demokratie und Entwicklung (Tbilisi, 11. Juni 1997) und vor älteren kaukasischen Regierungsbeamten und Ratgebern.

[28]Vgl. z.B. Johan Galtungs ‚Northern Ireland: A Transcend Perspektive on Outcome and Process' , vorgetragen und erhältlich beim Glencree Centre for Reconsiliation, Ireland, 23. August 1997; und sein früheres 'Ecuador and Peru: A Transcend Perspective', auf der Transcend Website www.transcend.org .

[29]Nähere Ausführungen über die russisch-chinesischen Grenzangelegenheiten und ihre Lösung vgl. Jacobsen ‚Russia-China...'

[30] *The Ottawa Citizen. Southam Press* (mit begegebenen Presseakten), 21. Januar 1999.

[31]*Le Monde Diplomatique*, Mai 1999. Vgl auch TFFs Website <wwwtransnational.org> und www.transcend.org.

[32] Vgl. ‚War in the Balkans' Analysen in: *Le Monde Diplomatique/Guardian Weekly*, Mai 1999.

[33] 'End "Murderous Bombing"': Pope, Orthodox Leader', *The Ottawa Citizen*, 9. Mai 1999.

[34] James Bissett, 'NATO's Brute Force an Imbecilic Policy', *The Ottawa Citizen*, 17. April 1999.

[35] Vgl. z.B., 'Us Trained Butchers of East Timor', *Guardian Weekly*, 23. -29. September 11999; und 'Deathly Silence of the Diplomats' *Guardian Weekly*, 30. Oktober 11994.

[36] C.G. Jacobsen, 'Is NATO Preapared to Give Serbia its Heritage Pearls?', *The Globe and Mail* (Toronto), 26. April 1999.

Kapitel 1.2

[1] 1948 vertrieb Israel die örtliche arabische Bevölkerung. Zur Zeit des Krieges von 1967, als Israel die Westbank und den Gazastreifen eroberte (ebenso wie den Sinai und die Golanhöhen) ging es nicht mehr um Vertreibung. Statt dessen wurde Einschließung zur Taktik der israelischen Politik; soviel Ressourcen (besonders Wasser) und Land wie möglich wurden enteignet und die arabische Bevölkerung wurde auf ihre Reserven beschränkt. Wie Finkelstein zeigt, war dies 'das Wesen der operativen Grundstruktur des Oslo-Prozesses, der Israel gestattete, etwa die halbe

Weltbank zu behalten'. Norman Finkelstein, Securing Occupation: The Real Meaning of the Wye River memorandum, <normanfinkelstein.com/id66.htm.

[2] An diesem Punkt bedachten leitende israelische Funktionäre die Möglichkeit eines vollständigen Rückzuges. Als der Schwung der Intifada nachließ, überstürzten sich die Ereignisse, was die Position zukünftiger palästinensischer Unterhändler schwächte. Durch den Golfkrieg, die Implosion der Sowjetunion, die offene Allianz arabischer Staaten mit den USA und den Niedergang der PLO-Vermögen war Israel von dem Druck befreit, dem es ausgesetzt gewesen war, und die Palästinenser waren ernstlich geschwächt.

[3] Erst Benjamin Netanyahu vollendete diesen Prozess. "Durch den hartnäckigen Anspruch, Israel stehe das Recht auf die gesamte und den Palästinensern auf keinen Teil der Westbank zu, verkehrte Netanyahu jeden Rückzug in ein Zugeständnis Israels. Wer könnte also erwarten, dass Israel mehr als 50 Prozent 'seines' Landes für den Frieden 'weggeben' würde? Vor Netanyahu war der vollständige Rückzug im Austausch gegen vollständigen Frieden der legitime Kompromiss und der teilweise Rückzug der Arbeiterpartei der illegitime. Nach Netanyahu war der teilweise Rückzug im Austausch gegen vollständigen Frieden der legitime Kompromiss, gar kein Rückzug der illegitime. Netanyahu definierte mit seiner Herausforderung die Pole der Debatte neu und legitimierte damit effektiv die zurückweisende Haltung der Arbeiterpartei, wobei er auch 'die Ebene der palästinensischen Erwartungen herabsetzte', wie er sagte. Außer einigen 'Extremisten' spricht jetzt niemand mehr von vollständigem Rückzug. Tatsächlich wird der Ruf nach vollständigem Rückzug mit dem nach gar keinem Rückzug gleichgesetzt, was die Experten als Forderungen der 'Extremisten beider Seiten' verurteilen." Finkelstein, Securing Occupation.

[4] Wenn nicht anders angegeben, sind alle Statistiken und Zahlen, auf die in diesem Kapitel Bezug genommen wird, Finkelsteins, *Securing Occupation* entnommen. Eine große Anzahl erhärtender Beweise und Informationen findet man in den zahlreichen Berichten humanitärer Organisationen und anderer NGOs, die in der Region arbeiten.

[5] Finkelstein, *Securing Occupation.*

[6] Noam Chomsky, The Middle East Settlement, in: *Perspective on Power: Reflections on Human Nature and the Social Order,* Montreal, New York and London: Black Rose Books, 1997, p.151.

[7] Vgl. Kai Frithjof Brand-Jacobsen, Israel-Palestine: The Need for a Just Peace, 18. Oktober 2000, <www.transcend.org

[8] Vgl. Carl G.Jacobsen und Kai Frithjof-Jacobsen, Friedensstiftung als Realpolitik, Kapitel 1.1 dieses Buches.

[9] "Die Hilfsgüter an Bosnien-Herzegovina gingen 1995/96 zu 98 Prozent an die kroatisch-moslimische Föderation, während die meisten Flüchtlinge und Menschen mit dem größten Bedarf an grundlegender Gesundheitsversorgung, Behausung und Nahrung in der Republika Srpska lebten, die weniger als 2 Prozent aller internationalen humanitären Entwicklungshilfe bekam. Diese Verteilung kann als direktes

Resultat des Wunsches der 'internationalen Gemeinschaft' gesehen werden, die Serben für ihre Rolle im Krieg zu 'bestrafen'. Aber ebenso wie die Sanktionen gegen den Irak bewirkt eine solche 'Bestrafung' nur eine Verschlimmerung der Leiden des Volkes, ohne dass sie spürbar die Position der Führer beeinträchtigt ... Außerdem ist zu beachten, dass auch *innerhalb* der Republika Srpska die Hilfe unterschiedlich verteilt wurde, und zwar zwischen dem Osten, der als Karadzic treu, und dem Westen, der unter Biljana Plavsic (die damals Präsidentin der RS war) als eher 'pro-westlich' galt. Die Gesamtzahl der Hilfsorganisationen, die in der Republika Srpska arbeiteten, war schon klein, aber die Zahl der außerhalb der Prijedor/Banja Luka/Doboj Region (alle in der westlichen RS gelegen) arbeitenden war winzig. Sie bestand hauptsächlich aus ICRC/IFRC und einigen UN-Büros." Aus Kai Frithjof Brand-Jacobsen, The Dynamics of War and Peace, an ICL Report, Ottawa, 1997, p.18.

[10] (Jan Oeberg in:) Rambouillet - Imperialism in Disguise, TFF PressInfo No. 55,16. Februar 1999, zu finden bei <tff@transnaational.org>

[11] AaO Anm. 10.

[12] Zahlen und Informationen von "Peace Action: End the War Campaign", Juli 1999.

[13] Cf. Barnet Rubin, The Search for Peace in Afghanistan: From Buffer State to Failed State, New Haven: Yale University Press, 1995, S.97f.

[14] D.Cordovez and S.Harrison, *Out of Afghanistan: The Inside Story of the Soviet Withdrawel.* Oxford: Oxford University Press, 1995, Sl 202, 250

[15] Vgl John Paul Lederach, Conflict Transformation in Protracted Internal Crises: The Case for a Comprehensive Framework', S. 215-18 in K. Rupesinghe, ed., *Conflict Transformation,* New York: St. Martin's Press, 1995; vgl. auch Lederachs hervorragendes *Building Peace: Sustainable Reconciliation in Divided Societies,* Washington, DC: USIP, 1997.

[16] Ein ausgezeichnetes Gespräch findet sich in Kapitel 1.7 dieses Buches, vgl. Johan Galtung und Finn Tschudi.

[17] Vgl. Mohamed Suliman, ed. *Ecology, Politics and Violent Conflict,* London und New York: Zed Books, 1999

[18] Obwohl das Bild eher auf den Katholizismus zu beziehen ist, gibt es doch gute Gründe, es hier dem Protestantismus zuzuordnen.

Kapitel 1.3.

[1] War das vierte Flugzeug für den CIA in Langley, Virginia bestimmt? Wir wissen es nicht, aber ,beim Attentat auf die Twin Towers wurde eine CIA-Station vernichtet' (Schlagzeile im International Herald Tribune am 6. November 2001). ,Die Station war eine Operationsbasis zur Bespitzelung und Rekrutierung ausländischer Diplomaten, die in den Vereinten Nationen arbeiten'. Das ist eine Feststellung, die die Forderung, die UN müsse sobald wie möglich aus den USA weg verlegt werden, massiv unterstützen sollte.

[2] Die Attentate vom 11. September waren die Ausübung massiver politischer Gewalt gegen Menschen und man kann sie als ihrem Gehalt nach faschistisch bezeichnen. Das Attentat vom 11. September 1973 war auch politisch und auch kriminell, denn es war gegen eine demokratisch gewählte Regierung gerichtet, auch dieses kann man einer faschistischen Ideologie zurechnen; (Kissinger als Staatssekretär meinte, die USA ‚können nicht einfach zusehen, wie ein Volk sich selbst in den Kommunismus wählt‘).

[3] Die Selbstmordattentate werden gewöhnlich als Möglichkeit gesehen, die Bombe genau am Ziel zu zünden, was sicherlich ein wertvoller Gesichtspunkt ist. Darüber hinaus können sie auch als eine Form des Selbstmords von tief verzweifelten Menschen gesehen werden, die seit drei Generationen selbst palästinensische Flüchtlingslager erduldet oder von Nahem gesehen haben. Das lässt ‚kamikaze‘ weniger zur Metapher geeignet erscheinen. Das trifft auch auf den *tora, tora, tora*-Angriff auf Pearl Harbor vom 7. Dezember 1941 zu: unglaublich genau (‚chirurgisch‘, ‚intelligent‘) mit so gut wie keinen zivilen Verlusten (‚Begleitschaden‘).

[4] Sven Lindqvist von *Exterminate All the Brutes* führt in seinem Buch *A History of Bombing*, London: Granata 2001, das Thema auf die italienische Bombardierung von arabischen Zivilisten in der Wüste von Tripoli 1911 zurück. Der italienische Luftwaffenkommandeur kommentierte das mit den Worten, die Bomben hätten eine ‚wunderbare Wirkung auf die Moral der Araber‘ gehabt.

Die Briten bombardierten 1915-20 arabische Städte und Dörfer in Ägypten, im Irak, Jordanien, Iran und Afghanistan (1922 Gas gegen Zivilisten im Irak). In den Kolonien wurden Bombardements in Afrika, Arabien und Asien benutzt, um Kinder, Frauen und Männer in Städten, Dörfern und Lagern zu töten und nicht, um militärische Ziele zu erreichen.

Das führte in den Zweiten Weltkrieg. Churchill gab der RAF Befehle, im Mai 1940 militärische Ziele in Deutschland zu bombardieren. Im Juni gehörte auch die Umgebung, wo Industriearbeiter lebten, mit dazu. Hitler rächte sich im September; im November bekam die RAF Befehl, 20 deutsche Städte (100 000 Tote in Hamburg und Dresden) mit Brandbomben zu bombardieren. Der berühmt/berüchtigte Befehlshaber Arthur ‚Bomber‘ Harris hatte 1920 seine Fähigkeiten als Eskadronchef im Irak vervollkommnet. Dabei hatte er auch eine 10-kg-Bombe über dem Palast des afghanischen Königs abgeworfen.

Die Amerikaner warfen ihre Bomben zunächst gezielt ab, bis der Kommandeur Curtis LeMay die britische Technik übernahm und einen massiven Feuersturmangriff auf Tokio unternahm, bei dem 100 000 Zivilisten getötet wurden. In den 50er Jahren war LeMay Kommandeur einer Atomschlag-Truppe. Das Ziel war die zivile ‚Moral‘. Dabei wurde wie beim 11. September der Gedanke vernachlässigt, dass das Bombardement Hass erzeugen würde.

Jetzt herrscht die Doktrin der ‚intelligenten Bomben‘, die gegen die Infrastruktur gerichtet sind. Anders gesagt: Mehr Zivilisten werden getötet, aber indirekt und langsamer durch Hunger und Krankheiten.

[5] Dem jugoslawischen Außenminister zu Folge, von Tim Judah in seinem Buch über den Krieg berichtet.

[6] Wir werden es sehen und man sagte uns, dass die Methoden nicht dieselben seien und sich verändern könnten, wenn der unmittelbare Ärger verflogen ist. Irak, Sudan und Somalia werden oft genannt und die Philippinen. Hintergedanken an Öl deuten auf den Irak.

[7] *Free Inquiry* berichtet im Sommer 1999 über einen Meinungsvergleich von 17 Nationen : „die Vereinigten Staaten erwiesen sich als religiöseste Nation (Durchschnitt = 1.71), gefolgt von Nordirland (2.43), den Philippinen, Irland, Polen, Italien, Neuseeland, Israel, Österreich, Norwegen, Großbritanien, den Niederlanden, Westdeutschland, Russland, Slovenien, Ungarn und Ostdeutschland" – in anderen Worten : an der Spitze stehen die USA und Nordirland mit protestantischen Mehrheiten (die sich selbst als erwählte Völker ansehen) und katholische Länder, am unteren Ende die Länder , die früher zum Ostblock gehörten. Die USA glauben am stärksten an ein ‚Leben nach dem Tod', den Teufel und die Hölle.

[8] *International Herald Tribune* am 31. August 1995. Welche theoretische Position verbindet sich damit für den Mann, der die Außenpolitik eines Landes leitet und dem von Gott aufgetragen wurde, die Welt zu leiten?

[9] Zitiert nach Joan Didion in ‚God's Country', *The New York Review of Books*, 2. November 2000, S.70.

[10] ‚Diese Ereignisse haben die Welt in zwei Seiten aufgespalten: die Seite der Gläubigen und die Seite der Ungläubigen' aus seinem ersten Text im al-Jazeera Fernsehen, wiedergegeben in ‚Heuchelei erhebt ihr hässliches Haupt', *Washington Post* am 8. Oktober 2001, S. A12.

[12] William Blum, *Rogue State: A Guide to the World's Only Superpower* Monroe, MA: Common Courage Press 2000.

[13] Verglichen damit ist das, wessen bin Laden beschuldigt wird, ziemlich geringfügig: 1993 die Bomben im World Trade Center, 1998 die Bomben auf die Botschaft der USA in Nairobi und Daressalam, 2000 der Bombenanschlag auf den Zerstörer *Cole* im Hafen von Yemen und der 11. September 2001.

[14] Für bin Laden ist das nichts Neues. Eine der wichtigsten Stellen in seinem ersten Text ist: „Unsere Nation (die islamische Welt) wird seit länger als 80 Jahren gedemütigt." Das bringt uns zurück ins Jahr 1920 und die Zeit davor, fast genau zum Sykes/Picot Verrat, als der arabischen Nation nicht wie für ihre Teilnahme an dem Kampf gegen das Osmanische Reich versprochen, die Unabhängigkeit gegeben wurde, sondern sie kolonisiert wurde und unter die Regierung der Ungläubigen kam. Ein Kommentar in der *Washington Post*: „Das bezieht sich auf die Aufhebung des muslimischen Kalifats 1924", was an den Rechenkünsten der WP zweifeln lässt (wiedergegeben in *The Yomiuri Shimbun* am 31. Oktober 2001, S.16).

[15] Ebenso bin Laden für die Mörder des Attentats vom 11. September: „Ich bete zu Gott, dass er sie erhebt und segne sie."

[16] Und das Ausmaß der drei Typen von Gewalt? Eine Vermutung: direkte offene: sechs Millionen, mit Schwergewicht auf Korea, Vietnam und Indonesien – die ganze Region I. Hinweis auf Rassismus?
direkt verdeckt: ehemalige CIA-Agenten schätzen, dass ‚wenistens sechs Millionen Menschen in Folge der verdeckten Operationen der USA seit dem 2. Weltkrieg

gestorben sind', Guardian Weekly am 30. Dezember 1987, Bericht von einem Treffen von CIA-Abtrünnigen in New York.

strukturell: wie gewöhnlich viel mehr. Die geschätzten 100 000 pro Tag ergeben in einem Jahr dreimal so viele wie die Opfer der direkten Gewalt in 40 – 50 Jahren. Wir wollen nicht über Einzelheiten streiten. Wir haben es in allen drei Kategorien mit Mega-Gewalt zu tun. Der Vergleich zwischen den Beiträgen zur offiziellen Entwicklungshilfe ist interessant, die im Prinzip ja die Befriedigung der menschichen Bedürfnisse anerkennt: die USA stehen mit 0.1 Prozent des Bruttosozialprodukts am Ende der Liste von 22 Ländern, im Gegensatz dazu empfehlen die UN 0.7 Prozent und Dänemark führt die Weltliste mit 1.01 Prozent an.

[17] New York: Vintage 1996. Auf den Seiten 321 bis 323 summiert McNamara die Irrtümer in elf Punkten. Viele, vielleicht die meisten, beziehen sich auf die Strafangriffe der USA, wie z.B. Punkt 4: „Unsere Fehleinschätzung von Freund und Feind gleichermaßen zeigt unsere tiefe Unkenntnis über Geschichte, Kultur und Politik der Menschen in dem Gebiet und über die Persönlichkeiten und Gewohnheiten ihrer Führer."

[18] Es ist ein schlechtes Zeichen für die Stabilität der Demokratie und der bürgerlichen Freiheiten in den USA, wenn schon drei Bomben einen so enormen (negativen) Einfluss auf die gesamte Rechtsstruktur haben können, die so mühsam über Generationen errichtet wurde.

[19] Und ein ausgezeichnetes kanadisches Team von der MacMaster-Universität in Hamilton unter der Leitung von Dr. Seddiq Veera als TRANSCEND-Delegation.

[20] Dasselbe gilt für die riesige USA-Basis Camp Bondsteel in Urosevac 20 km südlich von Pristina, die die Amerikaner gleich nach dem Rückzug der serbischen Truppen zu bauen begannen. In Kommentaren wird die Basis mit dem Pipeline-Korridor VIII in Zusammenhang gebracht.

[21] *The Japan Times* berichtet, dass die Kosten für den Krieg in Afghanistan sich auf 1 Milliarde $ im Monat belaufen, und nennt die Kosten für die verschiedenen Bombentypen. Von 40 Ländern, die der Koalition außer den USA angehören, tragen nur sechs zur militärischen Ausrüstung bei: Kanada, Australien, Japan, England, Frankreich und Deutschland.

[22] Die USA haben lieber Gerichtshöfe mit klarer Orts- und Zeitbegrenzung. Der ICC (International Criminal Court) hat keine solche Begrenzung, was bedeutet, dass Staatsangehörige der USA angeklagt werden könnten.

[23] Vieles davon wurde geschickt von Christopher Hitchens gesammelt und in seinen Artikeln im *Harper's Magazine* von Februar und März 2001 und seinem Buch *The Trial of Henry Kissinger* veröffentlicht. In einer Aktualisierung in *The Nation* vom 5. November 2001, S.9 erwähnt er, dass einige sagen „das ist alles lange her". Hitchens Antwort lautet: „Ich denke, dass opportunistische, unhistorische Einwände sich jetzt in Nichts auflösen. Die Frage der internationalen Brutalität und der Gebrauch krimineller Gewalt gegen Zivilisten steht jetzt sozusagen wieder auf der Tagesordnung. Wichtig ist, dass wir unseren Widerspruch gegen solch ein Verhalten beständig und konsequent formulieren."

[24] Ein sehr gutes Beispiel von muslimischer Kritik bietet Chandra Muzaffar, Präsident der Internationalen Bewegung für eine gerechte Welt mit Sitz in Malaysia, der regelmäßig einen *Commentary* veröffentlicht (vgl. www.jaling.my/just.) Er schreibt: „Anständige Menschen weisen Terrorismus und USA-Bombardements zurück." (Artikel in *International Herald Tribune* vom 5. November 2001). Den zitierten Daten über die öffentliche Meinung nach muss es viele anständige Menschen auf der Welt geben.

[25] Die königliche Familie in Saudi Arabien, bin Laden und die Taliban sind alle Wahabbite.

[26] Am Ende seines ersten Textes sagt bin Laden, dass die Menschen in Amerika ‚nicht eher von Sicherheit träumen können, als bis wir Sicherheit in Palästina erleben werden, und nicht eher, als bis alle Armeen der Ungläubigen das Land Muhammeds, Friede sei mit ihm, verlassen haben werden'. Wenn bin Laden sagte, 2 + 2 = 4, könnte man dann meinen, wir unterstützten den Terrorismus, wenn wir ihm darin Recht geben?

[27] Nach Jean-Charles Brisard und Guillaume Dasquie ist der Schlüssel zum 11. September das Erdöl, so in ihrem Buch *Bin Laden, la verité interdite*, Paris 2001. Auch Michael Klare schreibt darüber in ‚The Geopolitics of War?' *The Nation* vom 5. November 2001, S. 11-15. Die Öl-Politik der USA nimmt ihren Ausgang von einem Vertrag zwischen Roosevelt und Ibn Saud auf einem Kriegsschiff der USA im Suezkanal nach dem Treffen in Yalta im Februar 1945. ‚Die Annahme ist weit verbreitet, dass Roosevelt dem König den Schutz durch die USA versprach als Gegenleistung zum bevorzugten Zugang Amerikas zum saudischen Öl – eine Vereinbarung, die auch heute noch voll wirksam ist und den zentralen Punkt in der Beziehung zwischen den USA und den Saudis ausmacht.' Viel klarer liegt der Konflikt zwischen bin Laden und den Öl-Interessen der USA-Führung Busch-Cheney-Rice-Evans (Handelsminister) -Abraham (Energie-Minister) über das Sein-oder Nichtsein der saudischen Regierung und der damit verbundenen ‚Militärpräsenz der USA in Saudi Arabien, die über die Jahre stetig gewachsen ist' (S.12). Der berühmte Scheck über 10 Millionen vom Prinzen Walid ibn Talal für den Twin-Tower-Fonds, mit angehängten Statements über die Außenpolitik der USA' (aus ibn Talals Artikel: ‚Wir wollen Anti-Terrorismus und Frieden im Nahen Osten', IHT am 1. November 2001) war ein Versuch, auf zwei Pferde zu setzen. ‚Ich freue mich darüber, dass Präsident George W. Bush seinem Wunsch, einen palästinensischen Staat zu errichten, Ausdruck verliehen hat. Außenminister Colin Powell hat seinen Standpunkt unterstützt.' Aber Bürgermeister Giuliani wollte nur Geld ohne Fallstricke und schickte den Scheck zurück. Bin Laden wünscht sich das Ende der Saudis.

[28] Zu ihnen gehören auch die ehemaligen Premierminister von Afghanistan und Pakistan, beide Flüchtlinge im Iran. Aber auch ein sich hinziehender Guerilla-Krieg der Taliban mit Stützpunkten im Gebirge könnte problematisch sein.

[29] Wirtschaftliche Sanktionen sind eine gegen die Schwachen in der Gesellschaft - Kinder, Alte, Schwache und Kranke - gerichtete Waffe. Gegen sie kann man sich offensichtlich mit mehr Selbstverantwortung auf Landes- und auf Destrikt-Ebene

verteidigen. Das bedeutet nicht Selbstversorgung in normalen Zeiten, sondern die Möglichkeit zur Selbstversorgung mit Mitteln zur Befriedigung der Grundbedürfnisse im Notfall. Weder der Irak noch Jugoslawien waren darauf vorbereitet. Für Afghanistan haben die Sanktionen vielleicht nur wenig zum Elend beigetragen, weil es wenig Verbindungen gibt – außer natürlich für die Händler.

[30] Auch wenn der Papst der Stationierung eines NATO-Kommandos im Vatikan zugestimmt hätte (natürlich gegen eine angemessene Vergütung), wäre das für sehr viele Katholiken ein Sakrileg gewesen.

Kapitel 1.4.

[27] John A. Vasquez, *The War Puzzle*, Cambridge: Cambridge University Press Cambridge Studies in International Relations 1993.

[28] Vgl. z.B. Anatol Rapoport, ‚Limits of Individual Rationality', in *Origins of Violence*, New York: Paragon 1989 und auch den BBC-Film *Nice Guys Finish First* 1986.

[29] Olof Palme, Unabhängige Kommission für Entwaffnungs- und Sicherheitsfragen, *Common Security: A Blueprint for Survival*, New York: Simon und Schuster 1982.

[30] Vgl. C.G. Jacobsen, ‚Sino-Soviet Relations: New Perspectives' in C.G. Jacobsen, Hg., *Soviet Foreign Policy: New Dynamics, New Themes*, London: Macmillan 1989, SS 148-62 und C.G. Jacobsen, 'Soviet Strategic Policy Since 1945', in C.G. Jacobsen, Hg., *Strategic Power: USA/USSR*, London: Macmillan 1990, S. 106-20.

[31] Vgl. Die Weltbank, *The Simultaneous Evolution of Growth and Inequality* 1999: ‚Globlisierung scheint die Armut und Ungleichheit zu vergrößern... Die Kosten dafür, sich einer größeren Offenheit anzupassen, werden ausschließlich von den Armen getragen, ganz gleich, wie lange die Anpassung dauert.' Vgl. auch den verhängnisvollen Bericht in *Global Trends* 2015 aus dem Jahr 2000 der United States Central Intelligence Agency (CIA) : ‚Die ansteigende Flut der globalen Ökonomie wird viele ökonomische Gewinner schaffen, aber sie wird nicht alle Boote heben... [Sie wird] Konflikte im Heimatland und im Ausland schaffen und damit eine noch größere Kluft zwischen regionalen Gewinnern und Verlierern, als sie heute schon besteht, herstellen... Die Entwicklung der [Globalisierung] wird steinig, von chronischer finanzieller Brisanz und der Erweiterung der ökonomischen Teilung bestimmt. ...Regionen, Länder und Gruppen, die sich übergangen fühlen, werden eine sich vertiefende ökonomische Stagnation, politische Unstabilität und kulturelle Entfremdung erleben. Diese Entwicklung wird politischem, ethischem, ideologischem und religiösem Extremismus Nahrung geben, gleichzeitig mit der Gewalt, von der dieser oft begleitet wird.' Natürlich stellt die Metapher ‚steigende Flut' für ‚Globalisierung' eine ideologische Devise dar, die den Vorgang ‚natürlich', ‚unaufhaltsam' und ‚unvermeidlich' erscheinen lassen soll. ‚Es gibt keine Alternative' ist ein Teil der neoliberalen Botschaft. Obwohl das offensichtlich falsch ist, gehört diese Behauptung zum zentralen neoliberalen Argument und stellt einen Angriff auf die grundlegenden Glaubenssätze und Prinzipien der Demokratie dar. Dagegen ist die vom Kapital be-

triebene Globalisierung [kein Naturereignis, sondern] ein Resultat konkreter Aktionen und einer Politik, die durch die TNCs, IFIs (Weltbank, IMF, WTO) und Regierungen bewirkt wurde, und kann tatsächlich rückgängig gemacht, verändert, durch Widerstand bekämpft und transzendiert werden. Diese beiden Berichte weisen deutlich darauf hin, dass die vom Kapital betriebene Globalisierung tatsächlich Kulturen und Strukturen von Gewalt vertieft und verschlimmert, womit die Wahrscheinlichkeit von gewalttätigen Angriffen (Terrorismus eingeschlossen) und Krieg wächst. Denjenigen, die hinter dieser Politik stehen, war dieser Einfluss und waren diese Verzweigungen lange vor dem 11. September 2001 bewusst.

[32] Kai Frithjof Brand-Jacobsen, ‚Alienation: A Marxian Analysis', Dissertation Independent Studies, philosophische Fakultät der Carleton Universität April 1998. Mit Dank an Hillel Ticktin, Herausgeber von *Critique* (Glasgow) für die Einführung in die tiefe Komplexität und (immer noch) oft erstaunlichen Wahrheiten der marxistischen Analyse und Perspektive.

[33] Brand-Jacobsen, ‚Alienation'.

[34] ‚Die globalen Ungleichheiten in menschlichen und Lebens-Standards haben groteske Ausmaße angenommen' vgl. (den jährlichen) UN Human Development Report, New York: UN, 13. Juli 1999.

[35] Vgl. die Website von *Jubilee South* http://www.jubileesouth.net/ für ausgezeichnete Dokumentation und Berichterstattung, eingeschlossen *die Dakar Declaration for the Total and Unconditional Cancellation of African and Third World Dept*, und die *South-South Summit Declaration for a Debt-Free Millenium*. Vgl auch Dot Keets ausgezeichnetes *The International Anti-Dept Campaign: An Activist View from ‚The South' to Activists in ‚The North' ... and the South*, Cape Town: Alternative Information Centre, Juni 1999 und die Arbeit der International South Group Network (ISGN) http://www.isgnweb.org/ , Focus on the Global South http://www.twnside.org.sg/ und das Third World Network http://www.twnside.org.sg. Die *Acra Declaration* (April 1998) und die *Tegucigalpa Declaration* (Januar 1999) von afrikanischen, lateinamerikanischen und karibischen Entschuldungs-Kampagnen, die weitere Schuldenrückzahlungen anprangern und Reparationskosten anmahnen, die den Ländern des Südens für die Schäden zustehen, die durch Jahrhunderte langen Sklavenhandel und koloniale und neukoloniale Ausbeutung angerichtet wurden. Dies sind wichtige Meilensteine bei dem Widerstand von Organisationen und Aktivisten im gesamten Süden gegen Schuldensklaverei. Weitere Einzelheiten und Diskussion vgl. Kai Frithjof Brand-Jacobsen, *The Struggle Continues*, Pluto Press, erscheint demnächst.

[36] Vgl. z.B. Morris Miller, ‚Global Governance to Address the Crisis of Dept, Poverty and Environment' in C.G. Jacobsen et al. Hg. Canadian Pugwash Group, *World Security: The New Challenge*, Toronto: Science for Peace/Dundurn Press 1994, und das bahnbrechende *Coping is not Enough: The International Debt Crisis and the Role of the World Bank and IMF*, Chicago: Dow Jones Irwin (damals Wall Street Journal Druck) 1986.

[37] Weitere Einzelheiten und Ausarbeitungen bei: ATTAC http://www.attac.org/ und Halifax Initiative http://www.web.net/halifax/ .

[38] Vgl. Walden Bello, Nicola Bullard and Kamal Malhotra. Hg. *Global Finance: New Thinking on Regulating Speculative Capital Markets*, London and New York: Zed Books 2000; Hans-Peter Martin and Harald Schuman, *The Global Trap: Globalisation & The Assault on Democracy and Prosperity*, London and New York: Zed Books 1997.

[39] Kostenberechnungen in C.G. Jacobsen, *The New World Oder's Defining Crises*, Aldershot: Dartmouth 1996. Das zusammenfassende Kapitel: 'Wie kommt man von hier nach da' (Anmerkung: die Berechnung des Steuerprozentanteils enthält einen Druckfehler. Die Zahl des grob unterschätzten extrapolierten Transaktionsflusses von 1000 Billionen US$ für das Jahrhundertende (des der USA, des kanadischen und französischen, nicht des britisch/deutschen) steht der hohen Einschätzung von 255 Billionen US$ des World Game Instituts für die jährlichen Kosten eines umfassenden nachhaltigen Entwicklungsprogramms gegenüber – Worldwatchs niedrige Einschätzung von 124.7 Billionen USA$ würde den benötigten Prozentsatz halbieren).

[40] Kai Frithjof Brand-Jacobsen, *The Struggle Continues*, erscheint demnächst.

[41] Über das marxistische Konzept vgl. die Arbeiten von Mihailo Markovic und anderer jugoslawischer Verfasser; Noam Chomsky, *Manufacturing Consent*, the Canadian National Film Board's two-reel video (auf Grund des Buches mit demselben Titel) ist für seine profilierten Schriften über das Thema repräsentativ; Metta Spencer, ‚How to Enhance Democracy und Discourage Secession' in Jacobsen et. al. *World Security. The New Challenge*; Brian Beedham, ‚A Better Way to Vote' *The Economist'* (Essay zum 150. Geburtstag) 1993; und vgl. Anm. 14.

[42] Richard Lummis, *Radical Democracy*, Ithaca und London: Cornell University Press, 1996, S.16.

[43] Das Sommer-Friedens-Institut (SFI) über ‚Friedensbildung, Globalisierung und soziale Gerechtigkeit', das vom Friedens-Aktionen-Trainings- und Forschungs-Institut in Rumänien (PATRIR) in Zusammenarbeit mit einigen der in der Welt führenden Organisationen, die an Friedenskonsolidierung und sozialer Gerechtigkeit arbeiten, jeden Juli dreiwöchig (zuerst 2002) abgehalten wird, ist eine wichtige Initiative, die auf dieser Bewegung aufbaut und die die Kämpfe für soziale Gerechtigkeit mit denjenigen Initiativen verbindet, die friedliche Konflikttransformation mit friedlichen Mitteln betreiben. Das SFI wird ein wichtiger Schritt auf dem Weg zur Stärkung der sozialen Bewegungen und ihrer Verbindungen miteinander über die Grenzen hinweg sein, so dass wir gemeinsam den Herausforderungen, die wir heute zu bestehen haben, besser entgegentreten können. Im SFI werden soziale Aktivisten, Friedens- und Entwicklungsarbeiter, Menschen, die die Richtlinien der Politik bestimmen, Diplomaten, Gelehrte, Akademiker und Politiker aus allen fünf Kontinenten in einem intensiven Trainingsprogramm zusammengebracht, um Erfahrungen, Ideen, Fähigkeiten und Wissen einander mitzuteilen und miteinander zu diskutieren und zusammenzuarbeiten, um Strategien und Therapien zu entwickeln, um Konflikte konstruktiv zu transformieren. Mehr Informationen finden Sie unter

www.transcend.org> und <www.globalsolidarity.org>. Schreiben können Sie an training@transcend.org.

Kapitel 1.6.

[44] Vergl. Wolfgang Sachs hervorragendes Buch *The Development Dictionary: A Guide to Knowledge as Power,* London und New Jersey: Zed Books 1996.

Kapitel 1.7.

[45] Dollard and Miller, *Frustration and Aggression,* New York: Yale University Press 1939; L. Berkowitz, 'Frustration and Aggression', *Psychological Bulletin* 1989. S. 105.

[46] Es wäre unfair, die Problemlösungsworkshops der Yale-Lernschule, der Harvard Interaktionsschule und der Londoner Kommunikations/Menschliche-Bedürfnisse-Schule unter a und b zu klassifizieren, die es versäumt hätten, c mit einzukalkulieren, aber es ist nicht ganz falsch. Ihr Einwand ist vielleicht, dass der TRANS-CEND-Transformations-Ansatz einzig und allein auf c konzentriert ist, was stimmt. Aus diesem Grund hat TRANSCEND elf weitere Programme. Eine gute Analyse bringt Tarja Väyrynen in ,Problem-Solving as a Form of Conflict Resolution', Rutherford College, University of Kent 1992.

[47] Johan Galtung, *Conflict Transformation by Peaceful Means,* United Nations, 1998, die ,Miniversion' in Englisch, Französisch, Spanisch, russisch, Arabisch und chinesisch. Eine ,Maxiversion' ist auf dem Weg, zugänglich auf der TRANS-CEND-Homepage www.transcend.org. Für den theoretischen Hintergrund vgl. Johan Galtung, *Frieden mit friedlichen Mitteln*, Opladen 1998, Teil II, besonders Kapitel 3. Vgl. auch John Paul Lederach, *Preparing for Peace: Confllict Transformation Across Cultures,* Syracuse, NY: Syracuse University Press 1995. 'Dialog' steht weder im Inhalt noch im Index. Es gibt einen guten Vergleich des vorschreibenden mit Lederachs eigenem berühmten Ansatz des Hervorlockens. TRANSCEND befindet sich zwischen den beiden. Mari Fitzduff, *Community Conflict Skills*, 3. Aufl. 1998 analysiert die ,Third Party Roles – Mediation', aber ,Dialog'findet sich nicht im detaillierten Inhalt (einen Index gibt es nicht) und Friedrich Glasl, *Konflikt-Management. Ein Handbuch für Führungskräfte, Beraterinnen und Berater.* Bern: Paul Haupt 1997. ,Dialog' gibt es weder im Inhalt noch im Index.

[48] TRANSCEND arbeitet heute in und über Chiapas/Guatemala, Kolumbien, Peru/Ekuador, Nordirland, die baskische Situation, Gibraltar/Ceuta-Melilla, Jugoslawien, Zypern, den Nahen Osten, die Situation der Kurden, den Kaukasus, Afghanistan, Kaschmir, China-Tibet-Taiwan, Okinawa, Hawaii und den Pazifik im Allgemeinen, um nur einige Konfliktgebiete zu nennen. Vgl. www.transcend.org.

[49] Gute Beispiele sind ‚gemeinsame Sicherheit' (Palme-Kommission) und ‚nachhaltige Entwicklung' (Brundtland-Kommission). TRANSCEND gebrauchte ‚Naher Osten Helsinki Prozess' für die Israel-Palästina- und die Golf-Konflikte, ‚gleiches Recht zur Selbstbestimmung' für Jugoslawien, ‚Kondominium' oder ‚gemeinsame Souveränität' oder ‚bi-nationale Zone' für das Ekuador-Peru-Grenz-Problem, ‚die Schweiz Ostasiens' für Okinawa, ‚2 + 3' für Korea (die beiden Koreas mit Japan, China und Vietnam, die mahayana-budhistischen Länder) usw.

[50] Watzlawick, Paul, Weakland, John H., Fisch, Richard, *Lösungen. Zur Theorie und Praxis menschlichen Wandels*. Bern, Göttingen, Toronto, Seattle: Hans Huber 6. Aufl. 2001 (engl. *Change*, zuerst 1978).

[51] Das wird in Teil II, Kapitel 3 von Galtung, *Frieden mit friedlichen Mitteln* näher ausgeführt.

[52] Eine ausgezeichnete Untersuchung des Unterschiedes findet sich in Deborah Tannen, *The Argument Culture: Moving From Debate to Dialogue*, New York: Random House 1998.

[53] Für das Darbieten dieses Spektrum vgl. Johan Galtung, *After Violence: 3 R, Reconstruction, Reconciliation, Resolution*, TRANSCEND Genf 1998, auch in . www.transcend.org.

[54] Diese Metapher verdanken wir Jim Duffy.

[55] Eine Erklärung des kognitiven kollektiven Unterbewussten findet sich in Johan Galtung, *Frieden mit friedlichen Mittel*, Teil IV, besonders S. 213 (der englischen Ausgabe) und die Analyse des emotionalen kollektiven Unterbewussten in Johan Galtung, *Global Projections of Deep-Rooted U.S. Pathologies*, Fairfax: ICAR, George Mason University 1996.

[56] Silvan S. Tomkins, *Affect ,Imagery, Consciousness*, Band 2, New York: Springer 1963, S. 118.

[57] Thomas J.Scheff, *Bloody Revenge: Emotions, Nationalism, and War*, Boulder, Colorado: Westview 1994. Scheff schreibt über die Rolle, die Scham und Wut bei der Entstehung des Ersten und Zweiten Weltkrieges spielten. Vgl. auch Donald L. Nathanson, *Shame and Pride*, New York: Norton 1992. Er führt Tomkins bahnbrechende Arbeit über Emotionen fort.

[58] James L. Adams, *Conceptual Blockbusting*, Toronto: McLeod 1974 kann als Einführung in das kreative Problemlösen dienen, denn da die Wurzel eines Konflikts in einer Unvereinbarkeit liegt, befinden wir uns sicherlich auf dem Gebiet der Problemlösung. Er bezieht sich auf George F. Kneller, *The Art and Science of Creativity*, New York: Holt, Rinehart und Winston 1965, S.J. Parnes und H. F. Harding, *A Source Book for Creative Thinking*, New York: Scribner's 1962, Arthur Koestler, *The Act of Creation*, New York: Dell 1967, H. H. Anderson, Hg., *Creativity and its Cultivation*, New York: Harper & Row 1959, Bruner, Goodnow und Austin, *A Study of Thinking*, New York: Wiley 1957, Sigmund Freud, *On Creativity and the Unconcious*, New York: Harper & Row 1958 (Laut Auskunft der UB Karlsruhe gibt es keine Schrift von Freud mit diesem Titel. Anm. der Übersetzerin), Carl Jung, *Man and His Symbols*, New York: Doubleday 1964 (dt. Der

Mensch und seine *Symbol*e, Olten und Freiburg im Breisgau 1968 u.ö.), Lawrence S. Kubie, *Neurotic Distortion of the Creative Process*, New York: Farrar, Strauss und Giroux 1966, F. Perls, R. Hefferline und P. Goodman, *Gestalt Theory: Excitement and Growth in the Human Personality*, New York: Dell 1951.

[59] *Vgl Serious Creativity*, London: HarperCollins Business 1998.

[60] Vgl. Gerard Prunier, ‚Somaliland Goes it Alone’, *Current History*, Mai 1998, S. 225-8, Zitat von S. 227.

[61] Ebenso vgl. James Scott, *Seeing Like a State: How Certain Schemes to Improve the Human Condition Have Failed*, New Haven: Yale University Press 1998 (ein Überblick in C.R. Sunstein, ‚More is Less’, The New *Republic*, 18. Mai 1998, SS 32-7).

Kapitel 2.1.

[62] Vgl. mein Buch *Nach dem kalten Kriege, Gespräche mit Erwin Koller*, Zürich: Pendo-Verlag 1993.

[63] Eine aufmerksame Beobachterin meiner Aktivitäten war die Schweizer Geheimpolizei. In ihren Berichten spielte 1970 meine Arbeit für ‚etwas, das KSZE genannt wurde’ eine Rolle. Im Rückblick scheint das lächerlich, aber damals waren rechte Extremisten wie die Schweizer Polizei und ihre Spione unter Studenten, Beschäftigte am Empfang in Hotels usw. das nicht.

[64] Nach meiner Ansicht, war die Zeit seit langem reif, sie war überreif.

[65] Der damalige sowjetische Außenminister.

[66] Im Westen wird die Warschauer Vertragsorganisation ‚Warschauer Pakt’ genannt.

[67] Natürlich hatten damals viele Menschen solche Ideen und schließlich wurde die KSZE in die Organisation für Sicherheit und Zusammenarbeit in Europa, in die OSZE, umgeformt. Damals waren jedoch die Eliten der westeuropäischen Länder tief in ihr Lieblingsprojekt versunken, die Europäische Union, die nach und nach die Form einer Supermacht annahm.

[68] Vgl. das hervorragende Buch von Erich Loest, *Nikolaikirche*, Leipzig: Lindenverlag 1995 über die entscheidenden gewaltfreien Demonstrationen in Leipzig, besonders die am 9. Oktober 1995.

[69] In Details ausgeführt in *There Are Alternatives*, Nottingham: Spokesman 1984. In Deutsch, Italienisch, Spanisch, Norwegisch, Schwedisch und Holländisch übersetzt; in die Sowjetunion eingeschmuggelt.

[70] Ich möchte vor allem den verstorbenen H. Afheldt, Anders Boserup, Dietrich Fischer und Robert Neild erwähnen.

[71] *Environment, Development und Military Activity: Towards Alternative Security Doctrines*, Oslo: Norwegian Universities Press 1982.

[72] Vladimir Petrowski, der später Generaldirektor des Büros der Vereinten Nationen in Genf wurde.

Kapitel 2.2.

[73] Vgl. Johan Galtung, *Norske Fredsinitiativ: 20 Forslag* (Norwegische Friedensinitiativen: 20 Vorschläge), Oslo: Pax 1964, 47 SS und das vorangegangene *Forsvar uten militaervesen* (Verteidigung ohne Militär), Oslo 1959, und die Vorschläge
des Norwegischen Friedenskorps.

[74] Vgl. Johan Galtung: ‚Regional Security Commissions: A Proposal', Kapitel 6 in
Johan Galtung und Sverre Lodgaard, Hg. *Co-operation in Europe*, Olso: Norwegian Universities Press 1970, SS 73-83, besonders 77-80. Der Vorschlag (S.77) ist
ein *System 'Vereinter Nationen' von regionalen Sicherheitskommissionen*, die in
derselben Beziehung zum Sicherheitsrat der UN (UN Charta 8, Artikel 52, 53 und
54) stehen wie die regionalen Wirtschafts-Kommissionen (ECE in Genf für Europa, ECLA in Santiago de Chile für Lateinamerika, ECA in Addis Abeba für Afrika
und ECAFE in Bangkok für Asien) zu ECOSOC, dem Wirtschafts- und Sozial-
Rat. Wir schlagen also einen SCE, SCLA, SCA und SCAFE vor.' (S. 77: SCAFE
wäre heute SCAP, ‚Asien-Pazifik').

[75] ‚Gradual Reciprocated Initiatives in Tension-reduction' von Charles Osgood, in
An Alternative to War and Surrender, Urbana, University of Illinois Press 1967.
Das ist vielleicht die wichtigste Idee, die während des Kalten Krieges bei den Frie-
denstudien der USA herauskam.

[76] Vgl. Johan Galtung, *There Are Alternatives*, Nottingham: Spokesman 1984, in
acht Sprachen, besonders Kapitel 5.

[77] Zitiert wird die deutsche Übersetzung der Bulle aus: **Gott in Lateinamerika**:
Texte aus fünf Jahrhunderten. Ein Lesebuch zur Geschichte. Ausgewählt und eingeleitet von Mariano Delgado. Düsseldorf: Patmos 1991, S. 68 – 71(Anmerkung
der Übersetzerin).

[78] Psalm 2, Vers 7b bis 10 lauten „Mein Sohn bist du (sagt Jahweh zu dem in Israel
eingesetzten König);/Ich habe dich heute gezeugt. (Adoptionsformel)/ Heische von
mir,/ so gebe ich dir Völker zum Erbe,/ die Enden der Erde zum Eigentum./ 9 Du
magst sie zerschlagen/ mit eisernem Stabe,/magst sie zerschmeissen/ wie Töpferge-
schirr."/ 10 Nun denn, ihr Könige, werdet weise,/ lasset euch warnen,/ ihr Richter
auf Erden!/ Dienet dem Herrn mit Furcht,/ und mit Zittern küsset seine Füße,/ dass
er nicht zürne/ und euer Weg/ nicht ins Verderben führe;/ denn leicht könnte sein
Zorn/ entbrennen./ Wohl allen, die ihm vertrauen! ‚Zürcher Bibel' (Anmerkung der
Übersetzerin).